Eine Schwäbische Literaturgeschichte

Hermann Bausinger

Eine Schwäbische Literaturgeschichte

KLÖPFER&MEYER

Inhalt

Vorbemerkung

Unter dem Titel *Statt einer Literaturgeschichte* veröffentlichte Walter Jens 1997 einen längeren Essay zur Literatur des 20. Jahrhunderts. Er kündigte damit an, dass er keinen Überblick anstrebte, sondern eine Ortsbestimmung. Er schilderte die Problemlage, in der sich zu jener Zeit die Dichtung befand, an der er ja selbst aktiven Anteil hatte. Auf die historische Perspektive verzichtete er keineswegs, stellte sie aber ganz in den Dienst der aktuellen Literatur, deren Aufgaben und Möglichkeiten er aus geschichtlichen Beispielen ableitete.

Die Formel *Statt einer Literaturgeschichte* passt aber auch ganz generell zu den Orientierungen der Literaturwissenschaft, der Vermittlung und Kritik von Literatur während der letzten Jahrzehnte. Das literarische Angebot ist dichter, komplexer, unübersichtlicher geworden. Neue technische Medien und die Internationalisierung der Märkte haben neue Perspektiven eröffnet. Die Forschung im Bereich der Literatur wurde intensiviert und verfeinert. Sie meidet die großen Linien nicht, ist aber überwiegend so detailliert, dass sie oft schon im Umkreis eines einzelnen Poeten kaum mehr überblickt werden kann. Andererseits ist sie meist besser zugänglich als früher, und daraus entsteht die Erwartung, dass sich ein Bearbeiter nicht nur auf seine eigenen Impressionen zurückzieht.

Wo größere Zeiträume und Zusammenhänge vorgestellt werden, geschieht dies vielfach in Sammelbänden verschiedener Verfasser, und auch umfassende Literaturgeschichten sind im Allgemeinen auf viele Beiträger und größere Teams angewiesen. Die letzte schwäbische Literaturgeschichte aus der Hand eines einzelnen Bearbeiters entstand kurz vor 1900; Rudolf Krauß behandelte darin mit souveräner Übersicht und genauem Blick bedeutende und weniger bedeutende Werke. Danach erschienen zwar immer wieder größere Essays, meistens eingeschränkt auf einzelne Perioden oder Stilrichtungen; aber für die weit ausgreifende und sehr detaillierte Gesamtdarstellung, die vor einem Jahrzehnt mit dem Titel *Schwabenspiegel* heraus kam, wurden 118 Autorinnen und Autoren engagiert.

Mit diesen Hinweisen soll der vorliegende Versuch nicht als einmalige Pionierleistung angepriesen werden; vielmehr geht es um die Feststellung, dass das Schreiben einer Literaturgeschichte ein aufwendiges und riskantes Unternehmen ist. Für Auswahl und Akzentuierung gibt es keinen gesicherten Maßstab. Was in nur wenige Zeilen gefasst werden muss, fordert erhebliche Orientierungsarbeit. Und die Darstellung soll die dokumentarische Aufzählung übersteigen.

Das Buch ist gegliedert in drei Teile. Der erste befasst sich ausdrücklich mit der Konzentration auf *schwäbische* Literatur. Das Bestimmungswort wird unter die Lupe genommen und in der Bedeutungsform festgehalten, die es um 1800 gewonnen hat. Die in diesem Teil behandelte Literatur setzt in der zweiten Hälfte des 18. Jahrhunderts ein und führt bis zum Ende des 19. Jahrhunderts. Es handelt sich um die Zeitspanne, in der das Schwäbische in Verbindung mit der Konsolidierung des württembergischen Staats zu einer wichtigen Bestimmungsgröße wird.

Der umfangreiche zweite Teil wendet sich einzelnen Problemen der Literatur des 19. Jahrhunderts zu. Dabei ist von vielen der bekannteren Poeten jener Zeit die Rede, wobei einzelne Ereignisse oder Werke im Mittelpunkt stehen, aber auch problematische Konstellationen untersucht werden. Überhaupt gilt, dass nicht nur Texte in Augenschein genommen werden, sondern dass auch die Bedingungen des literarischen Lebens ins Spiel kommen.

Im dritten Teil wird die neue Literatur behandelt, beginnend mit der Zeit vor dem Ersten Weltkrieg und bis in die Gegenwart hinein, in der sich die klare regionale Zuordnung häufig verwischt, ohne dass die Kategorie schwäbisch gleich ins Historische Wörterbuch abgeschoben werden müsste. Die bunter werdende Mischung ist eine Realität; aber sie macht einen klaren Schnitt weder nötig noch möglich. Das gilt auch in einem anderen Fall. Literaturgeschichtliche Darstellungen schließen oft noch lebende Exponenten aus. Das erleichtert viel und verhindert manche Kritik. Aber die Trennung zwischen toten und lebenden Autoren ist nicht sachgerecht; im literarischen Betrieb ist der Unterschied zwar meist gegenwärtig, führt aber nicht zu strikt gesondertem Umgang.

Die Kritik an diesem Buch wird teilweise aus Vermisstenlisten bestehen, und im Fall der lebenden Poeten werden sich Vermisste selbst zu Wort melden – dummerweise hat der Band am Ende ein Personenregister, das anzeigt, ob man ›drin‹ ist. Dazu ist zu sagen, dass es nicht um Ranglisten geht, sondern um den Versuch, Beispiele für übergreifende Bewegungen beizubringen – nach dem Prinzip des ganzen Bandes, nicht primär Fische zu fangen, sondern Strömungen zu zeigen.

Zu den entschuldigenden Vorbemerkungen gehört auch, dass die relativ seltene Erwähnung von Autorinnen nicht pure Nachlässigkeit oder gar Bosheit ist. Hauptgrund ist die lange Zeit geltende kulturelle Randstellung, die sich allerdings auch in der historischen Betrachtung und damit in der literarischen Überlebenschance auswirkt. Schuldig bekenne ich mich, was die gelegentliche sprachliche Ignoranz anlangt; ich sehe durchaus Handlungsbedarf, halte aber aufwendige Doppelungen nicht für angebracht, auch wenn manche Autorinnen und Autoren damit rechnen.

Da diese Vorbemerkung nun doch in die Ichform gekippt ist, will ich auch meinen Dank nicht auf die letzten Seiten verbannen. Ich habe viel Ermutigung und Hilfe erfahren; ich danke meinem Verleger Hubert Klöpfer und seinen Mitarbeiterinnen für die freundliche Aufnahme des Projekts, Wolfgang Alber für die stetige Begleitung, Sabine Besenfelder für Bildrecherchen und Korrekturen, Horst Schmid für die schnelle und höchst verlässliche Herstellung, dem Setzer Alexander Frank für seinen flexiblen Einsatz. Bei Christiane Hemmerich und Ina Hengst bedanke ich mich für die phantasievolle Umschlaggestaltung – und bei den Sponsoren für verständnisvolle Förderung.

Tübingen, im Juli 2016 Hermann Bausinger

Mythos Schwaben

Schwäbische Metamorphosen

Schwäbische Literatur – es gibt sicher schwierigere Titel. Aber auch hier ist es angebracht, zu fragen, was gemeint ist und was nicht dazugehört. Über *Literatur* wird man sich relativ schnell einig werden. Zwar haben sich selbst leidenschaftliche Philologen und Freunde der Poesie damit abgefunden, dass auch karge Informationen und Werbebotschaften zur Literatur gerechnet werden können; aber die Literaturgeschichte handelt im Wesentlichen von Texten mit einem ästhetischen, poetischen Anspruch. Kompliziertere Überlegungen verlangt die Kategorie *schwäbisch*. Literatur in schwäbischer Mundart wird in diesem Buch einbezogen, aber es ist keineswegs nur Dialektdichtung anvisiert. Es geht auch nicht nur um Literatur, die Schwäbisches zum Inhalt hat, obwohl heimisches Land und Milieu für die schwäbischen Schriftsteller naturgemäß oft in den Mittelpunkt rücken. Es geht um das literarische Leben, das auch durch Einflüsse von außen bestimmt ist und das keinesfalls nur durch Poeten mit einer lückenlosen schwäbischen Ahnenreihe geprägt wurde; Mörike, um nur ein Beispiel zu nennen, heißt schließlich nicht *Möhrle*, und er verdankt die Endsilbe seines Namens brandenburgischen Vorfahren.

Schwabe konnte (und kann) man werden. Diese Selbstverständlichkeit muss deshalb betont werden, weil die Literatur lange – auch schon vor dem Nationalsozialismus – mit dem Blutserbe von Stämmen in Beziehung gesetzt wurde und weil unauffällige Reste dieser Vorstellung noch immer lebendig sind. Schwaben betonen mitunter ihre Abstammung von den *Sueben*. Es ist unstrittig, dass sie deren Namen übernommen haben. Aber wenn sie sich als direkte Nachkommen der Sueben betrachten, legen sie eine allzu lange Leitung und erreichen – einen Kurzschluss. Die Bezeichnung Sueben war ein Sammelname für eine ganze Reihe von germanischen Völkerschaften, und als diese zu Beginn unserer Zeitrechnung im späteren deutschen Südwesten auftauchten, hatten sie – mit dem heutigen Modewort – einen Migrationshintergrund: Sie lebten vorher im Nordosten, an der Ostsee, die für antike Gelehrte *Mare Suebicum*, das Schwäbische Meer war, und im Gebiet zwischen Elbe und Oder. Es waren keine beständig organisierten einheitlichen Verbände; man sieht heute in ihnen Wandergemeinschaften, die in Kriegszügen in immer wieder neue Gegenden vorstießen – zum Rhein, zum Neckar, zur Donau, in Alpengebiete, und im fünften nachchristlichen Jahrhundert sind sie sogar im Nordwesten der Iberischen Halbinsel nachweisbar, wo für kurze Zeit ein suebisches Königreich bestand.

Die Durchmischung mit anderen Bevölkerungsgruppen sorgte für eine bunte Zusammensetzung. Sie kommt möglicherweise auch im Namen *Sueben* zum Ausdruck, der im 19. Jahrhundert phantasievoll als die Schwebenden, die Schläfrigen (so bei norddeutschen Kritikern), die Schwertträger (so Uhland) verstanden wurde, vermutlich aber schlicht die Zu-uns-Gehörigen meint – vergleichbar dem Namen *Alemannen*, der das Zusammengewürfelte benennt: alle Mannen. Das ungeklärte Verhältnis von Sueben und Alemannen bringt im Übrigen die Annahme einer geradlinigen Abstammung der Schwaben von den Sueben noch mehr ins Wanken. Es gibt Zeugnisse für getrennte Wege der Sueben und Alemannen, aber kurz vor der ersten Jahrtausendwende spricht Walahfrid Strabo, Mönch und später Abt auf der Reichenau, von der Provinz der Alemannen *oder* Sueben.

Festeren Grund betritt man bei den historischen Schwaben-Sondierungen erst, als sich der Begriff mit einer politischen Einheit verbindet, die man sich allerdings nicht wie ein geschlossenes modernes Staatsgebilde vorstellen darf. Das *Herzogtum Schwaben*, im 10. Jahrhundert gegründet und im 11. an die Staufer übergegangen, umfasste vom König zugewiesene Herrschaften im Elsass, in der Schweiz und bis weit nach Oberitalien und ins Bayrische hinein. Mit den letzten Staufern löst sich das Herzogtum auf und zerfällt in eine Vielzahl kleiner und kleinster Territorien. Die entstehende historische Landkarte wird oft deklassierend mit dem Bild eines Flickenteppichs charakterisiert; tatsächlich gibt es zwischen den oft ärmlichen Herrschaften Eifersüchteleien, und das stolze Gehabe der kleinen Regenten und ihrer anmaßenden Amtsleute sorgt für Spott.

Aber das ist nur die halbe Wahrheit. Es gibt weiterhin auch Verbindungen zwischen den getrennten Herrschaften und ein Gefühl der Gemeinsamkeit, das sich im nach wie vor gängigen Namen *Schwaben* – für das Land wie für seine Bewohner – ausdrückt. Und dieser Name ist nicht nur historische Reminiszenz, sondern wird auch durch neue politische Institutionen gestützt. Da ist zunächst der 1488 gegründete *Schwäbische Bund*, dem Fürsten und kleinere Territorialherren angehörten, Vertreter des hohen und niederen Adels sowie fast sämtlicher Reichsstädte. Der Kaiser wollte mit ihm ein Ausgleichsinstrument schaffen, ein Gegengewicht gegen die mächtigeren Herren und ihre Expansionswünsche. Der Bund existierte allerdings nur ein knappes halbes Jahrhundert.

Wichtiger war der *Schwäbische Reichskreis*, der vom Anfang des 16. Jahrhunderts bis 1808 existierte. Mit der Kreiseinteilung wollte Kaiser Maximilian über der territorialen Zersplitterung und gegen sie eine Rechts- und Verwaltungsebene einziehen und dem lockeren Reichsverband mit der Einteilung in Provinzen eine stabile räumliche Struktur geben. Der Schwäbische Kreis umfasste den größten Teil der späteren Länder Baden und Württemberg wie auch das später bayrische Gebiet bis zum Lech; nur ganz im Süden wurden einige Gebiete dem Österreichischen

Kreis zugeteilt, und im Norden kamen Teile des schon seit der Germanenzeit fränkischen Gebiets zum Fränkischen Kreis.

Beim meist jährlich stattfindenden Schwäbischen Kreistag kamen 98 ›Stände‹, also Vertreter verschiedener Gruppen, zusammen: 13 weltliche und vier geistliche Fürsten, 23 Prälaten, 27 Grafen, 31 Städte. Die Kompetenzen reichten weit; der Kreis war zuständig für die Rekrutierung der Reichstruppen und gegebenenfalls deren Einsatz, für den Einzug von Steuern, für die Wahlen zum Reichskammergericht und für die Ausführung von dessen Urteilen, für die Aufsicht über das Münzwesen, den Straßenbau, Handel und Gewerbe. Das beachtliche Gewicht solcher Entscheidungen stärkte das Bewusstsein der Gemeinsamkeit, sodass Schwaben kein papierener Verwaltungsbegriff blieb. Dabei spielte auch eine Rolle, dass Schwaben im Lauf der Zeit einige Außenpositionen einbüßte; in der Schweiz und im Elsass grenzte man sich von Schwaben und den Schwaben ab, und im verbliebenen Schwäbischen Kreis hielt man gerade gegenüber den Abtrünnigen den Namen hoch.

Als in der Ära Napoleons das Reich und auch der Reichskreis aufgelöst wurden, veränderte sich erneut die Reichweite der Bezeichnung Schwaben. Für das Gebiet zwischen Iller und Lech mit dem großen Bistum Augsburg und vielen kleinen Territorien blieb der Name erhalten, da dieser Raum dem Königreich Bayern zugeschlagen und dort Bestandteil der politischen Gliederung wurde; aber der Bezug zum größeren Schwaben ging verloren. Das bayrische Schwaben, das noch immer als eigener Regierungsbezirk existiert, hat zwar viele wirtschaftliche und kulturelle Verbindungen zu Oberschwaben, aber an die historische Zusammengehörigkeit mit dem ganzen Südteil von Baden-Württemberg erinnert man sich nicht allzu oft.

Im neu entstandenen Großherzogtum Baden wurde der Name Schwaben nicht sofort auf die Seite geschoben. Indirekt beweisen dies die 1837 erschienenen *Wanderungen durch Schwaben* von

Gustav Schwab, die dem Neckar bis Heidelberg folgen, Schwarzwald und Hegau einbeziehen und dem badischen Freiburg doppelt so viele Seiten widmen wie der württembergischen Universitätsstadt Tübingen. Offenbar nahm einige Zeit niemand Anstoß an dem weiträumigen Verständnis von Schwaben. Aber in Baden wie in Württemberg bemühte man sich um die Stärkung der Landesidentität; und die Konsolidierung der Länder, die auch in der Republik durch die politische Gliederung aufrechterhalten wurde, führte dann doch zur ziemlich eindeutigen Trennung: Schwaben war jetzt Württemberg.

Die Begriffe *württembergisch* und *schwäbisch* wurden nebeneinander verwendet – nebeneinander, nicht durcheinander. Man kann dies schon in Hölderlins Briefen aus der Zeit um 1800 verfolgen. Immer wieder erwähnt er *Wirtemberg*, spricht von *Lumpereien des politischen und geistlichen Wirtemberg*, macht sich Sorgen über *Unruhen in Wirtemberg* und über die in Württemberg lebende Mutter, Verwandte und Freunde, und er plant eine *Fußreise nach Wirtemberg*, die er immer wieder aufschiebt. Hölderlin markiert so die Landschaft seiner Heimat oder bezieht sich kritisch auf das politische Gebilde Württemberg, das altwürttembergische Herzogtum und später auf das erweiterte Königreich. Wo sich seine Beobachtungen und Gefühle ins Positive wenden, zieht er den Ausdruck *Schwaben* vor. In den Briefen erscheint *mein liebes Schwaben, die guten Schwaben, mein schwäbisches Herz;* und in Gedichten steigert Hölderlin den Bezug ins Sakral-Mythische und bringt die Bezeichnung *Suevia* in prominente Stellung: *Glückselig Suevien.*

Im Lauf des 19. Jahrhunderts werden Schwaben und schwäbisch ziemlich durchgängig verwendet für Kulturelles und für volkstümliche Traditionen und Aktivitäten. Volkskundler, die ländliche Überlieferungen sammeln, publizieren sie als *schwäbische* Bräuche, Sagen, Märchen, Lieder. Verbände und Vereinigungen wählten meist auch dann nicht die Bezeichnung *württembergisch*, wenn sie sich an die Grenzen des Landes hielten – *Schwäbischer Sängerbund, Schwäbischer Turnerbund, Schwäbischer Albverein, Schwäbischer Heimatbund.* Und auch in Büchern wurde, soweit sie nicht nüchterne Daten ausbreiteten und amtlichen Ansprüchen zu genügen hatten, die Etikettierung *schwäbisch* vorgezogen. *Schwaben* wies im Vergleich mit *Württemberg* eine Art poetischen Mehrwert auf.

In den Jahren nach dem Ersten Weltkrieg gab es verschiedene Vorschläge, das alte Schwaben – wenn auch ohne Ausgriffe auf Oberitalien oder gar Spanien – zu erneuern, und auch in den Debatten um die Gründung des neuen Südweststaats tauchte der Namensvorschlag Schwaben auf. Aber bekanntlich setzte sich die sachliche Bindestrichbezeichnung durch, und im badischen Landesteil wurde Schwaben und das Schwäbische nicht nur eindeutig auf die östliche Hälfte und die Württemberger bezogen, sondern auch, teils scherzhaft und teils aggressiv, mit einem negativen Vorzeichen versehen. Bei Konfrontationen – zum Beispiel beim Aufeinandertreffen badischer und württembergischer Fußballmannschaften – kann dies immer noch beobachtet werden. Nachdem die Irritationen der Vereinigung überwunden und großenteils vergessen sind, ist Schwaben auf dem Weg zu einer neutralen Bezeichnung, jedoch anwendbar nur auf Land und Leute in Württemberg.

Und dies – Ergebnis des langen Vorlaufs – soll auch für die literarhistorischen Einblicke und Skizzen gelten, die hier vorgestellt werden. Es ist eine Einschränkung, aber sie ist gut begründet. Natürlich wäre es schön, wenn man die schwäbische Literaturgeschichte mit Cervantes oder Pessoa aufwerten könnte; aber das iberische Abenteuer irgendwelcher Sueben vor mehr als anderthalb Jahrtausenden bildet dafür gewiss keine ausreichende Legitimation. Und es braucht nicht dieses weit ausholende karikierende Beispiel, um die engere Auffassung von Schwaben und schwäbisch abzusichern. Man darf sich nur vorstellen, Johann Peter

Hebel werde kommentarlos in die Reihe der Schwabendichter aufgenommen – Protest von badischer Seite käme garantiert, und es wäre berechtigter Protest, obwohl das von Hebel geadelte Alemannisch und das Schwäbische zur gleichen Sprachfamilie gehören. Oder, diesmal in östlicher Richtung gefragt: Gehört der Augsburger Bert Brecht in die schwäbische Literaturgeschichte? Es gibt einen anekdotischen Befund, der eine positive Antwort unterstützen könnte: Die Eltern Bertolt Brechts heirateten in Pfullingen; sie feierten und nächtigten im Bahnhof, dessen Vorsteher der Vater der Braut war. Das war im Mai 1897, neun Monate vor der Geburt Bertholds, wie man seinen Vornamen zuerst schrieb. Die Pfullinger haben zwar bisher auf eine Gedenktafel verzichtet, den alten Bahnhof aber inoffiziell zum *Zeughaus* umgetauft. Für die Beschlagnahme des Dichters dürfte solch gynäkologisches Wissen jedoch kaum ausreichen.

Auch beim Rückblick auf entferntere Zeiten ist Vorsicht geboten. Historische Darstellungen der Schwabenliteratur lassen sich die staufische Blütezeit der Dichtung im Allgemeinen nicht entgehen. Der Minnesang wird hervorgehoben, und mit Hartmann von Aue kann man einen der wichtigsten mittelalterlichen Epiker für Schwaben reklamieren – aber nur für das damalige größere Schwaben, wo mehrere Au-Orte beanspruchen, seine Heimat zu sein. Für die Epoche des Humanismus bietet sich Nikodemus Frischlin (1547–1590) für eine Würdigung an, dessen Schicksal stark vom Stuttgarter Hof abhing. Er profitierte zunächst von der Gunst der Hofgesellschaft, die seine in Latein verfassten, für die Aufführung aber verdeutschten Komödien schätzte und sicher besonderes Vergnügen darin fand, dass er relativ unabhängig vom jeweiligen Hauptthema heimisches Personal einfügte: Bauern und Weingärtner, Wirte und Küchengehilfen, Bettler und Gauner. Als er in seinen Dichtungen jedoch Kritik an den Hofleuten und allgemein an den Adligen übte, wurde er verbannt und schließlich in der Festung Hohenurach gefangen gesetzt.

Bei einem Fluchtversuch fand der 43-Jährige den Tod – bitteres Ende eines wechselhaften Lebens. Frischlin war ein wichtiger schwäbischer Dichter. Ebenso wichtig waren aber zum Beispiel die oberrheinischen Erzähler, die mit ihren kurzen Prosaskizzen als Vorläufer Hebels gesehen werden können. Schwabendichter waren auch sie; aber bezogen auf einen Schwabenbegriff, der mit der heutigen Vorstellung nicht mehr harmoniert.

Es wäre sicher eine Bereicherung dieser kleinen Literaturgeschichte, wenn sie sich auf die poetischen Höhenflüge der Stauferzeit einließe, und man kann fragen, ob es nicht angebracht wäre, wenigstens einige schwäbische Humanisten vorweg auf eine Ehrenrunde zu schicken. Aber abgesehen davon, dass die notwendige Begrenzung des Umfangs nicht zu Lasten der uns näher stehenden Literaten gehen sollte – das Operieren mit sehr unterschiedlichen Bedeutungen des Wortes Schwaben hätte auch die Gefahr mit sich gebracht, dass falsche Kontinuitätslinien gezogen werden. Diese grundsätzliche Überlegung und das praktische Erfordernis der Beschränkung legten es nahe, mit der Darstellung dort einzusetzen, wo die Bestimmung *schwäbisch* mit dem heute üblichen Gebrauch übereinstimmt.

Auch hier ist Genius

Von all den Sternen, die bis zum Jahre 1750 über Deutschland aufgegangen sind, hat auch nicht einer seinen Lauf in Schwaben begonnen. Diese herbe Feststellung trifft Rudolf Krauß, der ganz am Ende des 19. Jahrhunderts seine *Schwäbische Litteraturgeschichte* herausbrachte. Sie ist so gründlich und detailliert, dass man mit ihrer Hilfe eine gewisse Chance hat, die Einschätzung des Autors zu widerlegen. Er spricht ausführlich über den evangelischen Theologen Johann Valentin Andreae (1586–1654), der sich in eigenwilligen lateinischen Dramen und Erzählungen mit problematischen Seiten der Kirche auseinandersetzte und mit *Christianopolis* einen utopischen Staat entwarf. Die Wirkung blieb nicht auf Württemberg beschränkt; vielleicht war Andreae ja doch ein Stern, wenigstens ein Stern zweiter Ordnung. Auch Georg Rudolf Weckherlin (1584–1653) verdankt Krauß eine ausgedehntere Darstellung. Er verbrachte die drei letzten Jahrzehnte seines Lebens in London, wo er an der Seite von John Milton arbeitete; aber vorher war er Stuttgarter Hofdichter, der in farbigen Schilderungen die dortigen Festlichkeiten besang, und er fand auch mit seiner Lyrik ein freundliches Echo. Auch zwei katholische Literaten lassen sich anführen, die weit über ihre engere Heimat hinaus wirkten. Der Ehinger Jakob Bidermann (1578–1639) gilt als der bedeutendste Verfasser von lateinischen Jesuitendramen, die er als Münchner Rhetorikprofessor mit seinen Schülern zur Aufführung brachte. Und auch Abraham a Santa Clara (1644–1709) verdient Erwähnung. Krauß übergeht ihn – vermutlich, weil er schon als Kind seine Albheimat verlassen musste und später fast ein halbes Jahrhundert in Wien und Graz lebte. Aber seine bilderreichen Predigten und moralischen Ermahnungen zehren von schwäbischer Umgangssprache und gehören zu den bedeutenden deutschen Werken der Barockzeit; es ist kein Zufall, dass Schiller die Kapuzinerpredigt in *Wallensteins Lager* nach dem Vorbild Abrahams gestaltet hat.

Doch zugegeben: es sind kleine Einschränkungen, die nur wenig am generellen Negativbefund ändern. Rudolf Krauß registriert ihn nicht nur, sondern nennt in aller Kürze auch Gründe. Die schwäbischen Dichter – und es gab eine ganze Menge – *bewegten sich in ausgefahrenen Geleisen* und suchten *den Strom des geistigen Lebens in das enge Bett der pietistischen Weltanschauung einzuzwängen*. Das Pressewesen war wenig ausgebildet, die süddeutsche Publizistik blieb gegenüber dem Norden zurück. Und es gab wenig Anregung und Förderung durch die höfische Kultur, die mit der Öffnung für ausländische Künstler ein beachtliches Niveau erreichte, wegen ihres Prunks und Aufwands aber in der breiten Bevölkerung kaum geschätzt wurde.

Tatsächlich ist das dominante kulturelle Gepräge des Landes viele Jahrzehnte lang durch Strenge und Enge charakterisiert. Ein wesentlicher Grund dafür war die kirchliche Durchdringung aller Lebensverhältnisse. Sie wird oft schnell mit dem Stichwort Pietismus etikettiert. Zu schnell – nur ein kleiner Teil der evangelischen Bevölkerung verschrieb sich den Vorstellungen, Vorschriften und Ritualen der Pietisten; aber eine puritanische Ausrichtung des Glaubens bestimmte nicht nur die kirchliche Ordnung, sondern den ganzen Lebensstil. Theologen nahmen führende Positionen in den kommunalen Beratungs- und Entscheidungsgremien ein, und andererseits waren einflussreiche Mitglieder der Bürgergesellschaft in kirchliche Institutionen einbezogen – so in die von Andreae eingeführten Kirchenkonvente, Sittengerichte neben der weltlichen Gerichtsbarkeit.

Viel geistige Anstrengung wurde auf geistliche Themen und Probleme konzentriert. Gelehrte wie Johann Albrecht Bengel (1687–1752), Georg Bernhard Bilfinger (1693–1750), Philipp Matthäus Hahn (1739–1790) zeigten literarische Qualitäten und bewiesen ihren Einfallsreichtum auch auf anderen Gebieten, widmeten sich aber vorrangig der Bibelphilologie und theologischen Fragen. Und auch das Feld der lyrischen Dichtung war religiös durchtränkt; in der kaum überschaubaren Menge von Kirchenliedern, die hier im 18. Jahrhundert entstanden, findet sich allerdings wenig poetische Qualität.

Etwas anders sah es in den katholischen Gebieten aus, wo sich in manchen der zahlreichen Klöster Poeten fanden, die zwar an der christlichen Lehre von der göttlichen Schöpfung festhielten, diese Schöpfung aber in ihrer ganzen Vielfalt ins Auge fassten. Exemplarisch gilt dies für Sebastian Sailer (1714–1777), dessen bekanntestes Singspiel der Schöpfung gewidmet ist. Es wird heute noch gelegentlich aufgeführt, was darin begründet sein dürfte, dass *Gott Vater* bei Sailer eine Welt erschafft, die ziemlich direkt in die alltägliche oberschwäbische Gegenwart führt. Und gewiss trug und trägt zur Popularität des Spiels auch der darin verwendete Dialekt bei, der über das Sprachliche hinaus den Geltungsanspruch schwäbischer Literatur markierte. Sailer, der im Prämonstratenserkloster Obermarchtal lebte, ist nicht nur ein gefeierter Stammvater schwäbischer Dialektliteratur, sondern ein Dichter, der die ganze Literaturbilanz jener Zeit aufwertet. Seine phantasievollen humoristischen Perspektiven erinnern an den älteren Johann Fischart und den späteren Jean Paul, und seine Themen führen tief in die ländliche Welt, ihre Chancen und ihre Probleme.

Die alltägliche Lebensgestaltung war hier noch stärker durchwirkt mit kirchlichen Ritualen und Prinzipien, was Folgen hatte für den literarischen Bedarf und das literarische Angebot. Sie zeigten sich vor allem in einer etwas späteren Phase. Benedikt Maria Werkmeister (1745–1823), unter Herzog Karl Eugen Hofprediger in Stuttgart, stellte zum Beispiel Gesangbücher für den katholischen Gottesdienst zusammen, wobei er viele evangelische Liedtexte übernahm. Er war aber vor allem ein respektabler theologischer Essayist, der sich auch weltlichen Fragen zuwandte – und an dieser Aufgabe einer theologisch grundierten praktischen Aufklärung wurde in vielen Klöstern gearbeitet.

Zu bedenken ist, dass in katholischen wie in evangelischen Gebieten die Formen der Vermittlung und der Stil der Erziehung künstlerische Freiheiten kaum begünstigten. Beginnend mit der Grundschule und fortgesetzt auf allen Stufen der Ausbildung und Bildung bewegte man sich am Leitseil vorgegebener Texte und unterlag zwangsläufig einem gewissen Dogmatismus; der Lernprozess war ganz überwiegend eine Katechisierung, das Einprägen von Fertigteilen. Entfaltung eigener Ideen und Phantasien war in diesem starren Gefüge nur schwer möglich – was erklärt, dass die kreativsten unter den Poeten erst durch den Ausbruch aus dem ihnen zugewiesenen Rahmen ihren eigenen Weg fanden. Geradezu modellhaft lässt sich dies an Absolventen der schwäbischen evangelischen Seminare verfolgen, die sich im 19. Jahrhundert reihenweise von ihrer Schulerfahrung abkehrten und keinen geistlichen Beruf ergriffen. Aber auch Christoph Martin Wieland (1733–1813) bietet schon ein Beispiel für einen derartigen Fluchtweg.

Wieland ist geboren in Oberholzheim bei Laupheim, verbrachte aber den größten Teil seiner Kindheit in Biberach. Dorthin war 1736 sein Vater versetzt worden, ein strenger Pfarrherr, der auch für seinen Sohn die geistliche Laufbahn vorsah und keineswegs begeistert war, als sich bereits der Siebenjährige in deutschen und lateinischen Versen versuchte. Tatsächlich war dies schon ein Vorzeichen für den späteren Lebensweg. Christoph Martin studierte ein Jahr in Erfurt vor allem Philosophie und knapp zwei Jahre Rechtswissenschaft in Tübingen. Dazwischen lagen entscheidende Monate in Biberach; der 16-Jährige verliebte sich in die 18-jährige Sophie Gutermann, was ihn zu größeren poetischen Leistungen anfeuerte – er war noch nicht 18, als sein *Lobgesang auf die Liebe* in Druck ging. Schnell folgten weitere literarische Arbeiten. Sie brachten ihm die Einladung des Professors Johann Jacob Bodmer, Literaturkritiker und Literaturagent in Zürich. Dass er fast acht Jahre in der Schweiz bleiben würde, war nicht abzusehen; aber als er aus Biberach die Nachricht erhielt, dass die ihm in Liebe verbundene Freundin verheiratet worden war und nun Sophie von La Roche hieß, übernahm er eine Hauslehrerstelle in Zürich und ging dann noch ein Jahr nach Bern, wo man den inzwischen schon bekannten und angesehenen Dichter auch für Vorlesungen engagierte. Unter dem Einfluss Bodmers hatte er sich christlichen Stoffen zugewandt; aber eine Liebschaft mit der Freundin Rousseaus in Bern wies ihn auf den poetischen Weg, auf dem er die

Das Gräflich-Stadionsche Schloss Warthausen,
nach einer Zeichnung von Johann Heinrich Tischbein, 1781

größten Erfolge einsammelte: Lob der Natürlichkeit, aber nicht in Kraftmanier und derber Form, sondern in spielerischer Erotik und in phantastischen Szenerien.

In der strengeren Bürgergesellschaft fand er damit wenig Verständnis. Die zeitgenössischen wie die späteren Kritiken sind garniert mit Vokabeln wie *schlüpfrig, lüstern, üppig*, und selbst der gar nicht so biedere Rudolf Krauß schreibt, Wieland habe *in nackter und hässlicher Sinnlichkeit* geschwelgt, was er allerdings als Kompensation für die vorausgegangene übersinnliche Orientierung so halb entschuldigt. Erstaunlich ist, dass Wieland den galant-frivolen Ton und das ironische Spiel bevorzugte, nachdem er zurückgekehrt war in seine Heimatstadt, wo er eine Familie gründete, die ihn als Vater von zuletzt 14 Kindern in Anspruch nahm, wo er als Kanzleiverwalter eine angesehene Stellung hatte und wo er auch kulturelle Aufgaben übernahm; bekannt ist das epochale Ereignis einer ersten deutschen Shakespeare-Aufführung (*Der Sturm*) mit der von ihm geleiteten örtlichen Evangelischen

Komödiantengesellschaft. Aber er engagierte sich nicht nur in der städtisch-bürgerlichen Gesellschaft. In der reichlich bemessenen Freizeit bewegte er sich vorzugsweise in einer schöngeistigen Exklave, in Warthausen im Schloss des Grafen Stadion, wo ein freierer Ton herrschte – und wo er mit seiner Jugendgeliebten zusammentraf: Sophie von La Roche, deren Mann in Diensten des Grafen war.

Die Gabelung in seinen Tätigkeiten und Interessen kam auch literarisch zum Ausdruck. In raschem Wechsel erschienen freisinnige Rokokogeschichten, die den Tugendwächtern ein Dorn im Auge waren, und seriöse Romane, in denen er selbst den Sieg der Tugend feiert. Dazu gehört zum Beispiel die *Geschichte des Agathon*, ein im vorchristlichen Griechenland angesiedelter Erziehungsroman, dessen erste Fassung noch während der Biberacher Zeit erschien. Mit solchen Veröffentlichungen versöhnte er teilweise seine Kritiker und festigte seinen Ruhm, der sich in der beruflichen Förderung auswirkte. Er war knapp drei Jahre Professor der Philosophie in Erfurt, wo er seine politischen Ideen exotisch verfremdet in dem Roman *Der Goldne Spiegel oder die Könige von Scheschian* vortrug. Dieses Buch brachte ihm die Einladung der Herzogin von Sachsen-Weimar ein, als Hofrat die Erziehung des Erbprinzen zu übernehmen. Die galanten erotischen Dichtungen, in der aristokratischen Gesellschaft allgemein begehrt oder doch akzeptiert, hatten die verwitwete Herzogin nicht abgeschreckt, und nach der Beendigung seines Erziehungsauftrags gab ihm sein Zögling, der die Regierung übernommen hatte, die Möglichkeit, ohne konkrete Aufgabe als freier Schriftsteller in Weimar zu bleiben.

Wieland nahm das Angebot an. Er war weiterhin literarisch ungemein produktiv. Er gab die Zeitschrift *Der Teutsche Merkur* heraus und gewann die bekanntesten Dichter für Beiträge. Sein Roman über die *Abderiten* ist im alten Griechenland angesiedelt, nimmt aber vor allem auch Biberacher Erfahrungen des Autors auf. In den meisten der in Weimar entstandenen Werke bewegt er sich in fremdem, oft phantastisch ausgemaltem Milieu. Er schrieb Singspieltexte, Versepen, Märchengedichte und das romantische Märchenspiel *Oberon*, in dem die heiteren und verwirrenden Kapricen von Shakespeares *Sommernachtstraum* weitergesponnen und abgerundet werden. Ziemlich unvermutet wendet er sich in dem Werk von der exotischen Szenerie einmal seiner Heimat zu:

> Du kleiner Ort, wo ich das erste Licht gesogen,
> den ersten Schmerz, die erste Lust empfand,
> Sei immerhin unscheinbar, unbekannt,
> Mein Herz bleibt ewig doch vor allem dir gewogen,
> Fühlt überall nach dir sich heimlich hingezogen,
> Fühlt selbst im Paradies sich doch aus dir verbannt (…)

Diesen Versen könnten noch einige Notizen an die Seite gestellt werden, in denen er einen freundlichen Blick auf seine Heimat wirft – aufgesucht hat er sie nie mehr. Wahrscheinlich schüttelt man darüber in einer Zeit raschen und komfortablen Verkehrs allzu schnell den Kopf; aber auch für die damaligen Verhältnisse war es einigermaßen verwunderlich.

Wieland war das unversehrte Erinnerungsbild offenbar wichtiger als die reale Wiederbegegnung, und er sah auch keine Verpflichtung, demonstrativ seine heimatliche Region zu rühmen. In seiner Poesie bewegte er sich in räumlich und zeitlich weit gefassten Zusammenhängen; *Die Abderiten* sind eher die Ausnahme, und auch sie lassen sich nicht rundweg der Stadt Biberach zuordnen. Wieland war seiner Heimatstadt und ihrer Umgebung zugeneigt; aber er machte keinen Versuch, für diese Region und ihre künstlerischen Äußerungen einen besonderen Rangplatz zu beanspruchen. Zur Aufwertung trug er trotzdem bei: Dass sich in den aktivsten Kulturzirkeln des Nordens mit Wieland ein Dichter aus dem Südwesten hervortat, wurde durchaus vermerkt.

Insofern war er dann doch an der schwäbischen Aufholjagd beteiligt, und dank der Vielseitigkeit und Eleganz seiner Poesie sogar besonders wirksam.

Um eine Aufholjagd und einen nicht ohne Feindseligkeiten ausgetragenen Wettstreit handelte es sich tatsächlich. Der geistige Anführer der Schwabenpartei war Christian Friedrich Daniel Schubart (1739–1791). Sein Lebenslauf ist allgemein bekannt; zumindest weiß man von seiner langen Haft auf dem Hohenasperg. Die bedrängende Vorstellung dieser Leidenszeit behindert manchmal den Blick auf die literarischen Leistungen Schubarts, die andererseits auf vielfältige Weise mit dieser unglücklichen Phase zusammenhängen. Sie dauerte fast zehn Jahre und damit ein Drittel seines Lebens nach Kindheit und Lehrjahren. Vor der Zeit auf dem *Tränenberg* war Schubart mit kleineren Werken hervorgetreten, darunter auch mit der Erzählung *Zur Geschichte des menschlichen Herzens*, an der sich Schiller bei seinem ersten großen Drama *Die Räuber* orientierte. Vor allem aber hatte er eine Zeitung, die *Deutsche Chronik*, gegründet, deren Artikel sich nicht alle mit Sicherheit einem Verfasser zuordnen lassen, die er aber jedenfalls zu großen Teilen selbst bestückte. In der Gefangenschaft entstanden einige seiner schönsten Gedichte; außerdem schrieb er seine *Ideen zu einer Ästhetik der Tonkunst* nieder und hielt seine Erfahrungen und Gefühle fest für die später publizierte Autobiographie *Schubart's Leben und Gesinnungen*. Nach der Entlassung aus der Haft nahm Schubart die Arbeit für die Zeitung wieder auf und wagte durchaus kritische Anmerkungen zur herrschenden Politik, obwohl er als Theaterdirektor nun direkt in die höfische Stuttgarter Kultur eingebunden war.

Im ersten Jahr seiner *Chronik* rühmte er *unsern Wieland, den Plato, Ariost, Cervantes, Pope, Metastasio und Sterne unserer Provinz*. Abgesehen davon, dass ihm Übertreibungen leicht in die Feder rutschten, dürfte dies geballte Lob dem Bestreben geschuldet sein, die manchmal mit einer gewissen Arroganz vertretenen

Chr. Daniel Friedrich Schubarts

Gedichte

aus dem

Kerker.

Mit allerhöchst-gnädigst Kaiserl. Privilegio.

Carlsruhe,
bey Christian Gottlieb Schmieder,
1785.

Titelblatt von Schubarts
»Gedichten aus dem Kerker«

kulturellen Ansprüche nördlicher Provinzen zu relativieren. An sich stand Schubart der Poesie Wielands, vor allem während dessen spielerischer Rokokozeit, relativ fern, auch wenn er mit ihm Briefe wechselte und in einem der letzten Jahrgänge der *Chronik*, also nach seiner Entlassung, das überschwängliche Urteil wiederholte: *Das ganze jezige Ausland zeige mir jezt einen Mann, der mit Wieland zu vergleichen wäre.*

In der Strategie Schubarts war Wieland eine wichtige Figur, weil er in seiner neuen Heimat, in Weimar, voll anerkannt war. Im eigenen Umfeld sah Schubart niemand, der sich so hätte profilieren lassen. In seine Zeitung rückte er verschiedentlich Beobachtungen ein, die ebenso ernüchternd waren wie die norddeutscher Kritiker. Von den Bürgern sagt er: *Die leeren Stunden verspazieren, verplaudern, verrauchen, vertrinken ist ihnen weit angenehmer, als ihrer Seele durch Lesung nützlicher Schriften Nahrung zu verschaffen* – daher rühre ihre *unverzeihliche Unwissenheit.* Er fragt auch, wer an der Rückständigkeit schuld ist, und er antwortet: *Nicht wir, nicht unser Wein, nicht unser Brod, nicht unser Bier, auch nicht unsere Luft – Allein die Verschiedenheit der Staatsverfassung und der Religion müsste die Schuld tragen.* Und er konfrontiert die Schwaben mit der Aufgabe: *Den stolzeren Provinzen kühn zu zeigen / Auch hier ist Genius, auch hier ist deutsche Glut.*

Sein *Schwaben* versieht er nicht mit festen Grenzen. Aber er hatte meistens das größere Schwaben vor Augen, das in Gestalt der Reichskreise ja noch politische Realität war, und er erinnert stolz an die *Sueven*, die *seit und vor Cäsars Zeiten die tapfersten und streitbarsten Männer waren.* Aber es kommt auch vor, dass er das Herzogtum Württemberg als *unser Vaterland* bezeichnet, obwohl er zu dieser Zeit in Augsburg lebte und dort sein neues Journal herausbrachte. Das Hin und Her auf der Bedeutungsskala ist insofern nicht verwunderlich, als gefühlte Zugehörigkeit meist an verschiedenen Größen festgemacht wird – oft in konzentrischer Struktur von der unmittelbaren Nachbarschaft bis zur Nation. Aber in der gelegentlichen Gleichsetzung mit Württemberg kündigt sich auch die fortschreitende Verengung des Begriffs Schwaben an.

Jedenfalls sieht Schubart in den Schwaben – wen auch immer er dazu rechnet – die Garanten für eine neue, der norddeutschen *Verfeinerung* kritisch begegnende Lebensart und für einen neuen Ton in der Literatur. Er lobt *den unfaçonierten Schwaben*, und er rühmt seine *Herzlichkeit*, die er ganz nahe an natürliche Grobheit im Umgang heranrückt – eine Kombination, die im Selbstbild der Schwaben bis heute mit starken Farben betont wird.

Im zweiten Jahrgang der Chronik, 1775, veröffentlicht Schubart sein Gedicht *Das Schwabenmädchen*:

Ich Mädchen bin aus Schwaben,
Und braun ist mein Gesicht;
Der Sachsenmädchen Gaben
Besitz' ich freilich nicht.

Die können Bücher lesen,
Den Wieland, und den Gleim;
Und ihr Gezier und Wesen
Ist süß wie Honigseim.

Der Spott, mit dem sie stechen,
Ist scharf wie Nadelspitz;
Der Witz, mit dem sie sprechen,
Ist nur Romanenwitz.

Mir fehlt zwar diese Gabe,
Fein bin ich nicht und schlau;
Doch kriegt ein braver Schwabe
An mir 'ne brave Frau.

Das Tändeln, Schreiben, Lesen
Macht Mädchen widerlich;
Der Mann, für mich erlesen,
Der liest einmal für mich.

Ha, Jüngling, bist aus Schwaben?
Liebst du dein Vaterland?
So komm, du sollst mich haben.
Schau, hier ist meine Hand!

Das Gedicht wurde manchmal als besonders wirksame Stellungnahme gegen die herablassende Kritik sächsischer Schriftsteller und als ausdrucksstarke Form schwäbischer Selbstbesinnung gewürdigt.

Aber man stolpert dann doch über einige Stellen und kommt nicht an dem Urteil vorbei, dass Schubart hier ein paar Eigentore geschossen hat. Auffallend ist gleich, dass er neben Gleim ausgerechnet den Schwaben Wieland als Beispiel poetischer *Gezier* anführt – übrigens zu einer Zeit, in der dieser seine *Abderiten* publiziert und sich ein ganzes Stück von seinen Zierlichkeiten entfernt und in der sich Schubart verschiedentlich auch bewundernd über Wieland äußert. Attackiert wird in dem Gedicht aber nicht nur *das Tändeln*, vielmehr werden Schreiben und Lesen insgesamt in Frage gestellt. Schubart zieht hier den Sinn der Aufklärung in Zweifel, und man kann geradezu sagen, dass er mit dem Angriff auf Bildung an dem Ast sägt, auf dem er selber sitzt.

Es lässt sich einwenden, dass Schubart ja nur den weiblichen Teil seiner Landsleute im Auge hat, aber es handelt sich dabei – wohl nicht nur aus heutiger Sicht – um ein weiteres Eigentor. Indem er eine Trennlinie zwischen Bildung und Herzlichkeit zieht (mit später üblich gewordenen Vokabeln: zwischen Geistesbildung und Herzensbildung), sieht er Mädchen und Frauen nur für geistig anspruchslose Tätigkeiten zuständig. Allerdings vertritt Schubart damit die lange vorherrschende traditionalistische schwäbische Haltung; die Emanzipationsschritte sind hier zögerlicher als in manchen anderen deutschen Provinzen.

Als ziemlich einsames Beispiel für Emanzipation im literarischen Bereich wird meist Sophie von La Roche (1731–1807) angeführt. Sie wuchs in Kaufbeuren und Augsburg auf; ihr Vater, ein Arzt, war auf eine gehobene Erziehung in traditionellen Bahnen bedacht – mit dem Akzent auf häuslicher Kunstübung und Haushaltsführung. Als sie 16 war, kam es zur Verlobung mit einem italienischen Arzt; aber aufgrund weltanschaulich-religiöser Differenzen sorgte ihr Vater für die Aufhebung. Verwandtschaftliche Verbindungen führten Sophie öfter nach Biberach, wo sie Wieland kennen und lieben lernte – sie war jetzt 18 und er 16 Jahre alt. Sie verlobten sich; aber ihr Vater setzte sich erneut darüber weg und bahnte ihre Heirat mit dem Hofrat La Roche an, dem unehelichen Sohn des Grafen Stadion, in dessen Schloss Warthausen er arbeitete. Sophie fügte sich dieser Lenkung durch ihren Vater, und in ihrem Roman *Geschichte des Fräuleins von Sternheim* vertritt sie ähnliche Erziehungsprinzipien wie er: keine Gelehrsamkeit für Frauen, aber *häusliche Tugend* und praktische Ausbildung.

Wie wichtig der Autorin die Belehrung ihrer Geschlechtsgenossinnen war, geht aus vielen ihrer Veröffentlichungen hervor, am offenkundigsten aus der Monatsschrift *Pomona für Teutschlands Töchter*, die sie in den Jahren 1783 und 1784 herausgab und für die sie selbst zahlreiche Beiträge schrieb. Auch hier stehen *häusliche Geschicklichkeit* und *Tugend* im Vordergrund, und die gesellschaftliche Führungsrolle der Männer wird kaum in Frage gestellt. Sophie von La Roche schreibt beispielsweise, sie *bemerke nützlich und still,* was ihr Mann und sein Gast beim Frühstück besprechen, während sie mit *Näh- und Strickarbeit* beschäftigt sei. Die flotte Kritik an dieser Haltung übersieht im Allgemeinen, dass ein geordneter Haushalt ein wichtiges und gar nicht leicht zu erreichendes Ziel der Aufklärung war, und die als typisch weiblich betrachteten Arbeiten brauchten genau wie technische Entwicklungen die *denkende Hand*, wie das Gottfried Semper später bezeichnete. Allerdings gibt sich die Frau von La Roche auch deshalb damit zufrieden, weil sie *bemerkte, dass Männer von großer Geburt und Geist mir bei dem häuslichen Fleiß meiner Nadel noch mehr Hochachtung zeigten, als bei der Beschäftigung meiner Feder.*

Tatsächlich erregte Sophie La Roche mit ihren vielen Romanen, Erzählungen und Reisebeschreibungen nie mehr die Bewunderung, die ihre *Geschichte des Fräuleins von Sternheim* gefunden hatte. Das große Echo, das dieser Roman auslöste, war freilich nicht in erster Linie auf den pädagogischen Eifer zurückzuführen, sondern auf den sentimentalen Ton und die abenteuerliche Handlung – heimliche Trauung mit einem Betrüger durch einen

Geistlichen, der keiner ist, von der Verführung zur Entführung, die im Kerker endet, Befreiung, Leben und Arbeit bei einer Köhlerfamilie, schließlich standesgemäße Hochzeit mit einem Lord. Sicher trug zum Erfolg auch bei, dass zunächst nur der Name Wieland im Titel stand. Er nahm in einem Vorwort und in Fußnoten Stellung zu dem Roman und der Verfasserin. Er lobte ihre *ungeschminkte Aufrichtigkeit der Seele*, sah aber formale Mängel und kritisierte die *Schreibart*, und er kokettierte mit dubiosen Kommentaren, so wenn er bei einer Passage über eine drohende Vergewaltigung fragt, warum denn die Betroffene *so ungehalten* sei: *Warum sagte sie, es zerreiße ihr das Herz, da er doch nur ihr Deshabillé* (ihr Negligé) *zerriss?*

Sophie von La Roche gehört gerade auch mit dieser ersten Publikation in den Bereich modischer Trivialliteratur, die sich in den letzten Jahrzehnten des 18. Jahrhunderts in großer Schnelligkeit und Dichte ausbreitete. Aber sie stand am Anfang dieser Entwicklung, und man muss ihr eine gewisse Pionierrolle zubilligen. Den Briefroman, in den westeuropäischen Ländern durch Jean-Jaques Rousseau und Samuel Richardson etabliert, brachte sie in Deutschland zur Geltung. Der Untertitel gab vor, die Geschichte sei *aus Original-Papieren und andern zuverlässigen Quellen gezogen* – aus solchen angeblichen Originalpapieren setzte sich auch *Werthers Leiden* von Goethe zusammen. Sein Urteil über Sophie war wechselhaft und zwiespältig. Er tadelte ihre manchmal starre Haltung und ihre Koketterie; aber er sprach, vor allem in den Anfängen seiner Bekanntschaft, auch respektvoll und gar begeistert von ihr. Als er Frankfurt verließ, hatte er Schulden bei ihr, und vorher hatte er in Koblenz, wohin sie mit ihrem Mann gezogen war, an ihren Salongesprächen teilgenommen und damit erstmals Kontakt mit der höheren Gesellschaft gefunden.

Salon – der kritische Einwand ist sicher berechtigt, dass Sophies Kreis mit den brisanten Berliner Salonarrangements wenig gemein hatte, ganz zu schweigen von den Vorbildern in Frankreich und

England. Aber wiederum darf die Pionierrolle nicht unterschätzt werden; Sophie von La Roche trug dazu bei, dass regelmäßige literarische Gespräche auch im Süden Deutschlands ein Format der Geselligkeit wurden. In Stuttgart trafen sich zum Beispiel literarisch Tätige und Interessierte bei Marianne Ehrmann (1755–1795), einer gebürtigen Schweizerin, die als 28-Jährige die *Philosophie eines Weibes* veröffentlicht hatte und vier Jahre danach den Roman *Amalie. Eine wahre Geschichte in Briefen.* Die Autorin hatte sich nach der Trennung von ihrem ersten Mann als Schauspielerin durchgeschlagen und reiste dabei unter dem Pseudonym *Sternheim.* Schon dies war ein Hinweis auf das Vorbild La Roche, und ihr folgte sie auch in ihrem Roman – der allerdings dank vieler autobiographischer Elemente als wahre Geschichte angeboten werden konnte, obwohl er natürlich auch fiktive Handlungszüge enthält. Dass Marianne Ehrmann von ihren Freunden *Amalie* genannt wurde, ist kein Zufall; und sie selbst identifizierte sich in einer Vorrede mit ihrer Figur: *ich bin ganz gewiss Amalie …*

Vergleicht man Marianne Ehrmann mit Sophie von La Roche, sticht vor allem die größere Vitalität der Amalie hervor – der Romanfigur Amalie wie ihrer Erfinderin Amalie. Sie vertritt eine entschiedenere Form der Kritik an männlichen Ansprüchen und modernere Inszenierungsformen des Feminismus; im Roman begleitet Amalie auf einer Italienreise ihren Vetter in Männerkleidung *in öffentliche Lusthäuser* und schließt Überlegungen zur Schuld der Männer an der traurigen Lage der Huren an. Sie geht aber auch rigoros mit sich und ihrem Geschlecht um und wendet sich gegen Autoren, die *durchaus alle Mädchen bloß schimärisch engelrein in Romanen handeln lassen.* Das trifft das Fräulein von Sternheim nicht ganz genau, aber es geht in ihre Richtung.

Verkaufsfördernd waren solche Ansichten nicht unbedingt. Als Marianne Ehrmann unter dem Titel *Amaliens Erholungsstunden* ein eigenes Journal herausgab, machte ihr der Verleger Johann Friedrich Cotta Schwierigkeiten und rückte ohne ihre Zustimmung einen Artikel ein, in dem zu lesen war: *Frauenzimmer lieben anstrengende Lesereien nicht* – was die Herausgeberin mit dem Wechsel des Verlags quittierte.

Tränenselige, empfindsame, tugendsame Geschichten verzeichnen demgegenüber größere Erfolge auf dem Markt. Sophie La Roches *Fräulein von Sternheim* kann der fünf Jahre später erschienene Roman *Siegwart. Eine Klostergeschichte* an die Seite gestellt werden. Verfasser war Johann Martin Miller (1750–1814), Pfarrerssohn aus Ulm, der in Göttingen und Leipzig studierte und in seiner Heimatstadt zum Gymnasialprofessor, Münsterprediger und schließlich Dekan aufstieg. Die Klostergeschichte erschien bald nach dem Abschluss seines Studiums. Er war 26 – solche Altersangaben sind sinnvoll, weil sich in der Vorstellung alter Zeiten die Akteure oft unversehens in alte Menschen verwandeln. Millers Roman war ja auch nicht gerade jugendfrisch; missglückte Liebesbeziehungen enden im Kloster oder auf dem Friedhof, und es gibt kontinuierlich Anlässe zu sentimentalen Schwärmereien und gefühliger Trauer. Goethe bezeichnete den Stil von Millers Roman vor dem Hintergrund der gleichzeitigen männlich-robusten Sturm-und-Drang-Dichtung als *frauenzimmerlich* – wobei natürlich nicht an Frauenzimmer der Art Amaliens zu denken ist.

Im Jahr nach dem Erscheinen von Millers Roman veröffentlichte der aus Esslingen stammende Friedrich Bernritter (1749–1803) die Parodie *Siegwart oder der auf dem Grab seiner Geliebten jämmerlich verfrorene Kapuziner*, in der er sich ohne große Übertreibungen an den Inhalt von Millers Buch hielt, weil schon dieses einer Parodie nahekam. Er brachte so Urteil und Stimmung kritischer Leser zum Ausdruck; aber ihnen stand eine große unkritische Leserschaft gegenüber, die sich weiterhin an die sentimentalen Geschichten und erbaulichen Botschaften hielt. Ein Jahr nach Bernritters Parodie veröffentlicht der aus Brackenheim stammende David Christoph Seybold (1747–1804) den Roman *Hartmann, eine Wirtembergische Klostergeschichte*. Er führt zunächst

Amaliens
Erholungsstunden.

Teutschlands Töchtern
geweiht
von
Marianne Ehrmann.

Erstes Bändchen.

Zwote Auflage.

Tübingen 1790.
in der J. G. Cottaischen Buchhandlung.

»Amaliens Erholungsstunden«,
Marianne Ehrmanns Journal

in das Pfarrhaus von *Gönningen, nicht weit von dem berühmten Nebelloch und der Reichsstadt Reutlingen*, und schildert dann den Weg des Pfarrersohns durch die theologischen Seminare – sicher aufgrund eigener Erfahrungen des Verfassers, aber ausgemalt in rührseligen Szenen. Dass im evangelischen Württemberg *Klostergeschichte* als Empfehlung an mögliche Leserinnen und Leser fungierte, mag im Blick von außen irritierend gewesen sein; im Land kannte man die protestantische Spielart des Klosters und ihre zentrale Funktion für akademische Karrieren.

Erst zehn Jahre nach der Publikation seiner Parodie stellte Bernritter fest, *die Epoche der Siegwartomanie* sei vorbei. Er schrieb dies in einem Buch mit dem langen Titel: *Wirtemberg. Pietismus. Schreiber. Schulen. Und Erziehung und Aufklärung überhaupt.* Darin setzte er sich mit der Lage im württembergischen Herzogtum auseinander – mit Rücksicht auf seine beamtete Stellung anonym, da er die Verhältnisse nicht nur positiv sah. Aber auch die kritische Perspektive bezeugt die zunehmende Aufmerksamkeit, die der eigenen Region entgegengebracht wurde. Noch vor den systematischen Erhebungen im Zeichen der Stabilisierung der neuen Staaten entstanden vermehrt Schilderungen von Land und Leuten, Darstellungen von Geographie und Statistik – wobei dieser Begriff nicht auf die Erfassung von Zahlenangaben und auf Berechnungen zielte, sondern auf ein umfassendes Verständnis der jeweiligen Lebensbedingungen. August Ludwig Schlözer (1735–1809) aus Hohenlohe, der nach langen und instruktiven Auslandsaufenthalten Professor in Göttingen geworden war, veröffentlichte 1775 das Buch *Briefwechsel, meist statistischen Inhalts.* Der Titel zeigt das Ineinander von persönlicher Erfahrung und generalisierender Dokumentation, das auch mit der Konjunktur der Reisebeschreibungen verbunden war.

In diesem Genre gab es Versuche, die erkundeten Orte und Gegenden genau zu schildern; der Berliner Schriftsteller und Buchhändler Friedrich Nicolai breitete nach seiner viele Monate dauernden Fahrt durch Deutschland und die Schweiz erstaunlich detaillierte Befunde für den Südwesten aus, allerdings ohne von seinen überwiegend antikatholischen Vorurteilen weg zu kommen. Andere Reisende betonten gerade die subjektive Sicht und mischten Beobachtungen und Erfindungen. So brachte Wilhelm Ludwig Wekhrlin (1739–1792) den spielerischen Zugang schon im Titel seines 1778 erschienenen Buchs zum Ausdruck: *Des Anselmus Rabiosus Reise durch Oberdeutschland.* Der junge Autor hatte zu dieser Zeit seine schwäbische Heimat längst verlassen, geflüchtet aus dem Heimatdorf Botnang, wo der Vater Pfarrer gewesen war, und geflüchtet aus dem Beruf eines Schreibers, der ihm zuhause aufgezwungen worden war. In der Phantasiereise rechnete er ab mit den starren württembergischen Verhältnissen.

Auch in den Beschreibungen von Wandertouren stehen präzise Angaben und gefällige Ausschmückungen nebeneinander – ein Zusammenspiel von wissenschaftlichen Ansätzen und poetischen Stimmungen. Tübinger Studenten machten sich auf den Weg über die Alb. Friedrich August Köhler (1768–1844) und Christoph Heinrich Pfaff (1773–1852) haben ihre mehrtägigen Wanderungen (1791 und 1792) in ausführlichen Berichten dokumentiert. Beide schrieben nüchterne Beobachtungen nieder über die wirtschaftlichen Verhältnisse und die schwierigen Lebensbedingungen auf der Alb; aber bei beiden zeigt sich manchmal auch die Freude an poetischen Natur- und Landschaftsschilderungen – romantische Blickweisen kündigen sich an.

Dabei gewinnt man den Eindruck, dass die schwäbischen Literaten extreme Schwärmerei eher meiden und dass sie bei der Schilderung volkstümlicher Traditionen nicht so schnell auf Herleitungen aus der germanischen Vorzeit zielen. Der in Schwäbisch Hall geborene und lange dort lebende Friedrich David Gräter (1768–1830) veröffentlichte 1793 einen Aufsatz über die Volkslieder, und obwohl er als Nordist für altertumskundliche Fragen aufgeschlossen war, konzentrierte er sich auf die Beobachtung aktueller Anlässe und Formen des Singens, auf das Leben der Lieder im Volk – und wurde damit einer Forderung gerecht, die andere Volksliedforscher meist nur vom Schreibtisch aus erhoben. Und als Gotthold Friedrich Stäudlin (1758–1796) eine *poetische Idylle* über den Markgröninger Schäferlauf in Verse fasste, kam es ihm nicht auf die historische Herkunft und Entwicklung an, sondern auf die zu seiner Zeit gegebene Perspektive auf das Fest. Vor allem brachte er die komische Spannung ins Spiel, die zwischen den städtischen Besuchern und den ländlichen Akteuren herrschte: Die Schäferinnen, so formulierte Stäudlin, seien *so manchem / Herrchen ein stärkrer Magnet, als sein alternder städtischer Engel, /*

Welcher sich schmiegt an ihn mit mählich welkendem Busen ... Und von den Schäfern strahlt mancher *in herrlicher männlicher Schöne / Den zu umarmen so heiß die Städterinnen gelüstet.*

Stäudlin, in Stuttgart geboren, wo er nach seinem Tübinger Studium auch als Advokat arbeitete, verstand sich in erster Linie als Literat. Er schrieb einen sentimentalen Briefroman und Gedichte, versammelte in Almanachen auch neue Gedichte von Anderen, darunter auch zwei Arbeiten Hölderlins, kümmerte sich um den Nachlass des Schweizers Johann Jacob Bodmer und edierte an diesen gerichtete Briefe, und er übernahm nach dem Tod Schubarts die Herausgabe der *Vaterländischen Chronik*. Aber er scheiterte; als Sympathisant der Französischen Revolution, der er zweifellos war, wurde er des Landes verwiesen. In Baden versuchte er Fuß zu fassen, hatte aber mit einer neuen Zeitschrift so wenig Glück wie mit seiner juristischen Tätigkeit – er ertränkte sich in der Ill bei Straßburg.

Die Revolution in Frankreich elektrisierte viele der schwäbischen Literaten. Spitzeleien und Denunziationen gefährdeten nicht nur das offene Wort, sondern auch den freien Austausch in literarischen Zirkeln – übrigens bis weit ins 19. Jahrhundert hinein. Trotzdem wurden die Nachrichten aus Paris begierig aufgenommen, und in manchem Roman und manchem Gedicht wurde als Konterbande rebellisches Gedankengut unter die Leute gebracht, obwohl die Verfasser den Hohenasperg vor Augen hatten. Von einzelnen Personen weiß man Genaueres über Art und Umfang ihres Engagements in den Zeiten der Revolution – zum Beispiel von Georg Kerner (1770–1812), dem (gleich um 16 Jahre) älteren Bruder von Justinus, der von Stuttgart nach Straßburg und Paris aufbrach, von Johann Gottfried Pahl (1768–1839), der bereits eine Pfarrstelle in der Nähe seines Geburtsorts Aalen übernommen hatte, was ihn nicht an der politischen Diskussion hinderte, oder von dem Schorndorfer Karl Friedrich Reinhard (1761–1837), der sich als Hauslehrer in Bordeaux mit revolutionären Gruppen verband.

Der Historiker Axel Kuhn konnte mit Hilfe der Archivforschungen eines Stuttgarter Projektseminars deutlich machen, dass das revolutionäre Engagement sich nicht auf wenige Personen beschränkte, sondern eine breite Basis hatte. Es gab Milieus, in denen die Revolution das vorherrschende heiße Thema war. Dazu gehörte die Stuttgarter Hohe Karlsschule, gehörten aber auch die theologischen Seminare im Land und das Tübinger Evangelische Stift.

Es ist nur schwer zu eruieren, wie weit man hier ging und wie sich die einzelnen Exponenten in ihrem Umkreis verhielten; aber es kann als gesichert gelten, dass Anhänger der Revolution zusammenfanden, dass politische Feste und Maskeraden gefeiert wurden, dass man mit dem Errichten von Freiheitsbäumen provozierte und dass die Gründung einer *Schwäbischen Republik* diskutiert wurde, für die auch in Ulm eine Gruppe von Bürgern eintrat.

Erstickt wurde die Begeisterung vielfach durch die Nachrichten von den wirren Richtungskämpfen und der blutigen Radikalität in Frankreich, die ja auch für deutsche Parteigänger verhängnisvoll war. Eulogius Schneider (1756–1794), der aus dem Fränkischen kam, nach seiner Ordenszeit als Franziskaner einige Jahre Hofprediger in Stuttgart und danach Münsterprediger in Straßburg war, begrüßte die Revolution nicht nur im Gedicht, sondern wirkte aktiv als jakobinischer Ankläger beim Revolutionstribunal mit; aber er wurde, weil er seine Hochzeit mit der Tochter eines Straßburger Weinhändlers *mit einer übermäßigen Pracht* feierte, in Haft genommen und kam einige Monate später auf Weisung des Wohlfahrtsausschusses von Robespierre unter die Guillotine. Georg Kerner hatte um diese Zeit Frankreich schon lang verlassen und betrieb in Hamburg eine sozialmedizinische Praxis. Karl Friedrich Reinhard kehrte nicht nach Deutschland zurück, hatte sich aber von den radikaleren Gruppierungen losgesagt und fand so zu einer langen politischen Karriere in Frankreich. Und Johann Gottfried Pahl ironisierte die naiven Schwärmereien vieler Revolutionsfreunde in einem Roman, dessen langer Titel die kritische Position andeutet: *Ulrich Höllriegel. Kurzweilige und lehrreiche Geschichte eines Wirtembergischen Magisters. Zum Nutz und Frommen seiner Landsleute und aller politischen Orthodoxen und Heterodoxen, in und außer seinem Vaterlande.* Pahl vertrat jedoch weiter freiheitlich-demokratische Ideen, sodass es angebracht war, dass er als Verfasser des Buchs nicht sich, sondern einen *Athanasius Wurmsamen* präsentierte.

Überblickt man die letzten Jahrzehnte des 18. Jahrhunderts, so ist man beeindruckt von der Vielfalt des literarischen Lebens und literarischer Produktion. Den eher flüchtig vorgestellten Poeten und den erwähnten Publikationen könnten noch ganze Reihen hinzugefügt werden. Aber unter all den angeführten Werken ist keines, das man ohne Bedenken als genial bezeichnen könnte, und von den Dichterinnen und Dichtern nach Wieland und Schubart empfiehlt sich niemand für die Auszeichnung *Genie.* Und doch gaben sie Schubarts Ausruf und Aufruf *Auch hier ist Genius* einen Rückhalt. Sie fanden in allen deutschen Ländern viele Leserinnen und Leser und vermittelten so ein Bild von Schwaben und seiner Poesie, das lebendiger und ansprechender war als das der vorausgegangenen Epochen. Und sie weckten in Schwaben mehr Aufmerksamkeit für die Literatur und festigten ein kulturell verankertes Selbstbewusstsein, weil ihre Schriften deutlicher als in der Zeit zuvor als schwäbische Beiträge verstanden wurden.

Die unumstritten stärkste Potenz, die für das Schwäbische in den Wettstreit um die Geltung im deutschen Sprachraum eingebracht wurde, ist noch gar nicht erwähnt: Friedrich Schiller (1759–1805). Dass sein Sinn nach den negativen Erfahrungen mit dem württembergischen Herzog und seiner Regierung nicht auf enthusiastisches Lob des Landes ausgerichtet war, versteht sich. Aber er blickte auf seine Zeit in der herzoglichen Akademie nicht ohne Dankbarkeit zurück. Sie hatte ihn zwar von seinen beruflichen Wünschen abgezogen; der 14-Jährige bekannte offen, dass er glücklicher wäre, *wenn er dem Vaterlande als Gottesgelehrter dienen könnte.* Aber immerhin wurde er nicht auf die übliche militärische Karriere verwiesen, sondern studierte Jura und danach Medizin, und seinen Lehrern verdankte er nicht nur die Einführung in substanzielles philosophisches Denken, sondern auch die Förderung seiner poetischen Ambitionen.

Sie gingen schon damals ins Weite; Schiller wandte sich menschlichen Grundproblemen zu und bediente sich – man kann sagen: weltweit – historischer Konstellationen, um solche Probleme vorzuführen. Seiner schwäbischen Heimat blieb er zeitlebens verbunden, auch wenn er sie nach seiner Flucht nur ganz selten wiedersah. Es lag ihm fern, vaterländische Gesinnung auf Württemberg zu konzentrieren; aber in seinen frühen Gedichten bildet es zwei Mal den Gegenstand. *Der Wirtemberger* wird in aller Kürze charakterisiert:

> Der Name Wirtemberg
> Schreibt sich vom Wirt am Berg –
> Ein Wirtemberger ohne Wein,
> Kann der ein Wirtemberger sein?

Mit diesem Vierzeiler hat sich Schiller die lebenslängliche Zuordnung zu Württemberg gesichert: Er brauchte und verbrauchte so große Mengen von Wein, dass es seiner Gesundheit nicht zuträglich war und ihn oft in Schwierigkeiten brachte, die allerdings von den devoten Biographen meist übergangen werden.

Im anderen Gedicht wendet er sich den Taten eines württembergischen Herrschers zu, obwohl es ihm verhältnismäßig fern lag, die württembergische dynastische Tradition poetisch zu feiern. Das Gedicht ist überschrieben: *Graf Eberhard der Greiner* und als *Kriegslied* ausgewiesen. Es erinnert an die Schlacht bei Döffingen im Sommer 1388, in der Graf Eberhard mit ritterschaftlichen Verbündeten die Truppe der angreifenden freien Städte besiegte. Schiller schildert die wechselnden Geschicke der Auseinandersetzung mit dem Akzent auf Eberhards heldischer Haltung, vor der die Taten anderer Herrscher verblassen müssen:

Prahlt nur mit Karl und Eduard,
Mit Friedrich, Ludewig!
Karl, Friedrich, Ludwig, Eduard
Ist uns der Graf, der Eberhard,
Ein Wettersturm im Krieg.

Die schwäbische Orientierung dieses Gedichts legt seine Erwähnung nahe, und vielleicht ist ja auch die Einsicht nützlich, dass poetische Qualität nicht einfach in Naturtalent begründet ist. Das Kriegslied ist ein bestenfalls mäßiges Gedicht, dessen Pointe im Umgang Eberhards mit dem Tod seines Sohnes liegt – *eine Träne blitzt / Im Aug' auf seinen Sohn*, aber zuvor hat er seinen Schmerz zurückgestellt und die betroffenen Reitergenossen zur Fortsetzung des Kampfs ermahnt:

Hoch führt der Graf die Reiter an:
Mein Sohn ist wie ein andrer Mann!
Marsch, Kinder! in den Feind!

Uhland hat diese Pointe übernommen in seine Ballade *Die Döffinger Schlacht*, die eindrucksvoller komponiert ist als Schillers Gedicht. Von diesem sind vor allem die Verse lebendig geblieben, die den Anfang und die Endstrophe bilden:

Ihr – ihr dort draußen in der Welt,
Die Nasen eingespannt!
Auch manchen Mann, auch manchen Held,
Im Frieden gut und stark im Feld,
Gebar das Schwabenland.

Der martialische Kontext des Gedichts zeigt, dass hier die kriegerische Tüchtigkeit der Schwaben betont wird. Aber die Annahme liegt nahe, dass Schiller nicht nur schwäbischen Kriegsgeist hervorheben wollte, sondern dass er mit diesen Versen auch Stellung nahm im poetischen Nord-Süd-Konflikt. Die Auseinandersetzung kann ihm kaum verborgen geblieben sein, und er dürfte die eine oder andere einschlägige Äußerung aus der Chronik Schubarts gekannt haben, auch wenn er mit diesem nicht in enger Verbindung stand – neuerdings wird mit diskutablen Argumenten auch sein Besuch beim auf dem Hohenasperg inhaftierten Schubart in Frage gestellt, der in Theaterbildern und im Film als eine Gipfelszene der schwäbischen Literaturgeschichte gefeiert wurde.

Sicher nachweisbar ist dagegen eine literarische Verbindung. Schubarts Erzählung *Zur Geschichte des menschlichen Herzens* gab den Anstoß zum ersten Schauspiel Schillers. Schubart hatte die psychologische Durchdringung der Fabel gefordert:

> Wann wird einmal der Philosoph auftreten, der sich in die Tiefen des menschlichen Herzens hinablässt, jeder Handlung bis zur Empfängnis nachspürt, und alsdann eine Geschichte des menschlichen Herzens schreibt, worin er das trügerische Inkarnat vom Antlitz des Heuchlers hinwegwischt und gegen ihn die Rechte des offenen Herzens behauptet!

Schiller gab die Antwort. Sein Drama *Die Räuber* ist eine politische Auseinandersetzung mit den zementierten Strukturen der Gesellschaft und ein Generalangriff auf das *tintenklecksende Säkulum;* aber es ist, bezogen auf die Entfremdung der beiden Brüder und die Zweifel des alten Vaters, vor allem auch eine bei allem lauten Pathos sensible psychologische Studie. Inwieweit dies für den Erfolg der Uraufführung maßgebend war, ist schwer zu sagen; der Mannheimer Intendant brachte das Trauerspiel als mittelalterliches Ritterstück auf die Bühne, was dem Publikumsgeschmack gewiss entgegenkam.

Das Theater glich einem Irrenhause, schrieb ein begeisterter Besucher der Aufführung. Schiller registrierte das extrem lebhafte Echo zufrieden und hoffte, mit weiteren Dramen seinen Lebensunterhalt verdienen zu können. Da er für seine heimliche Fahrt nach Mannheim eine Arreststrafe und ein umfassendes Schreibverbot kassiert hatte, floh er aus der Stuttgarter Akademie. Aber sein nächstes Stück, *Die Verschwörung des Fiesco zu Genua*, wurde von der Mannheimer Intendanz zurückgewiesen und erlebte 1783 in Bonn die Uraufführung, die nicht besonders freundlich aufgenommen wurde. Die Handlung griff auf die Genueser Aufstände gegen den mächtigen Dogen Andrea Doria im 16. Jahrhundert zurück; der Autor bezeichnete das Stück im Untertitel als *republikanisches Trauerspiel.* Im Mittelpunkt stehen aber auch hier psychologische Probleme: die drohende Entwicklung Fiescos zum Tyrannen, während er selbst den Tyrannensturz plant, die schwierige und oft schwankende Haltung seiner Frau und der Freunde.

Deutlicher noch tritt dieser Aspekt hervor in dem Drama, das im folgenden Jahr in Frankfurt und zwei Tage später auch in Mannheim zur Aufführung kam: *Kabale und Liebe* – ein Titel, mit dem auf Vorschlag des versierten Theatermanns Wilhelm Iffland gleich das böse Intrigenspiel angekündigt wurde. Schiller hatte die Überschrift *Luise Millerin* gewählt und das Stück als *bürgerliches Trauerspiel* ausgewiesen. Unpolitisch war es nicht, denn es griff die Ständegesellschaft mit ihren zementierten Grenzmauern und ihren kriminellen Abwehrstrategien an; aber die Handlung ist wiederum vor allem von den inneren Unsicherheiten und den psychologischen Kämpfen der Personen bestimmt. Ferdinand, Sohn des am Hof beschäftigten Präsidenten, muss sich gegen die Heiratspläne behaupten, die sein opportunistischer Vater durchsetzen will, und Luise, Tochter des biederen Musikus Miller, zweifelt an der Berechtigung ihrer Liebe zu Ferdinand, weil diese die vom Vater hochgehaltenen kleinbürgerlichen Normen verletzt. Das grausam-sentimentale Ende des Stücks, der von Ferdinand geplante gemeinsame Gifttod des Liebespaars, trug sicher mit dazu bei, dass es in der literarischen Kritik nicht besonders günstig bewertet wurde; aber in weiten Kreisen löste es Begeisterung aus.

Das half Schiller in der verzweifelten Lage, in die ihn die Kündigung durch das Mannheimer Theater brachte. Durch seine Dichtung gewonnene Freunde in Leipzig befreiten ihn von seinen finanziellen Nöten und schickten ihm eine Einladung, der er im April 1785 folgte. Er nahm die Tätigkeit wieder auf, schrieb unter anderem seine Ode *An die Freude* und arbeitete an zwei Erzählungen, von denen eine fragmentarisch blieb, während die andere mit dem Titel *Verbrecher aus Infamie* (in der späteren Fassung *Verbrecher aus verlorener Ehre*) eine Vorlage für Hermann Kurz' Roman *Der Sonnenwirt* bildete. Und er vollendete ein weiteres Drama: *Don Carlos, Infant von Spanien.* Das war ein Rückgriff in die Geschichte und ein Ausgriff auf die große Politik. Die vom mächtigen Spanien beherrschten Niederlande strebten im 16. Jahrhundert nach Selbstbestimmung; in der spanischen Regierung gab es dazu unterschiedliche Einstellungen, die auch zu Spannungen und Feindschaften in der königlichen Familie führten. Sie bildet den Schauplatz für Schillers Drama. Der König pocht auf Härte, der Kronprinz Don Carlos denkt an die Befreiung der Niederlande und wird unterstützt von seinem Freund, dem Marquis Posa, der auch den König umstimmen will: *Geben Sie Gedankenfreiheit.* Die politische Auseinandersetzung wird aber überlagert von extremen emotionalen Konstellationen im privaten Bereich. Don Carlos liebt die jugendliche Königin, seine Stiefmutter; deren Hofdame Prinzessin Eboli liebt Don Carlos und wird selbst von dessen Vater, dem König, begehrt. Intrigen durchkreuzen vernünftige Entscheidungen, Carlos' Flucht in die

Niederlande wird verhindert, am Ende steht das Todesurteil für ihn. Mit guten Gründen hat man die Verwandtschaft mit *Kabale und Liebe* herausgestellt; das Drama behandelt vor allem Familienkonflikte, wenn auch in einer fürstlichen Familie.

Als das Schauspiel im August 1787 in Hamburg zur Uraufführung kam, lebte Schiller bereits wenige Wochen in Weimar. Damit begann eine neue Phase in seinem Schaffen, und Württemberg hatte einen hoch angesehenen Vertreter im literarischen Zentrum Deutschlands. Schillers Kontakte mit der schwäbischen Heimat, die nur privaten wie auch die literarisch bedeutsamen, blieben verhältnismäßig spärlich. Aber dass man im Südwesten mit Genugtuung auf seinen wachsenden Ruhm blickte und noch herzhafter als im übrigen Deutschland von *unserem* Schiller sprach, war nicht nur verständlich, sondern auch legitim.

Ein schwäbisches Jahrhundert

Der lebhafteren Umbruchzeit vor und um 1800, die eine langwierige, für die Poesie eher dürftige Zeitstrecke ablöste, folgte ein schwäbisches Jahrhundert der Literatur. Mit dieser Feststellung soll nicht vollmundig die These vertreten werden, Schwaben habe die Führungsrolle und die stärkste Position im literarischen Leben Deutschlands übernommen. Richtig ist, dass schwäbische Autoren und Autorinnen nun einen sehr respektablen Beitrag zur deutschen Literatur leisteten und dass es keine peinlichen Leerstellen mehr gab, auch wenn nicht alle literarischen Richtungen gesucht und nicht alle Formate bedient wurden. Vor allem aber wurde die Markierung *schwäbisch* zu einem geläufigen Element der Charakterisierung literarischer Produkte, manchmal als demonstrative Hervorhebung, meistens als selbstverständliche Zuordnung.

Beides hing vor allem mit der staatlichen Neuordnung und der politischen Konsolidierung zusammen. *Schwaben* war dabei endgültig kleiner geworden, war aber durch eine Staatsgrenze einigermaßen klar definiert und damit eine weithin als verbindlich aufgefasste Bestimmung. Das Schwabenland war jetzt nur noch das Königreich Württemberg, und jenseits der württembergischen Grenze war man auch nicht mehr *schwäbisch* – abgesehen vom Gebiet zwischen Neu-Ulm und Augsburg, wo aber *bayrisch* immer mitgedacht wurde. Allerdings muss dieser Befund in zweifacher Hinsicht eingeschränkt werden. Für die an Frankreich abgetretenen linksrheinischen Besitzungen des Herzogtums Württemberg wurde durch die Übereignung von Territorien ein Ausgleich geschaffen, und diese Kompensation war mit Rücksicht auf weitergehende Überlegungen zur Machtarchitektur im Südwesten äußerst großzügig ausgefallen. Ausgedehnte neuwürttembergische Gebiete entstanden im Norden und Süden des Landes – und dort lieferte man sich der nominellen Landesidentität nicht restlos aus. Bezeichnungen wie Hohenlohe oder Oberschwaben (immerhin mit *-schwaben*!) wurden und werden oft vorgezogen. Aber nicht nur der engere Zuschnitt von Altwürttemberg wirkt nach, sondern auch die einstige Größe von Schwaben. Man braucht nur an die Stauferbegeisterung zu denken, die heute ja auch Gesellschaftsfahrten zum ›schwäbischen‹ Castel del Monte in Apulien einschließt. Hier kommt, neben historischer Wissbegier, auch kollektive Nostalgie ins Spiel. Oft ist die Ausweitung aber auch eine Frage der Opportunität: Museen lassen sich, wenn sie die Schwabenthematik wählen, Bildwerke und andere Zeugnisse aus dem weiteren Raum des alten Schwaben nicht entgehen.

Die Ablösung der Selbstfindungsphase durch selbstbewussteren Umgang mit dem Etikett *schwäbisch* und die engere Präzisierung dieses Begriffs vollzogen sich in einem längeren Prozess und nicht in einem einzelnen Schritt. In den ersten Jahrzehnten nach der napoleonischen *Flurbereinigung* kam es immer wieder vor, dass mit der Bezeichnung *Schwaben* auch in aktuellen Zusammenhängen die ältere, weiter ausgreifende Bedeutung anvisiert wurde; das Beispiel von Gustav Schwabs Einbeziehung badischer Stationen in seine erst 1837 veröffentlichten Schwabenwanderungen wurde schon erwähnt. Und andererseits erfolgte Schillers Umzug in nördlichere deutsche Regionen fast zwei Jahrzehnte vor der staatlichen Neuordnung. Er wird hier als Markierung herangezogen, weil damit nach Wieland erneut ein Schwabe sichtbar in die Gipfelregion der nationalen Literatur aufgenommen war. Schiller trug am wirksamsten dazu bei, dass schwäbische Dichtung nicht mehr automatisch im Verdacht des Überholten und Kleinkarierten stand. Wenn über Schiller als Schwaben gesprochen wurde, war dies nur in Ausnahmefällen eine Distanzierung, und auch nachdem man sich mit den poetischen Maßstäben von der klassischen Epoche entfernt hatte, blieb ihm der Respekt, oft zur Begeisterung gesteigert, erhalten. Selbst Heinrich Heine, der die Schwabendichter stets in der Schusslinie hatte, griff ihn nicht an.

Mit der geographischen Veränderung erschloss sich Schiller nach dem kompakten Engagement für die Bühne eine neue Wirkungsmöglichkeit. Nachdem schon seine Schauspiele moralische Botschaften illustrierten und verdichteten, modellierte und raffinierte er nun aufklärerische Gedanken zu Politik, Kunst und Lebensführung. Die ersten größeren Arbeiten profilierten ihn als Historiker. Die Feindseligkeiten zwischen dem katholischen Spanien und den protestantischen Niederlanden, die den Hintergrund für *Don Carlos* bildeten, untersuchte er in einer umfangreichen Abhandlung über den *Abfall der Niederlande*, der er eine Studie zur *Geschichte des dreißigjährigen Kriegs* folgen ließ. Sie brachte ihm die Berufung auf einen Lehrstuhl der Universität Jena ein.

Mit Recht hat man festgestellt, dass er sich, bei aller fleißigen Recherche, nur bedingt als Historiker und mehr als Geschichtsphilosoph zu Wort meldete, sodass der Übergang zu allgemeineren Problemen der Philosophie kein Bruch war. Im Zentrum stand dabei die *ästhetische Erziehung des Menschen*, der er eine eigene Abhandlung widmete, für die aber auch die vorausgehende Schrift *Über Anmut und Würde* einen Beitrag darstellt und für die er auch prinzipielle poetologische Einsichten vermittelt wie in dem Aufsatz *Über die tragische Kunst* oder der Studie *Über naive und sentimentalische Dichtung*.

Mit der Jenenser Professur war keine Besoldung verbunden, und Schillers prekäre Situation verschärfte sich durch seine Heirat, die einer glücklich-unglücklichen Dreierbeziehung mit der späteren Frau und ihrer Schwester folgte, zusätzlich durch gravierende Krankheitsbefunde, die auch Kuraufenthalte notwendig machten. Drei Jahre lang war er entlastet durch einen von Verehrern in Dänemark bereitgestellten Ehrensold; dann musste er den kargen Lebensunterhalt durch seine literarische Tätigkeit sichern. Bei einem vom württembergischen Herzog geduldeten Aufenthalt in Stuttgart suchte er den Kontakt mit dem Verleger Cotta. Er erreichte einen Vertrag über die Herausgabe von zwei Zeitschriften, und zur gleichen Zeit einigte er sich mit einem andern Verlag auf die Edition eines Almanachs. Gefragt waren vor allem eigene Beiträge, und Schiller nahm die lyrische Produktion wieder auf, die nach einer größeren Anzahl von Jugendgedichten und wenigen philosophisch orientierten Stücken ziemlich brach gelegen war. Es mutet heute seltsam an, dass die finanzielle Konsolidierung ausgerechnet mit Gedichten anvisiert wurde; aber Lyrik galt gewissermaßen als *richtige* Dichtung und kam beim Publikum an.

Mit Goethe war in Weimar erst spät und flüchtig ein Kontakt entstanden. Jetzt aber kam es zum brieflichen Austausch über poetische und allgemeinere Fragen und zu äußerst fruchtbaren Begegnungen. Gemeinsam veröffentlichten sie *Xenien*, kritische Epigramme zu Zeiterscheinungen; bei einzelnen wird manchmal noch immer über die Verfasserschaft gestritten, während bei der Mehrzahl Stilunterschiede und Schillers aggressiverer Ton die Zuordnung klären. Mit Recht wird auch für die Balladendichtung auf Gemeinsamkeit verwiesen; sie betrifft aber die Verständigung über die Grundlagen und nicht die Autorschaft. Balladen Schillers gehören zu der relativ kleinen Auswahl von deutschen Gedichten, von denen man sagt, dass sie Alle kennen – wobei sicher an *Alle* ebenso Abstriche zu machen sind wie an *kennen*. Fragt man, was Schillers bekannteste Gedichte auszeichnet, so drängt sich das Stichwort Moral auf. Es sind Gedichte, die moralische Maßstäbe nicht nur enthalten, sondern sie hervorheben – es sind pädagogisch gut verwertbare Gedichte, die deshalb auch kontinuierlich im Deutschunterricht vertreten waren.

In der *Bürgschaft* begleitet man den Freund des Attentäters auf einem höchst abenteuerlichen und gefährlichen Weg, aber das steigert nur die eigentliche Botschaft: *Und die Treue, sie ist doch kein leerer Wahn*, vermittelt auch in der plakativen Umkehr des Tyrannen: *Ich sei, gewährt mir die Bitte, / in eurem Bunde der Dritte*. Der *Taucher* will die Hand der Königstochter und scheitert an seiner Maßlosigkeit. *Der Handschuh* führt eine vergleichbare Situation vor, aber mit positiven Konsequenzen: *Den Dank, Dame, begehr ich nicht* – das unmenschliche Ansinnen wird zurückgewiesen, und auch diejenige, die es ausgedacht hat. Im *Gang nach dem Eisenhammer* wird der verlogene Denunziant vernichtet, der zu Unrecht Denunzierte aufgrund seiner Frömmigkeit gerettet. *Der Ring des Polykrates* verweist auf die Brüchigkeit des Glücks, und die *Kraniche des Ibykus* bringen einen Mörder dazu, sich selbst zu verraten. Klare moralische Botschaften also, wie sie auch im *Lied von der Glocke* vermittelt werden – hier mit Klischees, die aber der Realität entnommen waren und dem großen Publikum entgegenkamen: *Der Mann muss hinaus / Ins feindliche Leben …*, und als Entsprechung: *Und drinnen waltet / Die züchtige Hausfrau …*

Gewiss unterstützten solche Postulate die Verwertbarkeit in Schulbüchern; aber die Popularität des Moralischen entspringt nicht nur der Manipulation durch Erziehungsinstanzen. Der erhobene Zeigefinger ist für die meisten Menschen in den meisten Situationen kein Schrecksignal, sondern eine Aufmerksamkeits- und Handlungshilfe, von Schiller freilich im Übermaß angeboten. Friedrich Nietzsche notierte in seinen *Streifzügen eines Unzeitgemäßen* boshaft: *Schiller: oder der Moral-Trompeter von Säckingen*, und diese Charakterisierung wurde von vielen Zeitgemäßen übernommen. Aber man sollte sie tiefer hängen. Erstens gibt es von Nietzsche auch positive Stellungnahmen zu Schiller. Zweitens dürfte der Spötter verführt worden sein durch die Möglichkeit, auf Viktor von Scheffels Versepos *Der Trompeter von Säckingen* anzuspielen. Und drittens kam Schiller in der Galerie ironischer Bilder noch verhältnismäßig gut weg – George Sand beispielsweise bezeichnete Nietzsche in seinen Streifzügen als *die Milchkuh mit schönem Stil.*

Schillers moralischer Impetus kam auch zur Geltung in seinem dramatischen Werk, dem er sich neben der Arbeit an seinen Gedichten erneut zuwandte. Die in seinen letzten Lebensjahren entstandenen Theaterstücke führen in unterschiedliche Epochen und Schauplätze und greifen vielfältige Probleme auf, die aber fast immer elementare Fragen des menschlichen Lebens betreffen und so scheinbar zeitlose moralische Botschaften vermitteln. *Wallenstein*, in drei Teilen auf die Bühne gebracht, beleuchtet die Widersprüchlichkeit im Charakter des gleichermaßen machtbesessenen wie friedliebenden Feldherrn. *Maria Stuart* unterliegt im Streit um die englische Königswürde, wird verurteilt und findet, den Tod unmittelbar vor Augen, zu innerer Größe. Auch die *Jungfrau von Orleans* scheitert in ihrem Kampf, sieht aber ihrem Tod gelassen und sogar hoffnungsvoll entgegen – *Kurz ist der Schmerz, und ewig ist die Freude.* Mit der *Braut von Messina* gestaltet Schiller einen antiken Stoff und verwendet Stilmittel der griechischen Tragödie wie den Einsatz eines Chors. Die Handlung jedoch hat er selbst entworfen, und an die Stelle des beherrschenden Einflusses der Götter tritt autonome moralische Haltung. In den Titel nahm er die Ergänzung *Die feindlichen Brüder* auf; tatsächlich sind Parallelen zum Drama *Die Räuber* gegeben – auch in dem antiken Ambiente werden familiäre Spannungen ausgetragen. Und auch in *Wilhelm Tell* wirkt das politische Geschehen in den Alltag der Menschen hinein und fordert private Entscheidungen mit großer politischer Tragweite.

Für alle seine Stücke hat Schiller die Zeitumstände und Szenerien genau erforscht. Als Musterbeispiel wird dabei immer wieder *Wilhelm Tell* angeführt; Schiller war bekanntlich niemals in der Schweiz, hatte sich aber über Bücher und Karten eine präzise Vorstellung von den Schauplätzen verschafft. Für *Wallenstein* hatte er sich über seine wissenschaftlichen Studien zum Dreißigjährigen Krieg eine sichere Grundlage erarbeitet, und auch in den anderen Stücken war er bemüht, möglichst korrekte Einblicke in die Orte und Zeitverhältnisse der Handlung zu geben. Den gewissenhaft ausgemalten exotischen Szenerien und Konstellationen steht aber die Konzentration auf ethische Entscheidungen gegenüber, die in die Sphäre des Theaterpublikums hineinreichen. Auch hier operiert der Dichter mit eingängigen pointierenden Sentenzen, die zum Teil wie anonyme Sprichwörter in Umlauf sind und erst beim Hören oder Lesen der Dramen den Autor erkennen lassen.

*

Man hat oft gefragt, warum Schiller mit seinen anfangs manchmal umstrittenen, dann aber ungemein erfolgreichen Bühnenwerken keine starke dramatische Tradition bei seinen Landsleuten ausgelöst hat. Aber die Frage enthält schon einen wesentlichen Teil der Antwort: Seine Präsenz blieb so stark und überzeugend, dass sich zwar viele ehrgeizige Poeten auch mit Dramen zu Wort meldeten, oft aber schon bei den Theateragenten und spätestens mit der Aufführung scheiterten. Dass dabei zu Unrecht Talente zurückgewiesen wurden, ist nicht sehr wahrscheinlich. Die Bilanz im dramatischen Feld blieb während des ganzen 19. Jahrhunderts dürftig, und es ist auffällig, dass auch die bekanntesten der Poeten keine großen Theaterdichter waren. Ludwig Uhland (1787–1862) brachte 1819 zwei Schauspiele auf die Bühne. *Ernst, Herzog von Schwaben* feiert unzerstörbare Freundschaft als *Bund der Redlichkeit und Treu*, und im Prolog weist Uhland darauf hin, *dass, die fürs Vaterland am reinsten glühn, / gebrandmarkt werden als des Lands Verräter* – eine aktuelle Anspielung auf die Kämpfe um die neue Verfassung, die in jenem Jahr endlich eingeführt wurde. Und auch das Drama *Ludwig der Bayer* hat einen aktuellen Nebensinn; Uhland, der Österreich in das kommende Deutsche Reich einbezogen wissen wollte, schildert die historische Aussöhnung Bayerns mit Österreich. Beide Dramen sind reich an Reflexionen und wirken in ihrer getragenen und feierlichen Sprache statisch – man denkt an Goethes Bemerkung, der Roman müsse *langsam gehen*, das Drama solle *eilen*.

Das eindrucksvollste Drama, das bald nach Schillers Tod entstand, ist keines – schlichter gesagt: es taugte nur sehr bedingt für die Bühne. Justinus Kerner (1786–1862) besuchte nach dem Abschluss seines Tübinger Medizinstudiums einige norddeutsche Städte zur beruflichen Fortbildung, aber auch als vielseitig orientierte Bildungsreise. Seine Erlebnisse verarbeitete er in dem Stück *Die Reiseschatten*, das er 1811 veröffentlichte und als *Schattenspiel* bezeichnete. Als solches sind tatsächlich Ausschnitte ein paar Mal vorgeführt worden, und heute könnten die erweiterten technischen Möglichkeiten in dieser Form wohl das ganze Werk lebendig machen. Kerners reale Erfahrungen werden darin phantasievoll ausgemalt oder auch ganz in Phantasiespiele überführt, in denen er seine Tübinger Lehrer, Freunde und Bekannte agieren lässt. Gleich am Anfang der literarischen Schattenreise nimmt Kerner den Dichter *Holder* in die Kutsche auf; es ist Hölderlin, den Kerner ärztlich betreut hatte. Kerner lässt ihn über Himmel und Erde philosophieren; unbemerkt verlässt der kranke Dichter die Reisegesellschaft, taucht plötzlich wieder auf, schwingt sich vom Rücken eines Schimmels in die Kutsche und hält wirre Reden. Später, in einem Gasthaus, hält er das schwarz-weiße Fliesenmuster für ein Schachbrett und wird wegen seines Ausrufs *Schach dem König!* als politisch gefährlich verhaftet. Auch die andern Szenen zielen auf kuriose Pointen, sind witzig und hintersinnig.

Auch Eduard Mörike (1804–1875) schrieb Szenen, die er in seinem Roman *Maler Nolten* mit Hilfe einer Laterna magica als Schattenspiel vorführen ließ, die aber keinen Platz im Repertoire von Theatern fanden. Die Szenen spielen auf der Insel *Orplid*, einer Sehnsuchtslandschaft, die sich Mörike in seiner Tübinger Studienzeit zusammen mit seinem Freund Ludwig Amandus Bauer (1803–1846) ausgedacht und mit allerlei Phantasiewesen belebt hatte. Später schrieb Mörike Erzählgedichte mit langen Dialogpartien, und unter dem Titel *Die Regenbrüder* stellte er dem Stuttgarter Komponisten Ignaz Lachner einen Operntext zur Verfügung, aber ohne große Begeisterung, sodass er bei den notwendig gewordenen Korrekturen und Ergänzungen Hermann Kurz um Hilfe bat. Ein Dramatiker war Mörike jedenfalls nicht.

Zu den kaum spielbaren dramatischen Dichtungen gehört auch *Das Welt-Gericht oder der schwäbische Jupiter in seinem Grimme* von Karl Borromäus Weitzmann (1767–1828). Die Parodie auf die olympischen Gottheiten ist gut verständlich, und dass diese den schwäbischen Dialekt benützen, schafft von vornherein eine komische Spannung. Aber Weitzmann ergänzt die Handlung in seitenlangen Regieanweisungen, in denen ein verrücktes Bild aufs andere folgt:

Im Vordergrunde gibt ein Sautreiber von Krumbach in seiner Verzweiflung einem Bassa von drei Rossschweifen die General-Absolution. Auf der andern Seite tanzt ein närrisch gewordener

Kapuziner-Provinzial mit der Spitalwäscherin von Dinkelsbühl Menuett. Der Tod in seiner feiertäglichen Rippenweste schnalzt mit der Kurierpeitsche den Takt dazu – und so fort. Mag sein, dass Weitzmann, der sein Jurastudium in Wien absolvierte, von den Wundern der dortigen Inszenierungstechnik verwöhnt war; aber derartige Bilderfolgen waren von keiner Regie umzusetzen.

Allerdings stand Weitzmann mit seinen Dialektstücken in einer festen Tradition. Deutlich wird dies vor allem in der *dramatisierten Posse*, die dem Weltgericht voranging: *Die schwäbischen heiligen drei Könige*. Ihnen hatte schon Sebastian Sailer eines seiner schwäbischen Stücke gewidmet – mit komischen Wendungen, die vor allem dadurch zustande kommen, dass die biblischen Gestalten mit Gegenständen konfrontiert und mit Gedanken ausgestattet werden, die in die neue Zeit gehören. Die Könige grüßen *Gelobt sei Jeses Chrischt*, reden vom Papst und verweisen zur Erklärung, was ein Kamel ist, einfach aufs *Krippele*, das ja an Weihnachten in den Wohnungen aufgebaut ist. Weitzmann bedient sich der gleichen Mittel zur Erzeugung von Komik. Auch wo Weitzmann die naiven, oft aber auch bauernschlauen Reden der Dörfler aufs Korn nimmt wie in seinem Gedicht über den *Bauern-Kongress in Poppelfingen*, kann er sich auf Sailer stützen, der in seiner kleinen Komödie *Die Schultheißenwahl zu Limmelsdorf* die Vetternwirtschaft attackiert hatte.

Kommunalpolitische Ansätze wurden vor allem mit der Darstellung von Schieflagen in den Blick genommen. In Schildbürgergeschichten und verwandten schwankhaften Erzählungen war dies das Thema, aber auch in dramatischen Skizzen, für die vor allem örtliche Wahlen den Stoff boten. Gottlieb Friedrich Wagner (1774–1839), Lehrerssohn aus Reusten, selbst Schulmeister und später Schultheiß in Maichingen, schrieb Stücke, die zum Teil Stationen seines eigenen Wegs folgen: *Die Schulmeisterswahl zu Blindheim oder Ist das Volk mündig?*, *Ernennung und Heirat des Schulmeisters zu Blindheim oder Ist das Volk mündig?*, *Die*

Repräsentanten-Wahl zu Dipplisburg, Debatten auf dem Rathaus zu Schwabenheim über die Errichtung einer Hülfsleihkasse, Die Schultheißenwahl zu Blindheim oder Ist das Volk mündig? Die drei Mal im Titel auftauchende Frage nach der Mündigkeit des Volkes verwies auf das Hauptmotiv des Autors; über die ins Licht der Komik gerückten Fehler und Beschränktheiten sollte der Sinn für verantwortliches Handeln geweckt werden. Wagner wurde in der Literaturgeschichte kein wichtiger Platz eingeräumt; aber die von ihm vertretene Thematik und Argumentation bot ein dominantes Muster für die populären Theateraufführungen, die im Lauf der folgenden Jahrzehnte von kleinen Amateurgruppen, aber auch von Vereinen geplant und getragen wurden.

Auch für die späteren Jahrzehnte des 19. Jahrhunderts gilt, dass dramatische Arbeiten zwar vereinzelt in den Werkverzeichnissen erwähnt sind, dass sie aber bei den bekannteren Autoren nur eine untergeordnete Rolle spielen. Als Ausnahme kann Charlotte Birch-Pfeiffer (1800–1868) angeführt werden, die allerdings nur die ganz frühe Kindheit im Land verbrachte. Sie ist in Stuttgart geboren; der Vater war ein großer Verehrer Schillers, mit dem er an der Hohen Karlsschule zusammen war. Als politischer Häftling landete Pfeiffer auf dem Hohenasperg; die Tochter war gerade fünf. Auf Einspruch des bayrischen Königs kam er frei und zog nach München, wo Charlotte mit 12 den Schauspielunterricht aufnahm und schon ein Jahr später auf der Bühne stand. Sie gab von da an Gastspiele und erhielt feste Engagements in München, Wien und Berlin; mehrere Jahre leitete sie das Stadttheater in Zürich. Sie heiratete, hatte Kinder und kam für den Unterhalt der Familie auf – und sie schrieb. Es gibt über ein Dutzend Dramatisierungen von Romanen und Erzählungen anderer Autoren, dazu frei erfundene Stücke. Sie kam den Vorstellungen und Wünschen des städtischen Publikums weit entgegen, und dazu gehörte es, dass sie die ländliche Gegenwelt in ihrer scheinbaren Unschuld und vermeintlichen Urwüchsigkeit mit auf die Bühne brachte, ohne die Zuschauer allzu dicht an die

Probleme der bäuerlichen Bevölkerung heranzuführen. *Wohlhäbiges Bauernzimmer* nennt sie den Ort der Handlung in einem nach George Sand gestalteten Stück, in dem eine überraschende Erbschaft alle Probleme löst. Mit am erfolgreichsten war sie mit *Dorf und Stadt*, der Dramatisierung von Berthold Auerbachs *Die Frau Professorin*, wo schon in der Vorlage für eine freundliche Stimmung und ein glückliches Ende gesorgt ist.

Erwähnt werden muss auch Moriz Rapp (1803–1883), der sich theoretisch und praktisch um eine Erneuerung des volkstümlichen Theaters bemühte, wobei die Mühe meist eine lockere und eingängige Form verhinderte. Er wuchs in einem literarisch geschwängerten Klima auf; sein Vater war der kunstsinnige Kaufmann Gottlob Heinrich Rapp, in dessen Stuttgarter Haus viele Künstler und Literaten kamen und das auch Goethe besuchte. Der Sohn war oft in die kulturellen Begegnungen einbezogen, und er wandte sich auch im Studium der Literatur und den neueren Sprachen zu. Beides lehrte er als Tübinger Privatdozent. Er publizierte Bücher zur Grammatik und zur vergleichenden Sprachwissenschaft, historische Dramen und Komödien. Eine besondere Bewandtnis hatte es mit dem Lustspiel *Der Student von Coimbra*, das in dieser portugiesischen Universitätsstadt spielt, aber ganz im schwäbischen Dialekt verfasst ist. Dies dürfte mit Rapps Annahme einer Verwandtschaft von Portugiesisch und Schwäbisch zusammenhängen, vergleichbar in den starken Nasalierungen, und begründet in seinem Vergleich, nach dem das Portugiesische ein Zweig des Spanischen, das Schwäbische ein Seitentrakt des Hochdeutschen ist. Vielleicht dachte er aber auch an die iberischen Sueben.

Um eine freundliche Einschätzung bemüht kann man feststellen, dass sich schwäbische Literaten im dramatischen Bereich in internationalen Zusammenhängen bewegten, wie es – vor allem in Folge der höfischen Prägung – der Tradition des Theaters entsprach. Moriz Rapp veröffentlichte Studien über das englische, das griechische und das spanische Theater und war maßgeblich an der Übersetzung und Publikation spanischer Dramen beteiligt. Und Charlotte Birch-Pfeiffer war nicht nur an verschiedenen europäischen Bühnen engagiert, sondern wählte auch für ihre Bearbeitungen fast nur ausländische Autoren – Alexandre Dumas, Victor Hugo, George Sand, Edward George Bulwer-Lytton, Charlotte Brontë, William Wilkie Collins. Aber eine Platzierung auf dem weltliterarischen Hochplateau ergibt sich daraus nicht, und die Bilanz für die schwäbische Dramatik nach Schiller bleibt dürftig. Eine gewisse Aufheiterung und ein versöhnliches Ende kann allerdings noch angefügt werden.

Friedrich Theodor Vischer (1807–1887) befasste sich in seinen literarhistorischen Vorlesungen und Essays auch mit dramatischer Dichtung, vor allem von Shakespeare und Goethe. Bei ihm beließ er es nicht bei der wissenschaftlichen Kritik, sondern parodierte den zweiten Teil des *Faust* in dem Drama *Faust. Der Tragödie dritter Teil in drei Akten*, dem er den langen und vielsagenden Untertitel gab: *Treu im Geiste des zweiten Teils des Goetheschen Faust gedichtet von Deutobold Symbolizetti Allegoriowitsch Mystifizinsky*. Er attackierte die *Manieriertheiten* von *Faust II*, die *Seltsamlichkeit der Sprache*, die *hochkatholische Behandlung* vor allem in den Schlusspartien. Aber er wandte sich gleichzeitig gegen allzu devote und allzu selbstbewusste Interpreten, indem er *Stoffhuber* und *Sinnhuber* einen Wettstreit auf der Bühne ausfechten ließ. Auf der imaginären Bühne, da die freisinnige Kritik Vischers samt den bei ihm unvermeidlichen Übertreibungen den Weg ins Theater blockierten. Gedruckt wurde das provokante und amüsante Stück in zahlreichen Auflagen, aufgeführt wurde es erst nach dem Zweiten Weltkrieg in wenigen Bearbeitungen.

Ähnlich verhält es sich mit dem einzigen selbständigen Bühnenstück Vischers, dem erst wenige Jahre vor seinem Tod entstandenen Lustspiel *Nicht Ia*, das in einem schwäbischen Pfarrhaus spielt. Der Titel bezieht sich auf die Examensnote, die der Pfarrherr von seinem Vikar erwartet und die Bedingung sein soll für die Heirat mit der Pfarrerstochter. Der Vikar erreicht die exzellente Note nicht, aber weil er sich bei den revolutionären Unruhen im Dorf vernünftig verhält, kommt es doch zu der erwünschten Ehe. Vischer ließ sein dramatisches Personal im Dialekt reden, was an sich der Aufführungspraxis der Amateurgruppen entgegenkam. Aber realistischerweise wählte er das Honoratiorenschwäbisch, das in gehobenen bürgerlichen Kreisen verbreitet, für die Bühnentradition auf der Linie von Gottlieb Friedrich Wagner aber unüblich war; und hier blieb auch der in theologischen Kreisen aufgeregt gehandelte Kampf um eine gute Examensnote ein fremdes Element. Diese Beispiele der Verbannung von der Bühne, *Faust III* wie *Nicht Ia,* zeigen die Abhängigkeit des öffentlichen Erfolgs und des Renommees von der keineswegs immer angemessenen Kritik, von oft zufälligen Ausrichtungen in Verlag und Vertrieb, aber auch von Einstellungen und Stimmungen des breiteren Publikums.

*

Sehr viel gravierender zeigt sich das Problem der Literaturgeschichte mit Wertungen und der Zuweisung von Rangplätzen an einem Fall, der – nach der kursorischen Behandlung dramatischer Versuche – wieder in die Zeit um 1800 zurückführt und hier neben Schiller am stärksten die Aufmerksamkeit auf sich zieht: die Dichtung Friedrich Hölderlins (1770–1843). Er wird noch immer viel gelesen und jedenfalls ohne Einschränkung verehrt. Er steht repräsentativ für die substanziellen Möglichkeiten von Dichtung schlechthin. Die Forschungsliteratur zu Hölderlin ist unüberschaubar – nicht nur, weil meist schon die Textgestalt seiner Poesie Rätsel aufgibt und Lesarten ganze Bände in der Großen Stuttgarter Ausgabe füllen, sondern auch, weil seine

Schriften fast immer vieldeutig sind und sich in verschiedenen Sinndimensionen und Symbolwelten bewegen. Die Hölderlin-Gesellschaft, die seit über 80 Jahren besteht, ediert Schriften, organisiert Veranstaltungen und schafft den Rahmen für lebhafte Diskussionen. In den Hölderlinschulen, die es in mehreren Städten gibt, hat man mehrfach den Namen als Herausforderung verstanden und genaue Lebensbilder des Dichters erarbeitet. Die Stadt Bad Homburg vergibt ebenso wie Stadt und Universität Tübingen einen Hölderlinpreis. Im Tübinger Hölderlinturm ist ein kleines Museum eingerichtet, und obwohl die Stadt eine ganze Reihe von Dichterhäusern hat, konzentriert sich das Interesse von Besuchern sehr stark auf Hölderlin, wobei natürlich das fast immer vorhandene Wissen um die tragische Wendung in seinem Leben eine wichtige Rolle spielt. Es gab auch eigens entworfene lebendige Bilder der Erinnerung: Das freie Theater Lindenhof, das seinen Sitz und normalen Spielort in Melchingen auf der Alb hat, arrangierte mehrere sommerliche Freilichtspiele rund um Hölderlin. Das erste von 1986 begann in Tübingen vor der Burse, der einstigen Klinik für den Patienten Hölderlin und wanderte dann die wenigen Schritte weiter zum Platz beim Turm, wo in Erinnerung an den kranken Dichter eindrucksvolle Szenen am und sogar im Neckar zu sehen waren.

Hat man all diese emotional durchwirkten Zeichen von Respekt und Ruhm vor sich, so ist man leicht versucht, stillschweigend eine ungebrochene Linie von Hölderlins Leben bis zur Gegenwart zu ziehen und eine kontinuierliche Steigerung des Ansehens zu unterstellen. Tatsächlich aber war Hölderlin beim großen Publikum lange Zeit so gut wie vergessen und war seine Position in der Literaturgeschichte fast ein Jahrhundert lang ziemlich peripher. Cotta druckte 1822 eine Neuauflage des *Hyperion* mit dem Blick auf die damalige Griechenbegeisterung in Deutschland, und in seinem Verlag erschien 1826 auch die erste Sammlung von Gedichten Hölderlins, die von Gustav Schwab

»Hölderlin. Tübingen. Turm«, Tübinger Sommertheater
mit Bernhard Hurm, 1986

und Ludwig Uhland besorgt wurde – was beiden als Verdienst angerechnet werden muss, auch wenn sie Vollständigkeit nicht anstrebten, sondern schwierige und in ihren Augen heikle Dichtungen aussonderten. Christoph Schwab, der Sohn Gustavs, stellte eine umfassendere Werkausgabe zusammen, die 1846, drei Jahre nach Hölderlins Tod, erschien. Große Verkaufserfolge waren das nicht, und Hölderlin, abgestempelt als Wahnsinniger, verschwand weitgehend aus der Diskussion. Nietzsche publizierte 1861 ein leidenschaftliches Plädoyer für die Dichtung Hölderlins. Er würdigte die inhaltlichen Intentionen, die *Sehnsucht nach Griechenland*, aber auch Hölderlins Abscheu vor dem deutschen Philister. Und er sprach enthusiastisch über die poetische Form: *diese Prosa ist Musik, weiche schmelzende Klänge, von schmerzlichen Dissonanzen unterbrochen, endlich verhauchend in düstren, unheimlichen Grabliedern.* Im Jahr 1875 sandte Nietzsche fünf der 15 Strophen des *Gesangs der Deutschen* von Hölderlin als *merkwürdig schöne Prophezeiung* an Richard Wagner. Aber dieses Engagement war die Ausnahme. Man kann sagen, dass lebhafteres Interesse an Hölderlin und seiner Dichtung erst im neuen Jahrhundert wieder erwachte. Dies lag zum Teil an den Möglichkeiten weltanschaulicher Vereinnahmung seines Werks, das für jugendbewegte Gruppen und für elitäre Zirkel prophetische Qualität gewann (als *Seherdichter* wurde Hölderlin gefeiert), aber auch schon vor dem Nationalsozialismus aufs Nationale verengt wurde. Andererseits lag es aber wohl daran, dass Hölderlins Dichtung ein frühes Vorspiel der Moderne war – in der prinzipiellen Verbindung von Heimat und Welt, der Befreiung von orthodoxem Regelwerk, der Überwindung religiöser Dogmen, aber auch in der Suche nach einer Wahrheit, die Vieldeutigkeit nicht leugnet.

Nach dem Zweiten Weltkrieg wurde höchst intensiv an den Problemen einer kritischen Edition des Werks gearbeitet, aber es kam auch zu lebhaften Diskussionen über neue Aspekte der Interpretation. In der Ende der 1960er-Jahre einsetzenden unruhigen Umbruchszeit rückte für einige Jahre die Frage der Einstellung Hölderlins zur revolutionären Bewegung in den Mittelpunkt. Am heftigsten diskutiert wurden die Thesen des jungen französischen Germanisten Pierre Bertaux, der Hölderlins Anteilnahme an der Französischen Revolution betonte – sicherlich mit Recht, während seine Zuweisung des Dichters zu den radikalen Jakobinern ebenso fragwürdig blieb wie die Vermutung, der nur behauptete Wahnsinn Hölderlins habe ebenjenes Engagement verdecken sollen. Zweifellos aber haben die politischen Anstöße die Diskussion um Hölderlin belebt, ›verjüngt‹ und auch ein Stück weit popularisiert; am Hölderlinturm fand sich einige Zeit die auch aus der Entfernung lesbare Feststellung: *Dr Hölderlin isch et verruckt gwä* – bezeichnenderweise im Dialekt in altertümlicher Schreibschrift, und nach der mehrfach angeordneten und vollzogenen Beseitigung in jeweils anderer Orthographie.

Dass die ›Verrücktheit‹ Diskussionsgegenstand war und blieb, ist nicht verwunderlich. Die verbreitete Vorstellung, dass es auf der strapaziösen Winterreise nach Bordeaux einen Knacks gegeben habe und plötzlich ein Schalter umgelegt worden sei, ist nicht zu halten. Es gibt Hinweise auf wechselnde Geisteszustände *nach* der Frankreichreise. Einer seiner Freunde, Isaac von Sinclair, schreibt nach einem Treffen, er habe nie vorher *größere Geistes- und Seelenkraft* bei Hölderlin gesehen; einige Monate später schreibt Schelling an Hegel, Hölderlin sei *am Geist ganz zerrüttet*. Und es gibt Hinweise auf massive Störungen *vor* der Reise. Der Freund Rudolf Magenau, der übrigens auch mit Gedichten und Erzählungen hervortrat, berichtete schon 1796 von einer Begegnung, bei der Hölderlin *nicht mehr sprechen* konnte, und er resümiert: *ein lebender Toter!* Die geistige Krankheit hat sich offenbar allmählich entwickelt, und sie war Verwirrung, die auch immer wieder Fäden frei gab. So sehr man beim Werden von Poesie – grundsätzlich und nicht nur bei Hölderlin – auch mit der Gravitation der Sprache zum Sinn und damit zu vernünftigen Aussagen rechnen muss, die manchmal überraschend gehaltvollen Wendungen in Hölderlins Spätwerk bezeugen auch die in den Wahn gerettete schöpferische Potenz.

Wird nach den auslösenden Ursachen der Verwirrung gefragt, so ist es gewiss gut begründet, dass in jenen nur dürftig belegten Wochen der Wanderung und des Aufenthalts in Bordeaux ein besonderer Anstoß vermutet und gesucht wird; aber ebenso wichtig ist der Hinweis, dass auch die Jahre davor durch Belastungen und Enttäuschungen beschwert waren. Zunächst war Hölderlin fest eingebunden ins literarische Leben. Nach seiner Schulzeit in Maulbronn und Denkendorf kam er zum Studium der Theologie nach Tübingen; hier war Schelling sein Stubengenosse, Hegel ein enger Freund, und Hölderlin war auch darüber hinaus beteiligt an ebenso leidenschaftlich wie intelligent diskutierenden Freundeskreisen und ihren Aktivitäten, die einige Zeit vor allem von ihren

Sympathien für die Französische Revolution bestimmt waren. Er hatte Kontakt zu Schiller, der das *Fragment von Hyperion* in seine Zeitschrift nahm und bei Cotta erreichte, dass dieser den Fortgang der Dichtung unterstützte. Schiller verschaffte ihm auch eine Hauslehrerstelle in Thüringen. In dieser traf er auf die 22-jährige, bereits verwitwete Gesellschafterin, die wenige Monate später das Haus schwanger verließ und im folgenden Sommer ein Kind zur Welt brachte. Hölderlins Vaterschaft ist nicht mit voller Sicherheit nachzuweisen, aber sehr wahrscheinlich; jedenfalls wurde sein Dienstverhältnis beendet, und Schiller holte ihn nach Jena, das er allerdings schon nach einem Vierteljahr verließ. Die Thüringer Episode ist vor allem im Blick auf eine kuriose Arabeske der Wirkungsgeschichte erwähnenswert: Im Zusammenhang mit der Arbeit an der Großen Stuttgarter Ausgabe kam es zu einem heftigen Streit unter Germanisten, ob man jenes uneheliche Kind in Hölderlins Biographie aufnehmen dürfe oder gar müsse – späte Spiegelung der Distanz, die lange Zeit auch davon bestimmt war, dass Hölderlins Dichtung zwar ganz überwiegend religiös geprägt war, aber nicht bei christlichen Vorstellungen stehenblieb.

Für die wechselseitige Entfremdung Schillers und Hölderlins, die zu der abrupten Abreise aus Jena beigetragen hatte, war sicher nicht jener eventuelle ›Fehltritt‹ verantwortlich, sondern Hölderlins Gefühl, den Erwartungen Schillers an seine literarische Mitarbeit nicht zu genügen. Schiller war verärgert und antwortete nicht auf Briefe Hölderlins, was diesen wiederum schmerzte. Er fand jedoch zu seiner literarischen Aufbruchsstimmung zurück, als ihm der reiche Frankfurter Bankier Gontard die Hofmeisterstelle seines Hauses überließ, die vor allem der Erziehung eines Sohnes diente. Hier kam es zu dem Liebesbündnis mit der Frau des Bankiers, Susette Gontard, der *Diotima* seiner Dichtung, die er im zweiten Band des *Hyperion* als dessen Brieffreundin einführt. Ihr übergibt er den fertigen Band mit der Widmung

Wem sonst als Dir, und im Begleitbrief zu der Büchersendung schließt er sie gewissermaßen in die Autorschaft mit ein: *Hier unsern Hyperion*. Die Begegnung mit Susette hat ihn, wie er seinem Freund Christian Ludwig Neuffer schreibt, *verjüngt, gestärkt, erheitert, verherrlicht* – entsprechend tief ist der Absturz, nachdem die heimliche Liebe entdeckt, die Beziehung beendet ist. Er rettet sich in dichterische Aktivitäten, kommt mit dem Trauerspiel *Der Tod des Empedokles* nicht zurecht, schreibt aber seine schönsten Oden. Er wurde erneut Hauslehrer in Stuttgart und in der Schweiz, jeweils nur wenige Monate, und als ihm ein Engagement an der Universität Jena verwehrt blieb, brach er auf zu der beschwerlich weiten Reise nach Bordeaux, wo er Hofmeister beim Hamburger Konsul Meyer wurde – aber nur für wenig mehr als drei Monate, dann trat er den Rückweg an. In den folgenden Jahren schwankte sein Befinden. Er schrieb Elegien und Hymnen, die mit zu den eindrucksvollsten seiner Gedichte gehören; aber die Zeichen der Zerrüttung nahmen zu. Hölderlin kam als Gemütskranker ins Tübinger Klinikum, wo er fast acht Monate war; dann nahm ihn der in nächster Nachbarschaft lebende Schreinermeister Ernst Zimmer in sein Haus auf.

Er wurde ziemlich regelmäßig besucht, von alten Bekannten und auch von neuen Freunden, darunter Wilhelm Waiblinger, dem wir das eindringlichste und sensibelste Porträt des Dichters verdanken. Aber die poetischen Arbeiten, viele nur als Manuskript existierend und nicht in eine endgültige Fassung gebracht, fanden bald kein großes Echo mehr. Die gängige Rede vom Wahnsinn Hölderlins befreite von der gründlichen Auseinandersetzung mit seinem Werk, und seine kritischen Bemerkungen über die Deutschen passten nicht zu dem nationalen Aufbruch im Politischen und Kulturellen. Tatsächlich zielte sein Angriff auf das *zerrissene* deutsche Volk weniger auf das kleinstaatliche Mosaik als auf Verhärtungen im gesellschaftlichen System und auch im Charakter der Deutschen. Generell gilt, dass seine Dichtung in ihrer Modernität den Deutungshorizont des Lesepublikums überstieg; selbst Dichterkollegen klinkten sich aus wie etwa Hermann Kurz, der *wunderlich, zwecklos zusammengewürfelte Worte* zu erkennen glaubte, *deren grauenhafte Unverständlichkeit für Tiefsinn gelten musste.*

Und noch immer ist es kaum möglich, die reiche Gedankenwelt Hölderlins angemessen zu verstehen. Zwei seiner grundlegenden Reflexionen mögen erwähnt werden. Er sieht in der notwendigen Entfaltung des Bewusstseins die Entfremdung von ursprünglicher Natürlichkeit, die wiederhergestellt werden soll: *Vollendete Natur muss in dem Menschenkinde leben, eh' es in die Schule geht, damit das Bild der Kindheit ihm die Rückkehr zeige aus der Schule zu vollendeter Natur.* Dieser Dreischritt kann als psychologisches Problem gesehen werden. Aber es ist bei Hölderlin eingebettet in einen universellen Zusammenhang. Die *unendlichen Beziehungen des Lebens* weisen über das individuelle Dasein und auch über die einzelnen Religionen hinaus auf die Vorstellung einer weltweiten Gerechtigkeit und Harmonie, die er in die Metapher *Liebe* fasst und als realisierbare Utopie beschreibt: *Wie der Zwist der Liebenden, sind die Dissonanzen der Welt. Versöhnung ist mitten im Streit, und alles Getrennte findet sich wieder.*

*

Hölderlin steigert den Gedanken rational gesteuerter Vervollkommnung, der die Aufklärung leitet, zu einer alle Kräfte und alles Leben einbeziehenden Vorstellung der Vollkommenheit. Man kann diese Steigerung der *Romantik* zuordnen. Die schlagwortartige Bezeichnung von Stilepochen ist allerdings nicht unproblematisch. Sie kann hilfreich sein als Ordnungsmoment, aber es handelt sich meist um eine komplexe und manchmal widersprüchliche Ordnung. So deckt die Bezeichnung Romantik sehr verschiedenartige Richtungen und Werke ab, und außerdem ist es durchaus die Regel, dass für eine einzelne Dichtung, jedenfalls aber für das Gesamtwerk eines Dichters verschiedene Etikettierungen nötig sind. Dies lässt sich gut am Beispiel Ludwig Uhlands zeigen.

In seinem Aufsatz *Über das Romantische* ist er mit der einleitenden Bemerkung Hölderlins Auffassung verhältnismäßig nahe: *Das Unendliche umgibt den Menschen, das Geheimnis der Gottheit und der Welt. Was er selbst war, ist und sein wird, ist ihm verhüllt. Süß und furchtbar sind diese Geheimnisse.* Der Mensch, *müde des unbestimmt schweifenden Verlangens, knüpft bald seine Sehnsucht an irdische Bilder, in denen ihm doch ein Blick des Überirdischen aufzudämmern scheint.* Uhland erinnert an Bilder religiöser Andacht und definiert dann: *dies Ahnen des Unendlichen in den Anschauungen ist das Romantische.* Er blickt zurück auf die Vorfahren und ihre märchenhaften Gestalten, *die alle mit seltsamer Kunde aus den Tiefen der Natur hervortraten,* und er spricht von der Romantik der Natur: *Blumen, Regenbogen, Morgen- und Abendrot, Wolkenbilder, Mondnacht, Gebirge, Ströme, Klüfte (...).* So feiert er den Weg *in das große romantische Wunderreich, wo das Göttliche in tausend verklärten Gestalten umherwandelt!*

Ton und Inhalt dieser Skizze machen sie zu einer Programmschrift. Man sieht den poetischen Weg Uhlands vorgezeichnet und erwartet Dichtungen, die bunt wuchernde Naturbilder ausmalen, phantastische Traumfiguren vor Augen stellen oder geheimnisvolle Fabeln erzählen. Tatsächlich schrieb er für die Freunde burleske Visionen nieder, ein *Gemisch von Ernst und Scherz,* in dem er beispielsweise für den Winterschlaf der Menschen eintritt und feststellt, dass *der Schlaf die wichtigste Bestimmung des Menschen auf Erden ist.* Auch ein Teil seiner frühen Gedichte kann ins *romantische Wunderreich* aufgenommen werden. Schlägt man aber die 1815 erschienene – nicht besonders umfangreiche – Sammlung seiner Gedichte auf, so findet man sich nicht auf einem Weg in dunkle Geheimnisse, sondern trifft ganz überwiegend auf klare, schöne Bilder aus der Natur und dem täglichen Leben, politische Aufrufe und historische Rückblicke, sagenhafte Episoden und legendäre Überlieferungen. Für Uhland selbst und für die Zeitgenossen, die seine Arbeiten beurteilten, war auch das romantische Dichtung. Es gab eine Gabelung in der Bestimmung des Romantischen; mit einer gewissen Zuspitzung kann man von zwei Schulen sprechen: Das vor allem von Jena ausgehende Konzept zielte auf die Phantastik der Gegenstände und der Sprache, während die Heidelberger Romantik das Altertümliche und Volkstümliche betonte, wie es in der Liedersammlung *Des Knaben Wunderhorn* von Arnim und Brentano zum Ausdruck kam und für Uhland zunehmend wichtiger wurde.

Dass er sich in seiner Programmschrift zur anderen Seite des Romantischen bekannte, mag auch mit den personellen Ausgangsbedingungen für jene Publikation zusammenhängen. Der Tübinger Verleger Cotta brachte 1807 das *Morgenblatt für gebildete Stände* heraus, in dem die klassische Tradition gepflegt werden sollte. Ein Freundeskreis von literarisch interessierten Studenten suchte neue poetische Wege und antwortete mit dem *Sonntagsblatt für gebildete Stände*, das allerdings nur handschriftlich ausgelegt wurde und von dem auch nur acht Nummern erschienen. In der letzten Nummer war der Aufsatz des 19-jährigen Uhland, aber in der Handschrift von Justinus Kerner, dessen Studentenbude der häufigste Treffpunkt der Freunde war. Dass Uhland nur vorgeschoben war als Verfasser, ist unwahrscheinlich; aber dass Kerner die Argumentation des Aufsatzes in seinem Sinn beeinflusste, ist durchaus denkbar.

Mit der Sammlung der Gedichte rückte Uhland ab von spielerischen Erfindungen; er hatte den ihm gemäßen Ton gefunden, und er kam damit beim Publikum gut an. Im folgenden Jahr veröffentlichte er, zunächst als anonymen Privatdruck, *Vaterländische Gedichte*, mit denen er in den württembergischen Verfassungsstreit eingriff. Seine konservativ ausgerichtete Verteidigung des *guten alten Rechts*, das die Beteiligung der Landstände an politischen Entscheidungen sichern sollte, erwies sich als sachlich und taktisch nicht besonders funktional; aber die Gedichte wurden überwiegend positiv aufgenommen – wohl auch deshalb, weil sie als vaterländischen Gedanken den Stolz auf Württemberg herausstellten und so trotz dem Widerspruch zu den Plänen der Regierung der Identifikation mit dem neu entstandenen Königreich zuarbeiteten.

Dies war auch ein – von Uhland gewollter – Effekt einer ganzen Reihe von Balladen und Romanzen, die auf die schwäbische Geschichte zurückblicken und die Dynastie württembergischer Herrscher würdigen. Zu den bekanntesten gehört der Zyklus *Graf Eberhard der Rauschebart*, in dem die Kämpfe geschildert werden, die der württembergische Graf im 14. Jahrhundert mit anderen Territorialherren und mit den Städten führte. Uhland war dabei so realistisch, dass der Karikaturist und Satiriker F.W. Bernstein (*1938, hinter den Abkürzungen verbirgt sich der Geburtsname des Göppingers: Fritz Weigle) seiner noch etwas brutaleren Parodie der *Schlacht bei Reutlingen* den Verfassernamen *Blutwig Uhland* unterschob. Ob diese Schlachtenschilderung Uhlands wie auch seine *Schwäbische Kunde* mit dem legendären *Schwabenstreich* als humoristische Übertreibung aufgefasst werden darf, ist fraglich. Die nationalstaatlichen Bestrebungen des 19. Jahrhunderts spülten kriegerische Emotionen an die Oberfläche, und so waren derartige Gedichte ebenso beliebt wie die Natur- und Liebesgedichte Uhlands.

Bei Hölderlin stellte sich die Frage, wie er jahrzehntelang ignoriert werden konnte. Bei Uhland drängt sich umgekehrt die Frage auf, was seinen nur selten angefochtenen Rangplatz begründete. Er galt ja doch lange Zeit neben Goethe und Schiller als der bedeutendste deutsche Dichter – nicht nur bei den Schwaben und auch nicht nur in Deutschland, sondern in halb Europa. Seine parlamentarische Tätigkeit, seine politischen Reden und Denkschriften kamen seinem Ruhm zugute. Auch seine wissenschaftlichen

Aktivitäten im Bereich der Literaturgeschichte und Mythologie förderten sein literarisches Renommee, zumal sie oft eng mit der dichterischen Produktion verbunden waren. Aber entscheidend dürfte das schnörkellos Schlichte seiner Dichtung gewesen sein. Man braucht nur mit Hölderlin zu vergleichen, dessen Sätze und Verse halb verschlüsselt in neue Dimensionen führen. Uhlands Botschaften sind einfach da – und fast immer leicht verständlich.

*

Uhland teilte nicht nur sein Tagwerk gewissenhaft systematisch ein, man kann bei ihm auch relativ klar getrennte Lebensphasen unterscheiden, in denen er sich jeweils ganz überwiegend der Poesie, der Wissenschaft oder der Politik widmete. Das unterscheidet ihn von Justinus Kerner, der zeitlebens Gedichte schrieb. Schon während seiner Ludwigsburger Lehrzeiten waren poetische Fingerübungen ein Ausgleich zur täglichen Arbeit; während des Studiums suchte und fand er den Zugang zur literarischen Szene, und von da an begleitete und verarbeitete er seine Erfahrungen in Gedichten, von denen rund 700 überliefert sind.

Davon sind nur ganz wenige bekannt geblieben. Das Lied *Der reichste Fürst*, in dem viele deutsche Fürsten *preisend mit viel schönen Reden* den Wert ihrer Länder herausstellen und schließlich *Württembergs geliebter Herr* sich dank der Treue der Untertanen als der reichste erweist, ist zu einer Art schwäbischer Nationalhymne geworden, gesungen bei feierlich-geselligen Anlässen – freilich meist ohne Erinnerung an den Autor. Dies gilt auch für das Gedicht *Der Geiger zu Gmünd*, in dem das Lob der Stadt an eine Cäcilien-Legende geknüpft wird. Auch einige Trinklieder Kerners kennt man noch. Und Franz Kafka hat als eines seiner Lieblingsgedichte *Der Wanderer in der Sägmühle* zur Lektüre empfohlen – der Wanderer sieht dort die Bretter für einen Sarg fallen. Viele Gedichte Kerners kreisen um den Tod. Im Schmerz sah er den *Grundton der Natur*. Der Gedanke an die Vergänglichkeit verdrängte aber die Freude an Erlebnissen in der Natur und an der Begegnung mit Freunden keineswegs.

Aus Gedichtüberschriften Kerners lässt sich das vielschichtige Milieu rekonstruieren, in dem er sich bewegte: *An meine Tochter Marie – An die Dichterfreunde – Auf Wilhelm Müllers Besuch – Zum Jubelfest meines Freundes Oberjustizrat Rümelin – An Königin Katharina – An König Ludwig von Bayern – An Stuttgarter Weingärtner – Willkomm der Heilbronner Turner – Impromptu in einer Gesellschaft von Homöopathen – An den Hund der Toten – Auf einen Dachs* ... Die im Titel aufgeführten Adressaten decken das ganze Gesellschaftsgefüge (und einen Teil des Tierreichs) ab, wenn es auch manchmal verdächtig *prinzelt* – das war im Kernerhaus der übliche Ausdruck für den Besuch hochgestellter Persönlichkeiten. Der Abwertung seiner Lyrik als *Gelegenheitsdichtung* begegnete Kerner mit dem Hinweis, alle seine Gedichte seien Gelegenheitsgedichte, denn sie seien alle unmittelbar aus seinen Erlebnissen oder denen von Freunden entstanden.

Dass er auch über einen ausgeprägten Sinn für Komik verfügte, ist schon durch den Hinweis auf seine *Reiseschatten* deutlich geworden. Auch *Das Bilderbuch aus meiner Knabenzeit* zeigt bei aller Betonung einer belasteten Kindheit die Offenheit für kuriose Wendungen, die mit den irritierenden Fakten und Erfahrungen aus jener Frühzeit zusammenhängen: Irre in der Nachbarschaft, Krankheiten, beschwerliche Lehrzeiten bei einem Schreiner, einem Maler, einem Konditor und im Vertrieb einer Tuchfabrik, Spukerscheinungen im Kloster Maulbronn, französische Besatzung, Inflation von Hauskatzen. Aus den Partikeln der Wirklichkeit wird bei Kerner immer wieder eine Spiel- und Traumwelt, die man als *romantisch* kennzeichnen kann. Auch seine Erzählungen betonen geheimnisvolle Konstellationen und dunkle Stimmungen.

Der romantische Impetus, den Schein des Wirklichen zu durchstoßen und das verborgene Geflecht der Psyche zu erforschen, prägte aber auch den beruflichen Weg Kerners. Er war Nervenarzt, scheute sich nicht, die Kranken in seinem Haus einzuquartieren und beschrieb die Symptome ihrer Leiden in einer Reihe von lebendigen Schilderungen. Dass er bei aller Ernsthaftigkeit seiner therapeutischen Bemühungen die seltsamen Symptome und Reaktionen seiner Kranken auch in die Perspektive der Komik rückte und herzhaft darüber lachte, haben seine Freunde festgehalten. Er arbeitete auch mit *Klecksographien,* Zufallsprodukten aus verlaufener Tinte, die er in Gedichtform als kleine Prophetien interpretierte. Wegen der Erscheinungsform der Zufallsbilder wurde der Vergleich mit dem Rohrschachtest gezogen; aber Kerner spielte das Arrangement ins Poetische hinüber.

Er durchschaute die modische Attraktion seiner psychophysischen Interessen und formulierte die Prognose:

Flüchtig leb ich durchs Gedicht,
Durch des Arztes Kunst nur flüchtig;
Nur wenn man von Geistern spricht,
Denkt man mein noch und schimpft tüchtig.

Die therapeutischen Ansätze Kerners führten nicht sehr viel weiter. Aber niemand schimpft – schon deshalb, weil er bei seiner Tätigkeit als Landarzt das Wurstgift Botox entdeckte, das seit einiger Zeit als kosmetisches Mittel angewandt wird. Und abweichend von seiner Prophezeiung ist auch das Interesse an seiner hintergründigen Poesie eher wieder gewachsen, befördert auch durch die Stiftung des Justinus-Kerner-Preises der Stadt Weinsberg.

*

Zur schwäbischen Romantik ist auch Gustav Schwab (1792–1850) zu zählen, nicht zuletzt von seinem Selbstverständnis her. Er stieß auf den Freundeskreis um Kerner und Uhland zu einer Zeit, als

»Klecksographie« von Justinus Kerner

dieser sich schon etwas gelockert und die übermütigen Aktionen hinter sich gelassen hatte – was Schwab veranlasste, mit seinen Studiengenossen eine neue Vereinigung anzustreben, die sogar einige Zeit zu einer schlagenden Verbindung wurde und die den Namen *Romantica* trug. In diesem Rahmen gab Schwab, der zu dieser Zeit Repetent am Stift war, ein *Neues allgemein Deutsches Commers- und Liederbuch* heraus. Er intensivierte aber auch den Kontakt zu den älteren Dichterfreunden und beteiligte sich an der Edition eines neuen poetischen Almanachs, wobei ihm zwei wichtige Funktionen zufielen. Im Titel des ersten Bandes stand: *Besorgt von Kerner* – aber pünktliche Organisation gehörte nicht zu den Stärken Kerners, sodass viel an Schwab hängen blieb. Und er hatte auch die besseren Verbindungen zu Literaten in Norddeutschland, bei denen er mit seinem – bei Schwaben offenbar sonst ungewohnten – höflichen und eleganten Auftreten gut ankam.

Das Romantische war für Schwab Nähe zur Natur und Vertrauen auf die Tradition. In seinem Gedicht *Im Jahr 2030* führt ein *Knabe* den *Urahn* ins Freie; der Greis, der nicht mehr gut sieht, vergegenwärtigt sich das alte Bild einer lebendigen Landschaft, aber der Urenkel beschreibt ihm schnurgerade Pflanzungen und Viehboxen, Kanal, Siedlung, Fabrik. Schwab blickte meist in die Vergangenheit, auch in den beiden Gedichten, die – vor allem auch durch die Aufnahme in Schulbücher – lange bekannt blieben. Im Gedicht *Das Gewitter* zieht sich das hoffnungsfrohe *Morgen ist's Feiertag* durch die Strophen, bis zuletzt eine ganze Familie durch einen Blitzschlag ausgelöscht wird:

Urahne, Großmutter, Mutter und Kind
Vom Strahl miteinander getroffen sind,
Vier Leben endet ein Schlag –
Und morgen ist's Feiertag.

Auch im Gedicht *Der Reiter und der Bodensee* schneidet ein fatales Ereignis alle Hoffnung ab: Der Reiter, der, ohne es zu wissen, über den gefrorenen See geritten ist, erfährt das erst am anderen Ufer; ihn schaudert bei dem Gedanken, und er sinkt tot vom Ross. Die Beständigkeit dieses Gedichts hängt sicher stark am Thema, das schon vor Schwab Legende war und das als Sprachbild für politische, aber auch banal alltägliche Vorgänge noch immer gegenwärtig ist.

Wenn Schwabs literarische Bedeutung charakterisiert werden soll, spielen seine Gedichte nur eine untergeordnete Rolle; wichtiger waren zwei andere Aktivitätsbereiche. Zur Feier des 100. Geburtstags von Schwab traf sich der Schwäbische Albverein beim Uracher Wasserfall, und im Festgedicht hieß es:

Wohl wechseln Meinungen und Moden,
Doch seine Blätter sengt kein Frost.

Das war, aufs Ganze gesehen, allzu optimistisch; aber die Wanderer dachten wohl vor allem an den Tourenführer Schwab. Wenn von Reiseführern die Rede ist, wird als deutscher Pionier meist schnell Karl Baedeker hervorgehoben, der 1839 seine *Rheinreise von Straßburg bis Düsseldorf* publizierte und der mit seinen systematischen Hinweisen ja tatsächlich eine eigene Gattung begründete. Aber schon 16 Jahre früher erschien Gustav Schwabs Buch *Die Neckarseite der Schwäbischen Alb*, in dem er Beschreibungen der Landschaft mit historischen Hinweisen und mit *eingestreuten Romanzen*, die meisten von ihm selbst, kombinierte und auch die eine oder andere praktische Empfehlung gab. Zusammen mit einem Band zum Bodensee und den weiter gefassten *Wanderungen durch Schwaben* schuf er ein eigenes Muster der Reiseführer, die nach ihm allerdings getrennte Wege suchten – nüchterne Beschreibung *oder* poetische Erzählung.

Der andere wichtige Einflussbereich war die vielfältige Vermittlungstätigkeit Schwabs. Man kann darunter seine Übersetzungen aus dem Französischen und den antiken Sprachen rechnen, seine bis in die jüngste Zeit verbreitete Nacherzählung der *Schönsten Sagen des klassischen Altertums*, seine Auswahl alter deutscher Geschichten und Volksbücher. Aber auch seine Redaktionsarbeit, seine Lehr- und Vortragstätigkeit gehört dazu, und nicht zuletzt seine intensive Beratung und Hilfestellung für Schriftsteller und solche, die es werden wollten. Er geriet dadurch öfter in Kontroversen und auch Abhängigkeiten, und seine *Sehnsucht nach mehr Seelenruhe und Dichtungsstille* brachten ihn denn auch dazu, seine Professur am Stuttgarter Obergymnasium aufzugeben und die ländliche Pfarrei in Gomaringen zu übernehmen. Aber schon nach knapp vier Jahren kehrte er nach Stuttgart zurück, und neben der Arbeit in der Schulverwaltung entstand in seinem Haus wieder das *literarische Hauptquartier Stuttgarts*, wie es Rudolf Krauß genannt hat.

Unangefochten blieb Schwab weder als Dichter noch als Literaturagent. Insbesondere aus den nördlichen Provinzen Deutschlands kam Kritik. Der schlesische Journalist Heinrich Laube, der später Direktor des Wiener Burgtheaters wurde, schrieb über ihn: *dieser Herr Schwab ist der prustende Repräsentant alles dessen, was schwäbelt. Er verwaltet ganz im Stillen die deutsche Literatur in Stuttgart und schützt sie vor zudringlichen Geistern; dabei befindet er sich sehr wohl und trägt seinen Stern unter der Weste versteckt. Auch die deutsche Literatur befindet sich sehr wohl, sie hat nichts zu tun als den Sonnenuntergang zu beschreiben und wie die Veilchen blühen und wie Herr Eberhard im Barte über Land geritten sei. Es ist die deutsche Literatur im schwäbischen Ausgedingstübchen.* Witzig gesagt – und sicher nicht ganz unbegründet. Ein wesentlicher Teil der schwäbischen Literatur hatte einen konservativen Anstrich und stach ab von dem modernen Vorstoß, den das *Junge Deutschland* im Norden propagierte. Aber ebendies: dass sich der alte Nord-Süd-Konflikt unter neuen Vorzeichen fortsetzte, verweist auf eine lustvoll inszenierte Auseinandersetzung, die nicht frei ist von Übertreibungen und boshaften Erfindungen.

*

Vielleicht sind wir ja auch zu schnell in das schwäbische Ausgedingstübchen, also den Altenteil eingebogen und haben gewichtige Größen übersprungen.

Wenn von schwäbischer Literatur gesprochen wird, kommen schnell Verse ins Spiel, die der Statistiker und Konservator Eduard Paulus (1837–1907) schrieb:

Der Schelling und der Hegel,
Der Schiller und der Hauff,
Das ist bei uns die Regel,
Das fällt hier gar nicht auf.

Manchmal wird das mit naivem Stolz zitiert, aber im Allgemeinen weiß man, dass es in ironischer Absicht formuliert wurde mit zusätzlichen Hinweisen auf die Emigration Schillers und Friedrich Lists, und eingefügt in den keineswegs ernst gemeinten Plan, auf einem preußischen Schießplatz eine Gedenkstätte für germanische Götter und deutsche Geistesgrößen zu bauen. Aber die Frage drängt sich auf: Was ist mit Hegel, was mit Schelling? Beide überragten ja doch die biederen Poeten, und beide gehörten in den Umkreis des jungen Hölderlin, mit dem sie am Tübinger Stift tagsüber eine ›Wohnstube‹ teilten und in lebhaftem Austausch standen.

Dass beide nach dem Studium Tübingen schnell verließen und fortan bedeutende Positionen an anderen Universitäten einnahmen (Hegel die längste Zeit in Jena und dann vor allem in Berlin, Schelling nach Jena an bayrischen Universitäten), ist kein Hindernis für die Eingemeindung in Schwaben, die weithin auch ihrem Selbstverständnis entsprach. Auch ihre Nähe zur Poesie steht kaum in Frage. Hegel (1770–1831) räumte in seiner Vorlesung zur Ästhetik der Literatur den obersten Rang unter den Künsten ein; und Schelling (1775–1854) stand in sehr engen Beziehungen zu befreundeten Literaten – in Jena gehörte er zum Kreis der Romantiker, und es kam zu der (in Murrhardt gefeierten) Hochzeit mit Caroline Schlegel, nachdem sie sich von ihrem Mann August Wilhelm getrennt hatte. Die literarische Szene war ihnen also keineswegs fremd, aber was in der Regel als eigentliche Strömung der Literaturgeschichte verstanden wird, war nicht ihr Element, obwohl von beiden auch vereinzelte – nicht gerade aufregende – Versuche in Gedichtform überliefert sind. Die Philosophie, so umfassend konzipiert wie bei Hegel und Schelling, war doch eine eigene Welt und muss in dieser Geschichte der Literatur vernachlässigt werden, auch wenn es immer wieder einen lebhaften Verkehr zwischen den beiden Bereichen gab.

Etwas anders verhält es sich mit der Essayistik, also mit den Versuchen, objektive Zustände und subjektive Probleme in freier

Reflexion und mit poetischen Gestaltungsmitteln darzustellen. Während die belehrenden Abhandlungen der Aufklärer trotz manchen witzigen Passagen ganz überwiegend von verbissenem pädagogischen Ernst geleitet waren, wurde jetzt häufig in betont lockerer, spielerischer Weise Kritik an den Verhältnissen geübt. In der immer üppiger bestückten Zeitungslandschaft gewann das *Feuilleton* den Rang einer eigenen Gattung. Der Name war erst um 1800 in Frankreich aufgekommen; in den 1830er-Jahren wurde er in deutsche Zeitungen übernommen für Ansätze zu einem Kulturteil. Für die Schriftsteller entstand so eine neue Möglichkeit der Publikation und des Verdiensts – damals wie heute konnten nur wenige Großschriftsteller von ihren Büchern leben. Die Auseinandersetzung mit der immer komplexer werdenden Wirklichkeit war aber so gefragt, dass entsprechende Essays auch gesammelt in Buchform angeboten oder auch gleich für größere Buchprojekte konzipiert wurden.

Das galt für das zwölfbändige Werk *Demokritos oder hinterlassene Papiere eines lachenden Philosophen*, das ohne den Namen eines Autors erschien – der aber über den Hinweis: *Von dem Verfasser der Briefe eines in Deutschland reisenden Deutschen* leicht zu erschließen war: Karl Julius Weber (1767–1832).

Er wuchs im hohenlohischen Langenburg auf und kam über das Öhringer Gymnasium zum Jurastudium an die Universitäten Erlangen und Göttingen. Seine Hoffnungen auf eine akademische Laufbahn zerschlugen sich; er ging als Hauslehrer in die Schweiz und übernahm dann verschiedene Ämter in kleinen Herrschaften, zuletzt in Isenburg-Büdingen, wo er den jungen Grafen auf der in adligen Familien üblichen großen Bildungsreise zu begleiten hatte. Das hört sich verlockend an, aber der verwöhnte Graf hatte alles andere im Kopf als Bildung und behandelte seinen fast doppelt so alten Lehrer so verächtlich, dass dieser schließlich kündigte und entgegen der Vereinbarung mit einem kläglichen Betrag abgefunden wurde. Mehr als der materielle Einbruch machte Weber die menschliche Enttäuschung zu schaffen. Er zog sich in seine Heimat zurück, wählte im Haushalt seiner Schwester ein einsames Leben und wurde zum Schriftsteller.

Auf gelehrte, aber auch betont kritische geschichtliche Betrachtungen über die *Möncherey* und das *Ritter-Wesen* folgten die drei Bände *Deutschland, oder Briefe eines in Deutschland reisenden Deutschen*, in denen die vielen Daten ergänzt sind durch persönliche Beobachtungen und angereichert mit Anekdoten. In Württemberg registriert er – auf seine Weise – die sprachlichen Unterschiede: *In Unterschwaben verliert sich auch immer mehr die breite Schwabensprache, die Mutter der breiten schwäbischen Mäuler, während sie noch in ihrer ganzen Hässlichkeit in Oberschwaben blüht.* Andererseits – seine Widersprüchlichkeiten haben ihn kaum gestört – bereiteten ihm *viele schwäbische Ausdrücke ungemeines Vergnügen*, und er gibt dafür Belege vor allem mit der Verkleinerungssilbe -le. In Stuttgart würdigt er die herzogliche Akademie; *die Idee des Herzogs* sei es gewesen, *für weltliche Staatsdiener zu sorgen* – aus gutem Grund: *Es scheint mir immer noch zu viel Theologie, zu viel Griechisch und Latein vorzuherrschen.* Er fügt die Mahnung an, nicht für die Schule, sondern fürs Leben zu lernen, aber er formuliert natürlich lateinisch: *Non scholae, sed vitae.*

Zwei Jahre später folgten die ersten Bände des *Demokritos*, der ihm die volle thematische und stilistische Freiheit einräumt. Voran stellt er das Erlebnis seiner Demütigung und tiefen Enttäuschung, wobei er Beispiele für die *Krähwinkelvirtuosität* und die kleinkarierte Wichtigtuerei der *Höfchen* anführt, etwa, dass an der Tür des kaum besuchten Ballsaals zwei Posten aufgestellt sind, die *aus der Armee von zwölf Mann* genommen werden. Was ihm *von kleindenkenden, ja geist- und herzlosen Menschen* zugefügt wurde, schildert er vielleicht allzu wehleidig, lässt aber dann sein Trauma zurück, beginnt mit einem Kapitel über *das physische Lachen oder Lächeln* und bleibt über 300 Seiten lang bei heiteren Beispielen und Reflexionen zum Lachen und Lächerlichen, zu

Frohsinn und Laune, Witz und Scharfsinn, Unsinn und Humor.

Im Kapitel über *Deutsche Humoristen* wird als einziger Schwabe Wieland mit wenigen Zeilen bedacht; man tut sich schwer, Einspruch zu erheben, aber man wird Karl Julius Weber selbst zugestehen, dass er Komik und Humor nicht nur zum Gegenstand macht, sondern dass er auch über Humor verfügt, auch und gerade dort, wo es um ganz ernste Dinge geht wie das Sterben und den Tod. Die Grabschrift, die er für sich selber ausdachte, wird oft zitiert:

Hier liegen meine Gebeine,
ich wollt', es wären deine.

Theodor Griesinger (1809–1884) kann mit seiner ersten Buchveröffentlichung der essayistischen Richtung zugerechnet werden. Er publizierte 1838 *Silhouetten aus Schwaben*. Der Erfolg dieses Buchs bestätigte die berufliche Wendung, die er nach dem Theologiestudium in Tübingen und einer kurzen Zeit im Kirchendienst genommen hatte. Er wurde Schriftsteller, und er redigierte eine schwäbische Humorzeitschrift, die drei Mal in der Woche erschien, was offenbar die Quelle nach zwei Jahren versiegen ließ. Griesinger arbeitete danach in einer Buchhandlung, gründete 1848 eine demokratische Zeitung, landete auf dem Hohenasperg und kam erst nach zwei Jahren frei. Er emigrierte mit der Familie nach Amerika, kam aber enttäuscht nach etwa fünf Jahren zurück nach Stuttgart ins alte Metier. Er gab erneut Zeitschriften heraus, und er veröffentlichte Geschichtsbilder, die vielfach romanhaft aufgeputzt waren und geheimnisvolle Stoffe bevorzugten, aber auch ein genau bearbeitetes *Universal-Lexicon von Württemberg, Hechingen und Sigmaringen*.

Seine schwäbischen Silhouetten erheben keinen wissenschaftlichen Anspruch, aber sie vermitteln einen lebendigen Eindruck von Schwaben und den Schwaben. Das erste Kapitel ist überschrieben *Der Schwabe*, und im ersten Satz verbirgt sich gleich eine ironische Dekonstruktion: *Der Schwabe zeichnet sich dadurch vor allen andern Völkern aus, dass er ein Schwabe ist.* Mit halbem Ernst hebt Griesinger *drei Haupteigentümlichkeiten* des Schwaben hervor: die Vielfalt der Dialekte, die Vielzahl von Verwandten, und das *Oh!* als Auftakt für alle Bittsätze. Aber dann wird klargestellt, dass viele Eigentümlichkeiten nur unterstellt werden: Das Singen auf der Straße bis in die Nacht ist bei den Franzosen noch häufiger; dass man *im 15ten Jahr einen Schatz haben muss*, wird von den Italienern übertroffen; den religiösen Sinn findet man auch bei Spaniern – und so fort. Und dass Schwabe nicht gleich Schwabe ist, führt Griesinger in 60 Skizzen vor, die vereinzelt Bräuche und Szenerien schildern (*Ein schwäbisches Leichenbegängnis / Die Winkelschenke*), vor allem aber Menschen verschiedener Berufe, aus unterschiedlichen Milieus oder aus bestimmten Landesgegenden (*Der protestantische Geistliche / Die Pfarrerstochter / Der Landedelmann / Der Theaterkritiker / Der Präzeptor / Der Förster / Der Weingärtner / Das Steinlacher Mädchen).* So entsteht ein keineswegs widerspruchsfreies, aber in seiner Vielfalt sympathisches Bild von den Schwaben, zumal Griesinger bei allen satirischen Neigungen nicht darauf aus ist, seine Landsleute niederzumachen.

Dies wird offenkundig, wenn man die Silhouetten vergleicht mit dem Schwabenporträt, das Friedrich Theodor Vischer in einer ganzen Reihe beiläufiger Bemerkungen und auch in einer speziellen Abhandlung entworfen hat. Sie trägt den Titel *Dr. Strauß und die Württemberger* und bezieht sich damit auf David Friedrich Strauß (1808–1874), der die evangelische Theologie seiner Zeit einer radikalen Kritik unterzogen und in seinem Buch *Das Leben Jesu, kritisch bearbeitet* die Bibel als mythisch-symbolische Dichtung vorgeführt hatte. Damit hatte er heftige Angriffe provoziert und sich die üblichen akademischen Wege verbaut. Die Berufung auf den Lehrstuhl für Dogmatik in Zürich wurde kurioserweise noch vor dem Tätigkeitsbeginn in eine Pensionierung umgewandelt, und in Württemberg hatte er erst recht keine Chance. Vischer sah sich in der Pflicht zur Unterstützung – sicher auch, weil er, ungefähr gleichaltrig, in Ludwigsburg Spielkamerad von Fritz Strauß gewesen war, vor allem aber, weil er für den Widerstand gegen Strauß Motive am Werk sah, in denen er typisch schwäbische Eigenheiten zu erkennen glaubte.

Wenn er von den Schwaben oder Württembergern spricht, hat er fast immer nur den altwürttembergischen Teil vor Augen. Das ist eine Hypothek, die auch in der Folgezeit – und bis heute – nicht aus der Schwabencharakteristik verschwindet. Bei Vischer ist sie allerdings verwunderlich, da er interessiert war an der katholischen Konfession und ja sogar eine katholische Österreicherin heiratete. Aber die Konzentration auf die alte Mitte des Landes gab ihm die Möglichkeit zu einer rücksichtslosen Kritik, indem er sich nämlich auf die Pietisten und ihren Einfluss konzentrierte. Er betont auch die *Enge des Horizonts*, die frühere *Abgeschiedenheit* der kleinen Territorien *vom größeren Verkehre*; doch der schwäbische Pietismus ist für ihn die Hauptursache all der Schiefheiten, die er mit farbigen Beispielen schildert.

Der Schwabenaufsatz gehört zu den vielen Abhandlungen und Skizzen, die Vischer publizierte und später in umfangreichen Bänden unter dem Titel *Kritische Gänge* versammelte. Darunter sind wissenschaftlich akzentuierte Beiträge, vor allem zur Literaturgeschichte und Literaturkritik, biographische Würdigungen, philosophische Etüden, Reisebilder – aber immer wieder, ausgehend von persönlichen Erlebnissen, auch zeitkritische Stellungnahmen mit witzig formulierten Attacken. In der Eisenbahn beobachtet er, wie ein Engländer den Sitz gegenüber als Fußablage missbraucht, woraus Vischer ein Zeugnis für die raumgreifende englische Politik macht – und damit einen Streit mit der englischen Presse auslöst. Oder er fühlt sich durch die *impertinente* Krinoline und andere Kleiderformen seiner Zeit gestört und leitet daraus einen scharfen, aber dank der witzigen Vergleiche und Sprachbilder vergnüglichen Generalangriff auf die Mode ab. Er fordert von den Geistesarbeitern den Ausgleich durch *Körper-Bildung*. Er verteidigt den Dialekt gegen die sprachlichen Normierungstendenzen der Norddeutschen. Er setzt sich für den Tierschutz ein, im Zweifel auch mit den Fäusten, aber vor allem mit sensiblen Argumenten. Und er schreibt beispielsweise auch anregende Gedanken über den Traum nieder, angereichert mit aparten Beispielen wie diesem: *eine Frau aus Stuttgart besucht ihre Schwester, Pfarrerin auf dem Lande. Ihr träumt, sie gehe mit dieser dem Schwager in die Predigt. Nach Beendigung des Gesangs besteigt der Pfarrer die Kanzel, verliest das Evangelium und beginnt hierauf beide Arme wie Flügel zu schwingen und zu krähen. Die Träumende sagt leis zu ihrer Schwester: du, das ist aber doch sonderbar gepredigt, worauf diese antwortet: ja, das geschieht infolge einer neuen Verordnung des Konsistoriums, welche so zu predigen vorschreibt.*

Man kann sagen, dass man über diese Essays Vischer besonders nahe kommt – seinem Streben nach Humanität, der Vielfalt seiner Interessen, der damit verbundenen Sprunghaftigkeit, dem lebendigen Schreibstil. Die größeren Arbeiten sollen damit nicht klein geredet werden. In seiner mehrteiligen Schrift *Ästhetik oder Wissenschaft des Schönen* zeigt er, wie das religiös postulierte Absolute, das rational nicht zu fassen ist, im Schönen (wie es in der Kunst präsent ist) bewahrt wird, und er definiert Epik, Lyrik und Drama als die drei unterschiedlichen Hauptbereiche der Dichtung. In seinen Abhandlungen über das Komische ordnet und analysiert er die Formen des Humors. Von seinen praktischen humoristischen Versuchen im Drama war schon die Rede. Und schließlich: Er schrieb auch den großen Roman *Auch Einer*, der in mehrere Teile zerfällt – wobei das Zerfallen allerdings wörtlich genommen werden darf: Es geht um einen seltsamen Reisebekannten, mit dem sich der Icherzähler über die sprichwörtlich gewordene *Tücke des Objekts*, über den Katarrh und andere Plagen verständigt; es folgt die lange Parodie einer Pfahldorfgeschichte;

dann wird das Tagebuch der inzwischen verstorbenen Reisebekanntschaft vorgestellt mit einem bunten Angebot von Reflexionen (unter Anderem erneut über die Schwaben), aber auch mit einer traurigen Liebesgeschichte. Was man Gutes über den Roman sagen kann, betrifft überwiegend einzelne Partien, die in ihren Überlegungen und Bildwelten dem Essaystil nahe stehen. Und was meist entschuldigend hinzugefügt wird: Es handelt sich um ein Alterswerk; Vischer war über 70 Jahre alt, als es konzipiert und publiziert wurde.

*

Vischers *Auch Einer* gehört nicht nur in das letzte Jahrzehnt seines Lebens, sondern auch in eine späte Phase der schwäbischen Romanproduktion, die im 19. Jahrhundert so reichhaltig war, dass ein lückenloser Überblick den Rahmen sprengen würde, die aber auch eine Reihe wichtiger und tüchtiger Beispiele hervorgebracht hat, die nicht übergangen werden dürfen. Eine Schlüsselrolle nimmt Wilhelm Hauff (1802–1827) ein, der in erster Linie Erzähler war und sich dabei ganz verschiedenen Genres zuwandte. Mit am bekanntesten waren und sind seine Märchen, in denen er zwar traditionelle Motive aufgreift, aber in einen ungewohnten Zusammenhang stellt. Er denkt sich eigene Fabeln aus, und er gibt vertrauten Handlungszügen einen neuen Anstrich, indem er sie in der modernen Welt mit ihren Problemen platziert oder sie in exotischen Szenerien ansiedelt. Ein Teil der Märchen kommt im orientalischen Kostüm daher, wobei sich Hauff einen Spaß daraus macht, Charakteristika der ihn umgebenden bürgerlichen Gesellschaft auf diese Weise zu verfremden. Die Märchen treten auch nicht isoliert auf wie in der Sammlung der Brüder Grimm, sondern sind jeweils in einen Rahmen eingefügt: *Die Karawane* lauscht den Geschichten eines Fremden, *Der Scheik von Alexandria* ermuntert seine Sklaven zum Erzählen; und in beiden Fällen kommen phantasievolle Geschichten zur Sprache: *Die Geschichte von Kalif Storch, Die Geschichte von dem kleinen Muck, Der Zwerg Nase, Der Affe als Mensch,* um die bekannteren zu nennen. Die dritte Abteilung, überschrieben *Das Wirtshaus im Spessart*, bleibt auf heimischem Boden und enthält *Das kalte Herz*, eine Erzählung aus dem Schwarzwald, die noch sehr bekannt ist, da sie mit der Spannung zwischen materiellem Wohlstand und moralischem Anstand einen Dauerkonflikt thematisiert.

Phantastische Bildwelten und Gedankenspiele charakterisieren auch die satirischen Schriften Hauffs. In den *Mitteilungen aus den Memoiren des Satan* kommt es zu einer leibhaftigen Begegnung mit dem Leibhaftigen, zu Streifzügen durch das Leben an der Universität und zur Darstellung von Erfahrungen auf dem literarischen Markt, die Hauff übrigens auch in einem heiteren Essay ausgebreitet hat. Die parodistische Erzählung *Der Mann im Monde oder Der Zug des Herzens ist des Schicksals Stimme* führt in den Gasthof *Zum Mond* und schildert einen Liebeshandel in der übertrieben sentimentalen Weise des Erfolgsschriftstellers Clauren, den Hauff zunächst als Verfasser der Geschichte präsentiert. Die *Phantasien im Bremer Ratskeller* singen begeistert das Lob des Weins – im passenden Ambiente, denn der Erzähler verbringt eine Nacht in dem Keller, wo er nicht nur zu den feinsten Tropfen Zugang hat, sondern neben den Küfergesellen auch verschiedenen Spukgestalten begegnet.

Auch einige historische Novellen schrieb Wilhelm Hauff. *Das Bild des Kaisers* bezieht sich auf Napoleon, dessen Persönlichkeit und Leistung zur Entstehungszeit der Geschichte heftig umstritten waren. Das gilt auch für *Jud Süss*, dessen Leben und Sterben fast ein Jahrhundert zurücklag. Hauff stand der Anerkennung und der möglichen Integration der jüdischen Bevölkerung positiv gegenüber. Wenn die Charakteristik des Finanzrats nicht frei bleibt von antisemitischen Klischees, ist zu beachten, dass Hauff die entsprechenden Bemerkungen den Zeitgenossen von Süss Oppenheimer zuordnet und dass er vor allem das politische System kritisiert, das ja auch zu seiner Zeit noch keineswegs völlig überwunden war. Der Publizist Albert Dulk (1819–1884) griff Hauffs Darstellung auf und brachte 1848 in seiner Heimatstadt Königsberg das Schauspiel *Lea* auf die Bühne, in dem er dem jüdischen Makler vollends Gerechtigkeit widerfahren ließ und die verbreiteten Vorurteile demontierte. Nach Auslandsaufenthalten, die der Selbstfindung dienen sollten, kam Dulk übrigens nach Württemberg, lebte in Stuttgart und Esslingen und leistete als Freidenker und Sozialist seinen Beitrag zur schwäbischen Literatur.

Doch zurück zu Hauff. Die größte und nachhaltigste Wirkung erzielte er mit dem historischen Roman *Lichtenstein*, mit dem er ausdrücklich den schottischen Romanen von Walter Scott nacheiferte. Er gab die Richtung vor für eine große Zahl geschichtlicher – und ganz überwiegend landesgeschichtlicher – Romane, die im 19. Jahrhundert in Württemberg entstanden. Hauff formulierte als Untertitel: *Romantische Sage aus der württembergischen Geschichte*. Das ist als widersprüchlich kritisiert worden; aber es bezeichnet genau die integrative Mischung aus historischen Fakten, beweglicher Überlieferung und phantasievoller Erfindung. Im Mittelpunkt steht Herzog Ulrich, der nach allen Recherchen keinesfalls als weiser und milder Fürst betrachtet werden kann; aber der Roman weckt Sympathien, indem er seine unglücklichen Niederlagen und das von Hauff ausgedachte Flüchtlingsdasein in der Nebelhöhle samt heimlichen nächtlichen Besuchen im Schloss Lichtenstein in den Mittelpunkt rückt. Durchkreuzt und ergänzt wird diese zentrale Handlungslinie durch den Blick auf die Dienstleute und das einfache Volk, auf harte bäuerliche Arbeit und fröhliche Feste, auf Fehden und Freundschaften, Liebe und Trennung.

Der Roman *Lichtenstein* hat nicht nur der Literatur sein Gepräge vermittelt, sondern zur Verbreitung eines mit historischem Wissen unterbauten Landschaftsgefühls beigetragen. Er hat sogar

»Lichtenstein. Das Försterhaus im Gewitter«,
Gouache von Louis Mayer, 1836

die Landschaft selbst verändert. Als Hauff den Roman schrieb, stand auf dem Felsvorsprung über dem Echaztal nur ein großes, schmuckloses Gebäude, das der württembergische Herzog 1802 als fürstliches Forst- und Jagdhaus an Stelle der verfallenden Burgruine hatte bauen lassen. Nachdem Hauff die Aufmerksamkeit auf die Zeit davor gelenkt hatte, plante Wilhelm Graf von Württemberg, ein Neffe des Königs, die Erneuerung der früheren Burg, was schließlich zum Aufbau des Schlosses mit dem beherrschenden Turm im neugotischen Stil und zum Ausbau einer weitläufigen Burganlage führte. Ein architektonisches Ereignis – aber auch Impuls für einen veränderten landschaftlichen

Blick. Ob der stattliche Bau nun als authentische Botschaft aus der Vergangenheit betrachtet wurde oder nicht, er trug jedenfalls bei zu einer romantisierenden, Natur und Geschichte verschmelzenden Auffassung der Landschaft und zur Steigerung freier, oft aber auch organisierter Wanderlust.

Als das Schloss im Jahr 1843 eingeweiht wurde, war Wilhelm Hauff schon über 15 Jahre tot. Er hatte, in Stuttgart geboren, die Lateinschule in Tübingen und das Seminar in Blaubeuren besucht, wurde nach dem Theologiestudium und der philosophischen Promotion Hauslehrer und konzentrierte sich danach auf die Tätigkeit als Autor und Redakteur – mit großem Erfolg. Er schrieb erzählfreudig, ruhig und oft behaglich in der Zeichnung der Landschaft oder gesellschaftlicher Milieus, aber schon flüchtiges Rechnen mit den Tausenden von ihm publizierten Seiten macht deutlich, dass es sich um eine jagende, gleichzeitig mit verschiedenen Entwürfen und Reinschriften befasste Produktion handelte. Schon während des Studiums machte sich Hauff Gedanken über eine auch in Deutschland mögliche literarische Initiative nach dem Vorbild Scotts. Es sind auch einige Notizen erhalten, die sich auf Passagen im späteren Lichtenstein-Roman beziehen. Zunächst waren die Märchen und Satiren an der Reihe, aber im Dezember 1825 lieferte er dem Verlag die ersten Kapitel vom *Lichtenstein*, und im April 1826 konnte er alle drei Teile in Druck geben. Anschließend war er mehr als ein halbes Jahr in Deutschland unterwegs. Nach der Rückkehr heiratete er eine Cousine; auch dies scheint den Einfallsreichtum und das Tempo seines Schreibens nicht beeinträchtigt zu haben, und er plante bereits einen weiteren historischen Roman über die Tiroler Freiheitskämpfe, der nicht mehr zustande kam: Wenige Tage nach der Geburt seines Sohns starb der noch nicht einmal 25-Jährige an einem Nervenfieber.

Literarische Produktion ist kein Rennen; aber in solchen Fällen ist es legitim, eine Rechnung aufzumachen und sich zu vergegenwärtigen, mit welch unglaublicher Energie und Beharrlichkeit – und gewiss auch Freude – der Dichter seinen Plänen und Aufgaben nachgegangen ist. Das trifft auch für Wilhelm Waiblinger (1804–1830) zu. Auch er schuf innerhalb weniger Jahre ein ungemein umfangreiches und vielseitiges Werk, allerdings unter Voraussetzungen, die zu denen Hauffs ziemlich konträr waren. Hauff verlor zwar mit sieben Jahren seinen Vater, der hoher Ministerialbeamter war; aber dessen Ansehen half ihm auf dem weiteren Weg, der, auch von Glück begünstigt, eine triumphale Erfolgsgeschichte war. Waiblinger, in Heilbronn geboren, gehörte zu einer verschuldeten Familie; als der Vater, ein kleiner Beamter, nach Stuttgart versetzt wurde, lag die Erziehung in den Händen des Großvaters, der jedoch nach wenigen Jahren starb. Mit 13 kam Wilhelm Waiblinger nach Reutlingen, wohin der Vater an die Kreisregierung versetzt wurde – für den Jungen, der sich seinen Schulkameraden überlegen fühlte, ein Abstieg in die Provinz. Nach Hilfsarbeiten im Gericht und einer intensiven Lernphase am Stuttgarter Gymnasium wird er ins Tübinger Stift aufgenommen. Er erlebt glückliche Zeiten in seinem Freundeskreis, findet auch Kontakt zu Hölderlin, dem er später eine hinreißende Lebensskizze widmet, und er verliebt sich in Julie Michaelis, die fünf Jahre älter ist und die zu einer jüdischen Professorenfamilie gehört. Aber Julies Bruder und Onkel verbieten dem als haltlos eingeschätzten Waiblinger den Kontakt, und eine gemeine Intrige erzwingt vollends das Ende des Liebesverhältnisses und ruiniert weiter seinen Ruf. Ein Bedienter, eifersüchtig auf den ungefähr gleichaltrigen Waiblinger, legt zweimal Feuer bei den Michaelis, beschuldigt Julie des Inzests mit dem Bruder und den Rivalen der Brandstiftung. Das Gericht bestätigt Waiblingers Unschuld, aber in der Öffentlichkeit wabern weiter Gerüchte, fast alle Freunde fallen von ihm ab, und er reagiert in seiner Verzweiflung demonstrativ mit *Übertreibung der Gemeinheit.* In seinem Tagebuch spricht er später von seiner Wollust *im Arm wilder Buhlerinnen und Freudenmädchen.* Da Tübingen wegen seiner Kleinheit, Enge und dichten Sittenkontrolle trotz der aufmüpfigen Studenten kein Sodom gewesen sein dürfte, hat Waiblinger die Gemeinheit möglicherweise vor allem in seinem Selbstporträt übertrieben. Aber jedenfalls bedeutete die Affäre einen entscheidenden Einschnitt.

Als er im Herbst 1826 vom Stift verwiesen wird, bricht er auf nach Rom, wo er von deutschen Bildhauern in Empfang genommen wird. *Ich komme nie mehr zurück*, hat er schon vorher notiert, und dabei bleibt es. Er schlägt sich mühsam durch; der von Cotta gewährte Vorschuss für von ihm erwartete Beiträge ist schnell aufgebraucht. Aber im Rahmen seiner Möglichkeiten genießt er das italienische Leben in all seiner Farbigkeit und Sinnlichkeit, zeichnet es nach in heiteren Reportagen und humoristischen Skizzen, in denen er sich über deutsche Landsleute und englische Touristen lustig macht, aber auch in faszinierenden Reisebildern. Von einer Reise nach Sizilien kommt er krank zurück. Liebevoll pflegt ihn die von ihrem Mann verlassene Nena Carlenza, mit der er seit fast zwei Jahren zusammenlebt; aber die Blutstürze lassen sich nicht aufhalten; er stirbt, gerade 25 Jahre alt, im Januar 1830.

In Waiblingers Dichtung nimmt die Lyrik größeren Raum ein als bei Hauff. Seine Erlebnisse begleitet und verarbeitet er häufig in Gedichten. Besonders deutlich wird dies in den *Liedern der Verirrung*, die nach der Trennung von Julie entstanden. Die Begegnung mit Hölderlin fasst er zuerst in ein Gedicht; im beigefügten Kommentar bedauert er, dass es noch nicht zur Veröffentlichung von Hölderlins Gedichten kam. Auch Wandererfahrungen finden ihren Ausdruck im Gedicht, so eine Alpenwanderung, die Waiblinger gleichzeitig ausführlich in einem Prosatext schildert, vor allem aber italienische Impressionen. Trotzdem kann man sagen, dass das Hauptgewicht seiner Arbeit auf der Prosa lag – in etwas kleineren Formaten während seines italienischen Exils, vorher auch in umfangreichen Romanen.

In sein Tagebuch rückt der 16-Jährige eine *Autoren-Tafel* ein mit einer Einteilung der Dichter in die Klassen *Genie, Talent, Gaben, Anlagen*. Diese Ordnung ist so wenig überzeugend wie die Zuordnungen; aber man staunt, dass er über 150 Autorinnen und Autoren einbezieht, von denen nicht einmal die Hälfte aus Deutschland kommt. Waiblinger kann sie nicht alle intensiv studiert haben, aber offensichtlich hatte er sich über alle ein Bild verschafft. Wenig später entwirft er bereits Pläne für einen Briefroman, und er ist noch keine 18, als er notiert: *Mein Phaeton ist fertig! Ich arbeite gerade 8 Wochen daran.*

Phaeton war in der griechischen Mythologie der Sohn des Sonnengotts Helios, der ihm erlaubte, den Sonnenwagen zu lenken. Die Fahrt missglückt; die Rosse brechen aus, und die Erde wird in Brand gesteckt. Waiblingers Phaeton ist ein junger deutscher Künstler, der nach der Rückkehr von einer Italienreise verzweifelt ist, bis er einer jungen Griechin begegnet, in die er sich verliebt. Die Trennung von ihr treibt ihn in den Wahnsinn; das Mädchen wiederum verzweifelt und stirbt. Der Künstler lebt fortan bei einem Tischler – spätestens hier drängt sich Hölderlin ins Bild, und tatsächlich geht aus den Tagebuchnotizen Waiblingers hervor, welch starken Einfluss auf ihn zunächst die Lektüre des *Hyperion* und dann die Begegnungen mit Hölderlin ausübten. *Hölderlin schüttelt mich* notiert er schon nach der ersten Bekanntschaft mit *Hyperion*.

Die Unruhe seines Daseins, die Radikalität seiner Empfindungen, seine Verletzlichkeit, die ihn mitunter verletzend werden ließ, aber auch das wenn nicht zerstörte, so jedenfalls gestörte Renommee Waiblingers – all das sorgte dafür, dass eine ganze Reihe seiner Dichtungen nicht auf- und angenommen wurde oder gänzlich verloren ging. Seine dramatischen Versuche sind vergessen. Die beiden Romanwerke *Feodor* und *Lord Lilly*, die um die gleiche Zeit wie *Phaeton* entstanden, existieren nicht mehr. *Feodor* wurde von Waiblinger verbrannt; der Druck von *Lord Lilly* wurde nach seinem Tod von den früheren Freunden diskutiert, aber verworfen, und inzwischen ist das Manuskript verschollen. Ein weiterer Roman, *Olura der Vampyr,* wurde erst in jüngster Zeit ediert. Ruhiger Erzählfluss charakterisiert keines der epischen Werke. Der *Tiefsinn*, den Waiblinger anstrebte, wird oft in phantastischen Verkleidungen vorgeführt und oft auch bewusst dem Wahnsinn angenähert.

*

Wendet man sich vor diesem Hintergrund Hermann Kurz (1813–1873) zu, so kommt man in eine andere Welt – banaler, vertrauter, wirklichkeitsnäher. Schon die äußeren Bedingungen seiner Kindheit und Jugend waren anders. Der Wohlstand der Familie hielt sich in Grenzen, und als er 16 war, hatte er beide Eltern verloren, aber er fand Rückhalt bei Verwandten und Freunden; das Ansehen seiner Reutlinger Sippschaft, das weit in die Reichsstadtzeit zurück reichte, wirkte nach. Dieser Hinweis auf die Vergangenheit ist wichtig. Hermann Kurz, der einmal schrieb, er *lebe vor sechzig Jahren*, sah im republikanischen Aufbau und im freien Geist der Reichsstadt einen positiven Kontrast zur württembergischen Enge; und er setzte diese Sympathie in eine ganze Reihe von Skizzen und Erzählungen um.

Versteht man das Bild nicht allzu streng, so kann man sagen, dass sich seine Dichtung in konzentrischen Kreisen von innen her entwickelte. In seinen ersten Publikationen greift er Familientraditionen auf, erzählt *Wie der Großvater die Großmutter nahm* und mehr von der *Reichsstädtischen Glockengießerfamilie*. Weitere Geschichten aus seinen Sammelbänden behandeln Ereignisse aus der Stadt und ihrer engeren Umgebung. In den vielen Beiträgen für Zeitungen und Zeitschriften greift er manchmal weit aus; aber mit seinen großen Romanen bewegt er sich wieder in der schwäbischen Landschaft und Geschichte. In drei Teilen erscheint 1843 *Schiller's Heimatjahre. Vaterländischer Roman.* Der Titel stammt nicht von Hermann Kurz, sondern vom Verleger. Der Autor wollte den Herzog Karl Eugen herausstellen, der tatsächlich die zentrale Figur ist und sich nicht nur mit Schubart und Schiller auseinandersetzt, sondern auch mit dem von Kurz erfundenen Heinrich Roller, der eigentlich Pfarrer werden will, den aber der Herzog mit besonderen Missionen betraut: Er soll für die Besserung Schubarts sorgen, die der Herzog jedoch dann durch die niederträchtige Verhaftung sicherstellt, und er soll einer Zigeunergruppe die richtigen Wege weisen, was Roller immerhin mit abenteuerlichen Erfahrungen bereichert. Kurz hatte das Manuskript Cotta angeboten, der darauf mit schmeichelhaftem Lob reagierte – und mit der knappen Schlussbemerkung, sein Verlag könne das Buch wegen der *persönlichen Stellung ihres Eigentümers* nicht übernehmen. Nach weiteren Fehlversuchen griff der Stuttgarter Verleger Franckh zu, und Hermann Kurz musste sich mit der neuen Titelei abfinden und um das Honorar prozessieren.

Zur gleichen Zeit schreibt er in einem Brief: *Nächste Woche gehe ich nach Vaihingen, um einen Verbrecher zu verhören, nämlich den Sonnenwirt, dessen Akten sich endlich gefunden haben.* Der Sonnenwirt Johann Friedrich Schwan aus Ebersbach war da schon über 80 Jahre tot, 1760 hingerichtet, und Schiller hatte seinen Fall in einer Erzählung behandelt, der er den treffenden Titel gab: *Verbrecher aus verlorener Ehre.* Die Anregung kam vermutlich von Jakob Friedrich Abel, einem von Schillers Lehrern an der Karlsschule, der bald darauf niederschrieb, was er vom Leben und Sterben Schwans wusste; und um die gleiche Zeit kamen auch zwei dramatische Bearbeitungen heraus, von denen eine Schwan das Leben rettet, indem seine Zugehörigkeit zu einer vornehmen Familie entdeckt wird. Der kleine Flickenteppich dieser Vorarbeiten wird hier erwähnt, weil er deutlich macht, dass sich auch realistische Dichtung nicht nur an handfesten Realitäten orientiert, sondern in literarische Traditionen eingebunden ist.

Dabei geht es nicht nur um direkte Abhängigkeiten, sondern auch um die generelle Umsicht, die bei Kurz durch eine größere Anzahl von Übersetzungen und zahlreiche literarhistorische Artikel bezeugt wird.

Zwischen der brieflichen Bemerkung und der Veröffentlichung des Romans liegen zwölf Jahre. Es ist die Zeit, in der Kurz sein Brot verdiente mit mühsamen Redaktionsarbeiten, erst in Karlsruhe beim *Deutschen Familienbuch*, danach in Stuttgart beim *Beobachter* mit verstärktem politischen Engagement, das ihm drei Wochen Haft auf dem Hohenasperg einbrachte, und es ist zudem die Zeit seiner Familiengründung mit Marie von Brunnow. In der Stuttgarter Redaktion kommt es zu Kontroversen; Kurz tritt aus, muss sich erneut als freier Schriftsteller durchschlagen und setzt seine Hoffnung auf den Roman *Der Sonnenwirt. Schwäbische Volksgeschichte aus dem vorigen Jahrhundert.* Das persönliche Schicksal Schwans, der als Kind den Vater im Zorn mit dem Messer bedroht hatte und von ihm ins Zuchthaus gebracht wurde, beschreibt er als sensibler Psychologe; aber darüber hinaus ist die Schilderung der unversöhnlichen Ausgrenzung durch die bigotten Bürgersleute ebenso wie die der teilweise kriminellen Abenteuer des Ausgestoßenen ein großes Gesellschaftsgemälde. Hermann Kurz sperrt dabei seine Phantasie nicht aus; aber er operiert durchaus mit den Akten, die er eingesehen und abgeschrieben hatte. Das ging so weit, dass er in die letzten Kapitel große Teile der amtlichen Verhörtexte einfügt, was aber nicht unbedingt als naturalistische Zuspitzung geplant, sondern der Erschöpfung des Autors zuzuschreiben war.

Er bemühte sich um eine Dramatisierung des Stoffs auf Anregung des Frankfurter Verlegers, brach aber ab, als dieser einen weiteren Roman wünschte. Er schrieb *Der Weihnachtsfund*, Geschichte einer unglücklichen Liebe mit glücklichem Ende; 1856 kam das Buch auf den Markt. Schon der Untertitel *Ein Seelenbild aus dem schwäbischen Volksleben* lässt nicht unbedingt Gutes ahnen, und tatsächlich ist der kleine Roman mit zu viel Edelmut und Folklore ausgestattet. Kurz schrieb auch noch wenige heitere Erzählungen, verfasste einige Rezensionen und kritische Lebensbilder, zog sich aber, nachdem ihm mit einer subalternen Bibliothekarsstelle an der Tübinger Universität der Unterhalt einigermaßen gesichert war, weithin aus dem literarischen Leben zurück. Er liebte seine Familie, die im kleinen Tübingen wegen der emanzipativen Haltung der Mutter und der Streiche und Eskapaden der Kinder als unmöglich galt; aber er war isoliert und suchte auch die Isolation. In seinem Gedicht *Nachlass* zog er eine traurige Bilanz:

Ich werde so von hinnen eilen
Mit tief geschlossenem Visier,
Und ein paar arme, stumpfe Zeilen
Die bleiben dann der Welt von mir.

Dann beschwört er die guten Tage mit vollem Leben und endet:

Vor solchem Leben frisch und reich
Wie sind die Lettern tot und bleich.
Doch was ich mir in mir gewesen,
Das hat kein Freund gesehn, wird keine Seele lesen.

*

Im gleichen Jahr wie die letzte Buchpublikation von Hermann Kurz erschien bei Cotta *Barfüßele* von Berthold Auerbach (1812–1882) – ein Welterfolg. Das ist wörtlich zu nehmen: Der Verlag brachte fast 50 Auflagen heraus, und nach dem Ende der Schutzfrist kurz vor dem Ersten Weltkrieg griffen andere deutsche Verlage zu; aber das Buch setzte sich auch relativ rasch in anderen Ländern durch – *Little barefoot, Fille aux pieds nus, La scalza,*

Barfota … Die romantische Perspektive auf das Landleben und das Lob der Natürlichkeit, manchmal als deutsche Eigenheiten kritisiert oder gerühmt, gab es auch in anderen Nationen. Und dass die Geschichte ankam, hing auch mit der märchenähnlichen Handlung zusammen. Im Manuskript hatte Auerbach als Titel vorgesehen: *Barfüßele oder das neue Aschenputtel*, und wenn auf die kleine Amrei auch kein Königssohn wartet – ihr Aufstieg von der Gänsemagd zur Frau eines reichen Hofbauern ist märchenhaft. Das bedeutet auch, dass dem glücklichen Ende harte Prüfungen vorangehen: Amrei und ihr Bruder Dami sind arme Waisenkinder, und das tüchtige Mädchen sorgt mit der Übernahme niedriger Dienste auch für Dami, der seine Enttäuschungen nur schwer verkraftet.

Der Erfolg der Erzählung kam nicht unerwartet. Auerbach bezeichnete sie als *Dorfgeschichte*, und verschiedentlich wurde diese Bestimmung auch in den Buchtitel mit übernommen. Jedenfalls schloss sich die Veröffentlichung an sein bekanntestes literarisches Unternehmen an; im vorangegangenen Jahrzehnt hatte er in mehreren Bänden seine *Schwarzwälder Dorfgeschichten* veröffentlicht. Sie kamen gut an und wurden gewissermaßen zu seinem Markenzeichen. Herbe Kritik wie die von Heine, der die Geschichten als *katzenjämmerlich sentimental* bezeichnete, war die Ausnahme, und die Charakterisierung trifft ja auch nur sehr bedingt zu. Behandelt werden dörfliche Konflikte, ausgelöst durch Schikanen der Herrschaft und der reicheren Bauern, durch starres Festhalten am Alten, durch Intrigen und Eifersüchteleien, durch Mobbing gegenüber Außenseitern und Fremden. Ein Happy End ist nicht die Regel, am Ende stehen meist Verzweiflung, Selbstmord, Flucht zum Militär, Auswanderung.

Gelesen wurden die Geschichten ganz überwiegend vom bürgerlichen, städtischen Publikum, und Auerbach brachte in einem Teil der Erzählungen auch Dorf und Stadt zusammen, woraus sich ebenfalls Konflikte ergaben. Die zuerst veröffentlichten

Geschichten dagegen *spielen alle in Nordstetten*, wie der Autor in einem Brief anmerkte, wie man es aber auch an konkreten Beschreibungen und Bezeichnungen ablesen kann. Nordstetten bei Horb war Auerbachs Heimatort; seine Familie gehörte zu dem stattlichen jüdischen Bevölkerungsanteil, der in den Geschichten nur eine Nebenrolle spielt. Vielleicht deshalb wird Auerbachs jüdische Herkunft in manchen literarhistorischen Beiträgen gar nicht erwähnt, vielleicht aber auch, um die Eingemeindung in die schwäbische und deutsche Literatur nicht zu gefährden. Aber das ist naiv gedacht. Man verfehlt so die geistige Prägung, die der kleine Baruch Auerbach (wie er ursprünglich hieß) erfuhr, der Rabbiner werden sollte; und man verfehlt auch seine wissenschaftliche Entwicklung, die aus seinen ersten, durchgängig mit jüdischen Traditionen befassten Schriften deutlich wird.

Der jüdische Hintergrund ist aber auch zu bedenken, wenn man zur richtigen Würdigung seines politischen Engagements während der Studienzeit kommen will, das ihn für kurze Zeit auf den Hohenasperg brachte; und auch seine Begeisterung für die Einheit der Nation war ein sehr spezifisches Bekenntnis. Zeitlebens suchte er schwäbische Heimatliebe und deutsche Gesinnung zu verbinden mit seiner jüdischen Orientierung, die ihn schon früh mit dem intensiven Studium Spinozas auf einen liberalen Weg führte; er neigte aufgeklärten Positionen zu und lehnte das Taufritual mit der Beschneidung ab, blieb der jüdischen Religion aber auch praktisch verbunden. Antisemitische Tendenzen trafen ihn hart. Das Trauma eines bösartigen Überfalls durch katholische Schüler in seiner Kindheit quälte ihn sein Leben lang, und mit bitterer Enttäuschung erlebte er, dass gerade im Gefolge freiheitlicher Anstrengungen – nach 1848 und ähnlich auch nach 1871 – die Gleichstellung praktisch und auch rechtlich gefährdet war.

Die jüdische Herkunft des Dichters hat auch die Wirkungsgeschichte beeinflusst. Eine Zusammenstellung des Bücherangebots zeigt, dass nicht nur die Dorfgeschichten, sondern auch die nach dem Vorbild Hebels gestalteten Volkskalender und die späteren Romane in den ersten Jahrzehnten des 20. Jahrhunderts noch verfügbar waren; dann entsteht eine Lücke, und erst einige Zeit nach dem Zweiten Weltkrieg werden wieder Bücher von und über Auerbach gedruckt und wird in Nordstetten eine kleine Gedenkstätte eingerichtet. Natürlich sind die konkreten Umstände und Probleme der Erzählungen nicht mehr aktuell, und was schon Hermann Kurz als *Ruralmoralromantik* angriff, fällt noch stärker in die Augen. Schon Auerbach selbst registrierte: *Alles ist anders geworden*, und er fügte hinzu: *wer weiß, wie bald man meine Volkserzählungen lesen wird wie eine Indianergeschichte.* Immerhin! Und Vieles von der Kritik an Kontrollsucht, Geiz und Egoismus, an sozialer Ausgrenzung und Fremdenfeindlichkeit lässt sich auf die Gegenwart übertragen – von Indianer- wie von Dorfgeschichten.

Der knapp kommentierten Auflistung schwäbischer Romanciers des 19. Jahrhunderts könnten gewiss noch einige Namen hinzugefügt werden, an die in eher größer werdenden Abständen unter dem Motto *Zu Unrecht vergessen* erinnert wird, ohne dass dies viel ändert – obwohl man nicht immer ausschließen kann, dass sie eine Renaissance verdienten. Als Beispiel kann der Pfarrer Wilhelm Zimmermann (1807–1878) angeführt werden, dessen Meisterstück allerdings die *Geschichte des deutschen Bauernkriegs* ist, der aber auch historische Erzählungen verfasste und auch als Herausgeber literarische Bestrebungen förderte. Auch der Tübinger Juraprofessor Reinhold Köstlin (1813–1856) ist mit Novellen und Erzählungen hervorgetreten, und der ungemein produktive Johannes Scherr (1817–1886), der aus politischen Gründen in die Schweiz fliehen musste, hat dort nicht nur geschichtliche und philosophische Abhandlungen veröffentlicht, sondern auch *historische Sittengemälde*, wie er sie benannte. Die Brüder Carl Weitbrecht (1847–1904) und Richard Weitbrecht (1851–1911) traten mit einer Neuerung auf, indem sie *Schwobagschichta* nicht nur in Dialogen, sondern durchgängig im Dialekt erzählten. Das wurde auch von Wilhelm Schrader (1847–1914) praktiziert, der Geschichten in seiner Hohenloher Mundart erzählte und damit in seiner Umgebung viel Zustimmung fand, weil er witzig formulierte, sicher aber auch, weil er gewissermaßen eine Minderheitensprache vertrat. Im Ganzen erwies sich die durchgängige Verwendung des Dialekts in Erzähltexten als nicht besonders zukunftsträchtig. Dagegen wies Max Eyth (1836–1906) in die Zukunft, indem er abenteuerliche Reiseberichte verband mit der bis dahin in der erzählenden Literatur kaum vorhandenen Behandlung technischer Probleme und Einsichten.

*

Wichtiger als eine Abrundung, wie sie hier nur angedeutet werden kann, ist eine gewichtige ergänzende Korrektur. Auf dem von Romanen gesäumten Weg von Hauff zu Vischer blieb eine wichtige Station unbeachtet. Im Jahr 1832 kam in Stuttgart *Maler Nolten* von Eduard Mörike heraus, vom Verfasser im Titel als Novelle vorgestellt, später aber allgemein und auch von ihm als Roman bezeichnet, was dem Umfang und der komplexen Handlung besser entsprach. Übersprungen wurde dieses Beispiel, weil Mörike keineswegs auf die Funktion des Romanautors und auch nicht generell auf die des Erzählers festgelegt werden darf; es ist vor allem auch seine Lyrik, die ihm eine herausragende Stellung in der schwäbischen Literaturgeschichte sichert. Jedenfalls verlangt schon eine knappe Würdigung einen Blick auf das Ganze seines Werks.

Man könnte eine gewisse Zurückhaltung gegenüber *Maler Nolten* aber auch direkter und unfreundlicher begründen: Der Roman drängt sich nicht auf; es ist durchaus fraglich, ob man ihn als geglückt bezeichnen kann. In den neueren Beschreibungen und Kommentaren geht das meist unter; sie konzentrieren sich auf bewundernswerte Details oder scheuen die Kritik an dem

Künstlerroman, nachdem Mörike eine Art schwäbischer Nationalheiliger geworden ist – im Mörikejahr 2004 übrigens amtlich beglaubigt in Festakten und mit ungewohnt reichlichen Fördergeldern. Als vor einem halben Jahrhundert die große historisch-kritische Gesamtausgabe von Mörikes Werken und Briefen auf den langen, noch immer nicht abgeschlossenen Weg gebracht wurde, wurden in den beiden ersten Bänden die Fassungen des Nolten-Romans vorgestellt. Das war technisch bedingt, heikle Redaktionsprobleme gab es nicht – aber es konnte auch als Auszeichnung für den Roman verstanden werden.

Geht man unbefangen und ohne Einbindung in editorische Detektivaufgaben an den Roman heran, so wird man bedenklich gegenüber den höchst komplexen Verhältnissen und Entwicklungen, die zwar immer motiviert, aber oft schwer zu entwirren sind. Fasst man die wichtigsten Ereignisse und Handlungszüge in Stichworte – Liebe, Eifersucht, Intrige mit gefälschten Briefen, Zigeunermädchen, Selbstmorde – und vergegenwärtigt das düstere Klima, das in dem Roman herrscht, dann gerät man fast schon in die Nähe trivialer Schauergeschichten, erkennt aber gleichzeitig, wie schief diese Assoziation ist. Die Sehnsucht nach *der dunklen Blume des Todes*, ein Grundton in Mörikes Roman, ist weit weg von den grellen Todesspielen mancher Populargeschichten. Und blickt man auf die einzelnen Szenen des *Nolten*, so wird schnell deutlich, wie souverän sie ausgeführt sind. Die Handlungsschritte sind gut motiviert, ein genauer psychologischer Blick richtet sich auf die Vorgänge, Emotionen sind durchschaubar, Stimmungen spürbar gemacht; und mit großer sprachlicher Kunst wird das Geschehen vermittelt in eigenwilligen Wendungen, die aber nicht dekorativ wirken, sondern meist den Charakter des Notwendigen und Selbstverständlichen haben. Das gilt auch von den zahlreichen Gedichten, die Mörike in dem Roman platziert hat; ihr Bezug zur Romanhandlung ist selten direkt, vermittelt aber Reflexionen und Stimmungsbilder,

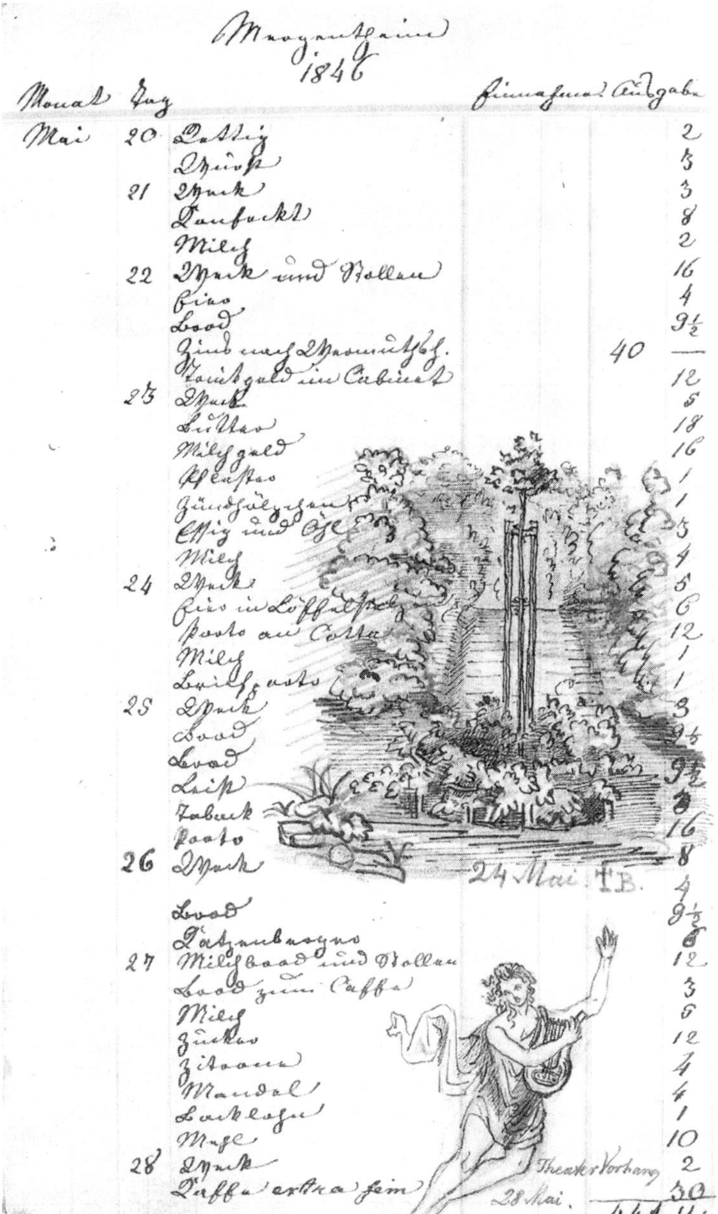

Faksimile aus Eduard Mörikes Haushaltungsbuch

die passen. Zudem gibt die Blickweise des Malers den Szenen Farbe – im direkten wie im übertragenen Sinn. Wenigstens ein Beispiel: Als Nolten zum ersten Mal erhellt vom Blitz während eines Gewitters das Gesicht des Zigeunermädchens sieht, in das er sich verlieben wird, bleibt es in seine Erinnerung eingeschrieben – *vor meinem innern Sinne blieb jenes Gesicht mit bestimmter Zeichnung wie eine feste Maske hingebannt, in grünflammender Umgebung des nassen glänzenden Gezweigs.*

Mörike war sich über die komplizierte Struktur des Romans im Klaren. Er verteidigte sie: *Der Leser soll zu manchem angereizt werden, er soll sich die zerfahrenen Lichter sammeln (…).* Aber er war selbst nicht recht zufrieden mit dem Roman, er bemühte sich in den letzten Jahrzehnten seines Lebens immer wieder um eine neue Fassung, die aber nur vom ersten Teil, und ohne große Abweichungen vom ursprünglichen Aufbau, zustande kam. Man kann aus der Diskrepanz zwischen problematischer Gesamtstruktur und eingängigen Szenen eine prinzipielle Einschätzung von Mörikes Poesie ableiten. Sie tat sich schwer mit der Organisation und Verwirklichung größerer Baupläne, erreichte aber im kleineren Format und im Detail ihre Perfektion.

Mörike hatte eine ausgesprochene Affinität zu Miniaturen. Man denkt bei diesem Wort zunächst an gezeichnete Skizzen, die tatsächlich eine Liebhaberei Mörikes waren. In Briefen ergänzte er den Text manchmal mit kleinen Zeichnungen, und als er eine Zeitlang ein Haushaltungsbuch führte, schmückte oder übermalte er die öden Zahlenreihen seiner täglichen Ausgaben mit Porträts, der Wiedergabe von Bauten und Kunstwerken oder kleinen Alltagsszenen. Aber er erfand auch eine eigene Form literarischer Miniatur, die *Musterkärtchen*. In einem Brief erläuterte er: *dies sind kleine, selbsterlebte Anekdoten, hauptsächlich charakteristische Züge aus unserer nächsten Umgebung, ohne viel Witz, wenn sie nur lustig und bezeichnend sind.* Er schrieb solche Schilderungen tatsächlich auf kleine Kärtchen, oder er fügte sie in Brieftexte ein – meist

Beobachtungen aus seinem Alltag mit Kindern und Tieren, Besuchern und Bekannten, Wind und Wetter: *Soeben bewegt sich ein großer Nebelschweif vom Hügel herunter ins Dorf herein. Ein Kind springt über die Gasse und zugleich stößt ein alter Mann im nächsten Haus das Guckfenster zurück indem er ruft: Schieb Stein' in Sack, Bub! Schieb Stein' in Sack! (ist sprüchwörtlich hier und heißt: man soll sich schwer machen, sonst nehme einen die Wolke mit fort) Ein kleineres Mädchen im bloßen Hemd springt dem Brüderchen nach, es lacht herzlich zwischen Furcht und Spaß.*

Aber dem Wesen der Miniatur folgen auch viele seiner Gedichte. Man spricht von ihrer *Augenblicksstruktur*; man könnte auch von der Struktur der Nähe sprechen. Sie bestimmt, in der zeitlichen wie der räumlichen Dimension, die Gegenstände. Die Balladen und Romanzen, die größtenteils in der Anfangszeit seiner Lyrik entstanden, nehmen mythologische Motive und Gegenstände des Volksglaubens auf mit Anleihen bei der Klassik, aber auch beim Volkslied. Das Faktisch-Historische spielt dagegen nur eine untergeordnete Rolle; das ist ein entscheidender Unterschied gegenüber der Lyrik des Dichterkreises um Uhland. Wo Vergangenes ins Spiel kommt, wird es entweder aus einem sichtbaren Teil des Gegenwärtigen abgeleitet wie im Gedicht *Auf eine Lampe*, die mit dem abgebildeten Ringelreihn der Kinderschar den Gedanken an früher weckt. Oder es werden Erinnerungen an die eigene Vergangenheit ausgelöst wie beim *Besuch in Urach*, und Mörikes Kunst, Emotionen und Stimmungen zu beschreiben, ist so vielfältig und variabel, dass auch solche Gedichte der Nähe beachtlichen Umfang gewinnen können.

Ausgangspunkt vieler Gedichte ist jedenfalls, was er unmittelbar vor Augen hat oder hatte, und vielfach bleibt er auch dabei stehen. Im Gedicht *Der Petrefaktensammler* tauchen zwar Fachausdrücke der Prähistoriker auf, aber Thema bleibt die Schönheit der Versteinerungen und das Erlebnis des Sammelns in der freien Natur. Immer wieder greift er banal Alltägliches auf wie im dialogisch geführten Gedicht *Häusliche Szene*, in dem es um die richtige Herstellung von Essig geht. In seinen *Hausversen* kommentiert er verschiedene häusliche Tätigkeiten, und in Gelegenheitsgedichten amüsiert er sich über die Eigenheiten von Nachbarn, Bekannten und Verwandten. Und jedes Mal zeigt er, wie sich auch das Gewohnte und Gewöhnliche in ein poetisches Licht rücken lässt.

Es trifft allerdings nicht die ganze lyrische Dichtung Mörikes, wenn man sie als vergnügte Interpretation des Alltags versteht. Die melodische Bewegung, in die er die Realität versetzt, sorgt für die Leichtigkeit vieler Gedichte. Aber viele sind auch von düsteren Stimmungen geprägt, drücken Zweifel und Verzweiflung aus. Mörikes Leben durchzieht eine dunkle Spur von Beschwernissen: Unzufriedenheit mit dem Pfarrberuf, auf den er aber lange angewiesen blieb, missglückte Liebesverhältnisse, Armut und auch Betrug in der nächsten Verwandtschaft, die eigene Krankheit, die oft als Simulation gesehen wurde, und die eigene Notlage, die wiederum damit zusammenhing, dass sein literarisches Wirken nicht genügend einbrachte. Bis zu seinem Lebensende erlebten seine Gedichte vier Auflagen; das ist respektabel, aber es reichte nicht für den Lebensunterhalt, und es war auch nicht spektakulär – man hat zum Vergleich auf Emanuel Geibel hingewiesen, dessen sentimentale Gedichte 128 Auflagen erreichten. Zur intensiveren Auseinandersetzung mit Mörike kam es, vergleichbar mit der ›Entdeckung‹ Hölderlins, erst um die Jahrhundertwende, gefördert auch durch die Vertonungen von Hugo Wolf und anderen.

Vertieft man sich in Mörikes Biographie, so wundert man sich nicht über pessimistische Züge in seinen Briefen und Gedichten. Verwunderlich ist vielmehr, wie er sich schreibend immer wieder zur Heiterkeit durchrang. Deutlicher noch als in seinen Gedichten wird dies an den kleineren Geschichten, Novellen mit märchenhaftem Einschlag und Märchen mit realistischen Partien. Auch sie bestätigen übrigens das Prinzip Musterkärtchen:

Nicht ohne Grund wurde eine gewisse Verwirrung der Handlungslinien im *Stuttgarter Hutzelmännlein* kritisiert, während das kleinere Teilstück mit der schönen Lau durchsichtig ist und die Einzelszenen durchweg klar ausgemalt werden. Die Eindringlichkeit der kleinen Szenen lässt vergessen, dass die große Konstruktion nicht die Stärke Mörikes war. Man kann sogar sagen, dass Konstruktion insgesamt ein Fremdwort für ihn blieb; die schönsten seiner Werke machen den Eindruck, dass er sich bei aller Reflektiertheit fallen lässt in den Raum und Traum der Kunst, wie er es in seiner berühmtesten Erzählung an Mozarts Kompositionsweise zeigt.

Mörike, *von Hause aus auf einen engen subjektiven Fleck verwiesen,* bekennt sich zu seiner *beschränkten Existenz.* Das betrifft nicht nur seine räumliche Situation (einmal spricht er von seiner *engen Kajüte*), sondern auch die begrenzte Reichweite seines Handelns. So erklärt sich auch seine Zurückhaltung in politischen Dingen. Er sympathisiert mit den freiheitlichen Aktivisten, soweit sich ihr Protest nicht in rabiaten Formen äußert. Aber bereits im frühen Briefwechsel mit seinen Studienfreunden betont er seine Unfähigkeit, sich *lebhaft in einer Angelegenheit auszulassen, wo ich meinen Wirkungskreis nicht DIRECT vor mir sehe.* Die Hervorhebung durch Großbuchstaben stammt von Mörike – Direktheit, Unmittelbarkeit war das Prinzip seiner Orientierung und seines Handelns.

*

Mörikes Distanz und Distanzierung von politischen Fragen und Aufgaben fällt deshalb auf, weil von den mit ihm in freundschaftlichem Verkehr stehenden Literaten viele mit der Politik zu tun hatten, zum Teil nur sporadisch, teilweise aber auch sehr kontinuierlich und sehr engagiert. Das wirkmächtige Assoziationsfeld von der *guten alten Zeit* lenkt den Blick nicht selten ab von den politischen Gegensätzen, Spannungen und Kämpfen, die fast das ganze 19. Jahrhundert bestimmten. Und vor allem unter denen, die mit den Verhältnissen unzufrieden waren und Neues anstrebten, waren viele Schriftsteller. Eine möglichst vollständige und biographisch sorgfältige Auflistung der im Umkreis der Literatur Tätigen käme vermutlich zum Ergebnis, dass in einem Ortsregister *Hohenasperg* die meisten Nennungen, mehr noch als *Stuttgart*, aufzuweisen hätte.

In der napoleonischen Zeit führten die wechselnden Besatzungen und Bündnisse zu Unsicherheiten und zur Vorsicht mit öffentlichen Äußerungen, aber vereinzelt auch zu Widerspruch und Widerstand mit der Folge von Strafmaßnahmen. Die Neuordnung der politischen Landkarte löste in den Gebieten, die ihre Autonomie verloren hatten, manchen Ärger und auch kleinere Rebellionen aus. Die angestrebte Vereinheitlichung, erschwert durch konfessionelle Gegensätze, wurde bekanntlich nicht besonders sensibel realisiert, und die neuen Verwaltungsvorschriften und ihre bürokratische Umsetzung wurden verschiedentlich heftig kritisiert. Bekannt ist der Fall Friedrich Lists (1789–1846), der durchaus einen Platz in der Literaturgeschichte verdient, da er seine weitreichenden ökonomischen Theorien und gerade auch seine politischen Auffassungen in klaren, oft von persönlichen Erfahrungen ausgehenden Abhandlungen publizierte. Er formulierte die *Reutlinger Petition*, in der die Missstände der Regierung und Verwaltung schonungslos ans Licht gebracht werden – und wurde prompt zu Festungshaft verurteilt, der er sich zunächst durch die Flucht entzog, der er sich aber später stellte. Unter entwürdigenden Bedingungen wurde ihm nach einem halben Jahr die Ausreise nach Amerika ermöglicht.

Der Hinweis auf so prominente Beispiele birgt die Gefahr, dass die politische Verfolgung als Ausnahmeerscheinung betrachtet wird, mit der nur wenige exponierte Persönlichkeiten konfrontiert waren. Aber gleichzeitig mit List war eine ganze Gruppe Tübinger Studenten auf dem Hohenasperg, die als *Demagogen* angeklagt oder verurteilt waren. Es war eine Zeit, in der immer neue Einschränkungen auch neue Proteste auslösten, und es war die Zeit, in der sich der Protest immer wieder neu zu organisieren begann. Die reaktionären Beschlüsse nach der Ermordung des erfolgreichen Literaten August von Kotzebue rückten viele freiheitlichen Bestrebungen ins kriminelle Abseits; aber die demokratischen Tendenzen breiteten sich aus, gestärkt durch europäische Vorbilder – hellenische und polnische Aufstände, revolutionäre Bewegungen in Frankreich und Belgien. Politischer Fortschritt fand aber auch neue Ausdrucksformen, zu denen neben größeren Festen vor allem auch Zeitungen, Flugschriften und Reden gehörten. Damit kommt die Literatur ins Spiel, getragen nicht nur von wenigen Verfassern, sondern von einer relativ großen Zahl literarisch Tätiger. Dies ist zu bedenken, wenn der Blick auf einzelne Autoren gelenkt wird.

Der Stuttgarter Rudolf Lohbauer (1802–1873), der Verbindung zu Mörike und über ihn zu Waiblinger und Hölderlin hatte, verdient ausdrückliche Erwähnung für einen mutigen Geniestreich. Der *Hochwächter*, eine 1830 gegründete Zeitung, wurde von der Regierungsbehörde streng überwacht, und viel vom Inhalt wurde kassiert. Lohbauer sammelte die inkriminierten Teile und gab sie in einem Band *Hochwächter ohne Zensur* heraus. Das zwang ihn zur Flucht nach Straßburg und von dort in die Schweiz, wo er Karriere machte als Militärschriftsteller und Kriegswissenschaftler – Rebellion gilt nicht zwingend lebenslänglich. Der *Hochwächter* wurde im Januar 1833 verboten – und kam am folgenden Tag als *Der Beobachter* neu heraus, was die relativ starke oppositionelle Position bezeugte und der Start zu einer langen publizistischen Wirksamkeit unter diesem Namen war.

Die politisch ausgerichtete Literatur beschränkte sich nicht auf demokratische Kritik an der Regierung und ihre Verteidigung;

heftige Richtungskämpfe wurden auch ausgetragen zwischen den Altrechtlern und den Anhängern der neuen Verfassung, und vor allem auch zwischen den Befürwortern einer preußischen Lösung der deutschen Frage und den *Großdeutschen*, die Österreich einbeziehen wollten. Paul Pfizer (1801–1867) entfachte darüber mit seinem *Briefwechsel zweier Deutschen* eine lebhafte Diskussion, in der er begeistert auf Preußen setzte. Er verband das aber mit der Werbung für eine Republik, was deutlicher als aus dem Briefwechsel aus dem Anhang mit seinen Gedichten hervorgeht.

Im Umkreis der 48er-Revolution kamen vor allem Jüngere zu Wort, die teilweise schon mit literarischen Werken hervorgetreten waren – Werken, in denen sich politische Appelle mit traditionellen persönlichen Themen mischten. Das gilt für die Gedichte des Stuttgarter Wirtssohns Georg Herwegh (1817–1875), die ihn lange vor seinem aktiven Engagement für die Revolution bekannt machten; und es gilt ähnlich für den Heilbronner Ludwig Pfau (1821–1894), der schon 1842 mit traditionellen Naturgedichten debütierte, sich dann aber immer entschiedener politischen Themen zuwandte. Sein Gedicht *Der Auswanderer* von 1846 schildert die in manchem wehmütige Stimmung eines deutschen Amerika-Migranten, die sich aber über die politische Einsicht aufhellt:

> Da weiß man nichts von Herr und Knecht,
> Da gilt der Menschheit altes Recht.

Ein Jahr später war Pfau maßgeblich an der Gründung des *Eulenspiegel* beteiligt. Diese erste deutsche Karikaturenzeitschrift erregte mit ihren satirischen Beiträgen das Missfallen der staatlichen Aufsicht; Pfau wurde vom Esslinger Schwurgericht zu 21 Jahren Festungshaft verurteilt – in Abwesenheit, denn er hatte sich in die Schweiz abgesetzt und arbeitete danach als Übersetzer und Kunstkritiker in Belgien und in Paris, bis ihm 1863 eine Amnestie die Rückkehr ermöglichte. Umgekehrt verlief der

Weg von Ludwig Seeger (1810–1864), aber nur in den äußeren Stationen. Der Lehrersohn aus Wildbad wurde nach seinem Studium Professor für alte Sprachen am Gymnasium in Bern und veröffentlichte neben Übersetzungen schlichte Gedichte, die mit der Sammlung *Der Sohn der Zeit* von 1843 schon sehr ins Politische reichten – auch wo es die Thematik nicht erwarten ließ. Bezeichnend war etwa das Gedicht *Neuer Wein und neuer Geist*, geschickt gebaut mit der Leitzeile des Titels in jeder Strophe, im Wechsel variiert mit der umgekehrten Reihenfolge *Neuer Geist und neuer Wein* – ein fröhliches Trinklied für gesellige Runden, aber dann doch mit der Aufforderung:

> Macht euch eurer Fesseln ledig!
> Kämpft! Der Himmel ist uns gnädig!

Mitten in der Revolutionszeit kehrte Seeger aus der Schweiz zurück und vertrat die liberale Partei im Parlament.

In die revolutionäre oder zumindest regierungskritische Literatur einbezogen waren natürlich auch bekanntere Schriftsteller. An Hermann Kurz muss erinnert werden, der nicht nur in seinen Romanen eine gesellschaftskritische Position vertrat, sondern auch unmittelbar zu politischen Fragen Stellung nahm; und mit ihm ist seine Frau anzuführen, Marie von Brunnow (1826–1911), die konsequent bei kritischen Äußerungen und Aktivitäten blieb, als sich ihr Mann schon enttäuscht und ermüdet zurückgezogen hatte. Auch der Name Kerner taucht im Umkreis der revolutionären Programmatik auf – aber es ist nicht Justinus, sondern sein Sohn Theobald Kerner (1817–1907). Er ist befreundet mit Ludwig Pfau, in dessen *Eulenspiegel* er politische Gedichte veröffentlicht, in denen er nicht nur demokratische Prinzipien vertritt, sondern auch mit dem Opportunismus der Menschen abrechnet – im Gedicht *Nach den Umständen!* beschreibt er zunächst, wie die Kleidung der neuen Zeit angepasst wird: *Schwarz-rot-goldene*

Kokarden und *Turnerhut*; aber es folgt die Aufforderung, Frack und Orden aufzubewahren: *Wer weiß, wie sich's ändern tut!* Er belässt es nicht bei kritischen Gedichten, sondern agitiert in öffentlichen Reden, die ihn nach vorübergehender Flucht auf den Hohenasperg bringen.

Zum Thema Literatur und Revolution könnte auch Uhlands parlamentarischer Einsatz angeführt werden, ebenso Auerbach, der als Mitglied einer Tübinger Studentenverbindung auf dem Hohenasperg landete und später in Wien *ein großes Stück Weltgeschichte* erlebte mit der Erschießung Robert Blums und anderer Revolutionäre, gleichzeitig aber voll getroffen war durch den Tod seiner Frau und die Krankheit seines kleinen Sohns.

Noch einmal: Aus gutem Grund wird hier die Konzentration auf bekanntere Poeten vermieden; das revolutionäre Geschehen spiegelte sich in allen Höhenlagen der Literatur und provozierte auch neue literarische Aktivitäten. So kam etwa im Zuge politisch motivierter Auswanderungen in die Vereinigten Staaten ein wichtiger Beitrag zur deutsch-amerikanischen Literatur zustande, an dem auch Schwaben beteiligt waren.

Zwei Beispiele sollen erwähnt werden. Niklas Müller (1809–1875), Sohn eines religiös spintisierenden Webers aus Langenau, wurde Buchdrucker und brachte einige Gedichte als *Lieder eines Autodidakten* in Cottas *Morgenblatt* unter, ehe er in Wertheim selbst eine Druckerei und einen Verlag übernahm. Sein politisches Engagement zwang ihn zur Flucht in die Schweiz, und von dort ging er nach Amerika, wo er zunächst voll in Anspruch genommen war durch erneute Verlagsarbeit, dann aber zahlreiche Gedichte schrieb und publizierte. Der Reutlinger Gustav Heerbrandt (1819–1896), Buchhändler und Buchdrucker, kam wegen der politischen Aktivitäten in der von ihm gegründeten Turngemeinde und dem Leseverein sieben Monate auf den Hohenasperg und wurde dann nach Amerika abgeschoben, wo er erfolgreich in seiner Branche arbeitete. Er gab zwei Jahrzehnte lang das *New*

Yorker Schwäbische Wochenblatt heraus, das er mit eigenen und fremden Mundartgedichten bestückte; und er publizierte auch ein Büchlein *Hannes in Amerika*, in dem er den *hoillosa Schwindel* amerikanischer Politik anprangerte und die Arbeiter zur Intervention aufforderte – vergeblich, wie er selbst wusste:

> Se hents en der Hand, doriiber ischt koi Zweifel,
> Bis se awer oinich send, ist d' Republik zum Deifel.

Gewiss keine Sternstunde deutscher Dichtung – aber Ausdruck lebendiger, die Klassengrenzen überspringender politischer Kultur.

In den 1860er-Jahren trat in Deutschland das Problem der Volksrechte und der sozialen Verbesserungen zurück gegenüber äußeren Machtfragen; der Weg zur nationalen Einigung beherrschte die öffentliche Diskussion und die politische Ausrichtung der Literatur. Rudolf Krauß hat dies begrüßt; er stellte in seiner Literaturgeschichte fest: *als die Zeit der Erfüllung gekommen war, fanden sich radikale Brauseköpfe von ehedem mit Konservativen und Gemäßigten in dem Preise deutscher Ruhmestaten, in dem Jubel über das neu entstandene Reich zusammen.* Um eine lückenlose Veränderung handelte es sich aber nicht. Mörike hat auf den Vorwurf, dass er in die Begeisterung nicht einstimme, mit einem Vierzeiler geantwortet:

> Bei euren Taten, euren Siegen
> wortlos, beschämt hat mein Gesang geschwiegen:
> und manche, die mich darum schalten,
> hätten auch besser den Mund gehalten.

Er hatte dabei die hohle Triumphrhetorik mancher Poeten im Auge, und an sich war nichts Anderes als Abwehr von ihm zu erwarten, wenn *ein Ruf wie Donnerhall, wie Schwertgeklirr und Wogenprall* ertönte. Mit diesem aggressiven Sprachbild hatte Max

Schneckenburger (1819–1849) seine *Wacht am Rhein* eingeleitet – auch er ein Schwabe, aufgewachsen in Thalheim bei Tuttlingen und später Kaufmann und Fabrikant in der Schweiz. Zur Zeit des deutsch-französischen Kriegs war er längst tot; gedichtet hatte er das Lied, als im Spätherbst 1840 ein französischer Übergriff auf deutsche Rheinregionen drohte.

Die Zurückweisung des lauten Jubels über den deutschen Sieg war aber nicht nur eine Stilfrage, sondern hatte eine inhaltliche Seite: Die nationale Begeisterung drohte die Frage der inneren Freiheit und Gerechtigkeit völlig zu verdrängen. Dagegen wehrten sich die sozialistischen Parteigruppierungen, wehrten sich aber auch Literaten – darunter *radikale Brauseköpfe von ehedem*, aber auch nüchterne Beobachter der Entwicklung.

*

So wichtig es ist, den Fortbestand freiheitlicher Stimmen und Stimmungen zu betonen, so zwingend ist es auf der anderen Seite, die im Land dominierende konservative Grundhaltung ins Auge zu fassen. Ihre poetischen Äußerungen sind – zumal aus heutiger Sicht – dürftiger, und es ist verständlich, dass sie in der literaturgeschichtlichen Betrachtung eine kleinere Rolle spielen; aber ihre Beachtung ist für das Verständnis des literarischen Klimas unentbehrlich. Es ist unmöglich, alles in den Blick zu nehmen, das sich im ruhigen Fahrwasser dieser Hauptströmung bewegte; aber die wichtigsten Teilgebiete sollen anhand weniger Beispiele vorgestellt werden.

Zu den Werken, die den größten Absatz fanden und durchaus als wesentlicher Teil der Literatur anerkannt waren, gehörten religiöse Schriften. Albert Knapp (1798–1864) und Karl Gerok (1815–1890) hatten beide einflussreiche Stellungen in der protestantischen Kirche. Nach Anstellungen in verschiedenen kleineren Gemeinden im Land war Knapp 28 Jahre in Stuttgart, Gerok 41 Jahre. Beide hatten eine intensive pietistische Erziehung erhalten, die ihre Arbeit bestimmte – allerdings auf verschiedene Weise: Knapp trat asketisch auf und forderte strenges Sündenbewusstsein, dessen Fehlen er nicht nur bei seinen Zuhörern rügte, sondern auch Goethe und Schiller vorwarf. Gerok dagegen galt als *Herzenstheologe*, der seine Botschaften mit großer Wärme vorbrachte. Die Wirksamkeit beschränkte sich nicht auf die Predigten und auf organisatorische kirchliche Aktivitäten; beide galten als angesehene Poeten, wobei für Knapp die Kirchenlieder, für Gerok religiöse Gedichte im Vordergrund standen. Seine Sammlung *Palmblätter* war ein Bestseller; schon viele der Titel vermitteln die gefühlvolle Machart – zum Beispiel: *Der Berg der Himmelfahrt / Der Berg der Tränen / Der Berg des Gebets.* Soziale Probleme waren weder für Dekan Knapp noch für den Oberhofprediger Gerok ein Thema. Dagegen stimmten beide in den nationalen Siegesjubel ein; Gerok feierte gleich 1871 *Deutsche Ostern.*

Auch Christian Gottlob Barth (1799–1862) war von der nationalen Sendung überzeugt und verband dies mit der Werbung für die christliche Mission. Er leistete aber auch einen Beitrag zur Glorifizierung Württembergs, dem er 1843 eine Geschichtsdarstellung widmete, *neu erzählt für den Bürger und Landmann.* In der Einleitung schreibt er: *Der geneigte Leser muss vor allen Dingen wissen, dass es zwei gelobte Länder in der Welt gibt, das eine ist das Land Canaan oder Palästina, das andere ist Württemberg.* Dem Land, *in welchem Milch und Honig fließt,* wird Württemberg an die Seite gestellt: *ein gelobtes Land, weil es kein besseres gibt auf der ganzen Welt, und weil es wenigstens von den Schwaben gelobt wird, wenn es auch Niemand sonst loben wollte.* Der ironische Charakter des Vergleichs wird deutlich, wird aber halb wieder zurück genommen – auch im Land Canaan musste gespart werden, und in der Gegenwart gibt es neben Württemberg kein Land, *in welchem so viel christlicher Sinn, eine so tiefe*

Grundlage biblischer Erkenntnis und Erfahrung zu Hause wäre. In diesem Sinn wird dann die württembergische Geschichte vorgestellt, sodass Friedrich Theodor Vischer anmerkte, man lerne aus dem Buch, *dass der liebe Gott in Württemberg evangelisch ist, vermutlich ist er sogar ein Korntaler* – also aus einer der Hochburgen des Pietismus.

Barth hatte damals seine Pfarrstelle aufgegeben, um sich mit dem von ihm gegründeten Calwer Verlagsverein ganz der Verbreitung volksmissionarischer Schriften zu widmen. Er schrieb selbst unermüdlich. Man hat über 600 Schriften von ihm gezählt, und allein seine *Zweymal zwey und fünfzig biblische Geschichten für Schulen und Familien* erlebten 483 Auflagen und galten nach Bibel und Koran als das weltweit am meisten verbreitete Buch. Mit solchen Rekordangaben im Bereich der Literatur muss man vorsichtig umgehen; aber gewiss ist, dass Barth eine dominante Einstellung im Land getroffen und durch die Vermittlung an Kinder noch verstärkt hat.

Es ist auch keineswegs ausgemacht, dass sich Barths Wirksamkeit auf die evangelische Bevölkerung beschränkte. Die Belehrung der Kinder durch Geschichten spielte auch im katholischen Unterricht und in katholischen Familien eine große Rolle. Besonders beliebt waren hier die Erzählungen von Christoph Schmid (1768–1854), der aus Dinkelsbühl kam und vor der Berufung als Augsburger Domkapitular auch über ein Jahrzehnt Pfarrer im württembergischen Oberstadion war. Seine Schriften fanden auch in den Konfirmandenunterricht Eingang, und auch die Hersteller von Raubdrucken der gefragten Bände dürften auf Käufer beider Konfessionen gezielt haben. Im Tenor der frommen Geschichten kamen Konfessionsunterschiede kaum zum Ausdruck – es ging um meist gegen Versuchungen durchgesetzte gute Taten, die vom lieben Gott belohnt wurden.

Im Umkreis dieser Literatur ist auch an Ottilie Wildermuth (1817–1877) zu erinnern. Lebendig geblieben ist vor allem ihre

Ottilie Wildermuth, Jugendbildnis,
gemalt von Sophie Pilgram um 1835

humoristische Schilderung schwäbischer Pfarrhäuser. Sie wurde viel gelesen, sicher nicht nur, weil sie in die Lebensumstände des besonders angesehenen Berufsstandes einführte, sondern auch, weil sie an diesem Ansehen etwas kratzte, sodass die Geistlichkeit nicht allzu gut auf sie zu sprechen war. Man kann dies verstehen, wenn man etwa die Skizze *Das geizige Pfarrhaus* liest und erfährt, wie kärglich die Familie lebte und wie streng nicht nur gegen das Personal, sondern auch gegen Besucher verfahren wurde: *Die Frau Pfarrerin tat ihr Möglichstes, die Gäste wenigstens so unschädlich zu machen, als sich mit einigem Schein der Ehrenhaftigkeit vertrug.* Die Mehrzahl der Schilderungen ist aber freundlich, ja liebevoll, und auch die anderen *Bilder und Geschichten aus dem schwäbischen Leben* (so der Titel des ersten Buchs) scheuen zwar tragische Wendungen nicht, blicken aber mit viel Sympathie auf das Leben in Dorf und Stadt.

Mit einer stattlichen Zahl von Veröffentlichungen wandte sich Ottilie Wildermuth an Kinder und Jugendliche, wobei sie darauf achtete, dass auch die Mädchen und ihre Probleme zur Geltung kamen. Sie brachte auch eine Kinderzeitschrift mit dem Titel *Jugendgarten* auf den Markt. Sie war eine wichtige Repräsentantin der neuen Kinder- und Jugendliteratur, die nicht mehr ausschließlich auf pädagogische Schulung fürs Erwachsenenleben zielte, sondern Jugendzeit und Jugendlust als eigenen und eigentümlichen Aktivitätsraum akzeptierte. Auf dieser Linie bewegte sich auch Tony Schumacher (1848–1931), deren erstes Buch *Mütterchens Hilfstruppen* Ottilie Wildermuth gerade noch zur Kenntnis nehmen konnte. Die Neigung zur Sentimentalität, von der sie nicht frei war, trat bei Tony Schumacher stärker hervor und hat sicher auch den Verkauf ihres erfolgreichsten Buchs *Das Turmengele* von 1901 befördert. Sie unternahm aber auch ungewöhnliche Schritte interaktiver Werbung, indem sie ihre kleinen Leserinnen und Leser aufforderte, ihr zu schreiben – die Zahl der Briefe, die sie bekam und offenbar auch beantwortete, soll über 50.000 liegen.

Mit Recht wird für Wildermuth wie für Schumacher hervorgehoben, dass sie weibliche Probleme und auch Problemlösungen behandelten. Sozialisationsunterschiede wurden dabei allerdings nur in geringem Umfang beseitigt; es ging weitgehend um die Anerkennung traditioneller Mädchenbilder. Männliche Jugendliche suchten andere Stoffe und andere Werte. Die Abenteuerliteratur hatte im Verlauf des 19. Jahrhunderts an Bedeutung gewonnen, und mit David Friedrich Weinland (1829–1915) fand sie einen namhaften schwäbischen Vertreter, der die Herausforderungen in seinen Romanen nicht aus exotischen Bedingungen ableitete, sondern aus der Vorzeit im eigenen Land.

Religiöse Dichtung und Jugendliteratur – anzuführen ist noch ein dritter Bereich der als *unpolitisch* geltenden Literatur, in dem sich aber konservative politische Muster verfestigten: die Heimatdichtung. Dabei ist allerdings anzumerken, dass sich dieses Etikett mit sehr verschiedenartigen Formen und auch Inhalten verträgt. Historische Romane und Erzählungen kamen auch im letzten Drittel des 19. Jahrhunderts in größerer Zahl heraus, und sie folgten nicht immer dem Trend zur nationalen Besinnung, sondern griffen auch Themen der Landesgeschichte und ebenso regionale und lokale Geschehnisse auf; Weinlands Romane *Rulaman* und *Kuning Hartfest* können auch für diesen Bereich in Anspruch genommen werden. Dorfgeschichten, wie sie von Auerbach angestoßen wurden, überdauerten seine Aktivität auf diesem Feld. Die Dialektdichtung, im Wesentlichen in Gedichtform, setzte mit der demonstrativen Verwendung des heimatlichen Idioms ein Zeichen. Aber auch in der Standardsprache entstanden eine ganze Reihe von Heimatliedern und Heimatgedichten.

Zu den bekanntesten gehört *Im schönsten Wiesengrunde*, gedichtet von dem in Böblingen und Sindelfingen aufgewachsenen Wilhelm Ganzhorn (1818–1880). Bei festlichen Anlässen wird das Lied in vielen Gemeinden gesungen, in einigen allerdings mit lokalem Besitzanspruch. Als Justizbeamter kam Ganzhorn im Land herum, und in der Nähe all seiner Wirkungsorte – Backnang, Neuenbürg, Aalen, Neckarsulm, Cannstatt – ist ein *Wiesengrund* entdeckt worden, den er bei seinem Gedicht im Auge gehabt haben soll. Am überzeugendsten ist der Hinweis auf Conweiler bei Neuenbürg, wo seine Frau herstammte; aber interessanter ist, dass das Lied überall passt. Heimat wurde (und wird) zwar direkt auf bestimmte Orte bezogen, funktioniert aber als ziemlich beliebig einsetzbares Fertigteil. Das hängt auch damit zusammen, dass sich der Begriff weitgehend von den Menschen und ihrem gesellschaftlichen Tun und Treiben gelöst hat; Heimat ist die Natur, die nicht als bewirtschaftetes Gelände, sondern als ästhetisches Gebilde gedacht wird. Natur ist eine ruhige Antwort auf die hektische Betriebsamkeit der Menschen und ihren Nützlichkeitskult; sie gehört zum Repertoire der Spaziergänger und Wanderer.

Heimat und Natur sind ganz überwiegend zu Freizeitbegriffen geworden. Dass sie damit an Gewicht verloren haben, wird in der Literatur nur selten gesehen. Zu den Ausnahmen gehört Christian Wagner (1835–1918), bei dem der Gedanke an Heimat und Natur verbunden bleibt mit der bäuerlichen Arbeit und Lebensweise – Rückzug und Zukunftsvision zugleich.

Stationen, Personen, Konstellationen

Griechische Polis und schwäbische Reichsstadt
Wielands Schildbürger

Es gibt immer wieder Filme, die bekannte Dichter oder Dichterinnen in den Mittelpunkt rücken; der Stimmungswert der Bilder und die Vielfalt der Szenen ermöglichen eine Annäherung an den selten geradlinigen Lebensgang und das Schaffen der Autoren. Das Schauspiel mit seinen festeren Konturen scheint dagegen kein besonders geeignetes Medium für diese Vermittlung. Es bleibt zwar nicht aus, dass sich bei Jubiläumsfesten Liebhaber finden, die Bühnenstücke über Dichterinnen oder Dichter schreiben, inszenieren und spielen – aber in literarisch bedeutenden dramatischen Werken wird den Dichtern kaum einmal ein Platz eingeräumt. Zu den Ausnahmen gehört Christoph Martin Wieland, dem die Ehre zuteil wurde, dass Goethe ihn ins Zentrum einer dramatischen Szene stellte, die allerdings nur einen Akt füllt.

Es war eine zweifelhafte Ehre, denn Goethes Stück war eine gegen Wieland gerichtete Satire, wie schon der Titel erkennen ließ: *Götter, Helden und Wieland*. Goethe hatte Wieland, der 16 Jahre älter war als er, lange als ein Vorbild anerkannt; aber nun nahm er Anstoß an dessen allzu selbstbewusstem Auftreten. Wieland hatte Shakespeare in höchst verdienstvoller Weise bekannt gemacht durch seine Übersetzungen und auch durch die erste deutsche Bühnenvorstellung eines Shakespearestücks mit seiner Biberacher dramatischen Gesellschaft, aber er übte auch kleinliche Kritik an dem großen Dichter; und in der von ihm begründeten Zeitschrift *Der teutsche Merkur* rühmte er seinen eigenen

Umgang mit antiken Stoffen als das allein richtige Verständnis der griechischen Tradition. Dabei hatte er den alten Göttern und Helden in seinen Romanen und Singspielen ein empfindsames Kostüm übergeworfen und sie weichgezeichnet zu Botschaftern der Tugend im Dienste der abstrakten *Würde der Menschheit*. In Goethes Stück treten sie selbst auf: Mercurius und Herkules, aber auch der unübertroffene Autor Euripides, und gemeinsam beschuldigen sie Wieland, dass er ihnen alle elementare Kraft verweigert und die größten Heroen zu Schwächlingen macht. Goethe hatte gerade mit Götz von Berlichingen einen vitaleren Helden auf die Bühne gebracht, und der Freundeskreis, den er mit der Niederschrift seiner Wieland-Satire bekannt machte, stand der entstehenden literarischen Bewegung nahe, der man das Etikett *Sturm und Drang* verpasste.

Wieland begegnete Goethes Kritik mit einer boshaften Strategie. In seiner Zeitschrift empfahl er die von Goethe zum Druck gebrachte Satire seinen Lesern, freilich mit dem Zusatz, dass ihr Verfasser *aus allen möglichen Standpunkten denjenigen auswählt, aus dem ihm der Gegenstand schief vorkommen muss, und sich dann recht herzlich lustig darüber macht, dass das Ding so schief ist*. Goethe ärgerte sich, hielt es aber für das Beste, einzulenken. Es kam zur Verständigung und Versöhnung, und in gewisser Weise war Goethes Satire der Beginn einer wunderbaren Freundschaft.

Gewiss spielte dabei auch eine Rolle, dass Wieland in jenen Jahren selbst Abschied zu nehmen begann von seiner auf Eleganz bedachten Schreibart, der *französische Frivolität* vorgeworfen wurde. Mit einigem Recht kann man sagen, dass er zum politischen Dichter wurde; jedenfalls wandte er sich mit Erzählungen und Romanen, die in öffentliche Verhältnisse und ins staatliche Gefüge hineinreichten, als Aufklärer an sein Publikum. Das zeichnet sich bereits in seinem Bildungsroman *Agathon* ab, wird deutlicher in dem Roman *Der goldene Spiegel*, dessen Handlung in ein weithin erfundenes indisches Reich verlegt ist, aber auf die Chancen einer konstitutionellen Monarchie im eigenen Land zielt, und es charakterisiert auch Wielands *Geschichte der Abderiten*, die man als negativen Erziehungsroman bezeichnen könnte – negativ, weil sich die Abderiten gegen alle Lernschritte verschließen.

Die Neuorientierung Wielands wird oft vergessen; nicht zuletzt deshalb blieb er in der literarischen und literaturgeschichtlichen Tradition des Landes immer etwas unterbelichtet. Sein Schwelgen in erotischen Gefühlen war im biederen schwäbischen Bürgertum nicht gefragt, und die graziöse, empfindsame und weiß Gott auch gesuchte Zierlichkeit seiner frühen Dichtungen galt weiterhin als charakteristisches Merkmal. Es gibt einen banalen Beweis für die Zurückhaltung gegenüber Wieland: Während Schiller und Hölderlin, Uhland und Kerner mit ihren Namen meist Straßen im Zentrum der Städte schmücken, kam die Wielandstraße oft erst in späteren Ausbauphasen zum Zug. Noch immer sind Vorträge und Abhandlungen über Wieland selten, und bei der Frage nach den gegenwärtigen Ausleihzahlen für seine Werke schütteln die Angestellten öffentlicher Bibliotheken manchmal nur den Kopf. Dabei sind die späteren Erzählungen und Essays zwar in einem Stil verfasst, der für uns öfter umständlich wirkt, aber sie sind auch nicht langatmiger als die Schriften anderer Klassiker – und sie sind nicht ohne Witz.

Für die Präsentation der Abderiten mit ihren absurden Überlegungen und wirren Aktionen gilt dies gewiss. Dass sich der Autor auch in diesem Werk aus der antiken Überlieferung bediente, signalisiert schon der Titel. Abdera liegt in Thrakien und war einst eine durchaus bedeutende Stadtrepublik, eine Polis. Sie war der Herkunftsort berühmter Männer, darunter die Philosophen Demokrit und Protagoras; aber generell galten ihre Bewohner als naiv und töricht.

Abdera war *die* antike Narrenstadt, und beim Namen *Abderiten* dachte man weniger an eine neutrale Herkunftsbezeichnung als an den besonderen Charakter der Bewohner, der sich für uns mit der Kennzeichnung *Schildbürger* verbindet. In der deutschsprachigen Literatur wurden die angeblichen Taten der Schildbürger im späten 16. Jahrhundert zum Gegenstand einer Mode, die als Teil der Renaissance, also der Wiederentdeckung antiker Traditionen zu verstehen ist, ohne dass freilich die Verbindungslinien klar zu erschließen sind. Sie sind auch nicht sehr gefragt, denn Schildbürger gab es auch hierzulande, nämlich Menschen, die stolz waren auf ihren scharfen Verstand und doch die größten Dummheiten begingen. Die Literatur und vorher schon der mündlich verbreitete Spott machten sie übertreibend zu Karikaturen, die sie auf bestimmte Orte konzentrierten. Erfundene Orte wie Laleburg und Schilda, aber auch reale wie Teterow, Pirna, Cochem, Wasungen, Schwarzenborn, Dettelbach und im Südwesten Mundingen, Auendorf und Bopfingen, um wenigstens ein paar zu nennen. Es sind relativ kleine Orte, die aber mit großen Ansprüchen auftraten und denen eben deshalb lächerliche Unternehmungen unterstellt wurden: Die Bewohner bauen ein dreieckiges Rathaus ohne Fenster, sie säen Salz, um sich gegen Notzeiten zu schützen, strangulieren eine Kuh beim Versuch, sie zu einigen Grasbüscheln auf einer Mauer hinaufzuziehen, versenken im Krieg ihre Kirchenglocke im See und bezeichnen die Stelle durch eine Kerbe in ihrem Boot – und so fort.

Wieland zog sich aber nicht auf solche Schildbürgerstreiche zurück. Er nützte den historischen Befund, dass Demokrit aus Abdera stammte, zu einer Konfrontation dieses souveränen Denkers mit den in vieler Hinsicht beschränkten Abderiten, von denen er sagt: *ihre Einbildung gewann einen so großen Vorsprung über ihre Vernunft, dass es dieser niemals wieder möglich war, sie einzuholen.* Demokrit hatte weite Reisen hinter sich, bei denen er die Vielfalt der Natur und der menschlichen Charaktere erlebt und in sein Wissen aufgenommen hatte, und er stellte sich nun den Fragen seiner im doppelten Sinn zurückgebliebenen Landsleute. *Man erwartete, dass er von zwölf Ellen langen Riesen und von sechs Daumen hohen Zwergen, von Menschen mit Hunds- und Eselsköpfen, von Meerfrauen mit grünen Haaren, von weißen Negern und blauen Centauren sprechen würde* – aber er pariert die kindische Ausrichtung auf Wunderbares mit den Worten: *Ich hatte so viel mit Betrachtung des Natürlichen zu tun, dass ich fürs Wunderbare keine Zeit übrig behielt.* Er erwähnt ein Land, in dem es ihm so gefiel, dass er *unsterblich zu sein wünschte, um ewig darin zu leben.* Ein Ratsherr aus Abdera antwortet mit dem Stoßseufzer: *wenn ich nur ewig in Abdera leben könnte*, will aber dann doch Näheres von dem fremden Land wissen. Demokrit nennt den Namen: Äthiopien, er führt reale Beobachtungen an und demonstriert seinen städtischen Nachbarn, dass dort ganz normale Menschen leben, die allerdings in manchen Verhaltensweisen und Einschätzungen von den vertrauten Bildern abweichen.

Das gilt zunächst einmal für die Hautfarbe, da die Menschen *olivenfarb wie die Ägypter* oder gar *vom Kopf bis zur Fußsohle so schwarz und noch ein wenig schwärzer sind als die Raben zu Abdera.* Es gilt aber auch für die Auffassung von Schönheit und die davon bestimmte Stilisierung – Grazie und Fülle, aufgestülpte Nase und aufgeworfene Lippen. Die Abderiten reagieren auf die durchaus realistischen Beobachtungen mit dem Rückzug auf ihre gewohnten Wertmaßstäbe und Ideale, und auch Demokrits Bericht von der Nacktheit mancher Fremden begegnen sie unverständig und verächtlich; die Abderitinnen hören sich allerdings mit leicht lüstern getönter Neugier die Erklärung an, dass die nackten Frauen *vom Kopf bis zu den Füßen in ihre Unschuld und in die öffentliche Ehrbarkeit eingehüllt* sind.

Die Abderiten bleiben skeptisch gegenüber den *Kosmopoliten* (die Bezeichnung kommt mehrfach vor). Die Aus- und Einblicke, die Demokrit gibt, veranlassen die Abderiten zu einem Gesetz, das Reisen nur noch erlaubt *unter der Aufsicht eines bejahrten Hofmeisters*, dem vor allem die Aufgabe zugedacht ist, die jungen Leute an *unnötigen Bekanntschaften* zu hindern, die sie von eingefahrenen Geleisen entfernen könnten, aber auch Leistung und Preis der besuchten Gasthöfe festzuhalten, wie es zum üblichen Verfahren moderner Tester im Fremdenverkehrsgewerbe geworden ist. Überhaupt streifen manche der in der antiken Stadt lokalisierten Usancen ganz moderne Gegebenheiten – so wenn die Abderiten stolz sind auf importierte Schmuck- und Gebrauchsstücke, deren exotische Echtheit sie betonen, während Demokrit sie belehrt, dass diese ganz in ihrer Nähe produziert wurden.

Der Philosoph, genervt von der Ignoranz seiner Landsleute, belässt es nicht bei nüchternen Belehrungen; mehr und mehr macht er sich einen Spaß daraus, das naive Völkchen hereinzulegen. So veranlasst er die Männer, ihren Frauen zur Überprüfung ihrer Treue eine abgeschnittene Froschzunge auf die linke Brust zu legen, und er gibt vor, die Sprache der Vögel zu verstehen. Dies nehmen ihm die Menschen nur teilweise ab – aber *sie hörten von nichts lieber reden, als von Dingen, die sie nicht glaubten und doch glaubten, als da ist von Sphinxen, Meermännern, Sibyllen, Kobolden, Popanzen, Gespenstern, und alles was in diese Rubrik gehört; und die Sprache der Vögel gehörte auch dahin.*

Auf Dauer können sich die Bewohner der Stadt nicht mit Demokrit arrangieren. Sie wenden sich an Hippokrates und erteilen ihm den Auftrag, ein Gutachten über Demokrit zu verfassen, den sie für heillos krank halten. Hippokrates kommt, weil er den großen Gelehrten kennenlernen will, und er verkündet den Abderiten freimütig, dass sie die Kranken sind und dass ihnen nur ein einziger Mann helfen könnte: Demokrit. Der berühmte Arzt verschwindet, und in der Stadt kommt es zu einem Streit zwischen den Ratsherren und den Zunftmeistern, die sich gegenseitig die Schuld an der unglücklichen Entwicklung geben, deren Auseinandersetzung aber schlagartig endet, als der *Stundenrufer* Zwölfe verkündet und damit *hohe Zeit* fürs Essen.

Wieland druckte diese bunten und amüsanten Episoden in seiner Zeitschrift ab, und wahrscheinlich hätte niemand eine Abrundung gefordert, wenn er es dabei belassen hätte. Aber nach einigen Jahren wandte er sich erneut Abdera zu, schrieb und publizierte in Etappen drei weitere Teile und öffnete so weitere Perspektiven auf die Stadt Abdera und die Eigenarten ihrer Bewohner. Zunächst setzte er die Abderiten wieder dem Urteil und dem Spott eines klugen Kontrahenten aus. Diese Konstellation hatte sich bewährt; vor dem Hintergrund der überlegenen Argumentation Demokrits traten das dürftige Niveau und die Verbohrtheit der anderen Einwohner deutlich in Erscheinung. Vielleicht war dies ja auch eine Antwort auf die oft gestellte Frage, warum ausgerechnet Abdera als närrische Stadt galt, obwohl Demokrit dort lebte – vielleicht: *weil* Demokrit dort lebte.

Im weiteren Verlauf musste Wieland die Rolle des überlegenen Kontrahenten von außen besetzen. Er ließ die Abderiten über das Komödienwesen und ihre Theatereinrichtung diskutieren, unter anderem in *mehr als sechzig zahlbaren Sitzungen* einer Kommission. Sie hatten zwar über 600 Stücke vorzuweisen, *die alle auf abderitischem Grund und Boden gewachsen sind*, und ihr Lieblingsdichter hatte 120 Tragödien verfasst; aber sie wollten höher hinaus und versuchten sich an der *Andromeda* des Euripides. Wieland schildert mit Behagen die abstrusen Einfälle und den holperigen Ablauf des Stücks, *das betäubende Klatschen* am Ende und die positiven Stimmen aller Zuschauer – bis auf einen, der seinen Eindruck zunächst in ein Achselzucken fasst, auf Nachfragen aber zuerst ausweichende Antworten gibt und schließlich feststellt: *das Ganze taugt nichts!* Das ruft weitere Nachfragen und empörte Proteste hervor, und der ortsansässige Komponist der Begleitmusik ist im Begriff, die Kommentare des Kritikers zusammenzufassen und per Brief dem Dichter selbst vorzulegen, da gibt sich der Fremde zu erkennen: *der Euripides, an den Sie appellieren – bin ich selbst.* Dieses Bekenntnis wird zunächst verworfen, dank Euripides' geschickter Umgangsformen aber dann doch akzeptiert.

Der Dichter kommt der Bitte nach, sein Stück erneut aufzuführen mit seiner eigenen Truppe, was gewaltige Wirkung macht und nach einer von Wieland allerdings angezweifelten Überlieferung dazu führt, dass die Abderiten in ein regelrechtes Fieber verfallen und danach *in lauter Jamben* sprechen und überall Lieder aus dem Singspiel anstimmen.

Im Vergleich mit den volkstümlichen deutschen Erzählungen des späten Mittelalters in ihrer Schlichtheit entwarf Wieland vielschichtige und spannungsreiche Szenen, die freilich für die heutige Leserschaft schwerer zugänglich sind durch den doppelten Abstand – den zu Wieland und seiner Stilepoche, und zusätzlich den zur antiken Szenerie, die Wieland zwar keineswegs in historischer Strenge darstellt, die aber doch der Handlung eingeschrieben ist. Es gehört zweifellos zur Charakteristik der Geschichten, dass sie in eine vergangene kulturelle Welt versetzt sind, und dies nicht aus Gründen der Distanzierung, sondern im Gegenteil, um das Wesen und Unwesen der Schildbürger als universales Phänomen vorzuführen. Dies bedeutet dann aber auch, dass durch den ausgemalten Vorhang des Vergangenen die Gegenwart durchscheint und dass Abdera auch auf der deutschen Landkarte seinen Platz hat.

Dies wird in dem der Theatergeschichte folgenden Teil besonders offensichtlich. Er spielt zwar auf griechischem Boden, und Wieland zeigt, dass er mit dem Leben und den Problemen antiker Gemeinwesen vertraut ist; aber man konnte das auch als durchsichtige Verfremdung verstehen, die auf die deutschen Verhältnisse zielte. Jedenfalls erhob sich hier nach dem Bericht seines ersten bedeutenden Biographen *aus allen Kreisen, Provinzen, Fürstentümern, Graf- und Herrschaften ein großes Geschrei über alle die Portraits, die er gemalt haben sollte.* Und die Ähnlichkeit betraf nicht nur einzelne Personen, sondern auch die Institutionen, die Verfassung und das ganze politische Gefüge. Wieland lebte, als er die Fortsetzung der Geschichte ins Auge fasste, als Universitätsprofessor in Erfurt, und er schrieb sie nieder in den Anfängen seiner Zeit in Weimar, wohin er als Prinzenerzieher gerufen worden war und bald mit einer Pension als freier Schriftsteller unterstützt wurde. Aber es gibt eine Reihe von Hinweisen darauf, dass er viel mit Erinnerungen an Biberach umging, sodass die Frage nach entsprechenden Wirkungen auf seine Werke legitim ist.

Der auf die Theaterepisode folgende Teil – die Bürger sprechen *wieder in Prosa miteinander auf den Straßen* – ist überschrieben *Der Prozess um des Esels Schatten* und bietet eine in sich geschlossene Geschichte. Dabei ist es gewiss kein Nachteil, wenn man bereits Bekanntschaft mit den Abderiten gemacht hat, aber sie setzt sich ab von den vorausgehenden Teilen. Es braucht keinen Demokrit und keinen Euripides; es gibt keine allein herausstechende Persönlichkeit – die Abderiten bleiben unter sich und mühen sich um die Lösung des anstehenden Problems. Dabei handelt es sich um einen kuriosen und komplizierten Rechtsstreit. Ein Zahnarzt, im Allgemeinen angesehen, von Manchen aber auch als *Zahnbrecher* bezeichnet, was wohl nicht nur respektlos, sondern dem Stand der Medizintechnik geschuldet war, hatte sich für einen Jahrmarkt in einiger Entfernung angesagt. Für den Ritt dorthin mietet er, da seine eigene Eselin gerade ein Füllen geworfen hatte, den Esel eines professionellen Eseltreibers, der ihn begleitet, um später das Tier zurück zu bringen. Als es dem Zahnarzt in der Sommerhitze zu heiß wird, steigt er nach einiger Zeit ab und setzt sich, da weit und breit kein Baum oder Strauch zu sehen ist, in den Schatten des Esels. Der Treiber protestiert: *Ich vermietete euch den Esel, aber des Schattens wurde mit keinem Worte dabei gedacht.* Der Zahnarzt hält das zunächst für einen Scherz, aber der Besitzer des Esels verlangt eine Extra-Bezahlung. Die verweigert der Zahnarzt, und es kommt zu einem Prozess, der immer weitere Kreise zieht und schließlich ganz Abdera beschäftigt.

Dabei rückt Wieland Haltung und Handlung der Abderiten nicht nur ins Lächerliche. Schon der Verfasser des ersten deutschen Buchs über die Schildbürger setzt damit ein, dass diese aufgrund ihrer Klugheit an herrschaftliche Höfe als Ratgeber gerufen werden, dass sie aber, weil dies auf die Dauer ihrem eigenen Ort schadet, eine *närrische Weise* annehmen, um von den fremden Regenten in Frieden gelassen zu werden. Zur Schildbürgertradition gehört es, dass *die wunderbare Mischung von Weisheit und Torheit in der menschlichen Natur* gezeigt wird – so hat es Ludwig Uhland ausgedrückt. Die Überlegungen der Schildbürger und Abderiten sind zwar fast immer eigenwillig, können aber für sich ganz vernünftig sein und scheitern nur an den gegebenen Realitäten.

In der Eselgeschichte wird dafür schon auf den ersten Seiten ein Beispiel gegeben. Der Stadtrichter von Abdera wird geschildert als *ein ehrbarer, nüchterner, seinem Amte fleißig vorstehender Mann* mit dem Ruf der Unbestechlichkeit, aber mit einem *einzigen kleinen Fehler, und der war: dass, so oft zwei Parteien zu ihm kamen, ihm allemal derjenige Recht zu haben schien, der zuletzt gesprochen hatte.* Eigentlich ja doch eine sympathische und in vielen Fällen angemessene Beurteilung, da Streit oft nicht durch bösartige Motive einer Partei, sondern durch divergierende Interessen und Voraussetzungen entsteht – aber natürlich ein Hemmschuh für juristische Effizienz.

Wieland hat dieses Motiv nicht erfunden; es begegnet schon bei dem griechischen Schriftsteller Plutarch, und es dürfte eine verbreitete kleine Anekdote gewesen sein, die verschiedenen – bekannten und weniger bekannten – Personen angehängt wurde. Ein paar Jahrzehnte nach Wielands Geschichte erzählt Johann Peter Hebel unter dem Titel *Willige Rechtspflege* von einem Richter, bei dem zwei Mühlenbesitzer erscheinen, die wegen der Wasserbaukosten im Streit liegen. Nachdem der Obere Müller gesprochen hat, sagt der Richter: *Die Sache ist ganz klar. Ihr habt recht.* Danach trägt der Untere Müller vor und erhält den Bescheid: *Die Sache ist so klar als möglich. Ihr habt vollkommen recht.*

Der Amtsdiener greift ein und weist auf die Widersprüchlichkeit hin, worauf der Richter feststellt: *So klar war die Sache noch nie. Du hast auch recht.* Um noch einen weiteren Beleg anzuführen: In meiner Kindheit erzählte ein Onkel von dem Richter Wilhelm Dodel, der auf die gleiche Weise eine Entscheidung traf oder vermied. Wir Kinder hielten Dodel für eine Erfindung des alten Onkels; aber er hat tatsächlich gelebt und in der Zeit um die Wende zum 20. Jahrhundert als Richter in Marbach und danach als Oberamtsrichter in Blaubeuren ein gewisses Aufsehen erregt. Es gab also wohl einen realen Ansatz für die Zuweisung der Geschichte an ihn; aber es ist nicht sicher, ob man sie von den literarischen Vorbildern abkoppeln darf. Die hier angeführte Reihung, die man weiter verdichten könnte, ist ein Hinweis auf das lange Leben solcher kleinen Geschichten, bei denen die Nachhaltigkeit der Tradition paradoxerweise dem Vergessen zuzuschreiben ist, das bewirkt, dass alte Motive und Handlungen immer wieder den Anschein der Neuheit und Einmaligkeit gewinnen und damit erzählenswert werden.

In Wielands Esel-Kapitel ist so das durchgängige Motiv angeschlagen, dass die Argumente beider Parteien gründlich, wenn auch nicht ohne törichte Wendungen abgewogen werden, dass aber kein Weg zu einer klaren und allgemein verbindlichen Entscheidung führt – auch deshalb, weil im Verlauf des entstehenden Prozesses gegensätzliche Interessen und vorgefasste Parteilichkeiten nicht überwunden werden. So wird zwar darüber gestritten, ob der Schatten ein *Akzessorium* ist, das automatisch mit dem Esel angemietet wurde, oder ob er zu den *eigentümlichen Dingen* gehört, für die ein besonderer Rechtsanspruch gilt; tatsächlich aber werden Vorurteile ausgetragen, und es geht um Macht und Einfluss. Die Parteien suchen Verstärkung bei den wichtigen Persönlichkeiten der Stadt, wobei dubiose Beziehungsnetze eine Rolle spielen. So ist des Eseltreibers Frau *mit einer Putzmacherin bekannt, deren Bruder der begünstigte Liebhaber des Kammermäd-*

chens einer gewissen milesischen Tänzerin war, welche (wie die Rede ging) bei dem Erzpriester in großen Gnaden stand. Die Streitsache bleibt nicht im Kompetenzbereich der Justiz, sondern bewegt und spaltet das ganze Gemeinwesen.

Mit den wachsenden Komplikationen werden aufsteigend höhere Instanzen bemüht. Nach dem Stadtrecht von Abdera ist zunächst ein *Gericht von zwanzig Ehrenmännern* zuständig, die sich dreimal in der Woche versammeln. Die Kläger, die ja beide zugleich Beklagte sind, treten mit Anwälten, Beratern, Sprechern auf. Einige Gerichtspersonen neigen dazu, das Verfahren wegen Geringfügigkeit einzustellen – schließlich ging es nur um ungefähr zwei Drachmen. Aber die Mehrheit betont, dass es nicht um diese Summe gehe, sondern um *eine allgemeine Rechtsfrage*, die Klärung verlangt. Deshalb wird *der große Rat von Abdera* angerufen, und inzwischen diskutieren auch die Ratsherren einerseits und die Vertreter der Zünfte auf der anderen Seite den Fall; die Anhänger des Zahnarztes nennen sich *Schatten*, und die Unterstützer des Eseltreibers bezeichnen sich stolz als *die Esel.* Schließlich wird der Streitfall, da jeder Annäherung an ein Urteil mit Revisionsargumenten begegnet wird und nach wie vor alles in der Schwebe ist, vor die Versammlung der *Vierhundert* gebracht. Die für die kleine Republik enorme Zahl dieser weiteren Entscheidungsträger zeugt vom Vertrauen der Abderiten in die Schwarmintelligenz, wie man heute sagen würde; aber wegen eines unerwarteten Vorfalls kommt diese kollektive Intelligenz nicht zum Tragen. Als nämlich nach ausführlichen Plädoyers beider Parteien der Esel selbst gewissermaßen in den Zeugenstand gerufen wird, stürzt sich der Mob auf ihn und zerreißt ihn in Stücke. Bei der Schilderung dieser Lynchaktion vergisst Wieland alle Zartheit; offenbar wollte er vorführen, was er später im Vorfeld der Revolution so formulierte: *dass die schafartigsten Menschen, aufs Äußerste getrieben, zu Tigern werden.*

Man hat Wielands Geschichte der Abderiten und zumal den Streit um des Esels Schatten immer wieder mit Biberach in Verbindung gebracht. Es empfiehlt sich, vor einer allzu glatten Gleichsetzung zu warnen. Wo Wieland reale Beobachtungen ins Spiel brachte, dürften auch die zur Entstehungszeit aktuelleren Erfahrungen im kurmainzischen Erfurt und im herzoglichen Weimar mitgewirkt haben; und vor allem sind seine Anleihen bei der griechischen Geschichte nicht zu unterschätzen. Es gehört – dies sei noch einmal betont – zu den Verdiensten dieser dichterischen Produktion, dass sie den bekannten Stoff mit seinen fast universalen Grundmotiven im antiken Gewand inszeniert und dabei witzigere Konstellationen und Gespräche vorführt, als sie den Autoren der biederen deutschen Schwanksammlungen zu Gebot standen.

Aber die Frage nach Biberacher Parallelen und Ähnlichkeiten führt nicht schlechterdings ins Abseits. Als Wieland dabei war, die Abderitengeschichten zu beenden, schickte er einer Freundin die Verszeilen aus der eben abgeschlossenen Verserzählung *Oberon*, in denen er die Verbannung aus der alten Heimat beklagt und mit dem Wunsch endet:

> O möchte wenigstens mich nicht die Ahnung trügen,
> Bei meinen Vätern einst in deinem Schoß zu liegen!

Als Wieland fast 80-jährig im Jahr 1813 starb, wurde er in dem von ihm gekauften Gut Oßmannstedt bei Weimar begraben; aber zeitlebens begleiteten ihn die Erinnerungen an Biberach. Sie waren sicher in erster Linie bezogen auf die privaten Erlebnisse und Verwicklungen, auf die Entfaltung erotischer Gefühle in festen Liebesbeziehungen, die scheiterten und abgelöst wurden durch eine Ehe, die meist als nüchtern und bieder beschrieben wird, aus der aber immerhin 14 Kinder hervorgingen. Aber natürlich hatte Wieland auch sein öffentliches Wirken in Ämtern und freien

Vereinigungen nicht vergessen, und dabei mag ihm manches Abderitische durch den Kopf gegangen sein.

Die Biberacher Ratsverfassung war nicht ganz so ausgestaltet wie die Abderas; eine Versammlung der 400, die nicht mehr viele Bürger übrig gelassen hätte, gab es nicht. Aber es gab einen Inneren Rat von 20 Personen, dem auch die Bürgermeister angehörten und der zusammen mit dem Amt des Stadtammanns und des Stadtgerichts die Republik regierte, und es gab als weitere Instanz einen Großen Rat, dem 20 weitere Bürger angehörten. Die Besetzung der Ämter und Gremien unterlag besonderen Regeln, denn Biberach war ein paritätisches Gemeinwesen – der evangelische Anteil der Bevölkerung überwog, aber rund ein Drittel der Bürger war katholisch. Die Verfassung sah vor, dass die verschiedenen sozialen Gruppen jeweils gleich viele katholische und protestantische Vertreter in den Rat entsandten, und um die Besetzung wichtiger Posten entstand oft Streit. Wieland bekam dies zu spüren, als er *vorläufig* zum Kanzleidirektor ernannt wurde, und es dauerte, bis er eine gesicherte Stellung hatte und dank seiner rastlosen Tätigkeit immer mehr Arbeit zugewiesen bekam, aber auch an Ansehen gewann. Deshalb konnte er auch bei Streitigkeiten und Spannungen entscheidend eingreifen – wobei die giftigsten Auseinandersetzungen nicht mit dem katholischen Gegenpart zu führen waren, sondern mit verbissenen Reaktionären evangelischer Konfession, die in Wieland einen Aufklärer sahen und für die *Aufklärung* fast nur als Schimpfwort fungierte. Bei der Besetzung einer Predigerstelle musste Wieland den von ihm unterstützten und nach einigen Querelen auch gewählten Kandidaten zur Antrittspredigt in die Kirche begleiten, weil die Stadtgeistlichkeit eine Schar ›Rechtgläubiger‹ aufgestachelt hatte, den Zugang zur Kirche zu blockieren. Bei der Darstellung zweier Eiferer in der Abderitengeschichte orientierte sich Wieland an dieser Episode.

Aber auch über diese direkte Kopie hinaus wirkte das in Biberach vorhandene religiöse Spannungsfeld auf das Bild Abderas und der Abderiten. Schon in der Eselsgeschichte klingt an, dass es in der kleinen Republik verschiedene Heiligtümer gab und dass deren Sachwalter mit fragwürdigen geistlichen Argumenten und auch mit recht weltlichen Tricks ihren Einflussbereich zu sichern und zu stärken suchten. In einem Schlussteil geht Wieland darauf ausführlicher ein. Im Mittelpunkt steht hier eine Göttin *Latona*, der Frösche als quasi heilige Tiere zugeordnet sind; deshalb finden sich überall Froschteiche und -gräben. Der Partei frommer Froschpfleger stellt sich eine Gruppe von *Gegenfröschlern* entgegen, deren vernünftige Argumente aber vom Rat zurückgewiesen werden. In Angriff genommen wird eine Verschönerungsaktion mit noch mehr Froschgräben, sodass schließlich ganz Abdera versumpft und seine Bewohner in alle Welt auswandern.

Damit ist gesagt, dass es Abderiten immer noch und vermutlich überall gibt. Dies gilt nicht nur mit Bezug auf immer wieder vorkommende falsche Weichenstellungen, plumpe Fehler und unkontrollierte Fehlleistungen, wie sie die anspruchslosen Sparten von Zeitungen und die bunten Seiten von Illustrierten füllen.

Wielands Verdienst ist es, dass er neben der Verlebendigung des antiken Ambientes und neben der historischen Aufladung mit Fakten aus der Reichsstadtzeit deutlich macht, dass und warum das Abderitische auch und gerade in der Moderne seinen Platz hat. Im sozialen Gefüge seines Stadtstaats Abdera zeichnen sich Überschneidungen und Spannungen ab: Konkurrierende soziale Lager, sektiererische Gruppierungen, divergierende Weltanschauungen, parteiliche Einflüsse. Es sind Vorstufen der komplexen Gesellschaftsverhältnisse von heute, die dazu führen, dass ständig wohlmeinende Entscheidungen oder Richtungsanzeigen abgebremst oder umgebogen werden, weil wirkliche Koordination am Eigenwillen unüberschaubarer Institutionen und Personen oder auch einfach an der Vielzahl von Agenturen und Agenten scheitert. Was bei Wieland am Horizont aufscheint, ist der strukturelle und bürokratische Abderitismus der modernen Gesellschaft.

Feuersturm gegen die Kälte
Sprachspieler Schubart

Der Titel dieses kleinen Versuchs ist ganz schlicht gemeint, ohne Hintersinn und einfach zu verstehen. Aber es dürfte angebracht sein, zunächst behutsam die den philologischen Diskurs beherrschende Definition Ludwig Wittgensteins aus dem Weg zu räumen. Nach ihm kann *Sprachspiel* auf jede sprachliche Äußerung bezogen werden, also auch auf die Aufreihung von Paragraphen durch einen Richter oder auf eine umständliche Gebrauchsanweisung für ein Gerät. Das Sprachspiel in diesem Verständnis ist abgegrenzt durch den praktischen Kontext. Wittgenstein betont die Regelhaftigkeit, die normative Tendenz. Jedes Spiel folgt Regeln, auch in der Praxis sprachlicher Verständigung. Wenn ein Verkäufer einer Kundin eine Liebeserklärung macht, handelt es sich um einen Regelverstoß beziehungsweise um den Übergang in ein anderes Sprachspiel – der Begriff steht in diesem Verständnis den *kommunikativen Gattungen* nahe, die Thomas Luckmann und die Konstanzer Sprachsoziologen als Gliederungsmoment eingeführt haben. So verstanden würde das hier in der Überschrift ausgewiesene Thema schrumpfen zu einem Überblick über die von Schubart verwendeten Gattungsformen – Gedichte, Erzählungen, Berichte, Abhandlungen, Briefe – mit ihren je eigenen Spielregeln.

Aber Wittgenstein bietet auch eine Handhabe, Sprachspiel anders zu verstehen. Er betont ja doch, dass die Bedeutung eines Begriffs grundsätzlich nicht zementiert, sondern vom Kontext abhängig ist. Es ist also möglich, einen anderen Akzent zu setzen mit dem Hinweis, dass das Stichwort Spiel nicht nur an die Begrenzung und Regeln denken lässt, sondern auch an die Freiheit, die sich innerhalb des Regelsystems entwickelt oder dieses auch durchbricht. Im Alltagsgebrauch steht dies sogar mehr im Vordergrund als das Regelhafte – wir denken bei Spiel weniger an Strafräume und begrenzende Seitenlinien als an die vielfältigen Möglichkeiten, geschickte Spielzüge anzulegen.

Doch genug der Pirouetten um den Begriff Sprachspiel! Wenn jemand ausdrücklich als Sprachspieler bezeichnet wird, dann besagt dies, dass er die Sprache nicht nur als Werkzeug benützt, das den Gegenstand erkennbar macht, sondern dass auch die Sprache selbst ein Gegenstand ist, der in der Vermittlung eines Sachverhalts mit angeboten wird. Auch wenn das Ziel der Vermittlung bestimmter Inhalte im Vordergrund steht, und oft gerade auch bei der leidenschaftlichen Präsentation von Inhalten, werden dazu sprachliche Instrumente eingesetzt, wird mit der Sprache gespielt. Ziel und Spiel sind dabei meistens ausgewogen, stehen aber mitunter auch in einem problematischen Spannungsverhältnis. Die Kennzeichnung Sprachspieler wird man dann anbringen, wenn ein Autor die Ausbeutung sprachlicher Mittel und das Jonglieren mit der Sprache zu einem wichtigen und sichtbaren Bestandteil seiner Produktion macht.

Für Schubart drängt sich diese Kennzeichnung nicht sofort auf. Georg Stefan Troller merkte zu Robert Gernhardt an, er habe ihm den *Glauben an die deutsche Sprache als Spielsprache wiedergegeben.* Sprachspieler Gernhardt – das überzeugt. Aber Schubart mit seinem radikalen, oft religiös unterlegten Ernst, mit seinen düsteren Tönen und der dunklen Einfärbung seiner Bekenntnisse? Da ist eine tiefe, nicht nur durch den zeitlichen Abstand bedingte Kluft zu Gernhardt als einem Vertreter der auf Ironie abonnierten Neuen Frankfurter Schule. Doch es ist unverkennbar, dass Schubart der spielerische Akzent bei aller inneren Not und äußeren Anspannung wichtig war. Es gibt immer wieder Passagen, in denen er, Robert Gernhardt vergleichbar, mit Witz und Ironie an der Wirklichkeit kratzt. In Geislingen, wo er als Lehrer tätig ist, aber auch den Kirchenchor leiten muss, lässt er zum Beispiel die Gemeindeglieder mehrfach ausladend singen: *Wir können nichts* – ehe schließlich die Ergänzung folgt: ... *wider den Herrn.* Auch wenn der Witz dieser Inszenierung in der Kantate von Dieterich Buxtehude schon angelegt war, ist es charakteristisch, dass die Anekdote Schubart in den Mittelpunkt rückt.

Seine Geislinger Zeit mit ihren enormen zeitlichen und geringen geistigen Anforderungen drängte ihn jedenfalls nicht nur zu bitteren Klagen in seinen Briefen, sondern auch zur Flucht in spielerische Ironie. Seine Schuldiktate, die glücklicherweise zum Teil erhalten blieben, legen davon Zeugnis ab, etwa in Form der an einen *Hans Dreckkittel* gegebenen Ratschläge:

Am Morgen mußt du dich allemal dreimal weken lassen, und wenn man dich mit Gewalt zwingen will, so lade die Leute auf die Kirchweihe.

Wann du aufgestanden bist, so mußt du vorher ein paarmal gähnen, dass man dir in den Magen hinunter sehen kann, und alsdann muß deine erste Frage sein: He, Meister, geit's nix z'fressa?

Das Haar musst du dir niemals auskämmen, damit das große und kleine Wildpret in seiner Ruhe nicht gestört wird; und damit du auch fein kratzen kannst, wenn es dich beißt, so musst du deine Nägel so lang wachsen lassen wie Habichtsklauen (...).

Wenn du deinem Meister ein Bier holst, so thue vorher einen rechten Kuhzug davon, und alsdann laß Wasser hineinlaufen, dass man es nicht sieht, daß du gesoffen hast.

Seinen Schwager, den erfahrenen Schulmann Böckh, bittet er zu Beginn seiner Geislinger Schulperiode um Belehrung: *Wann, auf welche Art und nach welchen Grundsäzen lehrt man die Jugend selbst zu denken und seine Gedanken aufzusezen?* Er sieht sich also dem zentralen Prinzip der Aufklärung verpflichtet, und in diesem Sinn verhält er sich ironisch – wobei er möglicherweise die

Fassungskraft der Schüler überschätzte. Das registriert er selbst und beklagt wortreich und farbig sein Elend:

Arbeite, lebe im Gestank von grindigen Köpfen und viehischen Exhalationen, wirf die Bücher hinweg und lehre buchstabieren; statt der Grazien im Apollo der Griechen schau die verwilderten Züge im Strobelkopfe eines Pavians, oder den bloßen Hintern einer Meerkaze, schluk den Geifer hinunter, den dir die Wut unverständiger Eltern ins Angesicht speit; – dulde den heuchlerischen Dummkopf, der seine Eselsohren unter der Perüke und sein neidisches vergifftetes Herze unter einem langen, schwarzen Mantel verbirgt – das ist mein Schicksal (…).

Ähnlich in einer weiteren brieflichen Suada:

Ein Mensch, der eine Frau hat, die zugleich seine Magd ist; der unter liederlichen Arbeiten keucht; der vor dem Sarge einer alten Spitalfrau mit acht geflikten Mänteln wie unsinnig ein Todtenlied schreien muß; der unter hundert und zwanzig Tartarn, mit der Knute in der Hand, zwölf Stunden des Tags umherwandeln muß; der endlich an des Herrn Ruhetag mit neun Furien, die anstatt brennender Fakeln Fidelbögen tragen, gemartert wird; der die heil. Christfeiertage mit zwei und vierzig Eseln und einem Maulthier, das auf lateinisch Cantor heißt, von Haus zu Haus betteln gehen muß; der mit allen diesen tödtenden Verrichtungen nicht sich selbst, sondern einem alten ausgedienten deutschen Schulmeister den Branntwein ins Haus schaffen muß; der endlich, um den Kelch des Elends und der Niedrigkeit biß auf die Hefen auszusaufen, keinen Freund um sich hat, dem er seinen Jammer klagen kann: Der Mensch, ich bitte Sie um der beleidigten Vernunft willen, der sollte noch beneidet werden können? Der Adler beneidet kein Insekt, das sich im Kothe nährt.

Dass es sich bei solchen Tiraden nicht einfach um unkontrollierte Entlastung vom alltäglichen Druck handelt, sondern gleichzeitig um spielerische sprachliche Gestaltung, wird deutlich, wenn Schubart später in der Chronik die Schulstubensituation wieder aufgreift und sie als Steigerung der Höllenstrafen den Frevler Ixion erleben lässt:

Anderthalb hundert Knaben, die ihm, wie eben so viel Furien zischende Geißeln auf den blutigen Rücken hielten, faule Luft, vor der sich die Sinnlichkeit empörte, junge Tieger in halb menschlicher Bildung; die Klauen der Eltern, welche sie, wie Löwen, hervorreckten, so oft ihre Kinder die verdiente Ruthe der Zucht fühlten; (...) der Hunger, der aus einer Wolke von Schulstaub hündisch die Zähne wies; die Schmähsucht, die in Schlangengestalt seinen Tritten nachkroch; herkulische Arbeit bei teuflischem Undank (...).

Die Lust an sprachlicher Variation wird in Schubarts Zeitung nicht nur dort sichtbar, wo er frei fabuliert, sondern auch in seiner Berichterstattung, die – abweichend von dem späteren journalistischen Gebot – immer schon den Kommentar impliziert und die mitunter sehr persönlich auftritt. Als er, gerügt von Lesern, ein Erdbeben erst in der übernächsten Nummer, also fünf Tage später meldet, fügt er eine heitere Entschuldigung hinzu: *Ein gewisser starker Meteorologist empfand die Erdstöße so gewaltig, dass er nicht mehr stehen konnte. Ob er gleich nur 4 Maas Wein im Leib hatte, und also fast spottnüchtern war.*

Schon diese wenigen Beispiele rechtfertigen die Bezeichnung Sprachspieler. Ezra Pound beschrieb in seinem 115. Canto, wie sich der europäische Geist (*the European mind)* in wechselseitigem Hass verzehrt und den Frieden blockiert; und für diesen stehen in einer Zeile drei Personen: *Mozart, Rabelais, Christian Friedrich Daniel.* Der Gesang ist schwer verständlich, die Bedeutung der angeführten Namen nicht eindeutig klar. Aber man wird kaum bezweifeln, dass die drei angeführten Vornamen die von Schubart sind. Damit wird er, sicher etwas schmeichelhaft, einer Trias von Künstlern zugerechnet, die den Ernst der Realität in ein grandioses Spiel transformierten.

Sprachspieler Schubart – man kann an Beispielen aus seinem Werk die ganze Vielfalt stilistischer Figuren durchdeklinieren. In den schon angeführten Texten wird die Neigung zur *Amplificatio* deutlich, die vielfältige Variation des einen Sachverhalts, die meist im *Staccato* vorgetragen wird und über die inhaltlichen Wiederholungen, über *Anaphern* und *Parallelismen* eine Verstärkung und Steigerung, *Klimax*, bewirkt, die auf einen Höhepunkt, eine Auflösung zusteuert.

Belege finden sich überall in seinen Schriften, in den Briefen so gut wie in der Chronik und in seiner Lebensbeschreibung. Schon auf der allerersten Seite des ersten Chronikbandes operiert er mit seinem Variationsspiel: Der Geschmack sei so verschieden unter den Deutschen, dass man unmöglich alle befriedigen könne – *Der liebt politische Reflexionen, dieser Literatur, jener Kunst, und einige wollen Verse: dort ruft einer: sey keck! der andere: sey bescheiden! dieser liebt Feuer, jener Wasser; Einen vergnügt Posaunenschall, den andern der schnarrende Thon des Dudelsacks.*

Und auch wo er seine Kerkerhaft schildert, gibt er nicht nur seine überschäumenden Gefühle wieder, sondern überlässt sich auch den sprachlichen Kaskaden:

Ich war allein – aber mein Ich, mein ärgster Feind war bei mir. Schäumende Lust, Rachsucht gegen meine Feinde, brausendes Freiheitsungestüm, tobende Ungeduld, Murren gegen die strenge christliche Moral, bald Aberglaube, bald Unglaube in schnellen geflügelten Übergängen, bald Hoffnung, bald Verzweiflung, bald Weltlust, bald heißer Wunsch des Todes – warfen mich armen eingekerkerten Mann in meiner Grotte hin und her.

Stilistisch verwandt ist die folgende Stelle aus der Lebensbeschreibung, in der er mit seinen gefährlichen Neigungen abrechnet:

Und dann gehts bergab, von Genuß zu Genuß, von Brunst zu Brunst, von Schande zu Schande, von Angst zu Angst, bis der Boden weicht und die gähnende Kluft über dir zusammenschlägt. Flieh' die wollustathmende Dichter, die dich mit Blumenketten zum Altare schleppen, und dich unterm Lustgetümmel phallagogischer Feste dem Verderben hinopfern.

In der Literatur über Schubart wurden diese Stiltendenzen, wenn auch meist nur beiläufig, mehrfach erwähnt. Auch auf die Vorliebe des Pianisten Schubart für die *Mordenten*, also die schwellende Folge der Töne, wurde hingewiesen – eine mit den literarischen Reihungen verwandte Figur. Es scheint überhaupt angebracht, den musikalischen Charakter der Sprachspiele Schubarts hervorzuheben. In seinem Lebensbericht heißt es: *Meine Urtheile waren äußerst kühn, stark, meist wahr, aber verwegen; schadeten mir daher mehr, als meine sonstigen Ausschweifungen. Wein und Weiber waren die Scylla und Charybdis, die mich wechselsweise in ihren Strudeln wirbelten.* Solche Reihungen, oft mit drei Metaphern und Umschreibungen, sind nicht nur dem Variationsbedürfnis, sondern auch der Melodie und dem Rhythmus der Sprache geschuldet. Aus der Gefangenschaft schreibt Schubart an seinen Sohn: *vierjährige, schreckliche, gräuliche Einsamkeit, jede Stunde mit Schlangengeißeln, mit Zakenflügeln, mit Greiffenklauen gerüstet, mich geisselnd, mich schreckend, mich zerfleischend* – und immer wieder bildet er solche Sequenzen. Sie tauchen gerade auch dort auf, wo er sich mit der modischen Dichtung auseinandersetzt. Er tadelt *die mattherzigen, von Brühen, Ragouts und Zukerwerk gelähmten Empfindungen in den Geburthen unsrer Modedichter*; über Thomas Abbts Historie schreibt er, der Autor lasse *sichs zu sehr merken, dass er schön schreiben will, wie der Redner, der mit fliegendem Mantel, vorgedrüktem Bauche und steifem Unterkinn dasteht, 3mal räuspert und aus allen Anstalten zeigt, dass er schön reden will.* Diese Passagen haben einen unfreiwillig ironischen Anstrich, da ja auch Schubart darin zu erkennen gibt, dass er schön schreiben und schön reden will – freilich fehlt bei ihm *ein so weichlicher, sibaritischer, hyperfranzösirender Ton*, den er an Poeten wie Wieland, Gleim und Jacobi rügt.

Schubart kombiniert nicht nur vorhandenes Sprachmaterial auf seine Weise; er ist auch unmittelbar sprachschöpferisch tätig. Kurt Honolka hebt die von Schubart erfundenen originellen Titel der Chronikbeiträge hervor, und ebenso wie Hartmut Müller erwähnt er auch Schubarts Einfallsreichtum bei der

Bildung neuer Wörter. Sie begegnen vereinzelt in seinen Briefen; in seiner Biographie beziehen sie sich vor allem auf seine elende Situation (*Schauergewölbe, Fesselschmach, Flammenseufzer*); in der Chronik tauchen sie häufig auf – und zwar in den letzten, nach der Haftentlassung gedruckten Bänden noch häufiger als vorher. Dies bestätigt die zuletzt von Bernd Jürgen Warneken gut begründete Auffassung, dass die Rede vom durch die Gefangenschaft *gebrochenen* Mann zumindest der Kommentierung bedarf – die Abfolge von Widerstand, Bekehrung und Unterwerfung, in welche die Biographie Schubarts oft eingepasst wurde, kann den Widersprüchen und der Unberechenbarkeit seines Lebens, kann vor allem seinem durchgängigen Freiheitsdrang nicht gerecht werden.

Im Jahr 1789 nahm sich ein anonymer und nicht mit Sicherheit nachweisbarer Autor (vermutlich ein Ulmer Buchhändler) Schubarts jetzt als *Vaterlandschronik* bezeichnete Zeitung vor und zerpflückte genüsslich die verschiedenen Artikel hinsichtlich ihrer religiösen, philosophischen und politischen Aussagen, vor allem aber unter dem Gesichtspunkt der sprachlichen Gestaltung. Im Titel der Schrift wendet sich der Autor direkt *an Herrn Schubart, Herzogl. Wirtembergischen Theaterdirektor und Hofdichter in Stuttgart*, und im Text apostrophiert er den Adressaten immer wieder: *Mein lieber Herr Hofdichter!* Er zielt damit auf die Diskrepanz zwischen Schubarts Freiheitsbekenntnis und seiner unterwürfigen Stellung, mehr noch aber auf die Schubart unterstellte mangelnde Qualifikation für eine solche Position. Der lange Schlussteil der 77 Seiten umfassenden Abhandlung ist überschrieben: *Falsche Bilder und Ausdrücke*. Als erstes Beispiel zieht er Schubarts Bemerkung heran, dass eines Zeitungsschreibers schwache Hand den dicht gewebten Schleier einer Angelegenheit *nicht lüpfen* könne – er schlägt statt dessen vor: *Das schwache Auge eines Zeitungsschreibers kann durch diesen dichtgewebten Schleyer nicht sehen*, und er rügt mit Recht, dass Schubart zwei unverträgliche Sprachbilder mischt. Auch in der Folge deckt er fragwürdige Metaphern und eine ganze Reihe von Katachresen auf; tatsächlich ist Schubart in seinem unaufhörlichen Drang zur sprachlichen Ausgestaltung, Verdeutlichung und Überhöhung immer wieder einmal ins Stolpern gekommen, hat grelle Farben nebeneinander gestellt und Bilder vermischt und angehäuft, von denen jedes einzelne schon stark genug gewesen wäre.

Es wird aber auch deutlich, dass der Autor des Sendschreibens verbissen und penibel nach Abweichungen sucht. Er zitiert: *der Preusse könnte jetzt allgewaltig würken; und doch legt er das bemähnte Haupt auf die breiten Tazen, und schlummert.* Und er kommentiert: *Der Preusse ist also ein Löwe? Sonst stellen Sie ja Preussen immer unter dem Bilde eines Adlers vor* – dazu stellt er sieben Seitennachweise und nagelt Schubart auf den einen Tiervergleich fest. Unter der Zwischenüberschrift *Schubartiana* versammelt er eine Vielzahl von Neologismen und ungewöhnlichen Sprachbildern, alle aus einem einzigen Jahrgang, die einem schon in ihrer unglaublichen Fülle Respekt für Schubart abnötigt – die aber auch beileibe nicht nur aus Missbildungen und metaphorischen Fehlschaltungen besteht. So tadelt der Sprachpfleger die *Stinktrompete der Fama, das Gerücht diese Allerweltshure* und *die Krätze der Neugierde*; er wendet sich gegen das *eselgraue Herkommen*, gegen das *leichtohrige und engherzige Publikum*. Die Vermittlung politischer Ereignisse und Situationen über Wendungen der Alltagssprache ist ihm zuwider. Dass Schubart schreibt, *die Republiken* nehme man *aus wie Buben Vogelnester*, duldet er so wenig wie die Feststellung: *Die ganze stolze Brittania würde zum verächtlichen Bettelmensch nach einem solchen Bankerot herunterlumpen.* Der Kritiker formuliert ironisch: *Was soll man zu dergleichen Elegantiis sagen?* und gibt die Antwort: *Entweder ist Ihr Geschmack noch sehr gemein, ungeläutert und ungebildet, oder Sie gehen nur mit Leuten von der niedrigsten Hefe des Pöbels um, von denen Sie solche Schönheiten lernen und in Ihre Schriften übertragen.*

Der Autor der Streitschrift lenkt mit seinen Vorwürfen den Blick auf den Widerspruch zwischen Schubarts abgehobener Position und seinem Drang zur Popularität. Das war eine Spannung, die Schubart selbst empfand, die er aber nicht durch die Verleugnung dessen löste, was er mit der Wortprägung *Volkssinnigkeit* bezeichnete. Überhaupt übernahm er nicht nur gängige Ausdrücke der ›Gasse‹, sondern trat auch ständig mit neuen Wortschöpfungen hervor. In einer ganzen Reihe von Fällen ist Schubart durch die Entwicklung der Sprache bestätigt worden; unter den für den zeitgenössischen Kritiker unverständlichen oder unnötig aufgeputzten Wörtern und Wendungen finden sich beispielsweise *Dreibund, Schutzbund, Großmächte, überfluten, hochherzig, langweilend, lederne Schreibart* und *Sommerglut des Lebens*. Andere leuchten durchaus ein, obwohl sie keine weitere Verbreitung gefunden haben; dazu gehören etwa *Kriechsucht, Weltwirre, Glutrache, Donnertritt, tatenstrotzend*. Man kann auch darüber streiten, ob nicht Schubarts Vorschlag *Lebensfest* für das damals gebräuchliche *Geburtsfest* den Sinn besser ausdrückt – der Kritiker merkt dazu an: *damit ja nichts natürlich gesagt werde!*, und er resümiert: *unsere liebe Muttersprache ist reich genug, Alles darinn auszudrücken*. Schubart war bemüht, der allzu vielen *elegantiis* ausgelieferten Muttersprache möglichst viel von ihrer Natürlichkeit zu retten; aber gleichzeitig suchte er sie zu stärken durch neue, kräftige Wortschöpfungen und Sprachbilder.

Der in dem Sendschreiben vorgestellte Katalog lässt einen ahnen, welchen Umfang eine vollständige Auflistung von Schubarts Sprachsünden (der vermeintlichen wie der wirklichen) annehmen würde. Diese Zusammenstellung kann und soll hier nicht geleistet werden. Vielmehr soll eine Antwort auf die Frage versucht werden, was Schubarts Umgang mit der Sprache bestimmte und worin seine Sprachspiele und -spielereien begründet waren. Der hier in den Vordergrund gerückte Anonymus war nicht der einzige zeitgenössische Kritiker, und auch in der späteren Schubartphilologie wurde oft das Überbordende seines Sprachstils, das Überfließende und manchmal Überflüssige seiner Wendungen und Perioden herausgestellt – teils tadelnd, teils auch entschuldigend. Als Erklärung wird meist Schubarts Temperament hervorgehoben, das ihn im Leben wie in der Kunst ins Extrem trieb und das auch für den Taumel des Sprachspielers verantwortlich war. Hermann Hesse hob die *Geschmeidigkeit und strömende Lebensbejahung dieses vulkanischen Temperaments* hervor. Das Bild des Vulkans findet sich auch bei anderen Biographen, und jedenfalls fehlt der Hinweis auf Feuer und Kraft fast nie – wobei David Friedrich Strauß die einleuchtende Nuancierung anbrachte, Schubart sei *mehr ein Saft- als ein Kraftmann* gewesen. Schubart selbst deutet für seine Schreibart lebensgeschichtliche Hintergründe an, beginnend mit der Kindheit in der kleinen und überwiegend bäuerlich geprägten Reichsstadt Aalen; dort sei *gewöhnlicher Ton*, was anderswo als *Aufschrei* und *Raserei* gelte. Nach seiner Gefangenschaft taucht er für kurze Zeit ein in das immer noch vertraute heimatliche Umfeld, und sein brieflicher Bericht darüber charakterisiert noch einmal seine Lust an oft etwas verqueren Bildern und bezieht sich auch auf die eigenwillige Sprache seiner Landsleute:

Da lebt ich denn so ganz nach meines Herzens Lust unter Menschen, die sich auf dem Wipfel ihrer Eichen stark wiegten, die an der Katarakte der Natur den Huth füllen und Mannkraft saufen, deren Selbstheit so fest gewurzelt ist, wie die Berge, die sie umgürten, und die so laut sprechen, als wenn sie den Donner überschreien müssten.

Meist fasst er sein Feuer aber als von Anfang an in ihm angelegte Charaktereigenschaft, und fast immer ist Feuer positiv konnotiert, auch in Weiterungen wie *Feuerfarbe, Feuerkopf, Feuerseele.* In seinen Erinnerungen bezeichnet Schubart seine Empfindungen als *Spritzfeuer* – in einem einzigen Wort zeigt sich hier der hitzige Saftmann. Komplementär zur Beschwörung des Feuers stehen seine deklassierenden Äußerungen über alles, was mit Kälte zu tun hat. Den Zeitgeist charakterisiert er einmal in seiner kalten und räsonierenden Tendenz: *Daher die unausstehlich kalten Schneephilosophien, daher das frostige Geplapper auf der Kanzel, daher die gefrorenen Poetereien, daher der Todesschlaf unsrer Nation im Schneethal* … Er wendet sich gegen *die Eismänner*, welche die Gefühle missachten, und er rühmt Herder, der es wagt, *einzudringen in den Lichttempel voll Eiszapfen.* Vor allem schadet innere Kälte der Sprachgewalt: *Laß einen Feuerkopf abgekühlt sein, er wird dir das schlechteste Zeug rausschwätzen; heiß aber schreibt er, wie 'n Engel.*

Er kritisiert seine eigenen geistlichen Gedichte mit ihren *kalten, wie zerschmolzenes Eis niedertropfenden Strophen,* greift die politischen Zeitungen an, *die kalt und trüb wie Schneewasser daherschäumen,* und er wundert sich nicht, *dass die orientalischen Völker die europäischen mit dem Unnamen der Schneemänner belegen.* Auch wo er auf die Jugend seiner Zeit zu sprechen kommt, bleibt er bei der Metapher:

> Der Jüngling sitzt beim Wein so kalt,
> Als wär er achtzig Jahre alt
> Und säße auf der Alpen Höh
> Mit bloßem Arsch im kalten Schnee.

Das Wort, das auch in unserem wenig zimperlichen Zeitalter immer noch auffällt, hatte ein Jahr vorher seine Feuerprobe auf dem Theater erlebt, in Goethes *Götz von Berlichingen*. David Friedrich Strauß wies darauf hin, dass sich seit jener Zeit *der kurz angebundene, abgestoßene Ton* bei Schubart verstärkte. Es war der Ton, der die literarische Bewegung des Sturm und Drang charakterisierte – und ganz sicher ist es sinnvoll, über die persönliche Charakteristik hinaus auch den vorherrschenden Zeitstil in Rechnung zu stellen. Die Naturideologie und die Rückführung des Sprachstils auf das Natürliche war keine individuelle Eigenheit von Schubart, war vielmehr bestimmend für die ganze

Richtung der Sturm-und-Drang-Epoche. Die Berufung auf die Natur war eine Gegenkonvention, gerichtet gegen den blasierten Hofton, gegen das gesellschaftliche Reglement und dessen ängstliche Befolgung. Gerade auch die Nachrichten vom Hofe packte Schubart manchmal in die derbsten Sprachbilder: *Der Luxus hat die Charte gewaltig gemischt. Da liegt oft der Bub auf der Dame und die Sau auf dem König*.

Die adäquate Einschätzung von Schubarts Sprachstil fordert aber den Hinweis auf eine zweite künstlerische und auch literarische Epochenbezeichnung: Barock. Die *Vorlesungen über die Wissenschaft für Unstudierte von Herrn Professor Schubart* wurden 1777 *von einem seiner ehemaligen Zuhörer* herausgegeben. In diesen Nachschriften kommt Schubarts kritische Haltung gegenüber der Barockdichtung zum Ausdruck. *Das falsche Erhabene wird Galimathias, Bombast, Schwulst*, heißt es, und die Kritik richtet sich nicht gegen einfallslose Nachahmer, sondern ausdrücklich gegen Lohenstein und Gryphius. Aber in seinen biographischen Aufzeichnungen nennt Schubart sein eigenes Sprechen *wülstige Deklamation*, und selbstkritisch charakterisiert er den *Galimathias* seiner Grundsätze. Schubarts oft allzu dicht gehängte Sprachbilder, seine Wortkaskaden, ja seine verbale Inkontinenz sind *auch* das Erbteil einer vergangenen Epoche. Barocke Sprachseligkeit überhöht die Gesprächigkeit des unermüdlichen Aufklärers Schubart und kreuzt sich mit der überschwänglich-aggressiven Kraftpoesie des Sturm und Drang. Barockes Erbe ist auch die religiöse Färbung seiner Sprache, die eine partielle Abwendung von christlichen Dogmen nicht ausschließt; dass Säkularisation nicht totale Abkehr ist, sondern einen dialektischen Bezug herstellt, der beispielsweise zur Steigerung revolutionärer Sprache abgerufen werden kann, haben Untersuchungen von Albrecht Schöne und Anderen deutlich gemacht.

Der besondere Sprachstil Schubarts ist aber nicht nur dem literatur- und geistesgeschichtlichen Klima seiner Zeit geschuldet, sondern auch seiner ganz konkreten Situation. Seine Prosa ist in erster Linie geschult an seiner journalistischen Aufgabe. Vielleicht ist die Unterstellung des ›Zeilenschindens‹ nicht ganz abwegig. Er musste seine Blätter füllen, auch wenn die Nachrichten nur spärlich einliefen – dies begünstigte ausladende Sprachspiele. *Das Publikum*, schrieb er bald nach seiner Entlassung entschuldigend an den mit Zensurfunktionen betrauten Oberst Seeger, *ist schon an meine freien, oft in dunkle Metaphern gehüllte, folglich ganz unschädliche Ausdrüke gewöhnt.* Die Ausdrücke konnten also zur Vertuschung und Besänftigung eingesetzt werden, aber auch zur Steigerung. Zweifellos zielte Schubart mit seiner innovierenden Sprachgestaltung auch auf Verfremdung; indem er von der geläufigen Diktion abwich, sicherte er sich die Aufmerksamkeit der Leser – und der Hörer. In jener Zeit der allmählichen Verbreitung der Lesefähigkeit spielte das Vorlesen noch eine große Rolle; man hat ausgerechnet, dass die Zahl der Rezipienten der Zeitung ungefähr das Zehnfache der Auflage betragen haben muss.

In vielen Fällen hatte Schubart ja das Rohmaterial für eine Nachricht vor Augen und sah seine Aufgabe dann vor allem in der populären Zubereitung. Immer wieder wird das Beispiel herangezogen, das schon Robert Prutz in seiner herben Kritik anführte: *Dänemark spielt auf dem europäischen Staatstheater eine weit geringere Rolle als es spielen könnte*, heißt es in dem Schubart vorliegenden Artikel, der dazu dann noch einige Einzelheiten bringt. Schubart formuliert: *Dänemark. In Absicht auf politische Regsamkeit wie in Todesschlaf versunken. Daher der matte Einfluß auf die übrigen europäischen Reiche* – und auch die weiteren Ausführungen spitzt er über seine Sprachbilder zu. Der Auftritt des im Wirtshaus seine Chronik diktierenden Schubart wird von seinen Biographen wahrscheinlich zu oft und zu vertrauensselig geschildert; aber zum Teil hat er zweifellos seine Zeitung auf diese Weise zustande gebracht – und auch dieser Weg des Formulierens hat offenbar zum Zwang des Variierens und zum Vergnügen daran beigetragen.

Allerdings ist festzuhalten, dass Schubart seine Sprachschöpfungen und Sprachspiele nicht nur *für* jemand präsentiert, sondern sehr häufig auch *gegen* jemand. Sein poetisch-sprachliches Gebaren entsteht in der Opposition und Konfrontation. In ihrer spezifischen Einfärbung mischen sich vor allem drei Farbtöne:

Schon im ersten der von Strauß edierten Briefe, einem Schreiben des 21-Jährigen an seinen Schwager, bittet Schubart um Nachsicht, *wenn ich die steife Sprache des Ceremoniells ein wenig beyseit seze*, was ihn freilich nicht hindert, dem *hochwohlehrwürdigen und hochgelehrten Herrn* und *verehrungswürdigen Herrn Bruder* dann doch sehr devot zu begegnen. Der Ton in den Briefen wird dann aber, fast ohne Rücksicht auf die Adressaten, zunehmend lockerer, und schon im ersten Stück der Chronik sagt er von seinen Vorgängern, sie *haben einen so albernen ceremoniösen Thon, dass es dem Leser von Geschmake ohnmöglich fällt, einen einzigen Artikel ohne Eckel zu lesen.* Er wendet sich gegen den *krausen Curialstil.* Der *Zwilchkittel* gilt Schubart grundsätzlich so viel wie der *Purpur.* Schubarts *Volkssinnigkeit*, um seinen Ausdruck noch einmal anzuführen, ist keine sentimentale Erbauung an der Naivität der einfachen Leute, sondern Ausdruck eines Verwandtschaftsgefühls. Sein Bekenntnis zum ›natürlichen‹ Ton ist nicht nur eine Stilfrage, sondern verbindet sich mit der Stellungnahme für die macht- und vielfach auch rechtlosen niedrigen Sozialschichten.

Das zweite Motiv: Schubart wendet sich gegen das – in vornehmen Kreisen übliche und auch ins gehobene Bürgertum eindringende – *Tändeln und Französieren*, überhaupt gegen die Dominanz französischer Sprache und Lebensart, wie sie an den Höfen und auch bei den Patriziern der großen Städte anzutreffen war. Schubart wird nicht müde, dagegen die Stimme zu erheben, den Donnerton des Deutschen und auch die deutsche Genialität zu rühmen, wobei er vor übertriebenem nationalem Selbstlob nicht zurückschreckt. Zwar ermahnt er seine deutschen Leser, sie sollten nicht *Vorzüge am Vaterland entdecken, die es nicht hat*; aber er selbst stellt fest: *Jede große Erfindung ist deutschen Ursprungs* – wobei das *groß* allerdings vor allem auch auf das äußere Maß zielt, denn er befasst sich in dem betreffenden Zeitungsartikel mit allerhand modischen Zierlichkeiten, die ihn zu der Ergänzung führen: *Jede kleine Erfindung ist französischen Ursprungs.*

In solchen Passagen zeigt sich eine nationale Frontstellung nach außen. Dazu kommt aber als drittes eine innerdeutsche Konfrontation. An Klopstock lobt Schubart, dass er *ohne französischsächsischen Witz* auskomme; das diskriminierende Wort ist ohne Bindestrich geschrieben und rückt den großen französischen Staat und das sehr viel kleinere sächsische Gemeinwesen eng aneinander. Auch in Sachsen herrscht nach Schubart überfeine Kultur, und er spricht die Mahnung aus: *Freu dich nicht deiner Verfeinerung, Sachse! Du bist fremder, nicht deutscher Art.* Die deutsche Art findet er dagegen in seiner Heimat, und durch all seine Schriften zieht sich das Lob der Schwaben. Gelegentlich beklagt er in seinen Briefen die Rückständigkeit der Region: *Ich mache mir in Gedanken eine Landkarte über Schwaben, und sehe die Gegenden des schönen Geschmacks wüste, verwildert und unangebaut.* So schreibt er an Wieland, der unter den schwäbischen Poeten wohl am deutlichsten abwich vom Bild des biederen, genügsamen und einfachen Schwaben. Dieses Bild hält Schubart im Allgemeinen hoch; an *Herzlichkeit* kann sich nach seiner Meinung kein anderer deutscher Volksschlag mit den Schwaben messen.

Schubarts stetiges Schwabenlob könnte mit vielen Zitaten belegt werden; aber es ist in vorbildlicher Weise schon dargestellt in dem 1986 erschienen Buch von Gunter Volz: *Schwabens streitbare Musen. Schwäbische Literatur des 18. Jahrhunderts im Wettstreit der deutschen Stämme.* Dieses Buch ist in der Schubartforschung merkwürdigerweise kaum beachtet worden, vielleicht weil es in einer landesgeschichtlichen Reihe publiziert wurde – auch im Zeitalter des freien Informationszugangs gibt es nach wie vor institutionelle Einfriedungen, die Lärmschutzwände bilden, hinter denen man ruhig arbeiten kann, die aber auch Neues blockieren.

Schubarts Frontstellung mit dem Gleichklang von Franzosen- und Sachsenkritik ist aus den Bedingungen seiner Zeit heraus gut zu verstehen. Beides war ein Ferment der fälligen Nationsbildung, für die äußere wie innere Dominanzansprüche reduziert werden mussten. Der Sprachspieler Schubart nutzte seine Kreativität, um in diesem Sinn zu wirken, und angesichts seiner Bekanntheit und des besonderen Rangs, den sein Journal einnahm, ist sein Einfluss auf die kulturpolitische Festigung des nationalen Bewusstseins nicht zu unterschätzen. Jedenfalls war er bemüht, die deutsche Sprache in ihrer Geltung zu stärken – und dies nicht so sehr durch Konservierung, sondern durch sein offensives Sprachspiel. In der Chronik versuchte er eine Bewertung *der vorzüglichsten deutschen Dichter*, und in diesem Zusammenhang hielt er fest: *Alle große Dichter sind auch Verbesserer, oft Umbilder ihrer Sprache geworden. Sie rangen mit der Sprache, wie Jakob mit Gott. Keines Volkes Sprache wurde je groß, stark, schön und reich, ohne die Bearbeitung großer Dichter.*

Schwäbisches Fragment
Hölderlins Baustellen

Ein Schleichweg zu Hölderlin – abseits der großen, von hellenischen Monumenten und geheimnisvollen Symbolen gesäumten Pilgerstraße, und nur ein schmaler Pfad durch das Dickicht von Interpretationen, das hier besonders dicht ist. Ein Fluchtweg also, in der Hoffnung, es sei eine Flucht nach vorn. Sie führt nicht zu einem Höhepunkt von Hölderlins Dichtung, aber zu einem neuralgischen Punkt seines Lebenswegs.

Er ist von Frankfurt zu seinem Studienfreund Isaac von Sinclair nach Homburg gezogen, nachdem sein Liebesverhältnis mit

Susette Gontard entdeckt war. Im Frühjahr 1800 ist er im Begriff, die drastisch eingeschränkte und schmerzliche Beziehung zu beenden, jedenfalls Homburg zu verlassen. Er erhält die Nachricht, dass der Mann seiner Schwester, der an der Klosterschule Blaubeuren tätig gewesene Professor Bräunlin, gestorben ist. Er kondoliert der Schwester und versichert: *Einen treuen Freund hast Du für Dich und Deine Kinder auf lebenslang an mir, das darfst Du glauben.* Susette informiert er über seine Absicht, in die Heimat zu ziehen, und er betont dabei die Pflicht gegen die Schwester und ihre Kinder. Susette identifiziert sich mit dem Plan; sie schreibt ihm: *Der Entschluss, im Zirkel Deiner Familie nützlich zu leben, ist mir wie aus der Seele genommen*, und sie fügt hinzu: *wie wird es Deinem Herzen wohl tun, wieder ein innig liebefühlendes Wesen um Dich zu haben.* Es ist nicht auszuschließen, dass angesichts der Umstände auch ihr der Gedanke einer größeren Entfernung nicht völlig fremd war; aber gewiss war Selbstverleugnung im Spiel – in Frage gestellt durch den im gleichen Brief geäußerten Wunsch, den Geliebten wiederzusehen, und konkretisiert durch die Überlegung, sie könne mit einem weißen Tuch am Fenster signalisieren, dass die Luft rein sei.

Aber es war der letzte Brief, den Hölderlin von seiner Diotima erhielt. Er trifft sie noch einmal, reist aber einen Monat später tatsächlich nach Nürtingen zur Mutter, wo sich inzwischen auch die Schwester mit ihrer Familie aufhält. Er bleibt ungefähr zehn Tage und geht dann zu Fuß nach Stuttgart; dort wohnt er bei dem Kaufmann Landauer, der ihn in seinen Freundeskreis einführt, in dem literarisch Interessierte und vor allem auch Revolutionsanhänger verkehren. Der erste Brief, den Hölderlin von Stuttgart aus verschickt, geht an die Mutter, schließt aber auch die Schwester mit ein: *Tausend Grüße an meine teure Schwester! Ich habe neulich unterwegs ein kleines Gedicht an sie entworfen, das ich ihr nächstens schicken will, wenn es ihr einen vergnügten Anblick machen sollte.* Aber erst nach einigen Wochen, im Herbst, nimmt er brieflichen

Kontakt mit der Schwester auf. Da er nicht nur einmal sein Kommen in Aussicht stellt und dann doch in Stuttgart bleibt, bringt er wiederholt Entschuldigungen vor; *das böse malade Jahr,* schreibt er, habe ihn *etwas langsamer* in seinem Geschäft gemacht. Das ist ganz generell gemeint; von dem Gedicht ist nicht die Rede.

In einem von ihm hinterlassenen Folioband stehen aber einige Zeilen mit der Überschrift *An meine Schwester*, und es handelt sich gewiss um das, was er von dem Entwurf festgehalten hat:

> Übernacht' ich im Dorf
>
> Albluft
>
> Straße hinunter
>
> Haus Wiedersehn Sonne der Heimath
>
> Kahnfahrt,
> Freunde Männer und Mutter,
> Schlummer.

Kein fortlaufender Text, nur Bruchstücke. Der Sinn und die Stimmung erschließen sich trotzdem: Die Heimat als Auffangstation, vertraute Szenerie, vertraute Menschen, alltägliches Handeln. Und Erinnerung an Besonderes, genauer: Erinnerung an Erinnertes – drei Jahre vorher schon hatte Hölderlin der Schwester geschrieben, er denke an Tage zurück, an denen er am Flüsschen Blau *nach einer Kahnfahrt sehr gute Fische gegessen habe.*

Der Text bleibt trotz solcher Aufschlüsselungen ein Fragment. Aber dies ist keine abschließende Feststellung. Vielmehr öffnet das Stichwort *Fragment* die Perspektive auf charakteristische Züge in Hölderlins poetischem Schaffen. Die Zahl der Fragmente, die in seinem Nachlass gefunden wurden, ist relativ groß, und sie wird noch größer, wenn man genaue Blicke auf die fertigen Gedichte und den Prozess ihrer Entstehung wirft. Oft ist bei den handschriftlich überlieferten Texten nicht mit letzter Sicherheit zu entscheiden, wie der endgültige Text aussah, und ob es überhaupt korrekt ist, von einem endgültigen Text zu sprechen. Der Dichter notierte Varianten, zusätzliche zum Thema gehörige Vokabeln und Wendungen, aber auch Dinge und Gedanken aus anderen Kontexten auf *einer* Seite und ohne ihre etwa vorgesehene Platzierung zu markieren; und es kommt auch vor, dass sich verschiedene Entwürfe den Platz streitig machen. Unter die Zeilen an die Schwester setzte Hölderlin als dick unterstrichene Überschrift *Der Cyprier*, der aber gleich die weitere Überschrift *Tinian* samt ein paar Bruchstücken folgte, Vorentwurf für ein später zu Ende geführtes Gedicht. Die Große Stuttgarter Werkausgabe sucht dies durch eine ausführliche Beschreibung zu vermitteln, die mit dem Hinweis einsetzt, dass der Titel *An meine Schwester* erst nach einer leeren Stelle 11 cm unterhalb des oberen Randes einsetzt. Das ist leicht vorstellbar. Wenn aber gesagt wird: *Alle drei Bruchstücke werden schließlich von dem ganz oben beginnenden Entwurf zu Sapphos Schwanengesang überwuchert*, dann droht dies auch die Vorstellungskraft zu überwuchern.

Die durch die Problematik der vielen Lesarten geforderte ausufernde Beschreibung provozierte eine andere Form der Dokumentation. Sie wurde propagiert und verwirklicht von Dietrich E. Sattler, der Buchgraphik erlernt und in verschiedenen Branchen als Werbeleiter gearbeitet hatte. Mit der Faksimilierung der handschriftlichen Texte schuf er die Chance, die Beziehung der Notate direkt zu kontrollieren und dabei vielleicht auch die zeitliche Entwicklung zu erkennen. Hölderlins Produktion, zumal die der späteren Phase, war ja dadurch charakterisiert, dass er auf verschiedenen Baustellen Material und Ideen bereitstellte und oft nur Ansätze zur endgültigen Fassung eines Gedichts niederschrieb – und außerdem relativiert sich die Bezeichnung *endgültig*, weil wegen fehlender Publikationsmöglichkeiten eine autorisierte Fassung *letzter Hand* gar nicht gefragt war. Für die Stuttgarter Ausgabe legten verschiedentlich der Herausgeber Friedrich Beißner und seine Mitarbeiter die letzte Hand an, um zu verbindlichen Endfassungen zu kommen, während Sattler dies zunächst entschieden vermied.

Zwischen den Anhängern der Stuttgarter und denen der Frankfurter Edition Sattlers entstand ein zeitweise heftig geführter Streit – teilweise als eine Art Generationenkonflikt mit Blick auf die technisch fortgeschrittene Form des neuen Zugriffs, manchmal auch als Kampf für und gegen die traditionelle philologische Editionsmethode. Der Gegensatz schwächte sich aber ab, unter anderem weil Sattler bei späteren Bänden selbst der – sehr verständlichen – Versuchung erlag, aus dem von Hölderlin bereitgestellten sprachlichen Material fertige Gedichte in vermeintlich verbindlicher Form zu schaffen. Das Problem des richtigen Umgangs mit den von Hölderlin stammenden Bruchstücken rückt damit in eine prinzipiellere Dimension; es geht um die Frage, was *Fragment* in diesem Zusammenhang bedeutet.

Fragmente können im poetischen und überhaupt im kreativen Prozess unterschiedliche Bedeutungen haben und unterschiedliche Funktionen übernehmen. Ein Fragment liegt vor, wenn die Arbeit abgebrochen und ein Werk nicht abgeschlossen wurde, aus Unvermögen oder auch aufgrund äußerer Hindernisse. Ein Fragment kann ein Entwurf sein, der auf die künftige Gestalt verweist, aber oft nur in Umrissen und jedenfalls nicht vollständig. Ein Fragment kann auch zur gültigen Endform erhoben werden, als gewolltes Torsoprinzip oder als andeutendes Stenogramm, wie es in der expressionistischen Lyrik begegnet. Diese Funktionen sind nicht immer strikt zu trennen. Das gilt auch für das zitierte Beispiel *An meine Schwester*. Das geplante Gedicht ist nicht fertig geworden; Hölderlin hat seine Notiz vermutlich in der unsicheren Situation, in der er sich befand, gar nicht mehr vorgenommen. Aber sie ist ein Entwurf, der das nicht verwirklichte Ganze erkennen lässt. Und man kann sogar fragen, ob dieses Fragment nicht schon ein Ganzes ist.

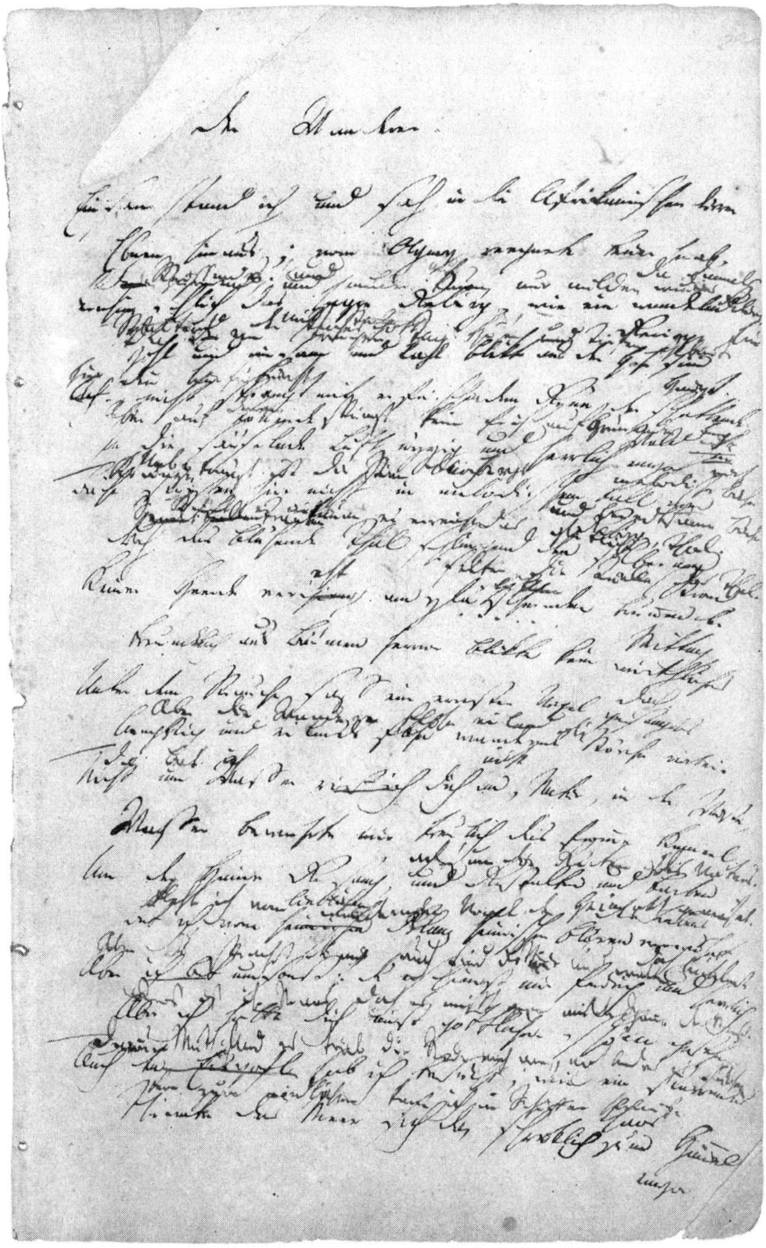

»Der Wanderer«, Handschrift von Hölderlin

Nach dem Zweiten Weltkrieg wurden an den höheren Schulen neue didaktische Wege für den Deutschunterricht propagiert. Poetische Texte sollten nicht einfach vorgestellt und wiedergegeben werden, vielmehr galt der Grundsatz, dass mit solchen Texten umgegangen werden müsse und dass Schülerinnen und Schüler dabei selbst kreativ werden sollten. Das Schlagwort hieß *umformen*; literarische Texte mussten aus der Perspektive einer darin geschilderten Person neu erzählt werden, Illustrationen zum Text wurden überlegt und ausgeführt, oder die Aufgabe war, einen Text in eine andere Gattung zu transponieren. Wahrscheinlich hätten sich die Schüler damals nicht gewundert, wenn sie die Aufforderung bekommen hätten, aus *Wanderers Nachtlied* von Goethe ein Hörspiel oder Filmdrehbuch oder einen Reportagetext zu machen.

Die Annahme, dass man über den aktiven Umgang mit einem Text diesem näher kommt als mit der bloßen Lektüre, ist aber sicher richtig. Und bietet sich Hölderlins Fragment nicht an für die Methode? Die Aufgabe würde wohl lauten: *Füllt die Lücken im Sinne des Verfassers und vervollständigt so das Gedicht.* Die armen Schüler würden dann wohl überlegen, wo man auf der Alb günstig übernachten kann; sie würden die *Straße hinunter* führen zur Bootsanlegestelle am Bach, würden die *Kahnfahrt* durch schmückende Adjektive aufwerten und ausufernde Überlegungen dazu anstellen, was es mit den *Männern* und der *Mutter* auf sich hat. Also Abbruch des Versuchs? Nicht unbedingt. Der Lehrer könnte die Beispiele vorlesen lassen mit dem sicheren Ergebnis, dass sie unnötig sind. Und mit erneutem Blick auf das Fragment, das gleichzeitig ein vollständiges Gedicht ist.

Eine gewisse Bestätigung dafür gibt es auch in der Musik. In den 1970er-Jahren, als lebhaft über Hölderlins politische Haltung diskutiert wurde, wandten sich auch vermehrt Komponisten seiner Dichtung zu – späte Antwort auf die nationalistischen und heroisierenden Tendenzen in den Vertonungen der NS-Zeit, die bei zentralen Parteifeiern zum Vortrag gekommen waren, und

Verneigung vor dem Dichter, der persönliche Not in Schönheit verwandelt hatte. Namhafte Komponisten nahmen den Entwurf des Gedichts an die Schwester auf: Wilhelm Killmayer in einem Zyklus, Wolfgang Rihm in seinen *Hölderlin-Fragmenten*, und Luigi Nono in den *Fragmenten an Diotima*. Natürlich ist zu bedenken, dass Musik ein ideales Mittel ist, Leerstellen zu überspielen und so aus einem Fragment ein Ganzes zu machen; aber es ist doch auch ein Hinweis auf die Potenz des Fragmentarischen.

Es ist überliefert, dass Hölderlin ungehalten war, als er von Uhlands und Schwabs Bearbeitung einzelner Texte für die erste Gesamtausgabe hörte. Dabei ging es um das Recht des Autors, der Eigenes selbst zu perfektionieren hoffte. Aber beim Blick auf die vielen Lesarten und Entwürfe, die oft wild verstreuten Bruchstücke und *Keimwörter* drängt sich manchmal der Gedanke auf, Hölderlin habe die Fragmente als Garanten der Vieldeutigkeit in ihrer Freiheit belassen – nicht als Puzzleteile, für die man die dazu passenden anderen Teile suchen muss, sondern als bunte Elemente eines freieren Spiels. Das berührt sich mit dem Verständnis des Fragmentarischen in der romantischen Theorie, die das Unendliche gegen die Vollendung in Stellung brachte. Ihr Aufstand gegen alles Regelwerk entspricht der Offenheit des Fragmentarischen.

Literarische Stellungskämpfe
Hauff und Waiblinger in Unterwelten

Zur Problematik einer regionalen Literaturgeschichte gehört es, dass sie leicht als autarke und geschlossene Einheit verstanden wird. Das ist insofern naheliegend, als die territorial- und kleinstaatliche Struktur auch den geistigen Verkehr und den kulturellen Austausch beeinflusste, sodass in den unterschiedlichen politischen und landschaftlichen Räumen eigene Prägungen entstanden; und auch die durch technische Barrieren und fiskalische Vorschriften gegebenen Schwierigkeiten sind zu bedenken. Aber die Grenzen waren nirgends so dicht, dass geistige Erzeugnisse sie – und sei es als Konterbande – nicht hätten passieren können. Gelesen wurde hierzulande jedenfalls nicht nur, was aus irgendeinem Grund mit dem Etikett *schwäbisch* versehen werden konnte, sondern auch sehr viel anderes.

Dabei ist einerseits an klassische Literatur – diese Charakterisierung in einem weiten Sinn genommen – zu denken. Im protestantischen Milieu spielten Autoren wie Klopstock oder Claudius eine wichtige Rolle, Lessing kam sehr schnell auf schwäbische Bühnen, und auch Goethe wurde aufgeführt und gelesen. Mit Schiller konnte er allerdings nicht konkurrieren, und dafür war nicht nur die populäre Fassung der Gedichte und Dramen Schillers verantwortlich, sondern schon auch schwäbisches Nationalgefühl. Das aber nicht so entschieden war, dass es im 19. Jahrhundert etwa die schweizerischen Romandichter Jeremias Gotthelf und Gottfried Keller oder die Norddeutschen Theodor Storm und Theodor Fontane ausgegrenzt hätte.

Lässt man sich ernsthaft und umfassend auf die Neigungen der Leserinnen und Leser ein, so muss man sich von solchen Höhenwegen der Literatur aber auch ein gutes Stück entfernen. Wilhelm Hauff, der nicht nur Gedichte, Romane, Novellen und Märchen schrieb, sondern auch feuilletonistische Skizzen, verfasste einen Beitrag *Die Bücher und die Lesewelt*, in dem er mit fiktiven Erlebnissen operiert, die jedoch auf realen Beobachtungen gründen. Er erzählt vom Besuch einer Leihbibliothek, wo er sich mit dem alten Bibliothekar unterhält und (teilnehmende Beobachtung!) das Verhalten der Kunden und – überwiegend – Kundinnen ins Auge fasst. Der Bibliothekar urteilt über diese: *Sie wollen unterhalten sein; natürlich, jeder auf seine Weise.* Und das heißt fast immer, dass banale, aber spannende Literatur gefragt ist.

In Hauffs Leihbibliothek verkehrt ganz überwiegend Dienstpersonal, aber im Auftrag vornehmer Herrschaften – dass die Oberschicht, die Gebildeten eingeschlossen, mit anspruchsloser Unterhaltungsliteratur und auch generell mit Unterhaltung nichts zu tun habe, war und ist ein Irrglaube (der heute beispielsweise für die distanzierende Bezeichnung *Unterschichtfernsehen* verantwortlich ist). Eher als die Abgrenzung nach oben trifft die nach unten zu. Das gilt für das Lektüreangebot, bei dem noch unterhalb der ästhetisch bescheidenen Unterhaltungsliteratur eine recht bunte Mischung anzusetzen ist: Kalender, bei denen man nicht nur an Hebel denken sollte, sondern die oft mit abstrusem Material gefüllt waren, Zeitungsmeldungen, später Illustriertenrubriken und Heftchenliteratur. Es gilt aber auch im Blick auf die Nutzung und, gleich hinzuzufügen, die Nicht-Nutzung. Zur Zeit Hauffs war der Analphabetismus durchaus noch ein Problem, und bis heute gilt, dass auch ein nicht zu unterschätzender Teil der Menschen, die Lesefähigkeiten erworben haben, davon sehr wenig Gebrauch macht.

Wilhelm Hauff führt auch noch die Gespräche mit einem Buchhändler vor, der Pläne vorträgt über *eine Gesellschaft von Romanschreibern*, also die kollektive Produktion von Romantexten, wie sie inzwischen im Bereich der Kioskliteratur praktiziert wird, und der im Übrigen die Erkenntnisse über den Publikumsgeschmack aus der Leihbücherei bestätigt. Hauff hatte dort auch einige der am häufigsten nachgefragten Titel notiert. Darunter waren zwei Bücher von Carl Gottlob Cramer, der als wichtiger Vermittler der Ritter- und Räuberromane gilt, zusammen mit zwei sächsischen Landsleuten, Christian Heinrich Spieß, der als Vorläufer der englischen Mode der Schauergeschichten angesehen wird, und Christian August Vulpius, der in seinem literarischen Ansehen sicher davon profitierte, dass er Goethes Schwager war.

Ebenfalls mit zwei Titeln vertreten ist ein Autor, der etwas genauer charakterisiert werden soll, weil er indirekt von großer

Bedeutung für die schwäbische Literatur war. Aus seinem Namen Carl Heun hatte er das Pseudonym H. Clauren (1771–1854) gebildet, und unter diesem Namen wurde er bekannt, ja man kann sagen: berühmt. Er stammte aus der Niederlausitz, und er wurde nach seinem Jurastudium preußischer Beamter. Nach zehn Jahren nahm er eine Stellung als Verwalter ausgedehnter Güter an, setzte aber nach einem weiteren knappen Jahrzehnt die Amtskarriere fort – vermutlich nicht zuletzt deshalb, weil sie ihm mehr Zeit ließ für seine Beschäftigung als Schriftsteller. Gleich sein zweites Buch wurde – und blieb lange – ein Bestseller, der innerhalb kurzer Zeit in acht Sprachen übersetzt wurde. Anders als die erwähnten Autoren mit ihrem Kult streitbarer und wilder Männlichkeit überließ sich Clauren weichen Gefühlen. Die Titelfigur seiner Erzählung, *Mimili*, ist die Tochter eines Schweizer Bergbauern, der Ich-Erzähler ein preußischer Offizier, der nach seinen kriegerischen Taten und einem ihn zermürbenden Aufenthalt in Paris Ruhe in den einsamen Alpen sucht – und der sich in Mimili, begeistert von ihrer Natürlichkeit, verliebt und sie nach einigen Umwegen zur Frau gewinnt. Clauren stand in der Nachfolge Rousseaus, aber er war sentimentaler, und er mischte Natürlichkeit und Raffinesse, garnierte seine Feier des Ursprünglichen mit modischen Gefälligkeiten.

Der enorme Erfolg dieser Geschichte und auch der weiteren Publikationen Claurens war angesichts ihrer Machart eine Provokation. Jedenfalls hat es Wilhelm Hauff so empfunden, gewiss auch aus Verärgerung darüber, dass ihm in der Kritik eines seiner Werke vorgeworfen worden war, seine Prosa sei *meist frivol wie von Clauren*. Er wollte sich absetzen von der Modeschriftstellerei und auch insgesamt die Verhältnisse zurechtrücken, also zeigen, dass der so hemmungslos nachgefragte Autor eine ernsthafte literarische Würdigung nicht verdiene. Hauff wählte dazu ein ungewöhnliches Mittel. Er schrieb einen Roman, dem er den langen Titel gab: *Der Mann im Monde oder Der Zug des Herzens ist des Schicksals Stimme*, er versah ihn mit dem Verfassernamen H. Clauren, und eine der Parodie angefügte *Nachschrift* unterzeichnete er noch einmal mit diesem Namen.

Dass das Buch so in Umlauf gebracht werden konnte, hängt sicher mit der etwas verwilderten Ökonomie jener Zeit zusammen, der Verkauf und Kauf von Raubdrucken war beispielsweise voll im Gang; und außerdem waren die Auseinandersetzungen in der literarischen Szene aggressiver als heute. Fast gleichzeitig mit Hauff publizierte ein Leipziger Schriftsteller zwei Parodien auf Clauren, und Hauff selbst war möglicherweise beeinflusst von Willibald Alexis, der einen von ihm verfassten historischen Roman mit dem Namen des erfolgreichen schottischen Autors Walter Scott versehen hatte. Aber der Literaturbetrieb war auch damals kein rechtsfreier Raum. Clauren führte einen langen Prozess gegen den Leipziger Parodisten, und er klagte auch gegen die Publikation Hauffs. Der Stuttgarter Verleger zahlte – ohne Murren, weil er mit dem Buch schon stattlichen Gewinn eingefahren hatte und weil nach der Enthüllung der tatsächlichen Autorschaft die Arbeiten Hauffs noch stärker nachgefragt wurden. Allerdings auch die von Clauren, der damals Jahr für Jahr zwei Sammelbände – *Scherz und Ernst* und *Vergißmeinnicht* – mit seinen Geschichten füllte.

Mit dem von Hauff gewählten Titel wurden sicher mythologische Vorstellungen abgerufen, was dem Verkauf nicht schaden konnte – tatsächlich aber spielt die Geschichte auf der Erde. Hauff entwirft eine Szenerie der deutschen bürgerlichen, aber vom Adel hell überstrahlten Gesellschaft. Der *Mond* ist ein solider Gasthof in einer kleinen Stadt, in dem sich vornehme Gäste einfinden. Geschildert wird die Liebe eines polnischen Grafen zu einem nicht sehr begüterten Mädchen, gefährdet durch das mit allerhand Intrigen unterstützte Werben einer von Eifersucht geplagten und bösartigen Gräfin; aber Emil Martiniz (so der Name des Liebhabers) erweist sich im Höhepunkt der Handlung als erfahrener Offizier, der im Duell einen Helfer der Gräfin besiegt, ihn aber glücklicherweise nicht lebensgefährlich verletzt und ihn zum Freund macht. Am Ende kommt es zur Hochzeit.

Schon diese karge Vorstellung der Fabel lässt Claurens Erzählweise durchscheinen. Hauff strebt aber auch eine Annäherung an den um Feinsinnigkeit bemühten Stil seiner Vorlage an. Was immer er beschreibt, es wird meist mit schmückenden Zusätzen versehen. Der Vater *führte sein liebes, holdes, wunderherziges Töchterchen zur Tafel*; später schwebt es *mit der Taubenfrommheit eines himmlischen Engels* auf den Grafen zu; die *Purpurlippen* werden mehrfach erwähnt, *würzig wölbten sich die Purpurlippen* der Braut dem Grafen entgegen. Das ist eine Karikatur; aber sie übertreibt kaum und bleibt im Vergleich mit dem Original sogar zurück. Clauren schwelgt in wortreichen Bildern: *Das schwarze Lockenköpfchen schirmte ein großer Italienischer Strohhut, an dem ein Strauß von frischen Wiesenblumen schwankte; zwei lange blaßblaue Bänder flatterten von der breiten Krempe bis zur Hüfte herab. In den großen blauen Augen spiegelte sich die sanfteste Freundlichkeit, die argloseste Kindlichkeit, die fromme Liebe selbst. Herrlich wölbten sich, über diesen stillen Sprechern der Seele und des Herzens, die schwarzen Bogen der Augenbraunen und die langen seidnen Wimpern brachen den Feuerstrahl ihres glühenden Blickes. Jugend und Gesundheit blühten im Grübchen der Wange, auf den Purpurlippen und in der Fülle ihres ganzen schönen Körpers.*

Die Mimikry mit Mimili ist nicht lückenlos; Hauff folgt dem redseligen Clauren nicht in allen Bereichen. Er meidet weithin die fromme Überhöhung, die Steigerung der Gefühle ins Religiöse; und seine weibliche Hauptperson schwärmt auch nicht so verzückt von den heldischen Kriegstaten ihres Geliebten. Aber im Ganzen führt er die exaltierten Stiltendenzen Claurens geschickt vor. Offensichtlich ist ihm dieses Spiel leichtgefallen – liegt die Ursache vielleicht darin, dass er in seiner eigenen Erzählweise gar nicht so weit weg war von dem parodierten Gegenpart?

Beschreibung von zwei jungen Frauen gleich eingangs in seinem *Lichtenstein*: *Beide schienen nicht über achtzehn Jahre alt zu sein. Die eine, größere, war zart gebaut, reiches, braunes Haar zog sich um eine freie Stirn, die gewölbten Bogen ihrer dunklen Brauen, das ruhige, blaue Auge, der feingeschnittene Mund, die zarten Farben der Wangen* – aber dann folgt eine kulturhistorische Einordnung: *sie gaben ein Bild, das unter unseren heutigen Damen für sehr anziehend gelten würde, das aber in jenen Zeiten, wo noch höheren Farben, volleren Formen der Apfel zuerkannt wurde, nur durch seine gebietende Würde neben der anderen Schönen sich geltend machen konnte.* Und Hauff bricht oder relativiert auch die freundlichen Farben – so, wenn etwa *die hohe Schönheit der jungen Braut* von einer Bauersfrau kommentiert wird: *Dia ist grausig schö!* Aber eine Neigung zum Ausmalen freundlich farbiger Bilder ist unverkennbar.

Sie hat möglicherweise auch zu der literarhistorischen These beigetragen, nach der Wilhelm Hauff den *Mann im Mond* zunächst als eigene Erzählung konzipiert hatte und erst dann auf den Gedanken der Parodie verfiel. Für diese – nirgends direkt bezeugte – Annahme könnte sprechen, dass sich in dem Text immer wieder Passagen finden, die gut erzählt sind und Parodistisches nicht erkennen lassen. Als Beispiel kann der allererste Passus angeführt werden: *Über Freilingen lag eine kalte, stürmische Novembernacht; der Wind rumorte durch die Straßen, als seie er allein hier Herr und Meister, und eine löbliche Polizeiinspektion habe nichts über den Straßenlärm zu sagen. Dicke Tropfen schlugen an die Jalousien und mahnten die Freilinger, hinter den warmen Ofen sich zu setzen, während des Höllenwetters, das draußen umzog. Nichtsdestoweniger war es sehr lebhaft auf den Straßen; Wagen, von allen Ecken und Enden der Stadt rollten dem Marktplatz zu, auf welchem das Museum, von oben bis unten erleuchtet, sich ausdehnte.* Das ist, in seiner farbigen Lebendigkeit, Hauff und nicht Clauren.

Aber der Stilwechsel lässt sich auch anders erklären. Gleich am Anfang wollte der Parodist möglicherweise nicht allzu dick auftragen, und im Verlauf der Niederschrift mag ihn, bewusst oder unbewusst, seine literarische Kraft verführt haben, einfach vernünftig (und vernünftig einfach) zu formulieren. Man könnte, um einen nichtliterarischen Vergleich zu ziehen, an einen Vater denken, der mit seinen noch sehr kleinen Kindern Fußball spielt – er wird sich der Spielweise der Kleinen anpassen, aber gelegentlich wird er doch gekonnt mit dem Ball jonglieren, nicht um vor den Kindern und etwaigen Zuschauern anzugeben, sondern weil er es seinen Fähigkeiten schuldet.

Über die Entdeckung seiner Verfasserschaft war Hauff nicht unglücklich. Er bekannte sich ausdrücklich dazu – und er ergänzte die Parodie durch eine ausführliche Begründung. Er gab ihr die Form einer *Kontroverspredigt*, angeblich *gehalten vor dem deutschen Publikum in der Herbstmesse 1827*. In Kontroverspredigten setzten sich Geistliche mit abweichenden Glaubensvorstellungen auseinander, wobei es oft um sehr weltliche Gegenstände ging. Hauff merkt dies in seiner Einleitung selber an: *Berühmte Kanzelredner neuerer Zeit haben oft und viel zum Beispiel über das Theater gepredigt oder über das Tanzen am Sonntag oder über das Singen unzüchtiger Lieder, andere wieder über das Spielen, namentlich das Kartenspielen* … Seine kritische Betrachtung galt dem *Mann im Monde* und dem ebenso fragwürdigen wie großen Einfluss Claurens: *Die Mimilimanier wurde zur Mimilimanie, wurde zur Mode.* Claurens *Manier zu erzählen* gibt sich als *so angenehm, so natürlich, so rührend und so reizend.* Gegen dieses süße Gift hat Hauff als Gegengift seinen Roman geschrieben.

In der nachgeschobenen Kontroverspredigt wendet er sich allgemein und mit Beispielbelegen gegen das Gekünstelte und die verlogene Harmonisierung bei Clauren, und besonders streicht er *eine gewisse Sinnlichkeit* heraus, die Autoren vom Schlage Claurens *künstlich verhüllen, um durch den Schleier, den sie darüber gezogen haben, das lüsterne Auge desto mehr zu reizen.* Der weibliche Busen ist in *Mimili* eine Art Leitobjekt. Zuerst registriert der müde Krieger in den Schweizer Alpen *das Hemdchen, das den blendend weißen Hals und den Busen züchtiglich verhüllte.* Später reicht ihm Mimili *aus der süßen Tiefe ihres schneeweißen Busens ein himmelblaues, einfaches Blümchen.* Und schließlich kommt Erregung und Bewegung ins Spiel, sodass Hauff *armseliges Männervolk* attackiert, das es genießt, *zu lesen von einem Marmorbusen, von hüpfenden Schneehügeln, von schönen Hüften, von weißen Knien, von wohlgeformten Waden und von dergleichen Schönheiten einer Venus Vulgivaga.* Hauff hatte dieses Feld auch in seiner Parodie nicht ausgespart, vielmehr *von keuschem Marmorbusen, stolzer Schwanenbrust, jungfräulichen Schneehügeln, Alabasterformen* gesprochen, aber es hat ihn, wie er jetzt kommentierend nachträgt, *in der Seele geschmerzt.*

Mehrfach operiert Hauff mit den Vokabeln *lüstern* und *Lüsternheit*, und um dieses Begriffsfeld kreisen auch die Vorwürfe anderer Clauren-Kritiker. Dabei wird kaum reflektiert, dass *lüstern* ausdrücklich auf *heimliches* Begehren zielt, dass damit also im Grunde auch die Tabuisierung natürlicher Prozesse in Frage gestellt wird. In diesem Tabu war auch Hauff gefangen oder doch befangen; seine theologische Sozialisation, die erworbene gesellschaftliche Stellung und der bürgerliche Zeitstil verhinderten einen offenen Umgang mit Sexualität. Vielleicht hat Hauff dies aber auch durchschaut und dennoch mit der Betonung der Lüsternheit eine besonders wirksame Waffe gegen Clauren gewählt. Es handelte sich ja doch um eine Kampfschrift, mit der Hauff sicher auch seine eigenen literarischen Erfolge absichern wollte. Niemand konnte ahnen, dass der Tod noch im Jahr der Veröffentlichung der Kontroverspredigt seiner Produktion ein Ende setzte. Das umfangreiche und vielseitige Werk, das Hauff in unglaublich kurzer Zeit – von ersten Anfängen im 23. bis zum Ende im 25. Lebensjahr – geschaffen hatte, blieb ein besonderes Schmuckstück schwäbischer und deutscher Literatur. Das gilt für die immer noch populären Märchen und seinen *Lichtenstein*, aber auch für die eher vergessenen Satiren und zeitdiagnostischen Skizzen.

Hier soll noch von einem zweiten schwäbischen Dichter die Rede sein, der sich mit Clauren auseinandersetzte, allerdings nicht in einem konzentrierten Angriff, sondern in eher beiläufigem Geplänkel: Wilhelm Waiblinger. Für ihn waren andere Voraussetzungen gegeben als für Wilhelm Hauff. Er hatte zwar Einiges geschrieben, war damit aber nicht sehr bekannt oder gar berühmt geworden. Dies hing mit seiner impulsiven Natur zusammen, die keinen ruhigen Fluss der Gedanken und Äußerungen erlaubte, aber auch mit einer zerstörerischen Bruchstelle in seiner Lebensbahn. Seine leidenschaftliche Liebe mit einer jungen Frau scheiterte an einer bösen Intrige mit haltlosen Beschuldigungen, mit der Folge, dass er Vertrauen und Unterstützung fast aller Freunde verlor, aber auch, dass er sich in seiner Verzweiflung aus der Ordnung und den Zwängen der Gesellschaft verabschiedete.

Diesen Abschied demonstrierte er in seiner Dichtung. Einige Monate bevor er die Möglichkeit zu einem Aufenthalt in Italien erhielt, der sich dann bis zu seinem frühen Tod verlängerte, schrieb er die phantastische Geschichte *Drei Tage in der Unterwelt*. In der Einleitung beklagt der Erzähler die Trennung von der Geliebten und bekennt sich zu *Verzweiflung, Hohn und Menschenhass*, beschwört aber als *Gespiele der Melancholie und Trauer* den Humor, der seinen Entschluss bestimmt, *durch einen wunderbaren Selbstmord auf drei Tage von der Welt hier oben zu scheiden, und eine kleine kritische Kunstreise in die Unterwelt zu machen.* Unten wird er *von einer Unzahl Rezensenten oder poetischen Mautbeamten überfallen*, die ihn nach geschmuggeltem Geistesgut durchsuchen und dabei auch nach Clauren fragen. Er wehrt ab und darf schließlich seine Reise fortsetzen. Er trifft auf berühmte Dichter und ihre Anhänger, auf *die Seelen der verstorbenen Leihbibliothekenhalter* und auf *Taschenausgabenübersetzungsherausgeber* und unterhält sich mit seinem Begleiter über Meriten und Mängel der Dichter.

In einer Reihe von Zimmern liegt *eine Menge unglückseliger Menschen wahnsinnig*, nachdem sie *sich durch poetische Onanie in diesen Zustand der Verwirrung gebracht hatten.* Darunter ist auch, einer der *Allerärgsten,* Clauren. Er wird von dem Unterwelttouristen auch bei seinen weiteren Gängen nicht vergessen. Nachdem er Sappho, *ziemlich gealtert, abgewelkt*, bei einer Kaffeevisite mit deutschen Dichterinnen getroffen und die Damen wegen ihrer eigenen Poesie und wegen ihres heimlichen Vergnügens an Zoten gerügt hat, setzt er in einer Anmerkung hinzu: *Man denke nur an den unzüchtigsten und gemeinsten aller Romanskribler, an – Clauren.*

Zu den beliebten Sujets der Romanciers gehörten damals die in der bürgerlichen Gesellschaft reicher und vielfältiger werdenden Speiseangebote. Clauren lässt selbst bei den Bergbauern *die köstlichsten Leckereien* auffahren, aber nur *Schweizer Erzeugnisse*, er visiert also die Kombination von Verfeinerung und Regionalität an, wie sie auch in der heutigen Gastronomie hochgehalten wird. Hauff, der mit seinem *Zwerg Nase* ja einen Meisterkoch geschaffen hat, präsentiert in seiner Clauren-Parodie die Speisenfolge des üppigen Hochzeitsmahls, das nur spärliche Regionalismen aufweist (meist sprachlicher Art wie die in gleich drei Gängen angeführten *Brießlen*), sich aber sonst ganz offen gibt und etwa *Sauce espagnole, Fricandeau à la Provençale* und *Dindon à la Périgord* einbezieht. Und Waiblinger erfindet für einen unterweltlichen Traiteur den *Speise-Zettel*, in dem er die Geschmacksrichtungen über Dichter und Dichtungen definiert: *Knödel-Suppe von Voß, Gellertsche moralische Wassersuppe, Schafskopf aus Geßners Idyllen, Die Kraniche des Ibykus, mit Sauce, dto. ohne Sauce, Entenviertel von Johanna Schopenhauer, Geistliche Lieder von Herder (Fastenspeise), Gellertscher Fabel-Salat ohne Essig und Öl* – und so fort. Waiblinger bezieht hier Dichter ein, die er an sich respektiert oder sogar schätzt wie beim *Jean Paulschen Potpourri*; er will zeigen, dass er selbst vom ganzen Literaturbetrieb ausgestoßen und abgestoßen ist, auch wenn er sich gleichzeitig um literarischen Erfolg bemüht. Überwiegend transportieren die Namen der angeführten Speisen Spott, mit einer erkennbaren Steigerung beim Dessert:

Zimmetsternchen, Makronchen, Bisquittchen, Lebküchelchen, Mandeltörtchen, Schokoladetörtchen und sonstiges Zuckerwerk aus Claurens Vergißmeinnicht, Damen-Taschenbüchern und Almanachen, Portion à 36 kr. – was fast der höchste der auf der Karte angegebenen Preise ist.

Unmittelbar nach dem Erscheinen seiner *Drei Tage in der Unterwelt* schrieb Waiblinger den Roman *Olura* in der Hoffnung, ihn schnell auf den Markt zu bringen. Das scheiterte am wirtschaftlichen Niedergang seines Verlags, vielleicht auch an den Verleumdungen seiner Person, mit denen er zu kämpfen hatte; erst vor dreißig Jahren wurde das Werk nach der – nicht von Waiblinger stammenden, also wohl von ihm diktierten – Niederschrift in der Stuttgarter Landesbibliothek zum Druck gebracht. Die krause Geschichte spielt zwar in der Oberwelt, ist aber nicht weniger phantastisch als der Gang durch das Land der Toten. Sie ist im Titel als Vampyrgeschichte ausgewiesen, was den Inhalt nicht wirklich trifft; er wird aber durch die Fortsetzung des Untertitels vermittelt: *Unerhört merkwürdiger Rapport zwischen einer somnambülen Katze und einem magnetisierenden Floh oder romantische Unterhaltungen über moderne Umtriebe.*

Katze und Floh tragen menschliche Namen, *Mariane* und *Siegwart*, aber auch menschliche Züge, was zu seltsamen Bildern und Assoziationen führt. Die Katze wird von Olura magnetisiert – Waiblinger hatte diese psychophysische Methode über Kerner kennen gelernt. Er nahm sie nicht wirklich ernst, nutzte sie aber zu witzig skizzierten Bildern: Olura *ging auf die Katze zu, legte sie auf den Rücken, was sie mit der hilfsbedürftigen Miene einer sentimentalen schwäbischen Pfarrerstochter geschehen ließ, manipulierte sie über die Augen, die Nase, den Mund, die Brust, die Tatzen, die Füße, bis hinab auf die äußerste Spitze des niedlichen Katzenschwanzes, und hatte das Vergnügen, zu sehen, dass die Somnambüle ungesäumt in einen tiefen magnetischen Schlaf fiel.* Der Autor, der bei Begegnungen Oluras mit wechselnden Geliebten beschrieb, wie *ein blendend weißer Busen bis an die Knospen aus der Nacht heraufschwoll*, und ein andermal formuliert: *mit allen Sinnen hing er noch einmal an der weißen Schwanenbrust*, hat die sexuelle Aufladung dieser Passage gewiss bemerkt – und gewollt. Waiblinger stattet Olura mit seiner eigenen Erfahrung enttäuschter Liebe aus, lässt ihn leiden unter dem zum Teil der Geliebten zugeschriebenen Verrat, aus dem er das Recht auf rücksichtslose erotische Freiheit ableitet.

Die magnetisierten Wesen nehmen in ihre Reflexionen und Visionen die Gedanken und Stimmungen Oluras auf, und Olura ist ein Abbild Waiblingers. Er selbst merkte an, die Schrift sei *in jener Nachtzeit seines Geistes und Lebens geschaffen worden* und trage womöglich *das Gepräge des Schauerlichen und Ungeregelten allzusehr an sich.* Olura sieht sich als Vampyr, und einer geheimnisvollen Freundin sagt er, er habe *nur noch eine Tat zu tun, Rache zu nehmen an deinem Geschlecht, Rache an dem wahnwitzigen Gedanken der Liebe, Rache an der ganzen Menschheit.* Aber die Fabulierlust treibt ihn weiter. Neben heißen Liebschaften schildert er auch andere italienische Szenen, etwa aus dem venezianischen Karneval, und die lange Selbstbiographie des Flohs rekapituliert eine Reise in Waiblingers Heimat, nach Heilbronn, *Hengstgart* (ein leicht aufzulösendes Namensrätsel!) und in eine Universitätsstadt (gemeint ist Tübingen), wo er Anlässe findet, sich mit dem *eklen Burschenwesen* mit seinem *unausstehlich herzmatten, geistlosen, hirnarmen Schlendrian*, mit *teutschtümlichen Liederbüchern* und mit der neuen Mode der *Turnerei* auseinander zu setzen. Dazwischen rückt Olura-Waiblinger die gefeierten kulturellen Elemente in eine ironische Perspektive. Mit Klopstocks Trauerspielen wird eine Maus erschlagen; ein neuer Shakespeare-Übersetzer hat *als ästhetischer Chirurg*, der sich Schlegel und Tieck überlegen fühlte, *alle poetischen Warzen, Mitfresser, Hühneraugen und Windbeulen* aus den Dramen herausgeschnitten, und Mozarts *Don Juan* wird nach Oluras Meinung von Experten und Publikum gründlich missverstanden.

Bei dieser zeitgenössischen Kulturkritik darf aber auch Clauren nicht fehlen. Waiblinger operiert dabei mit einem hübschen Trick. Er wählt drei Überschriften aus dem *Vergißmeinnicht* von 1825 aus und bezieht sie als *unwiderlegbare Wahrheiten* auf Clauren. *Es ging über meine Kräfte* – das zeugt *von der tiefsten Selbstkenntnis* des Verfassers. *O wie dumm!*, bei Clauren gerufen von einem Papagei, wird ihm selbst angeheftet. Und *Mann! Du bist garstig!*, bei Clauren süß verschämt von einer jungen Frau gesagt, weil der Mann ein *Kinderstrümpfchen* und damit ihre Schwangerschaft entdeckt, wird zum Beweis genommen, *dass Clauren unter allen romantischen Skribenten der Mann ist, der sich selbst am unparteiischsten und unbestochensten beurteilen kann.*

Ein Exkurs nur in dem Roman; aber Clauren beschäftigt Waiblinger weiterhin. Ganz am Ende eines Anhangs zu *Olura* findet sich die Rezension einer angeblichen Neuerscheinung von Clauren mit dem Titel *Über die Vielschreiberei*. Sie wird als *für angehende Dichter* unentbehrlich bezeichnet, *ein Erzeugnis der edelsten Teilnahme am Wachstum teutscher Literatur*. Es handle sich um *ein vollständiges Rezept* dazu, *wie man auch das Allerunbedeutendste, Nichtssagendste so weit ausspinnen könne, dass es einen ganzen Almanach von 500 Seiten erfüllt.* Ein paar Ingredienzien werden aufgezählt, *zum Beispiel Unzüchtigkeit, geile Naivität, Zoten.*

All das war fast zu viel an ironischer Aufmerksamkeit, denn auch damals galt schon, dass Künstler vor allem davon profitieren, dass sie öffentlich genannt werden, egal ob mit positiven oder negativen Vorzeichen. Und man wird dieser Skizze über Wilhelm Hauff und Wilhelm Waiblinger vielleicht vorwerfen, dass sie sich mehr als um diese beiden um jenen unsäglichen Trivialautor bemüht. Aber er bildet doch nur das Vermittlungsglied zu einem wichtigen und oft vergessenen Wesenszug der beiden Dichter: ihrem ausgeprägten Sinn für Humor und ihrer Fähigkeit, den notwendigen literarischen Stellungskrieg auf amüsante Weise zu führen.

Widerwillen gegen Geschwätz
Schlicht und einfach: Ludwig Uhland

An einem Oktoberabend des Jahres 1810 sitzt Uhland mit deutschen Freunden im Café des Palais Royal in Paris. Natürlich weiß der junge Mann, dass von hier die Massen zum Sturm auf die Bastille aufbrachen, dass also die große Revolution von hier ihren Ausgang nahm. Aber das beschäftigt ihn nicht, und er hat auch kein Ohr für die munteren Gespräche der Freunde. Er denkt nach, macht ab und zu Notizen, und als er aufbricht, ist eine kleine Ballade fertig. Er greift darin die schwäbische Überlieferung auf, dass Graf Eberhard im Bart aus Palästina ein Weißdornreis mitbrachte, aus dem im Klostergarten beim Schloss Einsiedel ein mächtiger Baum wuchs, der den alten Grafen an seine frühen Fahrten erinnerte. Ein Gedicht auf das Fernweh des württembergischen Herrschers, geschrieben – so darf man doch wohl annehmen – aus Heimweh.

Uhland hält sich acht Monate in Paris auf. Er ist 23 Jahre alt und hat gerade die juristische Promotion hinter sich gebracht. Das Jurastudium hat er nicht aus freien Stücken gewählt. Als er 14 war, sicherte ihm sein Vater, Tübinger Universitätssekretär, ein Stipendium, das ihn auf die Rechtswissenschaft festlegte; mit 17 nahm er das Studium auf, und mit 21 bestand er die staatlichen Abschlussprüfungen. Die Parisreise soll ihn mit dem Code Napoléon vertraut machen, dem modernen Gesetzeswerk, das auch die Rechtsentwicklung in Deutschland beeinflusste. Uhland ist zu gewissenhaft, um diese Aufgabe ganz zu ignorieren, aber sein Hauptinteresse gilt der Literatur: *Auf der Bibliothek beschäftige ich mich vorzüglich mit älteren französischen und teutschen Manuskripten.* Er dilettiert; aber es gibt in diesem Bereich noch keine ausgebildete Fachwissenschaft, und der Aufsatz, den er nach der Rückkehr über das altfranzösische Epos schreibt, weist der entstehenden Romanistik wichtige Wege.

Die erst 14-jährige Schwester ist unzufrieden mit ihrem Bruder; sie hätte gern erfahren, *was die Pariser Mädchen für Kleider tragen*, und auch *von der Kocherei* möchte sie hören – Themen, die Uhland fern liegen. Der Vater verfolgt mit einiger Skepsis Uhlands Liebhabereien; aber beide Eltern registrieren erfreut, dass er sich nicht dem modischen Getriebe der Weltstadt überlässt. Als er auf seiner Rückreise über Straßburg und den Schwarzwald einen Onkel in Karlsruhe besucht, meldet dieser nach Tübingen, *dass er unverändert geblieben ist und die französische windigte Luft so ganz keinen nachteiligen Einfluss auf seine Denkungs- und Handlungsweise gehabt hat.* Er berichtet das über den *lieben Louis* – diese Form seines Vornamens war in der Familie seit der frühen Kindheit üblich. Später wählte Louis Uhland den deutschen Namen Ludwig, wenn er an die Öffentlichkeit trat, zum Beispiel als Autor der Gedichte, die er Almanachen beisteuerte, sofern er es nicht vorzog, anonym zu bleiben.

Er hatte, als er in die französische Hauptstadt aufbrach, schon eine ganze Reihe von Gedichten geschrieben. Wir stellen uns heute Uhland im Allgemeinen so vor, wie ihn das Tübinger Denkmal präsentiert: ein aufrechter Mann, im fortgeschrittenen Alter, aber standfest, mit markiger Nase, hoher Stirn und einem lichten Haarkranz. Zu diesem Bild scheinen seine bekanntesten Gedichte zu passen – *Die Kapelle, Der gute Kamerad, Die sanften Tage.* In ihnen herrscht ein elegischer Ton, der Dichter ahnt den Tod und nimmt ihn an als Schicksal. Aber das Lied von der Kapelle und das Lob der sanften Tage (*Es ist mir so, als dürft ich steigen / Hinunter in mein stilles Grab*) schrieb Uhland mit 18, und er war 22, als das Lied vom Soldatentod entstand, das in Silchers Melodie inzwischen Tausende von Trauerfeiern begleitete. Der romantische Blick, der ihm eigen ist, lässt ihn nicht nur die Liebe besingen, sondern versetzt ihn auch in den Zustand des Erinnerns, der die gegenwärtige Jugend schon als verflossen betrachtet. Als 1815 die erste Ausgabe seiner Gedichte erscheint, schickt er diesen

Uhland-Denkmal in Tübingen

sein in Verse gefasstes *Vorwort* voraus, in dem es von den frühen Liedern heißt: *Anfangs sind wir fast zu kläglich* …

Die Wirkung seiner Gedichte scheint das kaum beeinträchtigt zu haben. Anfangs sind freilich auch seine literarischen Einkünfte kläglich – und dabei könnte er ein Zubrot brauchen, denn seine Advokatentätigkeit bringt nicht viel ein, und in seinem Tagebuch taucht mehr als einmal das Stichwort *Geldnot* auf. Im Jahr 1819 wird er Landtagsabgeordneter, und eine weitere entscheidende Wendung für seine materiellen Verhältnisse bringt das Jahr 1820: Er heiratet Emilie Vischer, die aus einem reichen Haus kommt und über deren stattliches Vermögen künftig auch der Mann verfügt. Dieser banale Aspekt wird in den Biographien meistens ausgespart; aber Dieter Langewiesche hebt ihn mit guten Gründen hervor: *nur der Erfolg des Wirtschaftsbürgers Uhland erlaubte es dem Bildungsbürger, die Misserfolge in den anderen Bereichen seines Lebens anzunehmen und ihnen kompromisslos standzuhalten.* Etwas positiver ausgedrückt: Die materielle Unabhängigkeit befreite ihn von zweifelhaften Rücksichtnahmen.

Im gleichen Jahr 1820 kommen die Gedichte in einer vermehrten Auflage heraus. Die dritte Auflage wird 1826 gedruckt, und von da an erscheinen die Neuauflagen in dichter Folge; als Uhland 1862 stirbt, sind es schon über 40, und seine Popularität nimmt immer noch zu. Das gilt nicht nur für Schwaben und auch nicht nur für Deutschland – in ganz Europa und auch in den Vereinigten Staaten wird Uhland in einem Atemzug mit Goethe und Schiller genannt, wenn von deutscher Literatur die Rede ist. Über Ludwig Uhlands Ruhm ist viel gerätselt worden, und die Frage nach den Ursachen stellt sich heute vielleicht noch dringlicher, nachdem uns ein Teil seiner Gedichte ein wenig blass oder aufgeputzt erscheint. Das gilt allerdings nicht nur für Uhland. Er hat einmal, im Rahmen des von ihm an der Universität abgehaltenen Stilistikums, zu *Aphorismen* formuliert, es sei damit *wie mit dem Feuerschlagen. Das einemal zündet's nicht; das andremal zündet's.* Das ist eine Bemerkung, die sich prinzipiell auch auf die Lyrik anwenden lässt. Das Gelingen ist freilich nicht nur Glückssache. Wo Uhland historische Stoffe aufgreift, dramatisiert er sie effektvoll, und zu seinen Gunsten wollen wir annehmen, dass er die allzu blutigen Schwabenstreiche als ironische Übertreibung verstand. Wenn er Genreszenen ins Gedicht rückt, nutzt er lebendige Alltagsbeobachtungen. Und wo er Gefühle schildert, scheut er sentimentale Wendungen zwar nicht ganz, meidet aber alles Pathetische. Seine Liebesgedichte machen das besonders deutlich – wahre Liebe braucht keine schmachtenden Bekenntnisse; die Liebenden sind ihrer Zuneigung sicher: *Ich liebe sie, sie liebet mich / Doch keines sagt: ich liebe dich!* Und Uhland liebte auch *die Natur wie eine Geliebte, deren Gegenliebe ihm gewiss ist* – so hat es der Tübinger Germanist Hermann Fischer in einer Würdigung zum 100. Geburtstag Uhlands ausgedrückt.

David Friedrich Strauß bezeichnete Uhland als Klassiker unter den Romantikern, vermutlich weniger in dem Sinn, dass er die Romantik in ihrer Vollendung verkörpert, als vielmehr im Blick auf die Zurücknahme romantischer Phantastik und Spielerei auf eine in Form und Inhalt klare und einfache, ›klassische‹ Gestaltung. Während seines Studiums gehörte Uhland einem kleinen literarischen Zirkel an, in dem romantische Ideen und Entwürfe kursierten. Damals schrieb er zwei als *Nachtblatt* bezeichnete Prosastücke, in denen allerhand Verrücktheiten ausgebreitet werden; aber hier hatte nachweislich Justinus Kerner die Hände im Spiel, der dem Literatenkreis seinen Stempel aufdrückte. Für Uhland bezeichnend ist eher sein Entwurf *Über das Romantische*, das für ihn im *Ahnen des Unendlichen in den Anschauungen* liegt. Die Gefühlsbrechungen, welche die Spätromantik und hier vor allem Heine charakterisieren, blieben ihm fremd; ausdrücklich distanzierte er sich von den Schriftstellern, die *mit ihrer eigenen Zerrissenheit (...) liebäugeln*. Hartmut Fröschle, der *Ludwig Uhland und die Romantik* in einem Buch behandelt hat, betont noch seinen treuherzigen Umgang mit der Geschichte und der Volksüberlieferung; vor allem aber ist es das einfache, unprätentiöse Stimmungsbild, das seine Gedichte populär machte. Hermann Kurz lässt in einer seiner Erzählungen (*Das Wirtshaus gegenüber*) einen Studenten über Uhlands Poesie reden; er merkt an, *ein Finanzminister könnte an seinem Stil die Ökonomie studieren.*

In einem von Uhlands Gedichten heißt es: *Ich halt es mit dem schlichten Sinn / Der aus dem Volke spricht.* Dies ist allerdings ein politisches Gedicht, und zum erinnerungswürdigen Bild Uhlands gehört zweifellos auch, dass er als Politiker eine geradlinige Haltung und vorbehaltlose Verantwortung zeigte.

Uhland, dessen französischer Aufenthalt von auffallender politischer Abstinenz geprägt war, erfährt zunehmend bewusster die Auswirkungen der großen Politik auf seinen engeren Lebenskreis. Der württembergische König Friedrich hatte Napoleon ein großes Truppenkontingent bewilligt – gegen den Willen der Volksvertreter, deren Versammlung er auflöste. Friedrich suchte dem neu geschaffenen Königreich eine feste Struktur zu geben. Er bietet der wieder einberufenen Ständeversammlung eine Konstitution an, die verhältnismäßig fortschrittlich ist; aber es regt sich Widerstand, weil die Landstände nicht in den Entstehungsprozess einbezogen waren. Uhland ist noch zu jung, um in der Ständeversammlung mitzuwirken; aber er ergreift auf seine Weise Partei, er publiziert *Vaterländische Gedichte*, in denen er verbissen *das alte, gute Recht* gegen den neuen Verfassungsentwurf verteidigt. Dabei fasst er nicht dessen einzelne Bestimmungen ins Auge, an denen wenig auszusetzen war, sondern allein den Tatbestand des Oktroi: *Was nicht von innen keimt hervor / Ist in der Wurzel schwach.* Uhlands starre Haltung wurde vielfach angegriffen, sogar von seinen Freunden. Justinus Kerner überschrieb ein Gedicht mit dem Schlachtruf des Generals Blücher: *Vorwärts! vorwärts!* und maß daran verächtlich das *Rükwärts! rückwärts!*, das aus Tradition Stillstand und Rückschritt macht. Auch im distanzierten Rückblick wird man feststellen müssen, dass das eigensinnige Beharren der Altrechtler den politischen Möglichkeiten der Zeit nicht gerecht wurde. Gleichzeitig aber sollte man den entschieden demokratischen Impetus von Uhlands Wirken anerkennen. Der Streit fand übrigens ein versöhnliches Ende: Nach dem Tod des Königs Friedrich reaktivierte sein Nachfolger Wilhelm I. die Landstände und beteiligte sie an den Beratungen über die Verfassung. Im Sommer 1819 wurde Uhland als Tübinger Repräsentant in die Ständeversammlung gewählt, und im Herbst stimmte auch er, wie der ganze Landtag, der neuen Verfassung zu, obwohl sie – vor allem mit der Einrichtung einer besonderen Kammer für den Adel – seinen Vorstellungen nicht voll entsprach.

Uhland blieb bis 1826 Abgeordneter, dann zog er sich zurück mit der Begründung, dass es in der Bevölkerung an Interesse für die politischen Fragen fehle. Aber wenige Jahre später, als die französische Julirevolution auch in Deutschland freiheitliche Kräfte weckte, stellte er sich erneut zur Wahl, diesmal als Abgeordneter von Stuttgart; und er blieb im Landtag bis 1838. Walther Reinöhl hat 1911 ein ausführliches Buch über *Uhland als Politiker* veröffentlicht; hier können seine parlamentarischen Bemühungen und Erfolge nur angedeutet werden. Er setzt sich für die Pressefreiheit ein und wendet sich gegen die Schädigung der Schriftsteller durch unerlaubten Nachdruck. Es geht ihm um eine lebendige Kultur: Zur öffentlichen Bibliothek in Stuttgart sollen alle freien Zugang haben, und der Bau eines Antikensaals soll bescheiden ausfallen, *damit Lebenden und Schaffenden, für Künstler und Kunstjünger, die den Keim werdender Kunstwerke, den Schatz künftiger Galerien in sich tragen, noch etwas übrig bleibe.* Er ist gegen die Festlegung der örtlichen Kirchweihfeste auf einen einzigen Termin – *Das Volksleben würde doch gar zu trübselig und farblos, wenn man immer noch mehr rote Tage aus dem Kalender striche.* Er verwirft die Todesstrafe. Er setzt sich dafür ein, dass die Staatsbürger vor überflüssigen Untersuchungen geschützt werden, und wendet sich deshalb gegen die Verpflichtung zur Denunziation. Für die Israeliten fordert er die vollen bürgerlichen Rechte (das muss hervorgehoben werden, weil man sonst hängen bleibt an seinem *Metzelsuppenlied*, das eine spöttische Bemerkung über das Schweinefleischverbot enthält). Er kämpft gegen die Wahl der Gemeinderäte auf Lebenszeit und warnt vor einer *verknöcherten Behörde*. Er stellt fest, dass die Bürger, deren Kinder die Volksschule besuchen, die Aufwendungen für die höheren Lehranstalten mitbezahlen, und leitet daraus die Forderung nach stärkerer staatlicher Unterstützung der Volksschulen ab. In all seinen Entscheidungen hat er die Lokalinteressen vor Augen, die hinter den Staatszwecken nicht verschwinden dürfen: *Die Gemeinde ist nach unserer Verfassung die Grundlage des Staatswesens. Ich wünsche, dass dieser Grundstein des Staats auch der Edelstein desselben sei.*

Uhland konnte sich mit seinen Vorstellungen nur teilweise durchsetzen, und aus Enttäuschung über die begrenzten Möglichkeiten schied er 1838 aus dem Landtag aus. Aber als ein Jahrzehnt später die Nachricht von der französischen Februarrevolution auch hier eine liberale Stimmung auslöste, wandte er sich noch einmal der aktiven Politik zu. Er gehörte dem Ausschuss zur Vorbereitung einer Deutschen Nationalversammlung an, und er wurde selbst als Abgeordneter des Wahlkreises Tübingen-Rottenburg in die Frankfurter Paulskirche entsandt. Er war kein großer Redner; er sprach nach dem Bericht des ebenfalls ins Parlament gewählten Professors Vischer *gestoßen, etwas bellend, die Endsilben verschluckt*; aber mit dem, was er sagte, gewann er die Aufmerksamkeit, wenn auch nicht immer die Zustimmung der Parlamentarier. Er trat für eine großdeutsche Lösung, also für die Einbeziehung Österreichs ein, nicht aus Machtkalkül, sondern mit dem Blick auf die Geschichte des Reichs und mit Rücksicht auf seine Wähler im ehemals vorderösterreichischen katholischen Gebiet. Uhland stimmte meist mit der Linken; aber er trat keinem *Club*, also keiner festgefügten Parteifraktion bei, und ausdrücklich wandte er sich gegen ein imperatives Mandat. Die Abgeordneten sollten sich nach seiner Meinung an der Volksstimmung orientieren, aber auch an den in der Verhandlung vorgebrachten Argumenten, und dann *in der Stille des gesammelten Geistes* entscheiden. Uhland suchte die Verlagerung des Parlaments von Frankfurt nach Stuttgart zu verhindern, blieb aber bis zum Schluss in den Reihen der Abgeordneten und nahm an dem Protestmarsch gegen die Auflösung des Parlaments teil, der durch von der Regierung entsandte Soldaten gesprengt wurde.

Auch in der Folge setzte sich Uhland für die nationale Einheit ein, ohne die Verteidigung demokratischer Freiheit aufzugeben. Er wandte sich gegen das Standrecht in Baden, dem auch die württembergischen Revolutionäre ausgesetzt waren; und die Aufnahme in den Orden Pour le Mérite lehnte er nicht nur aus prinzipieller Bescheidenheit ab, sondern auch mit dem Verweis darauf, dass über Gesinnungsgenossen Haft- und sogar Todesurteile gesprochen wurden.

Die Bilanz im politischen Bereich fällt, wenn man nicht das Erreichte, sondern Uhlands Bestrebungen in den Mittelpunkt rückt, durchaus positiv aus. Aber wie verhält es sich mit der Poesie? *Der Politiker wird den Poeten aufzehren*, sagte Goethe wenige Tage vor seinem Tod über Uhland; und was so vorhergesagt wurde, sieht Heine drei Jahre später schon als gegeben an. Er spricht vom *Verstummen Uhlands* und erklärt es *aus dem Widerspruch, worin die Neigungen seiner Muse mit den Ansprüchen seiner politischen Stellung geraten sind.* Und er stellt ausdrücklich ein Gleichgewicht her: *hatte er einst den Dichterlorbeer errungen, so erwarb er auch jetzt den Eichenkranz der Bürgertugend.* Der Zusammenhang lässt sich kaum bestreiten; aus dem Jahrzehnt nach 1819 sind praktisch keine Dichtungen bekannt, das Gleiche gilt für die zweite Phase seiner Landtagstätigkeit und die Zeit danach. Uhland fand nämlich, sieht man von ganz gelegentlichen Versen ab, zur Poesie nicht mehr zurück. Das ist jedoch ein Hinweis darauf, dass für den Rückzug aus diesem Bereich nicht ausschließlich das politische Engagement verantwortlich war; vielmehr konkurrierte auch der Wissenschaftler mit dem Poeten.

Nachdem er sich 1826 nicht mehr zur Wahl stellte, unternahm Uhland größere Reisen, und er arbeitete in dem Feld, das er schon in Paris für sich erschlossen und nie mehr ganz aufgegeben hatte: die Geschichte der älteren deutschen Poesie, zu der er unter anderem eine Abhandlung über Walther von der Vogelweide und später ausgedehnte Studien zu germanischen Sagen und Mythen beitrug. 1829 wurde er zum Professor für deutsche Sprache und Literatur an der Universität Tübingen ernannt. Als er 1833 wieder in den Landtag einzog, wollte er sich lediglich für die Zeit der Sitzungen beurlauben lassen; aber da er sich als Abgeordneter und Publizist gegen die Regierung gewandt hatte, wurde sein Gesuch abgelehnt. Uhland reagierte mit einem Schreiben an den König, in dem er den *bei hiesiger Universität bekleideten Staatsdienst* aufkündigte. Die Entlassung bewilligte der König sofort, und Uhlands Antrag versah er mit der beleidigenden Randnotiz, Uhland sei *als Professor ganz unnüz.*

Dass er in Wirklichkeit eine anregende Lehrtätigkeit entwickelt hatte, bezeugten viele Schüler; es geht aber auch aus den gedruckten Vorlesungen und aus den vielseitigen und lebendigen Notizen hervor, die er zur Vorbereitung des von ihm eingeführten *Stilistikums* niederschrieb. Anders verhält es sich mit dem Forschungsertrag. Seine mythologischen Studien, großenteils erst aus dem Nachlass veröffentlicht, brachten kaum bleibende Erkenntnisse; und sie ziehen manch fragwürdige Verbindungslinie zwischen Altertum und neuzeitlicher Volkstradition. Aber das gilt auch für die Brüder Grimm, die Uhland bei der Gründung des deutschen Germanistenverbands unterstützte – man darf bei der Beurteilung den Forschungsstand und die Maßstäbe jener Zeit nicht überspringen. Zu den fruchtbarsten Ergebnissen gehörte Uhlands Sammlung *Alte hoch- und niederdeutsche Volkslieder*, für die er ausführliche Korrespondenzen führte und auch einzelne Reisen unternahm. Wie schon seine Vorgänger, die Herausgeber des *Wunderhorns* Arnim und Brentano, stellte er seine Sammlung im Wesentlichen aus alten Drucken und schriftlichen Aufzeichnungen zusammen, und wie sie schob er die historisch-philologische Genauigkeit manchmal zur Seite, wenn ein Text seinem künstlerischen Sinn nicht genügte. Aber die Lieder waren für ihn nicht nur Übermittler romantischer Stimmungen, sondern historische Zeugnisse, *ein Beitrag zur*

Geschichte des deutschen Volkslebens. Die Sammlung, die ein Verkaufserfolg war, weckte neues Interesse am Volkslied, und die – erst postum veröffentlichte – ergänzende Abhandlung enthält sensible Beobachtungen zu einzelnen Liedgattungen und lässt insgesamt die Freude Uhlands an den schlichten Texten der Lieder erkennen.

Charakterisierungen wie *schlicht* und *einfach* drängen sich auf, wenn von Ludwig Uhland die Rede ist; das bezeugen viele biographische Skizzen. Aber diese Wörter bezeichnen auch eine Grenze. Nur selten überlässt er sich in seiner Dichtung dem vergnüglichen Spiel mit der Sprache und mit Motiven; witzige Wendungen fehlen fast ganz. In seinen Reden findet er zwar einzelne überraschende Vergleichsbilder, aber im Ganzen sind sie geprägt von tiefem Ernst und moralischer Strenge. Und im persönlichen Umgang scheint der von so vielen verehrte und gefeierte Mann meist geradezu abweisend gewesen zu sein. Immer wieder berichteten Besucher von enttäuschenden Begegnungen: Wenn er sich nicht ganz zurückzog, blieb er wortkarg und schweigsam und gab den Partnern das Gefühl, dass sie störten. Das hat Uhland nicht nur von Zeitgenossen, sondern auch im Rückblick manchen Tadel eingetragen, und sein Verstummen als Dichter wurde mit seiner starren Haltung in Verbindung gebracht. Die pointierteste, freilich nur medizinisch zu verstehende Formulierung stammt von Ernst Kretschmer; er sprach von einer *autistischen Austrocknung*. Friedrich Theodor Vischer dagegen sah zwei Seiten; er erwähnt *Uhlands gesunde Einfachheit, die seine Stärke und auch seine Schwäche ist*. Vischer sympathisierte mit Uhlands Schweigsamkeit; er betonte, dass sie sich vor allem gegen aufdringliche Wichtigtuer richtete, mit denen er nicht reden wollte: *Extrem des Widerwillens gegen Geschwätz*. Die fehlende Leichtigkeit soll nicht als großartige Stammeseigenschaft aufs Podest gehoben werden, wie es durch die Lobredner des Schwäbischen manchmal geschieht; aber bei

Uhland war sie gewiss auch bestimmt von seiner Scheu vor allen Eitelkeiten und verbunden mit seiner Bescheidenheit. *Ich halt es mit dem schlichten Sinn …*

Ein offenes Netzwerk
Die »Schwäbische Schule«

Der Schwabenspiegel: Unter diesem Titel veröffentlichte Heinrich Heine eine polemische Streitschrift, *geschrieben zu Paris im Wonnemond 1838*, wie er am Ende vermerkt. Er witzelt zunächst über sein Konterfei, das der Verleger der Gedichtsammlung *Buch der Lieder* vorangestellt hatte. Sein Gesicht erscheine *zu schmächtig*, wenn man von der aktuellen Erscheinung ausgehe: *Ich bin nämlich seit einiger Zeit sehr dick und wohlbeleibt geworden. Und ich fürchte, ich werde bald wie ein Bürgermeister aussehen; – ach, die schwäbische Schule macht mir so viel Kummer.* Damit ist Heine beim eigentlichen Thema seiner Schrift gelandet.

Er erwartet die Frage des Lesers: *Was ist das, die schwäbische Schule?*, und er gibt vor, dass er reisende Schwaben um Auskunft gebeten habe – vergeblich zunächst. *Nicht wahr, Schiller gehört dazu …?* Das wird verneint: *mit dem haben wir nichts zu schaffen, solche Räuberdichter gehören nicht zur schwäbischen Schule; bei uns geht's hübsch ordentlich zu, und der Schiller hat auch früh aus dem Land hinaus müssen.* Diese Bemerkung zielte an der tatsächlichen Schillerverehrung im Land vorbei, sie diente dazu, das Schulgelände abzugrenzen – wie auch die Frage nach Schelling, Hegel (Antwort: *Den kennen wir gar nicht*), David Friedrich Strauß, nach Kepler und den Hohenstaufen. Sie alle sind *mehr europäisch als schwäbisch*, was in den angeblichen Äußerungen der Schwaben nicht als Lob gemeint ist: *sie sind gleichsam ausgewandert und haben sich dem Auslande aufgedrungen*, während die Mitglieder der schwäbischen Schule *jenen Kosmopolitismus verachten und hübsch patriotisch und gemütlich zu Hause bleiben bei den Gelbveiglein und Metzelsuppen des teuren Schwabenlandes.*

Damit ist ein Stimmungswert vorgegeben, und nun macht sich Heine an die Charakterisierung einzelner Personen: *Der Bedeutendste von ihnen ist der evangelische Pastor Gustav Schwab. Er ist ein Hering in Vergleichung mit den Anderen, die nur Sardellen sind; versteht sich, Sardellen ohne Salz. Er hat einige schöne Lieder gedichtet, auch etwelche hübsche Balladen; freilich, mit einem Schiller, mit einem großen Walfisch, muss man ihn nicht vergleichen. Nach ihm kommt der Doktor Justinus Kerner, welcher Geister und vergiftete Blutwürste sieht, und einmal dem Publikum aufs ernsthafteste erzählt hat, dass ein Paar Schuhe, ganz allein, ohne menschliche Hilfe, langsam durch das Zimmer gegangen sind bis zum Bette der Seherin von Prevorst. Das fehlt noch, dass man seine Stiefel des Abends festbinden muss, damit sie einem nicht des Nachts, trapp! trapp! vors Bett kommen und mit lederner Gespensterstimme die Gedichte des Herrn Justinus Kerner vordeklamieren!*

Das nächste Opfer der boshaften Kritik ist Karl Mayer: *er ist eine matte Fliege und besingt Maikäfer*; und für ihn sei ein Denkmal vor den Toren Waiblingens geplant mit der Inschrift: *Dieser Ort darf nicht verunreinigt werden!* Im folgenden Abschnitt war Mörike notiert, dessen Namen Heine für den Druck aber durch Sternchen ersetzte; entweder weil er seine Gedichte noch nicht kannte, oder weil er Respekt vor den poetischen Qualitäten Mörikes bekommen hatte. Danach spricht er über *einen Ungar und einen Kaschuben*, aufgenommen von den Schwaben als *Mitglieder ihrer schwäbischen Schule.* Der Ungar ist Nikolaus Lenau, über den Heine ein paar freundliche Worte verliert, während der *Kaschube* die schärfste Polemik auf sich zieht. Es handelt sich um den in Schlesien geborenen Wolfgang Menzel, der dem Verleger Cotta eine einflussreiche Stellung in Stuttgart verdankte. Zwischen ihm und Heine gab es freundschaftliche Kontakte – bis Menzel in einem Aufsatz über *Die junge Literatur* Heine an den Pranger stellte: *Er zuerst, von jüdischen Antipathien und französischen Beispielen verlockt, machte die Verspottung des Christentums und der Moral, der deutschen Nationalität und Sitte, die Vorschläge, das Fleisch zu emanzipieren (...) zu dem fruchtbaren Thema, das seitdem die jungen Deutschen in allen Variationen durchgespielt haben.* Der letzte Halbsatz bezog sich auf die Literatur der Jungdeutschen, und mit einem gewissen Recht wurde Menzel die Schuld zugeschoben für die öffentliche Deklassierung dieser literarischen *Bewegungspartei* und das zeitweilige Verbot ihrer Bücher. Heine hatte sich mit Menzel schon auseinandergesetzt in einer eigenen Streitschrift mit der Überschrift *Der Denunziant*, in der er ihm *Stück vor Stück die Fetzen des falschen Patriotismus und der erlogenen Moral vom Leibe riss.* So formuliert er im *Schwabenspiegel*, in dem er Menzel schon deshalb nicht übergehen konnte, weil dieser in seiner Abhandlung die *neuschwäbische Lyrik* in ihrer *heiligen Unschuld* verteidigt hatte.

Menzel war einer der Auslöser für Heines Schwabenpolemik. Ein zweiter war der Stuttgarter Gustav Pfizer, ein ganz respektabler Publizist, aber öder Lyriker. Er hatte fast hundert Seiten über Heine geschrieben, hatte Heines *Kraft und Glut der Phantasie* anerkannt, ihn aber, in den Geleisen Menzels, als *Champion des Fleisches* attackiert. Heine stellt fest, *das einzige Neue und Eigentümliche*, das er in Pfizers Abhandlung gefunden habe, sei *hie und da nicht bloß eine listige Verkehrung des Wortsinnes* seiner Schriften gewesen, *sondern sogar die Fälschung meiner Worte selbst.* Er belegt dies mit Beispielen, die seinen Unmut verständlich machen, und er behält Pfizer auch weiter im Visier. In seinem ein knappes Jahrzehnt später publizierten Versepos *Atta Troll* mokiert er sich erneut über die *Dichterschule Schwabens*; ein Schwabendichter, der sich gegen die Verführung durch eine Hexe wehrt, wird von ihr in einen Mops verwandelt, der nur durch eine reine Jungfrau erlöst werden kann – und nur dann, wenn sie in der Silvesternacht die Gedichte Gustav Pfizers liest, ohne einzuschlafen.

Doch noch einmal zurück zum *Schwabenspiegel*. Er ist mit der Polemik gegen Pfizer noch nicht abgeschlossen. Heine muss auch von Ludwig Uhland sprechen – *von dem großen Dichter, den ich schier zu beleidigen fürchte, wenn ich seiner in so kläglicher Gesellschaft gedenke*. Aber da er als Haupt der schwäbischen Schule betrachtet wird, darf er nicht übergangen werden. Heine wiederholt in Kürze, was er schon Jahre vorher in einem Kapitel der umfangreichen Abhandlung *Die romantische Schule* geschrieben hatte – Kritik an der *kränklich sentimentalen Melancholie*, in die Uhland *die naiven, grauenhaft kräftigen Töne des Mittelalters* auflöste, aber auch ein gewisses Verständnis für *jene alte Zeit, die uns aus Uhlands Gedichten so sterbebleich anschaut*, von der sich der Dichter aber selbst abgewandt und der lebendigen Politik verschrieben hat.

Diese früheren Äußerungen über Uhland führten zu einem weiteren Grund für die Verärgerung Heines, die bei der Abfassung der Polemik von 1838 im Spiel war. Uhland hatte auf *Die romantische Schule* nicht reagiert, und möglicherweise gab er ja in Vielem Heine recht. Die Freunde aber nahmen die Kritik an Uhland zum Anlass für eine noch entschiedenere Distanzierung von dem ohnehin ungeliebten jüdischen Flüchtling. Als der Leipziger Verleger des *Deutschen Musenalmanachs* dieses Lyrik-Jahrbuch 1837 mit einem Bild Heines eröffnen wollte, verzichtete Gustav Schwab auf seine Funktion als Herausgeber und veranlasste andere schwäbische Dichter, ihre Beiträge zurückzuziehen.

Das Erscheinen des Schwabenspiegels hielt die Empörung der Schwabendichter am Kochen. Sie fühlten sich missverstanden und ungerecht behandelt, und sicher waren manche der kritischen Tiraden einseitig und übertrieben. Doch aus größerem Abstand wird man die Argumentation nicht nur amüsant, sondern meist auch treffsicher finden, und außerdem lässt sich vor dem Hintergrund der Heineschen Polemik gut nachfragen, wie es wirklich um jene poetischen Bemühungen bestellt war.

Gustav Schwab hätte sich – als Hering unter oder vielmehr über Sardellen – zufrieden geben können, aber er reagierte prompt mit dem Gedicht *Die Schwaben im Winkel*, das mit den Zeilen beginnt:

> Kommt her, die ihr mit feinen Witzen,
> Mit Nadelspitzen euch bewehrt!
> Die Schwaben, die im Winkel sitzen,
> Erwarten euch am frommen Herd!

Er stellt *Kleinheit* gegen *Gemeinheit*, und er bekennt sich zum *keuschen Born des Dichterlebens*. Verteidigt wird nicht poetische Phantasie und stilistische Eleganz, was freilich auch schwierig gewesen wäre – es geht um Moral, und dabei ganz überwiegend um den Bereich des Erotischen, der in den puritanischen Kreisen des Landes nicht selten durch Heuchelei und eine selbstgerechte Überwachungsmentalität geprägt war.

Friedrich Theodor Vischer hat in einem schonungslosen Essay über seine Landsleute die gegenseitige *Beaufsichtigung* hervorgehoben und beschrieben, wie sie sich *durch Erforschung fremder Sünden für eigene Entbehrungen* entschädigen – durch *das schielende, hämische Sichbekümmern um das Privatleben der Nebenmenschen, das Köpfezusammenstoßen, Einanderzupfen und Zusammenflüstern: ›So recht! O je! Guck au! Der do!‹* Derart kritische und in gewisser Hinsicht selbstkritische Äußerungen waren nicht die Regel; in der Kritik von außen dagegen ist das Thema beliebt und bildet eine Rücklage für spielerischen Spott.

So kann man Heinrich Laube an die Seite Heines stellen, der vor seiner Zeit als Chef des Wiener Burgtheaters vor allem Journalist und Reiseschriftsteller war und der einen Besuch in Stuttgart zu Betrachtungen über die Schwaben nutzte. Er geht von den Sueven aus, von denen man sagt, *dass sie großen Respekt vor dem weiblichen Geschlechte im Herzen und Betragen gehegt hät-*

ten, und die Freunde der Analogie behaupten, der Schwabe sei deshalb heute noch sehr blöde und die Keuschheit würde nicht nur gelehrt, sondern geerbt. Es gibt nichts Keuscheres als die schwäbischen Dichter, sie leben und dichten von der Ahnung eines Kusses, es ist möglich, dass ihr Hauptdichter Uhland niemals geküsst hat und eben darum ein so guter Dichter geworden ist; denn der Genuss ist bekanntlich für den Menschen sehr angenehm, aber der Dichter gedeiht in der Entbehrung, man besingt viel besser, was man wünscht, als was man besitzt.

Man kann sich vorstellen, wie vergnügt Heine den *frommen Herd* und das ganze Defensivgedicht Schwabs aufgenommen hat; es bestätigte ja doch seine Einschätzung, die man auch in anderen Fällen akzeptieren muss – etwa bei seiner schonungslosen Kritik an Gustav Pfizer und Karl Mayer. Der verdient Respekt aufgrund seiner politischen Haltung und seiner liberalen Amtsführung als Jurist, aber seine Naturliebe brachte er oft in reichlich verqueren Versen zum Ausdruck, wie in dem *Die Taube im Winde* überschriebenen Gedicht:

Wessen Fittich, schöne Taube,
Hat die Obhand? Ha, ich glaube,
Nicht der große, nein, der kleine,
Nicht des Windes, nein, der deine!
Denn so sehr er gegenschaukelt,
Hast du doch den Wind durchgaukelt!

Es wäre schwierig gewesen, Heines Angriffe durch eine detaillierte Gegenkritik abzufangen. Wogegen die schwäbischen Poeten allergisch reagierten, war der Begriff der *Schwäbischen Schule*, mit dem Heine in seinem Pamphlet operiert. Dieses Bild einer Dichterschule war an sich, auch von Heine, weit gefasst. In seiner großen Abhandlung über *Die romantische Schule* hatte er ja das ganze Panorama deutscher Dichtung berücksichtigt, von den Brüdern Schlegel und Tieck über Hoffmann und Novalis,

Brentano und Jean Paul bis zu Ludwig Uhland, von dem er übrigens betont, er sei *nicht der Vater,* sondern *das Kind einer Schule,* die ihm den mittelalterlichen Ton für seine Gedichte geliefert habe. Und im *Schwabenspiegel* deutet er trotz der spöttischen Formulierung sachlich an, was für ihn eine poetische Schule charakterisiert; er geht davon aus, dass deren Angehörige *in demselben Gedankenkreise umherhüpfen, sich mit denselben Gefühlen schmücken und auch Pfeifenquäste von derselben Farbe haben.* Damit sind drei Ebenen angedeutet: Verwandtschaft im Denken, emotionale Gemeinsamkeit und gesellige Verbindung, die auch symbolisch zum Ausdruck gebracht wird. Aber durch die Betonung der Enge und Beschränktheit schrumpft der Begriff dann doch zusammen, holt auch die Abhängigkeit von schulmeisterlicher Belehrung ins Bild und macht die Mitglieder der Schule zu Kindern, wie es Heine schon in seiner Legende vom Tannhäuser vorgeführt hatte. Der fahrende Sänger berichtet bei ihm der Frau Venus von seiner langen Reise, die ihn von Rom über Florenz und Mailand in die Schweiz geführt hat und über die Alpen ins Schwäbische:

> In Schwaben besah ich die Dichterschul,
> Gar liebe Geschöpfchen und Tröpfchen!
> Auf kleinen Kackstühlchen saßen sie dort,
> Fallhütchen auf den Köpfchen.

Fallhütchen gehörten zur bürgerlichen Kinderkleidung, Kopfbedeckungen, die unter dem Kinn befestigt waren und vor allem die Stirn abpolsterten – Schutz bei einem Sturz, wie er in den Augen Heines den Schwabendichtern ständig drohte.

Es versteht sich, dass diese sich über solche Vergleiche nicht zu Kleindichtern degradieren lassen wollten, und sie assoziierten mit *Dichterschule* wohl auch die Vorstellung einer Institution der Lehre und des Lernens, wie sie von den Meistersingern überliefert war. Sie pochten auf ihre freie Aktivität. Justinus Kerner hat dies zum Ausdruck gebracht in einem Gedicht, das er an den – schon einige Jahre toten – Goethe richtet:

> Bei uns gibt's keine Schule,
> Mit eignem Schnabel jeder singt,
> Was halt ihm aus dem Herzen springt.

Und ein Gedicht, das er gleich nach der Verbreitung des Schwabenspiegels im Stuttgarter *Morgenblatt für gebildete Stände* veröffentlichte, überschrieb er ausdrücklich: *Die schwäbische Dichterschule* – um zu erklären, dass es sie nicht gibt:

> Wohin soll den Fuß ich lenken, ich, ein fremder Wandersmann,
> Dass ich eure Dichterschule, gute Schwaben, finden kann?
> Fremder Wanderer! O gerne will ich solches sagen dir:
> Geh durch diese lichte Matten in das dunkle Waldrevier,
> Wo die Tanne steht, die hohe, die als Mast einst schifft durchs Meer;
> Wo von Zweig zu Zweig sich schwinget singend lust'ger Vögel Heer;
> Wo das Reh mit klaren Augen aus dem dunkeln Dickicht sieht
> Und der Hirsch, der schlanke, setzet über Felsen von Granit;
> Trete dann aus Waldes Dunkel, wo im goldnen Sonnenstrahl
> Grüßen Berge dich voll Reben, Neckars Blau im tiefen Tal;
> Wo ein goldnes Meer von Ähren durch die Eb'nen wogt und wallt,
> Drüber in den blauen Lüften Jubelruf der Lerche schallt;
> Wo der Winzer, wo der Schnitter singt ein Lied durch Berg und Flur:
> Da ist schwäb'scher Dichter Schule, und ihr Meister heißt – Natur!

Das Bekenntnis zu Heimat und Natur ist eine Gemeinsamkeit der von Heine angegriffenen Schwabendichter – geradezu eine Bestätigung, dass sie *in demselben Gedankenkreise umherhüpfen*. Aber das trifft beileibe nicht auf ihr ganzes Werk zu. Kerner war eine höchst eigenwillige Dichterpersönlichkeit. Was er schrieb, war mit farbigen Phantasien bestückt, wie sie das Erzähldrama

Reiseschatten charakterisieren; seine Beschäftigung mit neuen medizinischen Versuchen war keine Spielerei, und seine Entdeckung des Wurstgifts schützte damals Menschen vor tödlichen Erkrankungen und führte später zu heute verbreiteten kosmetischen Methoden. Von Uhland gibt es schlichte Naturgedichte, aber auch Liebesgedichte, die gerade deshalb intensiv sind, weil sie auf äußere Zeichen der Leidenschaft verzichten; und seine politische Laufbahn begann er noch vor dem praktischen Engagement mit einer Reihe von politischen Gedichten.

Einige von Gustav Schwabs Gedichten wurden sehr populär, an erster Stelle die Romanze *Der Reiter und der Bodensee*; aber er trat als Schriftsteller auch mit poetisch ausgeschmückten Reise- und Wanderführern hervor, er übersetzte antike Schriften und war auch darüber hinaus ein bedeutender Vermittler von Literatur. *Die schönsten Sagen des klassischen Altertums*, von ihm erzählt, bildeten für Viele die Möglichkeit des Einstiegs in eine vergangene Kultur. Im Jahrzehnt vor seinem Tod gab er eine Sammlung deutscher Prosa heraus, in der er übrigens Heines Poesie ebenso rühmte wie in dem danach zusammen mit seinem Schwiegersohn Karl Klüpfel zusammengestellten Handbuch *Wegweiser durch die Litteratur der Deutschen*.

Die schwäbischen Dichter gingen also sehr verschiedene Wege – und dies gilt auch für ihren äußeren Lebensgang. Das Sprachbild der Dichterschule evoziert ja die Vorstellung großer Nähe und engen Kontakts zwischen den Beteiligten. Das ist für einzelne Phasen richtig und wichtig – es war ja doch die Zeit, in der die Freundschaft erst die Intensität und auch das Ansehen gewann, das bis dicht vor der Gegenwart mit ihrer digitalen Ansammlung von *friends* die allgemeine Auffassung bestimmte. In erster Linie ist an die Keimzelle des als Dichterschule bezeichneten Verbunds zu denken, die sich genau lokalisieren lässt. In Tübingen befindet sich, der Alten Aula und der Stiftskirche gegenüber, der Neue Bau, in dem im Rahmen einer theologischen

Stiftung Stipendiaten untergebracht wurden. Justinus Kerner bewohnte dort als Medizinstudent einen Raum, den er, wie es ein Besucher festhielt, zu einer gattungsübergreifenden WG machte: *In seiner Stube lebt er mit Katzen, Hühnern, Gänsen, Eulen, Eichhörnchen, Kröten, Eidechsen, Mäusen und wer weiß was sonst noch für Getier ganz freundschaftlich zusammen und hat nur seine Not, Türen und Fenster zu verwahren, dass ihm die Gäste nicht entschlüpfen …* Aber nicht nur Tiere sammelte er um sich, sondern auch Menschen, die einen literarischen Aufstand probten gegen das überkommene Regelwerk, das von Epigonen der Klassik hochgehalten wurde. Die Freunde, mit Kerner und Uhland an der Spitze, begeisterten sich für das Romantische; sie wandten sich gegen das etablierte *Morgenblatt für gebildete Stände*, indem sie ein *Sonntagsblatt für gebildete Stände* mit literarischen Skizzen und Gedichten und auch mit ironischen Zeichnungen gründeten. Das war eine enge und dichte Kooperation; Uhland schrieb zum Beispiel einige Texte, die deutliche Anregungen von Kerner erkennen lassen. Aber schon nach fünf Monaten kam das Projekt zu seinem Ende. Die provokative Zeitschrift, in einer Nummer ausdrücklich den *ungebildeten* Ständen gewidmet, war ohnehin nur handschriftlich und in einem einzigen Exemplar erschienen – und doch wäre sie vielleicht fortgesetzt worden, hätten sich die Interessen der Macher nicht in verschiedene Richtungen entwickelt. Die beruflichen ebenso wie die literarischen Interessen; Uhland beispielsweise war Jurist, kümmerte sich aber bei einem ausgedehnten Parisbesuch mehr um altfranzösische Dichtungen als um den neuen Code Napoléon; Kerner schloss seine verzweigten naturwissenschaftlichen Studien mit der medizinischen Promotion ab und startete zu einer langen Bildungsreise ins nördliche Deutschland, die ihre Spiegelung in den *Reiseschatten* fand.

Die Freunde, die sich in Tübingen gefunden hatten, blieben großenteils auch weiter in Kontakt. Es handelte sich überwiegend um briefliche Kontakte, bei denen naturgemäß Nachrichten über die Familien und die äußeren Verhältnisse oft dringlicher erschienen als Gedanken zur Literatur; aber es gab auch briefliche Diskussionen über neue Schriften, und es gab literarische Treffen im größeren Kreis. Der zentrale Ort für solche Begegnungen war nun das Kernerhaus in Weinsberg, das der Dichter nach Tätigkeiten in Wildbad, Welzheim und Gaildorf gebaut und bezogen hatte. Auf einem Gemälde, das wenige Jahre nach Kerners Tod entstand, sind im Garten des Hauses unter anderen die Dichterfreunde Uhland, Gustav Schwab und Karl Mayer in geselliger Runde mit der Familie Kerner zu sehen, auch Alexander Graf von Württemberg ist dabei, der die Freunde auch immer wieder in sein Landhaus Serach bei Esslingen einlud. Und auch im engeren Umkreis Tübingens trafen die alten Freunde immer wieder zusammen.

Friedrich Theodor Vischer schilderte eine solche Gelegenheit, und sein heiterer Erlebnisbericht verdient schon deshalb Beachtung, weil er – ganz aus der Nähe – ein ungewohntes Bild von Uhland zeigt. Der galt ja doch als ernst und eher abweisend. *Ja, das war ein Mann, dem Keiner die Ehrfurcht versagen konnte; man ahnte, noch ehe man es wusste, dass man hier einem Leben gegenüberstehe, das unbefleckt war wie ein reines Tuch.* So verneigt sich Vischer in der Einleitung seines Textes, der aber dann eine unerwartete Wendung nimmt: *Und das ohne Zwang, so schlicht, so natürlich! Und der strenge Mann war so heiter, lachte und scherzte so gern* – was durch die dann folgende Schilderung einer Spazierfahrt bestätigt wird, die Uhland, Vischer und den norddeutschen Gast Arnold Ruge im Oktober 1837 ins benachbarte Gomaringen brachte, wo zu dieser Zeit Gustav Schwab als Pfarrer wirkte:

Es war ein milder Spätherbsttag, wir fuhren im offenen Wagen. Auf ganz ebenem Wege wurden wir plötzlich umgeworfen, weil irgend ein haltender Nagel sich ausgespielt hatte. Ich kam mitten im Wege einfach auf die Füße zu stehen, Uhland und Ruge wurden herausgeschleudert, den Kopf voran in einen Graben voll halbgefrornen Schlamms gespickt, dann fiel der Wagen auf sie und drückte sie gründlich in den zähen

Stoff. Als ich mit dem Postillion denselben aufgerichtet hatte, blieben Beide, wie dies nach solchen Überraschungen der Mensch zu halten pflegt, noch einige Sekunden stille liegen. Auf meine spätere Frage, warum er denn noch liegen geblieben sei, nachdem er doch frei war, erwiderte mir Ruge: ›Ich dachte eben: was kommt wohl noch Alles nach?‹ Als sie sich erhoben, fanden sie sich reichlich mit Kot überzogen, und Uhland trug von dem Akte der Einspickung ein regelrechtes Rundkäppchen derselben Materie auf dem Kopf.

In einem Wirtshaus versuchen sie, sich zu säubern, was nur unvollkommen gelingt; aber der Wirt ermuntert sie, trotzdem ins Pfarrhaus zu gehen. *Mit Lachen trat man ein, mit Lachen wurde man empfangen; der komische Zwischenfall brachte sogleich eine muntere Stimmung in die Gesellschaft. Die Tochter sang Uhlandische Lieder, Schwab las aus Mörikes Gedichten vor, die Ruge noch nicht kannte, zwischen Scherz und Ernst floss das belebte Gespräch bis in die späten Abendstunden. Als die Rede auf echte und gesunde Poesie kam, sprang Uhland, diesmal der Gesprächigste und Munterste von allen, öfters vom Stuhl auf und sprach mit erhobener Stimme und erregter Aktion seine Überzeugungen aus, wobei sich dann die großen Dreckfiguren, die seinen Rock wie eine Landkarte in Meer und Kontinent teilten, gar bunt und grell hervorstellten. Er selbst war nicht der Letzte, der über diese malerischen Effekte lachte. Später sagte er mir, er habe eigentlich den ganzen Nachmittag und Abend beide Stiefel voll eiskalten Wassers gehabt, ein Übel, bei dem gewiss Wenige so gut gelaunt geblieben wären und das nur für eine Gesundheit, wie die seinige war, ohne schlimme Folgen ablaufen konnte; die physische Tüchtigkeit und Ausdauer gehörte eben auch so recht zum gesunden Ganzen dieses Lebens.* Der asketisch zähe Uhland – damit landet Vischer beim gewohnten Bild des Dichterkollegen, dem er aber doch ein paar freundlichere Farben beigemischt hat.

Das erzählte Erlebnis zeigt aber auch, dass die alte Freundschaft, eingebettet in die bürgerliche Kultur, wie sie hier im Hause Schwab zum Ausdruck kam, immer wieder erneuert werden konnte. Mit vollem Recht lässt sich bei solchen Gelegenheiten von einem Freundeskreis der schwäbischen Poeten sprechen. Konzentriert man sich aber nicht nur auf solche Höhepunkte, sondern nimmt umfassend die Gegebenheiten während der ersten Jahrzehnte des 19. Jahrhunderts in den Blick, so drängt sich der Begriff des *Netzwerks* auf. Dieses Wort war damals und noch lange auf eine besondere Form textiler Handarbeit bezogen; erst parallel zum Ausbau technischer Netzwerke setzte es sich auch als Bezeichnung eines Typs sozialer Verbindungen durch, und in diesem Sinn passt es zu der von literarischen Interessen getragenen – oder wenigstens mitgetragenen – Gemeinsamkeit der Schwabendichter.

Sie bildeten ein dichtes Netzwerk – vielleicht existiert in irgendeiner Doktorarbeit schon eine graphische Skizze, die über die Häufigkeit des Briefverkehrs und anhand registrierter direkter Begegnungen zu einer Darstellung der Kommunikationsströme kommt. Aber den kräftig akzentuierten Verbindungslinien müssten da viele andere hinzugefügt sein, die seltenere, aber nicht nur unwichtige Kontakte anzeigen – Kontakte, die vielfach über den schwäbischen Bereich hinaus reichen. Arnold Ruge, der bei dem Ausflug mit Uhland im Graben lag, stammte aus Rügen und war während seiner Studienzeit an norddeutschen Universitäten ein Jahr eingesperrt als Mitglied einer verbotenen Verbindung; er hatte schon Einiges veröffentlicht und gerade eine literarische Zeitschrift gegründet. Auf dem Bild der Gartenpartie bei Kerner ist außer den erwähnten Schwaben auch Nikolaus Lenau zu sehen, der vor allem von Graf Alexander unterstützt wurde – sicher dadurch mit bedingt, dass in der Dichtung von beiden eine dunkle Grundstimmung herrschte. Lenau fand aber auch bei den anderen schwäbischen Dichtern und Literaturfreunden mit ihren Familien freundschaftliche Zuwendung und Unterstützung. An der Seite Uhlands steht Karl August Varnhagen von Ense, in Düsseldorf geboren, studierter

»Im Garten bei Justinus Kerner«, Stahlstich von August Neumann, 1866, nach dem Ölbild von Heinrich Rustige

Mediziner, der aber dann als Diplomat und preußischer Politiker tätig war und vor allem durch den Berliner Salon bekannt wurde, den er mit seiner Frau Rahel führte. Von ihm stammt auch die zitierte Notiz über Kerners leicht chaotische Tierhaltung; Varnhagen studierte damals in Tübingen, er kam regelmäßig in Kerners Bude, und er kehrte auch später immer wieder zu den schwäbischen Freunden zurück.

Zu Kerners Haus in Weinsberg ist anzumerken, dass die Begegnungen mit Dichterfreunden sicher mit zu den wichtigsten gehörten; aber Justinus tauschte sich auch mit anderen Ärzten aus, Menschen aus allen Schichten wollten den berühmten und geheimnisvollen Doktor und Dichter sehen, und seine Frau, *Rikele* genannt, garantierte eine so liberale Gastfreundschaft, dass fast täglich Besuche kamen. Als Kerners Tochter Marie die von ihm geschriebenen Erinnerungen ergänzte, blickte sie zurück auf eine große Besucherschar. Sie erwähnt Achim von Arnim und Friedrich List, einen russischen Naturforscher, den Verleger Cotta mit seiner Familie, Handwerkerfrauen aus der Stadt und der Umgebung, Schauspieler und Schausteller, potenzielle Patienten, vertriebene Polen – und vor allem Grafen und Gräfinnen, die ihr wichtig waren. Jedenfalls merkt sie an, dass vor ihrem Haus oft mehr Kutschen standen als vor dem Gasthof. Der Sohn Theobald Kerner hat *Das Kernerhaus und seine Gäste* geschrieben und weitere Besucher angeführt, und da Justinus 15 Jahre lang eine Fremdenliste führte, lassen sich um die tausend Besucher und Besucherinnen identifizieren.

Fazit: Es handelte sich bei der nicht nur, aber vor allem von Gegnern so benannten *Schwäbischen Schule* um ein weites und offenes Netzwerk, dessen Fäden ausgespannt waren in viele deutsche Provinzen und auch ins benachbarte Ausland. Das ändert nichts am Befund einer auf manchen Realitätsfeldern dominierenden konservativen Prägung und Enge; aber es passt zu den liberalen Elementen und der sozialen Offenheit, die auch Teil jener literarischen Bewegung waren.

Schillerfeiern im Südwesten
Dichterjubiläen – würdig, merkwürdig, fragwürdig

Kritische Stimmen zu Publikationen aus dem schwäbischen Dichterkreis meldeten sich immer wieder einmal; aber der schärfste Kritiker war Heine. Nach einigem harmloseren Geplänkel kam sein *Schwabenspiegel* wie ein Gewitter über die Literaten. Doch es gab nur wenige Einschläge; die Betroffenen und Getroffenen wehrten sich nur zum Teil, und eine breite öffentliche Diskussion blieb aus. Respekt und Zuneigung blieben den Schwabendichtern erhalten. In erster Linie galt das für Uhland; zu seinem Ansehen trug nun auch seine politische Tätigkeit bei. Im Erscheinungsjahr des *Schwabenspiegels*, 1838, hielt Uhland seine Rede gegen die Todesstrafe, und man darf annehmen, dass sie ein stärkeres Echo fand als Heines Streitschrift. Unter den lebenden Dichtern war Uhland damals der berühmteste. Mit Einschränkungen war er dies im ganzen deutschen Sprachgebiet und sogar darüber hinaus; aber er war es vor allem in fast allen Schichten der schwäbischen Bevölkerung.

Übertroffen wurde er von einem toten Dichter: Friedrich Schiller. Von seinen Gedichten waren einige allgemein bekannt, und seine Dramen, schon zu seinen Lebzeiten häufiger gespielt als die Lessings oder Goethes, wurden im Verlauf des 19. Jahrhunderts immer öfter aufgeführt. Heine platzierte ihn fern vom Dunstkreis der Schwäbischen Schule; er sah in ihm einen europäischen Dichter. Mit Recht, aber es ist auch richtig, dass sich in seiner ursprünglichen Heimat eine besondere Nähe zu Schiller entwickelte. Sein Ruhm war fundiert in der ausgesprochenen Popularität seiner Werke; aber er kristallisierte sich auch in der Hochschätzung der Persönlichkeit. Ein Jahr nach dem *Schwabenspiegel*, 1839, wurde in Stuttgart das erste Schiller-Denkmal eingeweiht. Es war auch die erste große öffentliche Schillerfeier. Am Morgen des 8. Mai bewegte sich ein Festzug von 1.500 (überwiegend männlichen) Personen zum Festplatz in der Stadtmitte Stuttgarts, wo ein Enkel Schillers das von dem Dänen Bertel Thorvaldsen gestaltete Standbild enthüllte. Natürlich gab es Ehrengäste. Der württembergische König hielt Distanz und folgte dem Geschehen nur von einem Fenster aus; für die Standesherren war eine Tribüne errichtet worden. Aber das Gros der Teilnehmenden kam aus allen Schichten und Gruppen der Gesellschaft: Stuttgarter Vereine waren dabei, dazu 40 weitere aus ganz Deutschland und drei aus der Schweiz, Schulkinder, Handwerker, Kaufleute, Angestellte, Vertreter der Intelligenz – Friedemann Schmoll, der die Feier genau beschrieben hat, spricht von einem *Wunschbild der bürgerlichen Gesellschaftsordnung*.

Während der Enthüllung des Denkmals läuteten die Kirchenglocken, und es herrschte eine quasi-religiöse Stimmung. Der Festredner, der evangelische Pfarrer Gustav Schwab, wandte sich gegen eine falsche Überhöhung: *Nein, wir feiern keinen Götzendienst, wenn wir der Liebe und Verehrung der Nationen die Statue dieses Mannes als ein Wallfahrtsbild hinstellen.* Kein Götzendienst, aber ein Wallfahrtsbild – in der Formulierung wird deutlich, wie stark die weltlichen Verehrungsrituale von religiösen Vorstellungen durchtränkt waren. Dies zeigt sich auch in Schwabs umfangreicher Schiller-Biographie, für die er – auch mit Hilfe von Schillers Witwe – alle Stellen zusammensuchte, die den Dichter als Christen ausweisen konnten; die *Seufzer auf dem Totenbette* nahm er als Beleg für Schillers christliche Gesinnung. Aber resümierend rechnet er Schiller zu den *Heiden*, die ohne höhere Weisung von Natur aus das Gute tun.

Eine radikalere Ablösung konstatierte im gleichen Jahr David Friedrich Strauß. Er bezog sich auf die entstehenden *Denkmale für große Männer* und kommentierte: *der einzige Cultus, welcher den Gebildeten dieser Zeit aus dem religiösen Zerfall der letzten übriggeblieben, ist der Cultus des Genius.* Das war provozierend formuliert, zeichnete aber nur nach, was schon Ende des 18. Jahrhunderts in Gang gekommen war und die weitere Entwicklung bestimmte.

Bis dahin gab es ›Wallfahrtsbilder‹ und geheiligte Erinnerungsstücke nur von gekrönten Häuptern – im Zeichen des Gottesgnadentums, auch wo dieses nicht thematisiert wurde. Beginnend mit Lessings Totenmaske und seinem silbern umrahmten Haarteil verbreiteten sich weltliche Andenken. Walter Benjamin schrieb: *Das Andenken ist die säkularisierte Reliquie.* Tatsächlich sind die religiösen Potenzen zwar reduziert, aber nicht schlechterdings stillgestellt; Säkularisation erweist sich als Ausgleichsgeschäft, und weltliche Personen werden oft mit religiöser Inbrunst verehrt. Schiller war schon früh in diese Andachtsformen einbezogen, und er beförderte selbst den Kult um seine Person. Bei dem Bildhauer

Einweihung des Stuttgarter Schillerdenkmals, 1839

Heinrich Dannecker gab er eine Büste und ein Medaillon in Auftrag und nahm die Arbeiten begeistert entgegen. Und wie von Wallfahrtsbildern mitunter Stücke abgeschlagen und als wirkmächtige Trophäen mitgenommen wurden, eigneten sich Besucher heimlich Teile der Stirnlocke der Schillerbüste an. Mit Schillers Tod setzte erst recht der Reliquienkult ein. Schillers Frau Charlotte schnitt dafür Teile von seinen Handschriften in Streifen; ihrem Dienst an den Verehrern Schillers fiel auch das Manuskript von *Maria Stuart* zum Opfer. Was die Reporter beim Besuch der britischen Königin Elisabeth II. in Marbach 1965 nicht an der Behauptung hinderte, just dieses Manuskript sei ihr vorgeführt worden – wie ja auch die erfundene Geschichte die Runde machte, die Queen habe mit dem durch seine Pferdezucht bekannten kleineren Marbach gerechnet und an ihre Betreuer die Frage gestellt: *And where are the horses?*

Von Marbach muss auch die Rede sein im Zusammenhang mit dem Denkmalkult. In Marbach am Neckar ist Schiller geboren. Nach drei Jahren zog die Familie weg, und auch schon vorher war der Aufenthalt in Marbach eher die Ausnahme. Als der kleine Fritz zwei Monate alt war, reiste die Mutter mit ihren beiden Kindern zu ihrem Mann, der als Militärarzt bei der Truppe in Würzburg war, auch darauf folgende Truppenbewegungen machte sie mit, und zeitweilig lebte sie in Cannstatt und Vaihingen, sodass man Schillers Marbacher Zeit fast besser in Monaten als in Jahren angeben könnte. Das Etikett *Schillerstadt Marbach* ist trotzdem legitim. Nicht alle Dichterstädte können mit langen Residenzzeiten der gefeierten Poeten aufwarten; es handelt sich vielmehr fast immer um eine Art Patenschaft, die eine Stadt übernommen hat. Nie ganz uneigennützig, weil solches Engagement dem Selbstbild und dem Ansehen von außen förderlich ist, aber vom Großteil der Bürgerschaft getragen als Verpflichtung, die in Marbach zu Initiativen führte, welche die Erinnerung an Schiller und sein Werk lebendig hielten.

1835 wurde der Marbacher Schillerverein gegründet mit dem Ziel, die Errichtung eines Schillerdenkmals in Marbach vorzubereiten. Da Schiller 1805 gestorben ist, erscheint dieses Datum wie auch das der Aufstellung des Stuttgarter Denkmals reichlich verspätet. Schon im Todesjahr war zur Sammlung für ein Monument aufgerufen worden, und der Initiator Rudolf Zacharias Becker in Gotha, dessen volkstümliche Aufklärungsschriften eine höhere Auflage als Goethes *Werther* erreichten, fand ein freundliches Echo. Aber dann brachen erneut die napoleonischen Kriege aus, die zusammen mit Naturkatastrophen große Not ins Land brachten, und später fügte sich der Plan nicht in das Klima der einsetzenden Restauration. Schon die Beschaffung des Materials war teuer; Stuttgart, von den Marbacher Bürgern vergeblich um Hilfe gebeten, pochte auf den *geistigen Geburtsort* Schillers, den man in der herzoglichen Militärakademie sah, und erst 1876 konnte auch in Marbach auf der vorher schon parkartig gestalteten Schillerhöhe ein Denkmal errichtet werden – unter Verwertung von Kanonen aus dem deutsch-französischen Krieg, wie man in Stuttgart auf türkische Kanonen aus den griechischen Freiheitskämpfen zurückgegriffen hatte. Entschiedener noch als vorher wurde Schiller nun als Nationalheld gefeiert.

Beim Neuphilologentag 1890 in Stuttgart wurde eine Ausstellung zur schwäbischen Literatur gezeigt, und bei den Plänen, diese Schau zu erhalten, ging der Blick nach Marbach. Dort hatte man Schillers Geburtshaus als kleine Gedenkstätte eingerichtet, aber man wollte mehr. Ein privater Mäzen und staatliche Hilfe ermöglichten einen repräsentativen Bau auf der Schillerhöhe, der 1903 als Schiller-Nationalmuseum eröffnet wurde. Der Hauptakzent der Ausstellung lag lange Zeit auf der Landesliteratur; aber der stetige Zuwachs durch Nachlässe und geschickte Käufe erweiterte das Panorama ins Nationale und in jüngster Zeit, mit dem Bau des Literaturmuseums der Moderne, auch immer stärker ins Internationale, ohne dass die starke Bindung an Schiller verloren ging.

Aber man darf sich, will man die Bedeutung Schillers für das literarische Leben richtig einschätzen, nicht nur auf den Höhenwegen der Forschung und Vermittlung bewegen. Die Zeitschrift *Kladderadatsch* druckte 1859 die Zeichnung eines Schillerdenkmals ab, um das sich viele begeisterte Menschen versammelt haben, und zwar Menschen aus allen sozialen Ständen. Die Bilderklärung: *Das Einzige und der Einzige, worin Deutschland einig ist.* In der Verehrung Schillers trafen sich große Teile der Bevölkerung, wenn auch nicht alle. In Berlin wurde das bürgerliche Schillerkomitee von der monarchistischen Presse, aber auch von der Linken attackiert; bei der Grundsteinlegung für das Denkmal auf dem Gendarmenmarkt griffen mützentragende Arbeiter die *schwarzen Hüte* direkt an, stießen den Honoratioren die Zylinder vom Kopf und riefen nicht *Vivat Schiller*, sondern ließen den als Revolutionär hingerichteten Robert Blum hochleben. Aufs Ganze gesehen hatte aber die national überformte Schillerverehrung eine sehr breite Grundlage. Die Schillerfeiern waren nicht auf ein bestimmtes Milieu beschränkt. Und in den Programmen der meist jährlich abgehaltenen Vereinsfeiern wird sehr oft der Vortrag von Schillergedichten angekündigt, nicht nur im bürgerlichen Umkreis, sondern oft auch in Arbeitervereinen.

Wilhelm Raabe hat geschildert, wie er 1859 als noch nicht 30-Jähriger in Wolfenbüttel erst bei der Bürgerschaft und dann im Handwerkerverein aktiv wurde, und er hat das Thema später noch einmal in einem Roman aufgegriffen, in dem er die Stimmung und die Vorgänge der Erinnerungsfeiern mit freundlicher Ironie beschreibt. Mitten im kalten November beginnt hier das Fest mit dem Lied *Es regt der Lenz die jungen Glieder*, und dann entwickelt sich ein Spiel aus Eifersüchteleien und Intrigen, weil man sich nicht einig wird, wer den Festzug anführt, wer als Ehrendame fungiert, wer den Festprolog vorträgt und wer die Festrede hält. Raabe macht deutlich, dass es sich nicht nur um eine Schillerfeier handelte – die biedermeierliche Gesellschaft feierte sich selbst. Ort der Handlung ist Paddenau, ein imaginäres norddeutsches Städtchen; aber Raabe hat den Roman am Ende seines achtjährigen Aufenthalts in Stuttgart begonnen, sodass in den Roman möglicherweise auch die Erfahrung schwäbischer Schillerverehrung eingegangen ist. In Stuttgart umging man allerdings das Problem der Rollenverteilung: Bei der jährlich vom Liederkranz ausgerichteten Feier hielt 21-mal der Pädagoge (und Dichter) Johann Georg Fischer die Festrede. Aber im Ganzen dürften die regionalen Unterschiede nicht allzu groß gewesen sein; in 440 deutschen Städten und weltweit darüber hinaus in 50 weiteren folgten die Schillerfeiern von 1859 einem ziemlich einheitlichen Schema. Das republikanische Ziel innerer Freiheit wurde vielfach plakativ in den Mittelpunkt gerückt, zunehmend aber auch das in Reichweite gelangte Ziel der nationalen Einheit.

Das Jahr 1905 war ein weiterer Höhepunkt inszenierter Erinnerung, die jetzt in größere Dimensionen gesteuert wurde. Der Schwäbische Albverein organisierte Höhenfeuer auf der ganzen

Bergkette, und seine lokalen Gruppen gestalteten Feiern nun auch in vielen kleineren Ortschaften. Für das hohenzollerische Jungingen ist dies dokumentiert; dort wurde an einem Aussichtspunkt eine hölzerne Säule mit einem gusseisernen Schillerporträt errichtet und im Hohlraum der Büste eine ausführliche Schilderung des Festes aufbewahrt. Sie erwähnt die Festrede *in Gottes freier Natur* und den Vortrag von Schillers *Glocke*, und sie rühmt den weithin sichtbaren Feuerkranz *zu Ehren des Genius*, aber auch als *ein sichtbares Zeichen und Bild deutscher Einheit und Freiheit.*

Der nationale Akzent blieb auch in den folgenden Jahrzehnten erhalten und neigte oft zum Nationalistischen, das nach 1933 den Umgang mit Schiller und seinem Werk dominierte. Der 175. Geburtstag bot Gelegenheit, Schiller nachdrücklich in die nationalsozialistische Propaganda einzubeziehen. Schon im Juni 1934 waren 18.000 Jungen aus allen deutschen Gauen an einer Blumen-Stafette beteiligt, die am Marbacher Schillerdenkmal endete. Zur Feier im November brachten Sonderzüge Tausende von Gästen nach Marbach. Die Veranstaltung wurde im Rundfunk übertragen als Auftakt zu weiteren Sendungen mit dem Höhepunkt eines Staatsaktes in Weimar, bei dem Goebbels, Minister für Volksaufklärung und Propaganda, die Festrede hielt. Tenor der Rede: *Er war einer der Unseren* – Schiller wurde vereinnahmt für die sich bereits abzeichnende imperialistische Politik. In deren Zeichen kam es in den Kriegsjahren zu einem Verbot von Aufführungen des *Wilhelm Tell*, weil darin die Abtrennung eines Gebiets vom Reich gezeigt wird. Allerdings ist nicht auszuschließen, dass auch der Tyrannenmord in dem Stück zu der verordneten Abwertung beitrug; Hitler hatte jedenfalls Vorbehalte gegen den *Heckenschützen Tell.*

Mit dem Kriegsende verschwanden nicht nur die ideologischen Manipulationen und die Steigerung der offiziellen Feiern ins Monumentale, die Formen des Gedenkens wurden insgesamt bescheidener. Im Theater entwickelte sich eine neue Konjunktur für Schillerdramen, nicht nur auf großen Bühnen, sondern auch im Bereich des Volkstheaters wie zum Beispiel im Freilichtspiel. Aber große und bunte Volksfeste wurden auch in den herausgehobenen Jubiläumsjahren nicht mehr gefeiert. Ein Grund dafür war das Zurücktreten der verbindenden nationalen Idee; aber es handelte sich auch um einen generellen Stilwandel. Zwar trat nach den ersten bedrückenden Nachkriegsjahren das Bedürfnis nach farbigem und lautem Vergnügen bald wieder hervor und führte zu einer neuen Spaßkultur – aber sie war abgekoppelt von seriösen Anlässen des Gedenkens.

Die öffentliche Erinnerung an Schiller löste sich weitgehend von den früheren Ritualen der Verehrung. Zwar gab es noch Kranzniederlegungen an den Denkmälern, aber im Wesentlichen ging es um die Belebung und Diskussion seines Werks. Nicht nur durch Inszenierungen auf dem Theater; das Land Baden-Württemberg stiftete einen ansehnlichen und angesehenen Schillerpreis für Literaten, in Schillerreden wurden verschiedentlich neue Perspektiven eröffnet, die Gründung des Deutschen Literaturarchivs erweiterte die Aufgabe und die Wirkung des Marbacher Museums, und jedes der Jubiläen zeitigte eine Unmenge von Zeitungsartikeln und auch eine stattliche Anzahl neuer literaturwissenschaftlicher Aufsätze und Bücher.

Charakteristisch war aber auch, dass Kritik am ganzen Jubiläumswesen aufkam, dass jedenfalls über Sinn und Unsinn der Erinnerungstage (meistens: Erinnerungsjahre) gestritten wurde. So wurde vor dem Hintergrund des Goethejahrs 1999 und im Blick auf das Schillerjubiläum 2005 im Schillerjahrbuch eine Diskussion losgetreten, in der neben einzelnen Chancen vor allem die Probleme von Gedenkjahren besprochen wurden. Der Hinweis, dass man sich mit den üblichen Formen der Gedenkökonomie der banalen Kalenderarithmetik unterwerfe, ist selbst banal und verkennt die Macht vorgegebener Zeit- und ähnlich auch Raumstrukturen; der Fixierung durch den Kalender folgt ja auch die kaum in Frage gestellte allgemeine Beachtung des persönlichen Geburtstags. Bedenkenswerter ist das Argument, dass die Konzentration auf einen Dichter die anderen ganz in den Schatten stellt. Als Beispiel kann Mörike angeführt werden, dessen 200. Geburtstag mit regierungsamtlicher Unterstützung in Württemberg so ausgiebig gefeiert wurde, dass für den gleichaltrigen und literarisch fast ebenbürtigen Wilhelm Waiblinger nur wenig Aufmerksamkeit blieb. Aber Schiller, den Marcel Reich-Ranicki den *strapazierfähigsten* der deutschen Dichter nannte, nimmt schon wegen seiner Wirkungsgeschichte einen so außerordentlichen Rang ein, dass seine Jubiläen nicht übergangen werden können.

Verständlich – und vergeblich – waren Einwände gegen manche Formen der Vermarktung. Sie standen oft im Zeichen touristischer Werbung, noch die geringsten Spuren Schillers wurden in einigen Orten als Beweise lokaler Zugehörigkeit ausgeschlachtet. Aber es gab auch die üblichen Souvenirs. Dass bereits im Herbst vor dem Jubiläumsjahr 2005 Salz- und Pfefferstreuer mit einem Schillerkopf aus chinesischem Porzellan angeboten wurden, war gewiss kein gediegener Beitrag zur Erinnerung; aber man muss sich vor Augen halten, dass es solche Begleiterscheinungen schon lange vor unserer durchkommerzialisierten Zeit gegeben hat und dass sie die Möglichkeiten literarischer Rezeption nicht eingeschränkt haben – so wenig wie die trivialeren Formen öffentlichen Gedenkens mit langweiligen Reden und nicht immer passender musikalischer Umrahmung. Unter das Stichwort Vermarktung lassen sich aber auch positive Effekte fassen: Die Gedenktage und Jubiläumsjahre steigern im günstigen Fall den Verkauf von Werkausgaben und fördern neue Editionen. Und sie regen im Allgemeinen an zur erneuten Auseinandersetzung mit Dichtern oder Dichterinnen und ihren Werken.

Dies ist die wichtigste Chance, und bei den letzten großen Schillerjubiläen – dem 200. Todestag im Jahr 2005 und dem

250. Geburtstag 2009 – wurde sie in erfreulicher Weise wahrgenommen. In größerer Zahl wurden Schillers Bühnenstücke aufgeführt, mit neuen Akzenten und manchmal mit ganz ungewöhnlichen Inszenierungen; so verlagerte das Weimarer Nationaltheater *Wilhelm Tell* auf den originalen Schauplatz der schweizerischen Rütliwiese. Die Zeitungen ließen sich die Gelegenheit, an Schiller zu erinnern, nicht entgehen. Robert Musil legte einer seiner Romanpersonen die Worte in den Mund, *beinahe kein Mensch* lese noch – *jeder benützt den Schriftsteller nur, um in der Form von Zustimmung oder Ablehnung auf eine perverse Weise seinen eigenen Überschuss an ihm abzustreifen.* Diese Bemerkung lässt sich gewiss nicht nur auf Leser, sondern auch auf manche Schreiber beziehen, aber die Schillergedenktage boten ganz überwiegend redliche Artikel – nicht selten mit neuen Perspektiven und überraschenden Akzenten. Dazu trugen vor allem auch eine ganze Reihe literaturwissenschaftlicher Untersuchungen bei, die aus Anlass der Jubiläen erschienen.

Überblickt man diese (soweit es bei der großen Zahl und mitunter beängstigendem Umfang möglich ist) und fasst auch die sonstigen Aktivitäten ins Auge, so zeigen sich Tendenzen, die sich deutlich von den früheren Erinnerungsformen unterscheiden. Man scheut das Fortissimo des Rühmens und rückt ganz entschieden ab von pathetischen Formulierungen. Von Schillers *Glocke* ist beispielsweise kaum mehr die Rede, ohne dass Parodien und kritische Töne angeführt werden – etwa Carolines Bericht aus dem Haus Schlegel, sie seien beim Verlesen des langen Gedichts *fast von den Stühlen gefallen vor Lachen*, oder August Wilhelm Schlegels Hinweis auf den vergessenen Klöppel, ohne den keine Glocke ins Schwingen kommt. Die Balladen werden vielfach in parodistischer Verfremdung vorgestellt – was allerdings nur vor dem Hintergrund der originären Form wirkt und so indirekt bezeugt, wie bekannt und auch beliebt sie immer noch sind. Auch Schillers eigene Ironie wird gern ins Spiel gebracht. Es gibt sie, wenn auch nicht gerade dicht gesät, zum Beispiel in der Gegenüberstellung von dichterischer Versenkung und störender Hausarbeit:

> Und weg ist Traum und Feerei,
> Prinzessin, Gott befohlen!
> Der Teufel soll die Dichterei
> beim Hemderwaschen holen.

Angriff auf die Andachtsstarre ist der Bericht über eine heitere Tübinger Schiller-Veranstaltung überschrieben; und so könnte auch die Ausstellung charakterisiert werden, die 2005 im Marbacher Nationalmuseum ausgerichtet wurde. Sie trug den Titel *Götterpläne & Mäusegeschäfte* nach einer Bemerkung Schillers, in der er neben die *Bienensorgen* und *Riesenprojekte* der Menschen *ihre Götterpläne und ihre Mäusegeschäfte* stellt, *das wunderseltsame Wettrennen nach Glückseligkeit*. Schönen Erstausgaben, Bildern und Widmungsgeschenken wurden in der Ausstellung ärmliche Kleider und Socken, Tabaksdose, Stecknadeln und auch offene Rechnungen gegenübergestellt – Zeugnisse einer schwierigen Existenz.

Auch auf die Personen in den Werken Schillers wird ein neuer Blick geworfen. Nicht mehr nur ihr moralisches Ringen wird hervorgehoben, das in den Dramen zu vielen populär gewordenen Sentenzen gerinnt, sondern ihre Anfälligkeit und die häufige Neigung zu Tricksereien; Jürgen Wertheimer macht dies schon mit dem Titel seines Buchs deutlich: *Schillers Spieler und Schurken*. Und diese realistische Sicht wirft auch ein neues Licht auf Schiller selbst. Es wird gezeigt, wieviel Sinnlichkeit ausgeblendet werden musste, um den Dichter zum kargen Rationalisten und strengen Moralisten zu machen. Seine Biographie gewinnt lebhaftere Farben. Seine vielen Liebeleien und Affären, selbst en famille mit der Schwägerin, werden nicht mehr übergangen, und manchmal wird er schon allzu dicht an das Bild eines – allerdings skrupulösen – Casanova herangerückt. Er selbst schloss jedenfalls nicht die Augen vor dem unromantischen Bedingungsrahmen der Zeit:

> Einstweilen bis den Bau der Welt
> Philosophie zusammenhält,
> erhält sie das Getriebe
> durch Hunger und durch Liebe.

Die nationalen Tendenzen, die es in Schillers Werk gibt und die zu seiner Zeit den Charakter einer progressiven Utopie hatten, treten zurück zugunsten seiner das Los der ganzen Menschheit umfassenden humanitären Gesinnung. Sein Lied *An die Freude* wurde in der Vertonung Beethovens zur offiziellen Hymne des Europarats, transzendiert aber auch die europäischen Grenzen: *Diesen Kuss der ganzen Welt!* heißt es, und vorher: *Alle Menschen werden Brüder* – eine Verszeile, mit der Schiller allerdings erst nachträglich die soziale Vision *Bettler werden Fürstenbrüder* ersetzt hat. Er selbst hat im späteren Rückblick den politischen und den dichterischen Wert seines Gedichts angezweifelt; aber unabhängig von der poetischen Qualität kann es als Glücksumstand der Schillererinnerung betrachtet werden, dass gerade dieses Gedicht, politische und auch sprachliche Grenzen überschreitend, lebendig geblieben ist.

Auch in den Büchern, Aufsätzen und Presseartikeln, die zu den jüngsten Jubiläen erschienen, wird Schillers humanitäre Gesinnung in den Mittelpunkt gerückt. Keines seiner Werke wird so oft hervorgehoben wie *Über die ästhetische Erziehung des Menschen in einer Reihe von Briefen*, Schillers *Philosophie des Schönen*, in der es nicht nur um persönliche Geschmacksbildung geht, sondern um den Fortschritt der Zivilisation, um ein Staatswesen, in dem Schönheit und Freiheit sich gegenseitig bedingen. Am Ende der Abhandlung verortet Schiller *die reine Republik* dort, *wo nicht die geistlose Nachahmung fremder Sitten, sondern eigne schöne Natur das*

Betragen lenkt, wo der Mensch durch die verwickeltsten Verhältnisse mit kühner Einfalt und ruhiger Unschuld geht und weder nötig hat, fremde Freiheit zu kränken, um die seinige zu behaupten, noch seine Würde wegzuwerfen, um Anmut zu zeigen.

Die beiden ganz am Schluss herausgestellten Begriffe verweisen auf eine Vorstudie, die Schiller in sechs Wochen niederschrieb und zwei Jahre vor der längeren Untersuchung herausgab: *Über Anmut und Würde.* Er rückt beide Eigenschaften zusammen; es ist *nur die Anmut, von der die Würde ihre Beglaubigung, und nur die Würde, von der die Anmut ihren Wert empfängt* – eine Devise, die auch auf Jubiläen bezogen werden kann. Überblickt man die Geschichte der Verehrung des Dichters, so erscheinen die früheren Formen der Würdigung laut, männlich und relativ starr, während man jetzt dem Geehrten mit offenen Deutungen begegnet, und auch in übermütigen Inszenierungen mit spielerischer Anmut. Es ist eine programmatische Akzentverschiebung; Jubiläen sind ja nicht nur historische Pflichtveranstaltungen, sondern Rückbesinnungen in die Zukunft.

Riskante Freundschaft
Eduard Mörike und Friedrich Theodor Vischer

Wie beginnt man eine Abhandlung? Von Eduard Mörike gibt es dazu eine Empfehlung. Sie gehört zu den wenigen ausgeführten Passagen eines Dramenentwurfs und ist Teil eines Monologs des Studenten Spillner, der im Karzer sitzt. Mörike war, wie man aus Protokollen des Tübinger Stifts erfahren kann, durchaus vertraut mit diesem unwirtlichen Ort; und wahrscheinlich war es ihm dort so langweilig wie seiner Dramenfigur, die beschließt, die fünftägige Haft zum Verfassen einer Broschüre zu nutzen. Aber wie anfangen?

Ich kann mit dem Werk doch nicht so geradezu in medias res eingehen. Man darf heutzutage nicht mehr sagen, wie es einem auf der Zunge liegt, man muss in diesem wissenschaftlichen Zeitalter vor allen Dingen einige Sachen, die sich von selbst verstehen, dadurch neu und interessant machen, dass man sie von einer ganz entlegenen Seite her einfädelt und überhaupt etwas verdüstert und verdunkelt, diffizil macht usw. Denn man kann ein Huhn braten, sieden, frikassieren, sulzen, verschiedentlich versaucen, spicken, bebändern, dass es ein Wunder ist und fast gar kein Huhn mehr. Allerwenigstens sollen einige Definitionen, Distinktionen vorausgeschickt werden.

Dieses Zitat mit seinen hübschen Verfremdungseffekten ist natürlich eine – keineswegs überholte – ironische Kritik an aufgeblasener Wissenschaftssprache. Also doch lieber zunächst ein schlichter Blick auf die beiden ins Visier genommenen Personen. Ihr Bekanntheitsgrad ist verschieden. Auch literarisch Ahnungslose haben es fast überall gelegentlich mit einer Mörikestraße im Ort zu tun; nach Vischer wurden nur selten Straßen benannt – und das sicher nicht nur, um zu vermeiden, dass die Schulkinder *V*ischstäbchen schreiben. Vischer wird unter Wert gehandelt; das zeigt etwa ein Rückblick auf das Gedenken anlässlich seines 200. Geburtstags im Jahr 2007, das sich in einer Handvoll Veranstaltungen erschöpfte, während drei Jahre früher Mörikes 200. Geburtstag zum Angebot von über 200 Veranstaltungen im Land führte. Eine Rolle spielt dabei gewiss auch, dass Mörike zu Lebzeiten quer durchs Land die Voraussetzung für künftige Erinnerungsorte geschaffen hat. Schließt man längere Ferienaufenthalte ein, so landet man bei rund drei Dutzend Wohnorten, wenn man nur den festen Wohnsitz berücksichtigt, immerhin bei zwei Dutzend – und allein in Stuttgart brachte es Mörike auf nicht weniger als 17 Adressen. Vischer konnte dagegen von der Nachwelt nur in ganz wenigen Orten eingemeindet werden.

Ganz unbekannt ist aber auch er nicht, und viele literarisch Interessierte haben von beiden Bilder vor Augen, die – auch jenseits der Tatsache, dass sie nicht in die gleiche literarische Liga gehören – einen schroffen Gegensatz begründen. Mörike wird in der Erinnerung nicht im Karzer platziert, sondern in Kirche oder Pfarrhaus, ein freundlicher evangelischer Geistlicher, bescheiden und zufrieden im engen Geviert, zurückgezogen von der Welt, ein Freund der Natur, deren Botschaft er in seiner Dichtung feiert. Und Vischer: Unerbittlich rational und kritisch, energisch und oft aggressiv den eigenen Weg verteidigend, frei von Fesseln der Tradition, offen nach allen Seiten. Vischer absolvierte wie Mörike ein Theologiestudium (nur dafür waren Stipendien verfügbar), und er schloss es erfolgreicher als Mörike ab; aber als er nach kurzer Vikariatszeit eine Pfarrstelle in Herrenberg angeboten bekam, erklärte er, *nicht mit sechs Hengsten* bringe man ihn dorthin. An der Tübinger Universität hatte er sich in Literaturwissenschaft, Philosophie und Ästhetik umgesehen, für diesen Bereich erhielt er die Lehrberechtigung, wurde, noch nicht ganz 30, Professor und sieben Jahre später Ordinarius. In seiner Antrittsvorlesung kritisierte er gängige Glaubensvorstellungen und griff die Kirche an; die Folge war ein zweijähriges Lehrverbot, allerdings unter Fortzahlung der Bezüge.

Mörike und Vischer – so skizziert, scheint es keine Brücke zu geben; und die Skizze ist nicht falsch. Aber sie ist einseitig und unvollständig, fordert genaueres Hinsehen. Mörike und Vischer sind beide in Ludwigsburg geboren, beide kamen in Stuttgart aufs Gymnasium, beide besuchten Klosterschulen, studierten in Tübingen und lebten im Stift. Sie liefen sich sicher übern Weg, aber zunächst gibt es keinerlei Hinweis auf eine engere Beziehung – im jugendlichen Bildungsgang wird ja bis heute ein geringer Altersabstand als trennender Generationsunterschied empfunden. Aber 1830 (Mörike ist 26, Vischer 23) ist eine erste briefliche Verbindung nachweisbar. Vischer nimmt Stellung zum Romanentwurf von *Maler Nolten*, den ihm Mörike zuvor gegeben hatte; aber er bezieht sich vor allem auch auf Eigenes.

Er übersendet Mörike das *phantastische Ding, von dem ich dir sagte*, und erbittet neben dem Urteil auch die Vermittlung an einen Verlag, weil er bereits an eine Karriere als Schriftsteller denkt.

Es handelt sich um die Reflexionen eines Selbstmörders, zum Teil nach seinem Tod mit Gott als Gegenüber im Himmel abgehandelt, mit dem Titel *Der Traum*. So werden die Aussagen ins Unwirkliche verlagert, aber die Schärfe der Argumente bleibt. Das gilt für die satirische Wendung gegen einen einflussreichen württembergischen Theologen; mit Blättern von dessen verbreiteter Glaubenslehre entzündet der junge Mann seine Pfeife. Aber er belässt es nicht bei dieser aktuellen Konfrontation, stellt vielmehr ganz allgemein fest, dass die Bibel keine Antwort bereithält auf die Fragen nach Sein und Nichtsein, nach dem Nichts und dem Vorgegebenen. Ihn treibt der *Widerspruch des hoffenden Suchens und des verzweifelten Nichtfindens*, und er betont *den Zusammenhang des Zweifels mit dem eigentlichen Leben des Menschen.*

Mörike bekennt den *hinreißenden Eindruck*, den die Skizze auf ihn machte, betont aber auch, dass sie ihm wegen seiner Abneigung gegen *Verzweiflungsexpektorationen* fremd bleibe. Vischer, der das kleine Werk später als seinen *philosophischen Werther* bezeichnet, ist enttäuscht – er habe, antwortet er, nicht nur Zeit und Mühe, sondern *sich selbst verschwendet*. Er betont seine Skepsis auch und gerade in religiösen Fragen als Grundbefindlichkeit. Er habe, schreibt er, *kein theologisches Blut*, er sähe sein *Leben verfehlt*, wenn er Theologe bliebe, und er unterstellt Mörike das Gleiche: *Und so stecken denn wir beide in gleicher Klemme*. Mörike akzeptiert das nicht ausdrücklich, aber er wehrt auch nicht ab.

Das kann er auch nicht. Er hatte bereits wie Vischer versucht, der Klemme zu entkommen. Nach dem Examen, als er von der Kirchenbehörde kreuz und quer durchs Land geschickt wurde, unternahm er Anstrengungen, die *Theologie quitt zu machen*. Er nahm Urlaub und suchte ein neues Berufsfeld – im Verlag, als Bibliothekar, Hofmeister, freier Schriftsteller, Journalist; *Alles, nur kein Geistlicher* schreibt er an einen Freund, durchaus eine Parallele zu Vischers Erklärungen, wenn auch ohne die sechs Hengste. Aber Mörike hatte kein Glück während des Ausstiegs; er war gezwungen zur Rückkehr in die *Vikariatsknechtschaft*.

Diese Charakterisierung wird oft zitiert, aber meist so verstanden, dass Mörike seiner subalternen Stellung als Vikar überdrüssig war – und natürlich gab ihm das spätere Pfarramt mehr Freiheit und Selbständigkeit. Aber auch dann fühlte er die fortdauernde Knechtschaft des geistlichen Berufs, mit dem er sich nie voll identifizierte. Es war nicht nur Bequemlichkeit, dass er in Cleversulzbach die Predigten seines befreundeten Amtskollegen Hartlaub ablas. Sein Verhältnis zur Kirche war traditionalistisch; er verstand das Christentum mehr als selbstverständliche Sitte denn als belastbaren Glauben. Gegenüber Vischer argumentierte er, dass vor allem das unmündige Volk die *gewohnten Vorstellungen und Formen* brauche, fügte aber hinzu, dass ihm *bei dieser Auskunft niemals ganz wohl und frei zumute war.* Im nächsten Satz nimmt er Bezug auf David Friedrich Strauß und dessen Streitschriften, und wenig später rühmt er Vischer für seine positive Strauß-Kritik, die in einem vernichtenden Urteil über die Pietisten gipfelt. Es gibt sichere Anzeichen dafür, dass Mörike in seiner Gedanken- und Gefühlswelt zwischen einer agnostischen Haltung und pantheistischen Anflügen schwankte.

Dass Mörike bestrebt war, sich *etwas wärmer im Schoß der Kirche zu betten* (so steht es im gleichen Brief), versteht man angesichts fehlender beruflicher Alternativen und seiner angeschlagenen Gesundheit; aber man sollte nicht *nur* den Pfarrer und vor allem keinen von seiner Mission beglückten Pfarrer vor Augen haben. Schon wegen der äußeren Daten seiner Vita: Er war 6 Jahre Vikar, meistens Pfarrverweser, dann 10 Jahre Pfarrer, und er lebte nach der Pensionierung mit 39 noch 32 Jahre, in denen er sich und seine

Familie neben der kargen Pension mit literarischen Einkünften und Anderem über Wasser hielt, aber auch 10 Jahre am Stuttgarter Katharinenstift Literatur lehrte. Der Dissens im Verhältnis Mörike – Vischer war nicht groß, auch wenn Mörike, immer eine Mitte suchend und auf Ausgleich bedacht, manchmal über seinen Schatten springen musste. Man kann sogar die These vertreten, dass die von Vischer eingeforderte Radikalität der Auseinandersetzung die freundschaftliche Verbindung dynamisierte und damit stabilisierte.

Risikolos war die Freundschaft trotzdem nicht. Den Gründen dafür mag ein kleines Gedicht auf die Spur helfen:

> Weichheit ist gut an ihrem Ort,
> aber sie ist kein Losungswort,
> kein Schild, keine Klinge und kein Griff;
> kein Panzer, kein Steuer für dein Schiff,
> du ruderst mit ihr vergebens.
> Kraft ist die Parole des Lebens:
> Kraft im Zuge des Strebens,
> Kraft im Wagen,
> Kraft im Schlagen,
> Kraft im Behagen,
> Kraft im Entsagen,
> Kraft im Ertragen,
> Kraft bei des Bruders Not und Leid
> im stillen Werke der Menschlichkeit.

Kein Mörikegedicht, das wird schnell deutlich. Dagegen zeigt es, poetisch nicht sehr anspruchsvoll, aber nachdrücklich Vischers Grundhaltung, die Prägung durch konsequente Kraftanstrengungen nicht nur im geistigen, sondern auch im physischen Bereich. Er wollte *aus einem geteilten einen ganzen Menschen herstellen*. So formulierte er in seiner Antrittsvorlesung, bei der er seine Kollegen nicht nur durch theologische Attacken aufbrachte, sondern auch indem er ihnen ihre schlechte Körperhaltung und mangelnde Bewegung vorhielt. Er sah *Schwächlinge* vor sich, die *den Finger im Reisbrei brechen.*

Vischer setzte sich für Turnübungen und umfassende körperliche Aktivitäten ein; es versteht sich, dass solche Ansprüche Mörike fremd blieben. Er machte später Vischer den Vorwurf, dass der seine Krankheit *zum guten Teil für eingebildet* und ihn *für einen ausgemachten Hypochonder* nahm. Vischer räumt seinen Irrtum ein: *Ich sehe wohl, ich tat dir darin Unrecht*; aber er beharrt auf dem *Standpunkt des Sollens* und wendet sich gegen Mörikes häufig ohne weitere Begründung vorgebrachte Entschuldigung *Es ging halt nicht …*

Wenn Vischer mangelnde Bewegung monierte, so hatte er nicht nur Alltagsgymnastik im Auge. Als er Mörike den Vorwurf machte, *dass Du zu wenig mobil bist,* stand dies im Zusammenhang mit Reisevorschlägen. Mörike sah sich *von Hause aus auf einen engen subjektiven Fleck verwiesen*; er fand sich ab mit dem dörflichen Umkreis, zog Gewinn aus der Überschaubarkeit und war vertraut mit dem Alltag der Leute. Für Vischer war schon Tübingen zu klein und zu eng, trotz der Universität, die er bei seinem Einstand in Stuttgart allen Ernstes dorthin mitnehmen wollte.

Mörike überschritt kaum einmal die Landesgrenzen. Einmal, von Ochsenwang aus, machte er Vischer den Vorschlag zu einer gemeinsamen Reise nach München; er wusste aber, dass Vischer gerade eine Reise in die Schweiz und nach Italien vorbereitete, die für ihn nicht in Frage kam: *wenig Geld und schlechte Befußung* standen im Weg. Zwanzig Jahre später schlug Vischer von Zürich aus eine gemeinsame *Tour nach München* vor – Mörike lehnte ab. Der Korrektheit halber sei erwähnt, dass er zu diesem Zeitpunkt zwei Auslandsreisen hinter sich hatte, in die Gegend von Kreuzlingen, wo er mit seiner Schwester ein Mädchenpensionat gründen wollte, und in den Bregenzer Wald mit seiner Frau nach der späten Hochzeit.

Wichtiger als der Blick auf die unterschiedliche Reiselust ist die Beobachtung, dass sich die Unterschiede der inneren Verfassung auch in der literarischen Produktion auswirkten. Vischer setzte immer wieder neu an und schrieb viel – lange philosophische und literaturkritische Abhandlungen, kulturhistorische und kulturkritische Essays, Stellungnahmen zu Zeittendenzen, Studien zur Ästhetik und eine Reihe poetischer Arbeiten. Mörikes Werk ist leichter überschaubar: *ein* langer Roman, über Jahrzehnte gedanklich bewegt, konzipiert, skizziert, verändert; dazu wenige Erzählungen einschließlich der Märchen, und natürlich das grandiose Universum der Lyrik. Freunde – nicht nur Vischer – drängten Mörike zu neuen Anstrengungen; aber *Anstrengung* war ein Vischer- und kein Mörikewort.

Jan Wagner hat bei seinem Dank für den Fellbacher Mörikepreis das Pomeranzenmotiv erwähnt, mit dem Mörike in seiner bekanntesten Erzählung den *rätselhaften Prozess* bei Mozarts Erschaffung eines Neuen charakterisiert – ein Prozess, der nach Jan Wagner *mit der Bereitschaft beginnt, sich gehen zu lassen*; man könnte auch sagen: sich fallen zu lassen wie in einen Traum. Es ist nicht so, dass Vischer das Organ für diese Kreationsweise völlig fehlte; aber sie war ihm nicht genug, sodass er den Freund immer wieder mit Belehrungen, Vorschlägen und Wünschen behelligte. Das herausragend Poetische erkannte und anerkannte er; schon im ersten Brief an Mörike spricht er vom *reinen Gold der Phantasie.* Als er die Idylle vom alten Turmhahn gelesen hatte, schrieb er an Mörike: *Dein Gockeler ist ganz für sich allein schon ein Dokument, dass Du ein Poet bist.* Bei einer Partie aus *Maler Nolten* wäre er, wie er schrieb, fast in Tränen ausgebrochen – der Hinderungsgrund ist freilich unpoetisch: *wenn ich nicht gerade zufällig auf den Abtritt hätte müssen.* Zur Gedichtausgabe Mörikes schreibt er ihm: *Ich möchte Dein Lob von allen Türmen blasen*, windet sich aber lange, bis er eine umfangreiche Rezension vorlegt mit allerlei poetologischen Überlegungen. Und mit wohldosierter Kritik nach dem Grundsatz:

Kritik ist keine Sichel,
zu mähen kurz und klein,
aber Verehrungsmichel
kann man doch auch nicht sein.

Vischer lobt die *Innigkeit der Begeistung*, hat aber mit dem Wunderbaren Probleme, soweit es nicht *im Dienste einer concreten sittlichen Idee* steht. Dies ist ein sehr charakteristischer Einwand; er erwartet von Mörike die Ausrichtung der Phantasie an *markigen Gestalten der Geschichte* oder an der gegenwärtigen Realität. In diesem Sinn lobt er später *Das Stuttgarter Hutzelmännlein*, das die verrücktesten Kapriolen mit handfesten Realitätsbezügen vereinigt. Überhaupt lernt Vischer Mörikes poetische Weise immer mehr schätzen; in seinem Nachruf findet sich das Bild vom *Flor aus zartem Goldgespinst,* den Mörike *um die kahle Deutlichkeit der Dinge windet.* Schöner kann man es nicht sagen – und vergessen ist seine wiederholte Forderung an Mörike, endlich *etwas Großes* zu schaffen, nämlich ein Drama oder einen realistischen Roman jenseits aller Romantik. Vischer hatte in diesem Punkt Mörike in Haft genommen, er machte sich klein und wurde andererseits befremdlich pädagogisch: *Ich werde nie etwas Großes leisten, aber Du musst es tun, dann bilde ich mir ein, ich habe es gemacht. Wenn Du es nicht tust, bist Du ein Verräter an mir und dir, und meine nur nicht, die Kraft komme morgen, sondern heut ist sie da, und setze dich lieber um halber drei als um drei hin, und fange an. Die Quelle sprudelt, Du darfst sie nur fassen.*

Zur Kritik Vischers gibt es auch Gegenverkehr. Mörike nimmt wahr, dass bei Vischer die Sehnsucht nach freier Poesie vorhanden, dass sie aber überlagert ist vom rationalen Streben nach Wahrheiten, die so in der Poesie eigentlich nicht gefragt sind. Er ermuntert Vischer zum Überspringen seiner wissenschaftlichen Ambitionen – und sei es durch eine *kluge Heirat*, die ihn *von dem Katheder unabhängig* macht. Das war vielleicht nicht ganz ernst gemeint, aber belanglos ist es nicht. Mörike ist jedenfalls überzeugt, dass dichterisches Wirken Vischer größere Satisfaktion bringen könne. Wahrscheinlich ist er nicht ganz unschuldig daran, dass sich Vischer gegen Ende seines Lebens an einem Roman, dem als *verwildert* getadelten *Auch Einer* versucht, dass er seine Kritik am allegorischen Überschwang von *Faust II* nicht nur in eine literaturwissenschaftliche Analyse, sondern in eine dichterische Parodie fasste, und dass er ein hübsches schwäbisches Lustspiel schrieb, dessen Fabel er mehr als drei Jahrzehnte vorher Mörike zur Bearbeitung vorgeschlagen hatte.

Es gab in diesem für beide wichtigen Bereich Irritationen, gelegentliches Un- oder Missverständnis, und die produktive Kraft ging nicht in die gleiche Richtung. Aber es gab eine feste Basis wechselseitiger Anerkennung; das Risiko der Entfremdung war nicht allzu groß. Wer schnelle Formeln liebt, kann sich mit dem vielzitierten *Gegensätze ziehen sich an* zufrieden geben; aber das stimmt nicht immer und ist eine zu dürftige Erklärung. Entscheidend war, dass die gegensätzlichen Argumente den Diskurs beförderten, dass Kritik zwar nicht rückstandslos übernommen, aber im je eigenen Werk produktiv gemacht wurde, und dass beide auf der Suche nach Wahrheit waren.

Dazu kam, dass es einen dichterischen Bereich gab, in dem sich die beiden unmittelbar begegneten: den Bereich des Lachens und des Lächerlichen, Komik, Ironie, Humor – und nicht nur als gezielte Kritik an dubiosen Elementen der Wirklichkeit, sondern auch als vergnügte Spielerei. Bei Mörike kommt dies vor allem in seinen Märchen und märchenhaften Geschichten zum Ausdruck – in den krausen Taten des *sicheren Manns*, in der *Idylle vom Bodensee* oder in den Episoden mit der schönen Lau, die ja fünfmal zum Lachen gebracht werden muss. Aber schon in den übermütigen Gedichten, die Mörike einem geheimnisvoll-kuriosen Verfasser *Wispel* zuschreibt, triumphiert ein heiteres Sprach- und Realitätsspiel, manchmal an der Grenze zur Nonsense-

Dichtung (die es noch nicht gab), manchmal mit satirischer Zuspitzung wie im Gedicht über David Friedrich Strauß und seine Kritiker:

Aber schröcklich ist's zu hören,
Strauss will durch sein Teufels-Werk
Die Unsterblichkeit zerstören,
Auch sogar in Württemberg!
Dieses zeigt doch mehr und minder
Einen ganz verstockten Sünder!

Auch seine Briefe belebt Mörike mit komisch-verrückten Ideen, etwa mit einem eigenen Vorschlag zur Einteilung der Tierwelt, orientiert an seiner häuslichen Menagerie: *1. stinkende und zugleich singende. 2. rein singende. 3. rein stinkende. 4. solche, die weder stinken noch singen* (Hund und Katze). Und als Mörike seine Gedichte herausgibt, findet Vischer in dem Band eine heitere Widmung, die ihm gilt:

Oft hat mich der Freund verteidigt,
Oft sogar gelobt; doch nun?
Der Professor ist beeidigt,
Und da hilft kein Traulichtun.

Also geht, ihr braven Lieder,
Dass man euch die Köpfe wascht!
Seht auch, dass ihr hin und wieder
Einen guten Blick erhascht!

Er ist Vater: um so minder
Denk ich ihn euch abgeneigt;
Sind doch seine eignen Kinder
Auf der Schulbank nicht gezeugt!

Vischers Humorbilanz ist gleichfalls respektabel. Als Parallele zu Wispel kann *Schartenmaier* gesehen werden, der angebliche Autor von Moritaten Vischers. Die Faust-Parodie ist nicht nur eine Auseinandersetzung mit Goethe, sondern mehr noch mit seinen bornierten wissenschaftlichen Interpreten; drei *Stoffhuber* (mit den sprechenden Namen *Scharrer, Karrer, Brösamle*) treten an gegen drei *Sinnhuber* (*Deuterke, Grübelwitz, Hascherl*) – eine vergnüglich-respektlose Lehrstunde in Germanistik.

Deutlicher noch als bei Mörike war bei Vischer die Fähigkeit ausgeprägt, einen Sachverhalt mehr oder weniger improvisierend aufzumischen und ins Komische zu transferieren. Nochmals die ominöse Antrittsvorlesung und ihre Folgen: Die Studenten feierten den in Misskredit geratenen Professor. Ihnen trat er, nachdem am Tag vorher die Behörde das Lehrverbot ausgesprochen und seine Frau einen Sohn geboren hatte, am Lehrpult gegenüber mit der Feststellung: *Meine Herren! Ich habe heute einen großen Wischer und einen kleinen Vischer, eine kleine Unmuße und eine große Muße erhalten.* Zum Teil sind die Pointen im Lauf der Zeiten stumpf geworden, was Vischer übrigens gelassen kommentierte:

> Was tut's? Nichts tut es; es ist ja gleich,
> Wer lacht und worüber man lacht,
> Es quillt eben allezeit jung und reich
> Des Lachens erfrischende Macht.

Zum Teil aber sind die heiteren Äußerungen immer noch amüsant – weitere Beispiele ließen sich anführen.

Aber die Frage nach dem Risiko der Freundschaft zwischen Mörike und Vischer ist noch nicht erledigt. Am 20. April 1831 wendet sich Vischer an Mörike mit Fragen, die eigene Produkte und Publikationsmöglichkeiten und andere Autoren, aber auch Mörikes Befinden betreffen. Als er Ende Juni noch keine Antwort hat, verschickt er einen seltsamen Brief; er enthält außer Ort und

Datum nur ein die ganze Seite beanspruchendes Fragezeichen. Zweifellos verstand dies Mörike; aber erst im September meldet er sich mit der Bemerkung, das *gigantische Fragezeichen* sei wohl noch in der Länge und Breite gewachsen – *und bald wirst Du mich wohl an einen seiner Haken kurzweg aufknüpfen.* Mörike entschuldigt sich; das ist damals schon Routine, und er bewahrt sie bis an sein Lebensende. Manchmal bekennt er die *Kraft der Trägheit*, der er unterliegt; oft führt er Beschwerden an, körperliche und psychische, und vertröstet auf bessere Zeiten – dann werde er sein *epistolarisches Dintenfass auch wieder aufrühren.* Und fast immer betont er, dass ja doch die Verbindung unbeschädigt bleibt: *Der Körper unserer Freundschaft ist gesund das weiß ich gar nicht anders, aber die Hand, ein Arm, womit man sich berührt und außen fasst, ist eingeschlafen und wie pelzen.* Die Briefpartner akzeptieren das im Allgemeinen, auch Vischer.

Aber die Korrespondenz zwischen ihm und Mörike bleibt nicht ohne Brüche. Die Affäre rund ums Fragezeichen ist dabei noch harmlos. Im Juli 1839 verabschiedet sich Vischer und tritt eine mehr als ein Jahr dauernde Reise nach Italien an, von wo er Mörike mit Rundbriefen bedient. Im November 1840 kehrt er nach Tübingen zurück, erfüllt von der Erfahrung des Klassischen, dem er auch die heutigen Menschen im Süden zuordnet. Er ist begierig, von Mörike ein Echo auf die ihm übersandten Schriften zu bekommen – und man sollte sich dabei vor Augen halten, wie aufwändig in jener Zeit das Schreiben, Kopieren und Versenden war. Mörike antwortet – nach vollen sieben Jahren. Er beruft sich auf seine Krankheit, rückt aber die Vorrede Vischers zu dessen *Kritischen Gängen* in den Mittelpunkt, in der ein gewisser Stillstand in Mörikes Schaffen angeprangert ist. Mörike rügt, dass Vischer seine Krankheit nicht wirklich ernst nehme; aber er spricht von Vischers Antrittsvorlesung, die in jene Phase fiel, als *famose Rede*, und er beendet den Brief: *Wie sonst Dein E. Mörike.*

Wie sonst? Vischer räumt die falsche Einschätzung des Leidens von Mörike ein und entschuldigt sich dafür; aber seine Antwort ist vor allem ein herber Tadel, durchnummeriert in drei Abschnitten, aber mit einer versöhnlichen Wendung gegen Ende: *ertränken wir die Geschichte im Meer, da es am tiefsten ist* – und mit der sicher richtigen Einsicht: *Wir wären uns nicht böse, dass wir so verschieden sind, wenn wir nicht in manchem so verwandt wären* – und mit der Feststellung, *dass Freunde nicht auf Bäumen wachsen, dass man dieser Münze nicht so viel hat, um sie wegzuwerfen.*

Also alles in bester Ordnung? Was das Happy End etwas ausbremst, ist das Mörikezitat aus einem Brief des fast 70-jährigen, das mit dem Blick auf seinen Freundeskreis immer wieder angeführt wird: *Mein Herz hat, sozusagen, zwei Taschen, die zwar nah beieinander stehn doch immerhin zwei bleiben.* Und er konkretisiert: *Die Vischer, Rapp und Günthert schaden mir wahrlich nicht.* Rapp und Günthert waren eher flüchtige und unbedeutende (auch für Mörike unbedeutende) Bekannte; aber warum Vischer, mit dem er Jahrzehnte im Kontakt war und aufregende Debatten führte? Also doch ein desillusionierendes Resümee? Oder hat Mörike – als alter Mann – die Taschen verwechselt?

Nun, Zitate sollten nicht aus ihrem Kontext gelöst werden. Mörike fällt mit jener Briefstelle kein verbindliches Urteil, sondern er jongliert. Die dichteste Freundschaftsbeziehung Mörikes war die mit dem Pfarrer Wilhelm Hartlaub und seiner Familie, eine Beziehung, die weitgehend unbeschwert blieb von weltanschaulichen Fragen, mit herzlicher Anteilnahme an den persönlichen Geschicken und Befindlichkeiten. Hartlaub, kaum von religiös-theologischen Zweifeln geplagt (und damit Gegenpart, aber auch Hilfe für Mörike), war wegen dessen kirchenkritischer Haltung schlecht zu sprechen auf Vischer, und in einem Brief an Mörike hatte er ihn zusammen mit Rapp, Günthert und David Friedrich Strauß in eine Schublade gesteckt. Darauf antwortete Mörike und beließ es, um jegliche Konfrontation zu vermeiden, bei den zwei Taschen. Aber er fügte hinzu, Hartlaub habe *von Vischer als Menschen keine ganz richtige Vorstellung, wie ich dir bei Gelegenheit gerne beweisen möchte*; und dann zitiert er aus einem lustigen neuen Gedicht Vischers, in dem dieser den alten Schartenmayer (jetzt mit y) wieder aufleben ließ und fast comedyartig die politischen Zeitläufte in 63 Strophen kommentierte.

Ergebnis (und ich gebe zu, da hätte man schneller landen können, aber dann ohne die bunten Farben eines spannungsreichen Dialogs): Tasche hin oder her – Eduard Mörike und Friedrich Theodor Vischer waren *ziemlich beste Freunde*.

Die blaue Mauer
Literatur und Landschaft

Die frühesten Märchenphantasien Eduard Mörikes führen zu einem Inselreich, das er zusammen mit seinem Freund Ludwig Amandus Bauer erfunden hat: Orplid, eine Sehnsuchtslandschaft mit Feen, Kobolden und einem alten König:

> Du bist Orplid, mein Land!
> Das ferne leuchtet;
> Vom Meere dampfet dein besonnter Strand
> Den Nebel, so der Götter Wange feuchtet.

Aber wie man in Mörikes Lyrik die *zunehmende Durchsättigung mit Wirklichkeitselementen* festgestellt hat, so dringt auch immer mehr Wirklichkeit in die Phantasiewelt seiner Prosadichtung. Der Weg seiner Märchen führt von Orplid nach Blaubeuren – mit der Zwischenstation Igelsloch, einem real existierenden Weiler im Schwarzwald, wo er den Riesen *Suckelborst* seine Untaten vollbringen lässt.

In Eduard Mörikes Märchenerzählung *Das Stuttgarter Hutzelmännlein* sieht der wandernde Schuster Seppe *die Alb, als eine wundersame blaue Mauer ausgestreckt,* und er merkt dazu an: *Nicht anders hatte er sich immer die schönen blauen Glasberge gedacht, dahinter, wie man ihm als Kind gesagt, der Königin von Saba Schneckengärten liegen.* Die Königin von Saba kommt aus dem Alten Testament; in zwei fast gleich lautenden Berichten wird dort vom Besuch der schönen und unermesslich reichen Königin beim weisen König Salomo erzählt. Von Schneckengärten ist dagegen in der Bibel nicht die Rede; es ist vielmehr eine historische und neuerdings wiederbelebte Erfahrung von der Alb, wo es – so drückt es Hermann Fischers *Schwäbisches Wörterbuch* recht unpoetisch aus – *Schneckenmästereien* gab. Es ist nur eine beiläufige Assoziation Mörikes, aber sie ist nicht belanglos – man stutzt, und man soll stutzen, denn in dem rasch hingeworfenen Bild klingt das Thema des Märchens an: das Ineinander schwäbischer Alltagsszenen und einer exotischen Traumwelt, wie es später im Pendeln der schönen Lau zwischen der recht wirklichkeitsnahen Klosterwirtschaft und ihrem unterirdischen Zauberreich im Blautopf zum Ausdruck kommt.

Auch *Glasberge* lassen Leserinnen und Leser stutzen – die *blaue Mauer* dagegen eigentlich nicht. Dass die Alb eine blaue Mauer ist, hat man immer wieder einmal gehört oder gelesen, in touristischen Werbeprospekten und Zeitungsfeuilletons, und vermutlich findet sich dieses Sprachbild auch in den Protokollbüchern von Wandergruppen des Schwäbischen Heimatbunds oder des Schwäbischen Albvereins. Die Wendung ist nicht gerade umgangssprachlich; aber wo die Rede sich ein wenig zu Pathos aufschwingt, wird die Alb blau und sogar zur *blauen Mauer.* Man wird zum Spielverderber, wenn man daran herummäkelt, es ist wie ein Verstoß gegen die sprachliche Kleiderordnung. Aber ich genieße das Privileg, dass ich täglich durchs Fenster auf Teile der Albkette sehe, und eines Tages habe ich damit begonnen, bewusst das Blau zu suchen – und die Suche war vergeblich. Ich gebe zu, dass ich manchmal auf der Farbskala dicht ans Blau herankam, aber die Farbnuancen lagen immer noch näher bei Grün oder Grau. Dies hat mich zu der Frage provoziert: *Warum ist die Alb blau?* – bei Mörike, und, wie zu zeigen sein wird, auch bei vielen andern.

Tauchte das Blau nur in Verbindung mit der Königin von Saba auf, so könnte man annehmen, dass hier nicht nur eine exotische Überlieferung, sondern auch ein exotischer Farbwert herübergeschwappt ist vom vorderen Orient auf die Blaubeurer Alb. Aber als der Schuster Seppe auf dem Rückweg nach Stuttgart ist, erscheint die Alb immer noch blau: *Auf dem Berg, wo der Wolfschluger Wald anfangt, sah man damals auf einem freien Platz ein Paar uralte Lindenbäume, ein offen Bethäuslein dabei, samt etlichen Ruhbänken. Allhie beschaute sich der Seppe noch einmal die ausgestreckte blaue Alb, den Breitenstein, den Teckberg mit der großen Burg der Herzoge, so einer Stadt beinah gleichkam, und Hohen-Neuffen, dessen Fenster er von Weitem hell her blicken sah. Er hielt dafür, in allen deutschen Landen möge wohl Herrlicheres nicht viel zu finden sein, als dies Gebirg, zur Sommerszeit, und diese weite gesegnete Gegend.*

Auch schon vorher hatte Mörike immer wieder einmal diese Farbe ausgewählt, um die Alb zu charakterisieren. Als der 22-Jährige in Köngen aufzieht, schildert er seinem Freund Hartlaub brieflich *die unbeschreiblich reizende und freie Aussicht,* und er hebt hervor, *zum Hintergrund* habe man *eine große blaue Gebirgskette, in deren Mitte Neuffen, im Fernrohr zum Zeichnen nahe.* Zwei Jahre danach, im späten November, beschreibt er der Freundin Luise Rau, wie sich *von der Höhe* südlich Stuttgart *die langen weißen Flächen, die blauen Alpgürtel im zarten Nebel* zeigen. Wieder zwei Jahre später – er ist inzwischen von den Fildern in die Leonberger Gegend gezogen – schreibt er das Gedicht *Heimweh,* in dem er – in reichlich schwülstigen Worten – die Vereinigung mit den Albbergen, den blauen Bergen, herbeisehnt:

Aber nun – am Fenster wieder,
Blaue Berge seh ich dort!
Und auf brünstigem Gefieder
Drein zu fließen, zieht's mich fort.

Und mit 40 – nachdem er das ungeliebte Pfarramt losgeworden ist – entwirft er in der Gegend um Mergentheim das Gedicht *Der Petrefaktensammler*, in dem sich das Blau der Alb aus einem sensibel geschilderten Farbspiel entfaltet:

Und dazwischen mit Entzücken
Nach der Alb hinauf zu blicken,
Deren burggekrönte Wände
Unser sonnig Talgelände,
Rebengrün und Wald und Wiesen
Streng mit dunkeln Schatten schließen!
Welche liebliche Magie,
Uns im Rücken, übten sie!
Eben noch in Sonne glimmend
Und in leichtem Dufte schwimmend,
Sieht man schwarz empor sie steigen,
Wie die blaue Nacht am Tag!
Blau, wie nur ein Traum es zeigen,
Doch kein Maler tuschen mag.

Die beiden zuletzt zitierten Verse enthalten einen für unsere Frage entscheidenden Hinweis: Vielleicht ist es ja nicht legitim oder doch nicht ausreichend, das Blau in der Realität zu suchen. Es gehört in den Kompetenzbereich des Künstlers, des Malers, und es ist, wie es Mörike andeutet, mehr noch eine Möglichkeit des Traums – und damit auch der poetisch träumenden Rede, der Poesie. Man muss sich vergegenwärtigen, dass die Poeten jener Zeit durch die Epoche der Romantik gegangen waren, in der das

Sehnsuchtsblau eine wichtige Rolle spielte – Novalis' blaue Blume wird oft als zentrales romantisches Symbol betrachtet. Das Romantische war ein Aufstand gegen banales, spießiges Alltagsverständnis, auch gegen den trivialen Umgang mit der Natur. Heute ist Naturgenuss zum *Massenbetrieb* geworden – so hat es Georg Simmel ausgedrückt; man könnte auch freundlicher formulieren, dass ein mehr oder weniger romantisches Naturverständnis demokratisiert wurde. Jedenfalls ist nur noch schwer vorstellbar, wie fremd, ja unmöglich für den Großteil der Bevölkerung ein ästhetischer Zugang zur Natur war.

Ein Tübinger Beispiel kann das verdeutlichen. In der Zeit, als jene Mörikebilder entstanden, weideten hier im späteren Botanischen Garten, also mitten im Ort, Kühe. Für eine kleine Ackerbürgerstadt – und das war Tübingen trotz der Hochschule – war das nicht ungewöhnlich; aber diese Viehweide war bis 1836 Teil des städtischen Friedhofs; zwischen den Grabstellen wurden Esparsetten, also Futterpflanzen, gezogen, und als der städtische Friedhof weiter nach Norden verlagert wurde, dienten auch dort einige Jahre die nicht belegten Flächen den Totengräbern als Anbaufläche. Es bedurfte erheblicher Anstrengungen der städtischen Verwaltung und der akademischen Bürger, dies zu ändern, in einzelnen Initiativen, aber auch korporativ, indem mehrfach versucht wurde, einen Verschönerungsverein zu schaffen. Für diesen Verein, einen der Vorläufer des Schwäbischen Heimatbunds, sind deshalb verschiedene Gründungsdaten belegt: 1837, 1842 und 1863. Solche Reformen bezeugen den neuen Umgang mit der Natur, den neuen Blick auf die Natur.

Die Poeten hatten schon vorher den Auftrag erkannt, *die Welt mit anderen als Werktagsaugen anzusehen* – so hat es Hermann Kurz ausgedrückt – und diese poetische Sicht zu vermitteln. Die Alb, jahrhundertelang ein unwirtliches und nach außen abweisendes Gebirge, wird zur Landschaft – in diesem Begriff kommt zum Ausdruck, dass es sich nicht um ein neutrales Raumgebilde handelt, sondern um eine eigentümliche Physiognomie, eine besondere Prägung, die auch den ästhetischen Blick erlaubt, vielleicht verlangt. Nur allmählich schält sich dieses an sich distanziertere, aber die Nähe und Vertrautheit suchende Verstehen der Landschaft aus dem rein praktischen, utilitaristischen, also an der Nützlichkeit orientierten Naturverständnis heraus.

Im Jahr 1790 wandert Friedrich August Köhler, ein Tübinger Theologiestudent, über die Alb nach Ulm. Er beschreibt die Fußreise als aufgeschlossener Beobachter, schildert die äußere Formation der kargen Hochebene, aber auch Arbeit und Lebensweise der Bewohner, wie dies im damals aufkommenden Zweig der Statistik und Topographie üblich wurde. Aber an einigen Stellen meldet sich neben der ökonomisch ausgerichteten Erfahrung das gefühlvolle Erleben zu Wort – und bezeichnenderweise taucht dabei auch unsere Leitvokabel blau auf: *Die Alben, die von Osten nach Süden biß zum blauen Zollern Berge, der im Hintergrunde des schönen Prospectes ligt, das fruchtbare Tal einschließen, haben hier ein sanfteres Aussehen, weil sie* – und nun vermischt sich die quasi romantisierende Perspektive mit der gängigen nüchternen Naturbeschreibung – *an ihrem Fuße bebaut und auf ihrem Rüken mit Waldung bedekt sind.*

Es ist unwahrscheinlich, dass Köhler diese Farbgebung erfunden hat, – vermutlich stand er schon in einer Traditionskette, die es noch aufzudecken gilt. Ganz sicher war er nicht der Anreger für den späteren Sprachgebrauch, schon deshalb nicht, weil er sein Reisejournal nicht publizierte; es blieb nur in einem handschriftlichen Oktavbändchen erhalten. Jedenfalls aber lassen sich, zeitlich ausgehend von Köhler, in dichter Folge Belege anführen, in denen das Blau wie an einer Perlenkette aufgereiht ist. 1795 schreibt Schiller sein großes Gedicht *Elegie*, dem er in einer späteren Fassung die Überschrift *Der Spaziergang* gab. Der Dichter bewegt sich unter einem *prächtigen Dach schattender Buchen*, wo ihm die Landschaft *entflieht*; aber nach dem Aufstieg auf einem *schlängelnden Pfad* eröffnet sich die Aussicht:

Unabsehbar ergießt sich vor meinen Blicken die Ferne,
Und ein blaues Gebirg endigt im Dufte die Welt.

Das Gedicht schildert eine ideale Landschaft. Aber Schiller betonte damals in einem Brief an Wilhelm Humboldt, dass er *beinahe immer von einem äußeren Objekt ausgehe.* Dabei darf für den größten Teil der Naturbeschreibung, beginnend mit *dem rötlich strahlenden Gipfel* eines Bergs, die Umgebung von Jena in Anspruch genommen werden. Aber mit guten Gründen wurde auch die Verarbeitung schwäbischer Erinnerungen unterstellt – Schillers über neun Monate dauernder Aufenthalt in Württemberg lag gerade ein Jahr zurück, und *der Pappeln stolze Geschlechter* in seinem Gedicht lassen an Hohenheim denken, dem Schiller in der Rezension eines Gartenkalenders mehrere Abschnitte widmet.

Aber die Frage der Lokalisierung ist halb so wichtig: Es ist ja doch von vornherein nicht anzunehmen, dass die blaue Färbung der Berge eine Art Stammesmerkmal ist. Auch Goethe hat um diese Zeit im Gedicht *Landschaft* einen entsprechenden Eindruck festgehalten:

Das alles sieht so lustig aus,
So wohl gewaschen das Bauernhaus,
So morgentaulich Gras und Baum,
So herrlich blau der Berge Saum!

Was für den Südwesten herausgestellt werden darf, ist die große Dichte des Belegnetzes. 1798 erscheint die anonyme Schrift *Phantasien und Bemerkungen auf einer Fußreise durch einen Theil der Schwäbischen Alpe.* Verfasser ist der gerade 25-jährige Stuttgarter Christoph Heinrich Pfaff, Naturwissenschaftler und später Professor der Physik und Chemie, ein nüchterner Beobachter, der aber doch von seiner *überschwänglichen Entzückung* dank der *majestätischen Kette der blaulichen Albgebürge* und von der *wolken-*

strebenden Mauer der Alb spricht, – was Mörike in der *blauen Mauer* verbindet, ist hier schon beides vorhanden. Im Jahr 1815 publiziert Justinus Kerner sein Gedicht *Sommerabend auf Kloster Lorch*, in dem er die Grabstätte der staufischen Herrscher feiert, aber mit Blick auf die Alb:

Nach mildem Abendregen
Die Lüfte kühlend wehn;
Des Landes reicher Segen
Dampft auf zu blauen Höhn.

1823 kommt der erste Albführer aus der Feder von Gustav Schwab heraus mit vielen poetischen Beigaben, – auch hier erscheint die *schroffaufsteigende Bergeswand, schwarzblau von der Entfernung gefärbt;* und Schwab schildert mit Hilfe sich verändernder Farben wechselnde Stimmungen: Wenn *der Horizont an den Bergen blau ist, und die Abendsonne einen Strahl auf diese Ferne wirft, so erheitert und belebt sich bald das Gemälde. Die dunkle Farbe des Gebirgs wird in ein durchsichtiges Blau verklärt, über das der Sonnenschein eine leichte Röthe gießt …*

Drei Jahre später ist der Roman auf dem Markt, der die Alb vollends populär macht, indem er die Landschaft historisch auflädt, wie man es vorher nur aus Balladen kannte: *Lichtenstein* von Wilhelm Hauff. Darin heißt es: *Man denke sich eine Kette von Gebirgen, die von der weitesten Entfernung, dem Auge kaum erreichbar, durch alle Farben einer herrlichen Beleuchtung von sanftem Grau, durch alle Nüancen von Blau, am Horizont sich herzieht, bis das sanfte Grün der näher liegenden Berge mit seinem sanften Schmelz die Kette schließt. Auf diesen Gipfeln eines langen Gebirgsrückens erkennt das Auge Schlösser und Burgen ohne Zahl, die wie Wächter auf diese Höhen sich lagern und über das Land hinschauen.* Das Schloss Lichtenstein war bekanntlich nicht dabei; erst dank der Anregung durch Hauffs Roman wurde es nach dem Tod des jungen Dichters erbaut – eine besonders handfeste Prägung der Landschaft durch die Literatur.

1837 kommt der Berliner Schriftsteller Franz Freiherr von Gaudy ins Land und wandert über die Schwäbische Alb; heimgekehrt schreibt er das Gedicht *Gruß den Schwaben*, in dem er sich an das Gebirge erinnert:

> Vor meinen Blicken steigt in duft'ger Bläue
> Die Alp herauf …

Mit diesem Zeugnis befinden wir uns im zeitlichen Umkreis Mörikes, der gleich mehrere blaue Perlen in die Überlieferungskette einfügt – aber auch nach ihm bricht die Tradition nicht ab. 1858 veröffentlicht Hermann Kurz die zweite Fassung seines *Bergmärchens*, in dem er von einem Reutlinger Buchdrucker erzählt, der mit den Buben in Feld und Wald hinauszieht und ihnen die Landschaft und ihre Geschichte näherbringt. Vom Rossberg blicken die Wanderer hinüber zu Achalm und Hohenneuffen, und weiter: *Der dritte im Kleeblatt dieser schlanken Berge und der schönste war der Hohenstaufen, der in den blauen Duft der Ferne gehüllt einsam aus Nordosten herüberblickte.* Auch der Roman *Christoph Pechlin* lässt sich anführen, den Wilhelm Raabe nach seinem Stuttgarter Aufenthalt schrieb und in dem er zwei vornehme Damen und damit auch seine Leser auf den Hohenstaufen führt. Die beiden Damen berauschen sich am Ausblick *auf die in abgestuftem Blau sich hindehnende Kette der Alb* – wobei sich Raabe ironisch amüsiert über die sentimentale Naturbegeisterung und die darin verpackte pathetische Erinnerung an die Staufenkaiser.

Aber wer von der Alb spricht, schwingt sich auch später immer wieder auf zum vieldeutigen Blau der Berge. 1911 erscheint *Bohlinger Leute*, vom Verfasser Richard Weitbrecht als *Schwäbischer Bauern- und Pfarrerroman* bezeichnet. Darin ist ein junges Paar zu Fuß unterwegs auf der Geislinger Alb; der junge Mann, ein

Bauernsohn, prüft die Güte der Böden, das Mädchen empfindet die Schönheit der Landschaft: *Über der Mulde aber, lang hingezogen, ein Waldstreifen im ersten lichten Frühlingsgrün, dahinter etwas höher fast gleichlaufend ein schön blau schimmernder Höhenrücken, und über dem im hellen Blau der Ferne die Teck und ihre Gesellen.* Und das Blau erreicht ziemlich unversehrt auch noch unsere Gegenwart; Hermann Lenz zum Beispiel hält vom Stuttgarter Weißenhof Ausschau nach Mörikes *blauer Mauer*; und noch in einem neueren Merian-Aufsatz von Peter Sandmeyer blickt der Autor von der A8 bei Aichelberg hinauf und sieht: *eine schwarzblaue Wand, steil aufragend aus der grünen Ebene der Fils …*

Eine reichhaltige Kette von Belegen also, der durch gezielte Recherchen sicher weitere Glieder anzufügen wären. Aber was bedeutet das nun, und hat es uns der Antwort auf die Frage nach der Ursache näher gebracht? Festzuhalten ist, dass direkte Abhängigkeit kaum einmal nachzuweisen ist; aber Literatur ist immer auch ein Kartell des Austauschs und der Übernahme. Anders gesagt: Die Dichter nähern sich nicht voraussetzungslos ihrem Gegenstand, sondern sind in ihrer Blickweise und in der sprachlichen Gestaltung der Blickweisen mit bestimmt von Vorgängern und Kollegen. Das gilt noch immer; aber es galt mehr noch für die früheren Epochen, in denen sich das Blau der Alb verfestigte: Der literarische Markt war überschaubar; viele Dichter kannten sich persönlich oder waren doch vertraut mit den literarischen Produkten. Epigonale Züge bleiben da nicht aus – trotzdem aber sollte man nicht gleich von Plagiaten reden; eher handelte es sich um die Formierung der Sehweisen, der Perspektiven. Das Blau der Alb ist ein Topos, eine Formel, vergleichbar dem silbernen Mond.

Jedenfalls sollte man, ehe sich der Eindruck einer kollektiven poetischen Augenkrankheit festsetzt, nachfragen, was die Blaufärbung plausibel machte. Es fällt auf, dass die Poeten das Blau häufig in Beziehung setzen zu anderen Farben, sei es kontrastiv –

das ferne Blau der Berge sticht ab vom kräftigen Grün der nahen Wälder – oder in der Entwicklung aus verwandten Farbnuancen. Vielleicht ist es zu gewagt, bei Mörike geltend zu machen, dass er im *Stuttgarter Hutzelmännlein* ständig mit Blau zu tun hat, mit dem Fluss Blau bei Blaubeuren – für dessen Namen er in einer Anmerkung eine wissenschaftliche Erklärung versucht –, und vor allem mit dem Blautopf, in dem unten die schöne Lau lebt, von der Mörike einmal sagt, sie *lächelte bläulich herauf.*

Überzeugender ist wohl der Hinweis auf eine andere Assoziation: In dem Gedicht Kerners, wo er von *blauen Höhn* spricht, stehen auch die Verse:

Das ist die Alp, gekleidet
In blauen Himmelsglanz

und einige Zeilen weiter ist die Rede vom Land *gekūsst von Himmelsbläue.* Das ist verwandt mit einer Verszeile in Peter Härtlings Albgedicht; er sieht die Berge *hungrig immer nach Bläue.* Man kann zum Schluss kommen, dass die Dichter die blaue Färbung vom klaren Himmel auf die Berge übertragen, dass sie also gewissermaßen das Blaue vom Himmel herunterlügen. Dies hatten ihnen aber die Maler vorgemacht, und damit stoßen wir auf einen entscheidend wichtigen Zweig der blauen Ahnengalerie.

Wenn man die Geschichte der Landschaftsmalerei verfolgt – die zunächst als Darstellung des Hintergrunds in religiösen Bildwerken oder als Fiktion einer idealen Landschaft erscheint und nur zögernd natürliche Landschaften zum eigentlichen Gegenstand macht –, dann trifft man schon in deren frühen Phasen auf blaue Bergwelten. Dabei handelte es sich nicht nur um ein Spiel oder um eine fixe Idee, sondern es war Teil eines sehr bewussten Umgangs mit den Farben – Arnulf Rainer definierte einmal die Kunst des Malers als *das Bewusstmachen von Farbmaterie.* Die Praxis, Gebirgsformationen am Horizont blau zu malen, war von Anfang an durch theoretische Überlegungen begleitet, für die Leonardo da Vinci zentrale Bedeutung hatte. Seine Theorie der *Luftperspektive* ist nicht widerspruchsfrei und ist schwer zu verstehen; aber sie konstatiert jedenfalls, dass es die Dichtigkeit der Luft ist, die das *Luftblau* schafft und auch die Dinge dahinter koloriert: *Man sieht in der Ferne an Bergen das Blau da am schönsten, wo sie am meisten Schatten haben* – in heller Beleuchtung *zeigen sie mehr Bergfarbe als die des Blaus*. Im Klartext heißt das: Die Bergfarbe ist nicht blau, aber der durch die Luft hindurch gesteuerte Blick macht sie blau, wobei die Blautöne in größerer Ferne heller werden und quasi mit der Luftfarbe zerfließen; auch das hat Leonardo ausgeführt und in seinen Bildern mit der Technik des Sfumato, einer rauchartigen Farbgestaltung, demonstriert.

Die Fülle der Landschaftsbilder zeigt eine Fixierung des Blau an die Berge; in der großen Malerei bei Raffael, Altdorfer, Breughel, Lorrain, Poussin, um nur wenige Namen zu nennen, – aber auch schon in reliefartig aufgeführten alten Flurkarten von der Alb, im Hintergrund schwäbischer Städtedarstellungen, und dann, zur gleichen Zeit, als die literarischen Belege sich häufen, in Bildern der Alblandschaft. Die Verbindung zwischen Malerei und Dichtung ist für jene Zeit keine vage Konstruktion. Abgesehen davon, dass manche Dichter sich selbst in Zeichnungen und Gemälden versucht haben – Mörike gehörte dazu! –, gab es enge Kooperationen; Gustav Schwab und der Maler Louis Mayer als Illustrator bestimmten gemeinsam die Wege und Akzente der 1837 veröffentlichten *Wanderungen durch Schwaben*. Die gemalten Albbilder waren bekannt und beliebt, zunächst allerdings nur in wohlhabenden Bürgerkreisen; von einem Albbauern wurde berichtet, dass er staunend vor einer Malerin stand, die am Wegrand vor ihrer Staffelei saß, und dass er schließlich kommentierte, ihre Tätigkeit sei *älleweil no besser als dr Liedrichkeit nochgange*. Aber auch in ländliche Wohnungen fanden die Bilder allmählich

Eingang, besonders die zwischen naturalistischer und impressionistischer Darstellung changierenden Bilder schwäbischer Maler vor und nach der Wende zum 20. Jahrhundert – Julius Kornbeck, Christian Landenberger, Maria Caspar-Filser, Karl Stirner, Anton Geiselhart. Und man könnte diese Aufzählung erweitern und fortführen bis in die Gegenwart, wenn man etwa an die Holzschnitte von Andreas Felger, an die Ostalbbilder von Sieger Köder, an die Gemälde von Hannes Münz aus Dapfen oder an die Objektkunst von Katharina Hinsberg denkt, – immer wieder tauchen auch blaue Albberge auf.

Dies ist nicht nur eine Parallele zur Literatur, vielmehr besteht ein direkter Zusammenhang. Dass die gemalten Bilder die Sehweise und damit auch die Beschreibung beeinflussten, dafür finden sich Belege in vereinzelten Äußerungen der Poeten. Mörike erinnert in dem zitierten Gedicht über den Versteinerungssammler – der er selber war – an die Maler. Aber er sagt von dem Blau, das er vor Augen hat, dass es *kein Maler tuschen mag*, dass es vielmehr *nur ein Traum* zeigen könne. Damit kommt eine weitere Dimension ins Spiel. Was die Maler vorführen, orientiert sich – zunächst wenigstens – an der physikalisch begründbaren Möglichkeit, dass die Berge – dank Lichtbrechungen, der Luftdichte und anderer Voraussetzungen – blau erscheinen. Aber diese physikalische Grenze kann ja doch überstiegen werden von der Phantasie, vom Traum, im freien Assoziieren, das nicht an die Realität gekettet ist – oder richtiger: das die Realität über die physisch vorgegebenen Möglichkeiten hinaus verwandeln kann. Dabei erfolgt im Allgemeinen keine totale Lösung von dem, was als physische Realität in unsere Netzhaut eingebrannt ist, – man könnte ja schließlich die Albberge auch als gelb oder orange oder karminrot beschreiben und malen, aber das Blau liegt näher.

Und dies nicht nur wegen der Bedingungen, wie sie in verschiedenen Farbenlehren entwickelt wurden, sondern weil Blau als Farbe des Traums und der Phantasie besondere Qualitäten anbietet.

Goethe, der mit seinen physikalisch-chemischen Überlegungen zur Farbtheorie gescheitert ist – die Wissenschaft bewegte sich auf dem von Newton gewiesenen Weg –, formulierte zusätzlich in seiner Farbenlehre Erörterungen über die *sinnlich-sittliche Wirkung* einzelner Farben. Dieser ästhetische Beitrag ist bedeutsam geblieben. Was Goethe damit ins Auge fasste, hat Friedrich Nietzsche später so charakterisiert: *Es ist kein Zweifel, dass alle Sinneswahrnehmungen gänzlich durchsetzt sind mit Werturteilen (nützlich und schädlich – folglich angenehm oder unangenehm). Die einzelne Farbe drückt zugleich einen Wert für uns aus (obwohl wir es uns selten oder erst nach langem, ausschließlichen Einwirken derselben Farbe eingestehen ...).*

Es ist dieser Wert, zurückhaltender gesagt: Es sind die von der Realität nicht unabhängigen, aber sie übersteigenden Konnotationen einer Farbe, die sich in unsere Blicke hineinschmuggeln. Gottfried Benn bezeichnete Blau als *Südwort schlechthin;* tatsächlich schwingt schon in dem Wort etwas mit vom mediterranen Himmel und der blühenden Farbintensität südlicher Länder; aber das Blau übersteigt auch diese Assoziationen. Kandinsky betonte die *Neigung des Blau zur Vertiefung*; man denkt an die Dominanz von Blautönen in der Ferne, aber auch hier ist noch mehr gemeint. Blau führt in unerforschte und unstrukturierte Tiefen; Goethe schrieb, die Farbe Blau sei *in ihrer höchsten Reinheit gleichsam ein reizendes Nichts*; der belgische Autor Maurice Maeterlinck sprach von *ennui bleu*, der blauen Langeweile, Nietzsche von *blauer Vergessenheit*. Einiges von dieser Unbestimmtheit liegt schon im unerreichbaren Sehnsuchtsziel der *blauen Blume*, und noch Heinos schmachtendes *Blau, blau, blau blüht der Enzian* ist ja nicht die realistische Schilderung einer Bergwiese, sondern ein künstlicher Farbrausch. Vielleicht darf in diesem Zusammenhang statt weiterer poetischer Zitate auf die Hintergründigkeit unserer Umgangssprache hingewiesen werden: Da ist Blau das Verschwimmende, das Unkontrollierte, das Gelöste – die Versuchung, blau zu sein, zielt auf die Befreiung vom Korsett des Normalen und Realen.

All das umspielt das Problem *Literatur und Landschaft*. Die unverrückbaren Vorgaben der Landschaft prägen die Literatur; aber die Literatur prägt auch die Landschaft, indem sie Sehweisen vorgibt, welche die Aspekte der Landschaft verwandeln – ein zirkuläres Verhältnis. Das Stichwort Sehweisen ist dabei nicht eng zu fassen; es geht generell um die literarische Vermittlung von Gefühlsnuancen, die in der realen Begegnung mit Landschaften präsent bleiben und nicht abzuschütteln sind – unabhängig davon, ob es sich um genau die Landschaft handelt, die den poetischen Impetus ausgelöst hat. *O schaurig ist's übers Moor zu gehen* beginnt eines der bekanntesten Gedichte der Annette von Droste-Hülshoff (1797–1848). Sie hat darin Erfahrungen aus ihrer westfälischen Heimat verarbeitet, sowohl in Bezug auf die Schilderung der Natur wie auf die geisterhaften Schreckgestalten, die den Knaben im Moor ängstigen. Aber die Droste hatte damals gerade das badische Meersburg, wo ihre Schwester im Schloss lebte und wo sie regelmäßig den jungen Dichterfreund Levin Schücking traf, zu ihrer zweiten Heimat gemacht. Dies trug, zusammen mit der Eindringlichkeit ihrer Verse, gewiss dazu bei, dass auch die Moore in der Bodenseegegend noch schauriger wurden.

Nochmals gefragt: Warum ist die Alb blau? Von dem Schweizer Maler Ferdinand Hodler stammt der Satz: *Das Herz ist mein Auge*. Das gilt für Maler wie für Dichter. Letztlich ist das die Antwort, die über die Koordinatennetze physikalischer Vorgaben und experimenteller Psychologie hinausreicht.

Als ich dieses Resümee gezogen hatte, legte ich alle Schreibutensilien beiseite und blickte durchs Fenster. Und ich sah die lange Kette der Albberge – natürlich (oder doch unnatürlich?) in abgestuften Blautönen.

Glückliche Rückständigkeit
Die Donau bleibt katholisch

Schubart, Schiller, Hölderlin, Kerner, Uhland, Hauff, Waiblinger, Mörike, Vischer – die schwäbische Literaturgeographie folgt weithin dem mittleren Neckar auf dem Weg zum Rhein: Tübingen, Esslingen, Stuttgart, Ludwigsburg, Marbach, Heilbronn, Weinsberg, und als südwestlicher Abschluss der lange Gebirgszug der Alb. Interessanterweise fällt das meistens gar nicht auf; es ist die Perspektive, die in der württembergischen Landesgeschichte Tradition war und die nur selten in Frage gestellt wurde. Aber es gibt ein großes Gebiet jenseits der blauen Mauer und der von ihr begrenzten Hochfläche der Alb, und dieses Gebiet war kein kulturelles Ödland. Es lohnt sich, die europäische Wasserscheide zu überschreiten und sich der Donau entlang umzuschauen.

Die Donau selbst lässt die Ausrichtung nach Norden, zu Neckar und Rhein, schnell vergessen. Sie hält keine Wacht gegen Fremde. Sie verbindet Länder und Kulturen; erst spät, an ihrem Unterlauf, markiert sie auch Grenzen. An den Ufern nehmen theatralische Burgruinen und martialische Nationaldenkmäler nicht überhand. Sie gibt sich unheroisch, demonstriert Gleichmaß und Ruhe und hat doch nichts von müder Askese an sich. Stattdessen poetische Selbstverlorenheit, heitere Melancholie, beschwingte Musikalität. Nichts gegen die Donau. Ihre Anfänge im Badischen freilich werfen Probleme auf. Man kann darüber streiten, wo sie anfängt: Es gibt zwei Quellflüsse, Brigach und Breg, und es gibt eine zusätzliche, schön gefasste Quelle im Donaueschinger Schlosspark. Und kaum ist die Donau durch den Zusammenfluss entstanden, erlaubt sie sich Kapriolen, mit denen selbst gelehrte Geologen nur schwer zurechtkommen. Wenn es an Schnee und Regen fehlt, verschwindet die Donau. Ihr Flussbett bleibt leer, das Wasser versickert, dreht unterirdisch ab nach Süden und füllt dort einen neuen Quelltopf, den der Aach, die in den Bodensee mündet.

So kann man, auf den Oberlauf der Donau blickend, mit einem gewissen Recht sagen, sie münde in den Rhein, der sich ja seinen Weg durch den See bahnt. Dann klappt es zwar mit der Wasserscheide nicht mehr richtig, aber es ist ja nicht unsympathisch, wenn wohlgeordnetes Schulwissen etwas durcheinandergebracht wird. Die Annahme einer unterirdischen Süd-Nord-Verbindung hat ihren eigenen Reiz – und die Donauversickerung hat gewissermaßen eine ökumenische Dimension: sie verbindet den katholischen Süden mit dem überwiegend protestantisch geprägten Norden.

Der Exkurs in den Untergrund ist aber nur eine kurze Irritation. Einige Kilometer talwärts ist die Donau wieder da, auch zu Trockenzeiten, und fließt dahin, als ob nichts gewesen wäre. Keine Spur von der geheimen Verbindung mit dem Norden – die Donau bleibt katholisch. Dies ist auf den ersten Blick eine kuriose Feststellung. Aber es gibt nicht nur die Topographie, es gibt auch den Geist einer Landschaft, und er wird bis heute sehr stark bestimmt von der dominierenden Konfession; die Kulturlandschaft ist immer auch Kultlandschaft. Der Unterschied zwischen katholischen und evangelischen Gegenden ist noch immer sichtbar und spürbar, obwohl durch Zuwanderung und Austausch überall gemischte Konfessionsverhältnisse entstanden sind; und selbstverständlich war er einschneidender, als Katholiken und Protestanten durch Staatsgrenzen voneinander getrennt waren.

Die Donau streift nur einige wenige evangelische Territorien. Das größte davon war das der Freien Reichsstadt Ulm, in das aber doch ein paar katholische Ausläufer hineinreichten. Mitten im Gebiet der Stadt war das Wengenstift, ein Kloster der Augustinerchorherren, umgeben von hohen Mauern, aber doch nicht hermetisch abgeschlossen von der Stadt. Die Klosterschule besuchten viele Kinder aus der Umgebung, und wenn zum Abschluss des Schuljahrs oder bei irgendwelchen Festlichkeiten eine musikalische oder theatralische Aufführung anstand, war die Bevölkerung eingeladen. Für die Aufführungen war im Kloster lange der Pater Joseph Lederer zuständig. Er schrieb plumpe Tendenzstücke, zum Beispiel *Exorcismus Doctoris Martini Lutheri*; darin wird Luther als Teufelsaustreiber dargestellt, der selbst vom Teufel besessen ist und sich entsprechend grobschlächtig benimmt. Trotzdem wurde das Stück, wie es auf dem Titelblatt der in der Ulmer Stadtbibliothek verwahrten Handschrift vermerkt ist, *mit Beifall hoher Gäste öfters aufgeführt* – ungefähr zur gleichen Zeit, in der Lessing in seinem *Nathan* das Hohelied der Toleranz anstimmte.

Lessing, Nationaltheater, Offenheit der Kultur – das war eine andere Welt. Und doch wurde davon auch in der süddeutschen Provinz Kenntnis genommen. 1767 war in Hamburg die Uraufführung von Lessings Lustspiel *Minna von Barnhelm*. Im folgenden Jahrzehnt wurde es von Wanderbühnen ins Repertoire aufgenommen und in Stuttgart, Ludwigsburg, Heilbronn, Öhringen, aber auch in Biberach und Ulm gezeigt. Lederer muss das Stück gesehen oder gelesen haben, denn er verarbeitete es in seinem Drama *Der abgedankte Offizier oder Joseph der Gute*, das er mit seinen Zöglingen zur Aufführung brachte. Er bemühte sich um Kontrafakturen: Statt dem Preußenkönig Friedrich trat der im Süden populäre österreichische Kaiser Joseph auf, und statt Tellheim kam ein Tellmann zum Zug, und zwar als die jämmerlichste Person des Stücks. Zu Minna gab es keine Entsprechung. Das Ganze war kein Charakterdrama um bürgerliche Moralprinzipien, sondern ein Arrangement für überschwängliches Lob des Kaisers, *der alles um ihn herum so glücklich macht, dessen Fußtritte von Segen träufeln.* Weitere Zitate braucht es wohl nicht, um Lederers dubiose Einstellung und sein dürftiges literarisches Vermögen zu demonstrieren; und

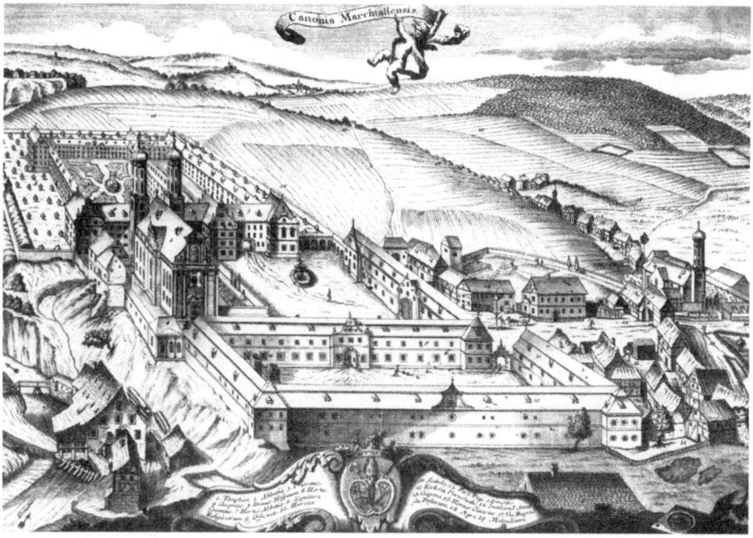

Das Kloster Marchtal an der Donau, Stich von Bodenehr nach Wegscheider, 1734

oft wurde aus solchen Beispielen generalisierend auf die Verspätung und Rückständigkeit geschlossen, die im schwäbischen Klosterwinkel herrschten.

Aber so glatt geht die Rechnung nicht auf. Elmar Kuhn hat dem Landstrich *glückhafte Rückständigkeit* bescheinigt, mit dem Blick auf die jüngere Entwicklung und umfassend bezogen auf die Lebensverhältnisse im Raum zwischen Alb und Bodensee. Aber diese Bewertung trifft auch auf Teile der damaligen literarischen Szenerie zu, so stark diese von Geistlichen und der Kultur der Klöster bestimmt war. Im Hinblick auf ein besonders eindrucksvolles Beispiel dürfte es angebracht sein, hier den zunächst gesetzten räumlichen Rahmen geringfügig und den zeitlichen etwas großzügiger zu überschreiten. In Kreenheinstetten, einem fürstenbergischen Dorf, das später zu Baden gehörte, ist 1644 – also noch während des Dreißigjährigen Kriegs – der Wirtssohn Johann Ulrich Megerle geboren, der eine theologische Laufbahn einschlug und über die Benediktiner-Universität Salzburg ins

Kloster nach Wien kam, wo er unter dem Namen Abraham a Santa Clara mit seinen Parabeln und vor allem mit seinen Wallfahrts- und Bußpredigten berühmt wurde. Er hatte ungeheuren Zulauf – kein Wunder, wenn man sich mit seinen Predigten befasst, die auch heute noch amüsant zu lesen sind in ihrer Drastik und mit ihren unerschöpflichen Wortspielen. Ganz gleich, ob er über den giftigen Neid, über die Liebe, über die Trunksucht oder über die falsche Erziehung der Eltern redet – mit seinen Sprachbildern und seinem Sprachwitz hält er die Zuhörer bei der Stange.

Wann die Eltern ein Kind haben, welches einen Buckel hat so groß wie ein Scheerhaufen (…) wie schämen sie sich so sehr? Oder wanns in den Augen schielet, daß es zwei Bücher auf einmal lesen kann und mit einem Aug' in die Höhe, mit dem anderen in die Niedere schaut, wie eine Haus-Gans! Wie verdrüßt es so stark, wanns auf einer Seite hinkt wie ein Hund, den die Köchin mit dem Nudelwalker bewillkommet! Wie schmerzt nit solches die Eltern, wanns im Gesicht ein ungeformtes Muttermahl hat, etwann auf der Nase eine Kirsche, daß der Stängel ins Maul hängt! (…). Der geringste Leibstadel ist denen Eltern verdrießlich, und sucht man Augen-Arzt, Zähn-Arzt, Ohren-Arzt, Nasen-Arzt, Maul-Arzt, Kinder-Arzt und Aerztinn: In allen Orten und Porten, solches Uebel zu wenden. Aber (…) wann die Seel' ist wie ein Tempel, wo nit ein heiliger Venantius, sondern eine heillose Venus verehrt wird; wann die Seel' ist ein Garten, worinnen nit Nüsse, sondern Aergernuß, nit riechender Salvi, sondern eine stinkende salva venia wachset; wann die Seel' eine Gassen ist, aber nicht bei den zwölf Aposteln zu Wien, sondern im Sauwinkel daselbst, das achten und betrachten die Eltern nit, das schmerzt sie nit: wann ein Kind den Fuß bricht, da weinet die Mutter, da ist nässers Wetter als im November, wanns aber Gott beleidigt, da ist trocknes Wetter, wie im Heumonat.

Abraham a Santa Clara war nicht der einzige Prediger aus unserer Gegend, der in Wien Aufsehen erregte. Vom vorderösterreichischen und später bayrischen Weißenhorn kam Sebastian Sailer ins Kloster Obermarchtal in der Nähe von Ehingen an der Donau. In Wien, wohin ihn die Schwäbische Landesgenossenschaft gerufen hatte, hielt er am Ulrichstag 1767 eine große Rede. Maria Theresia empfing ihn bei diesem Anlass, und eine Dose wurde ihm überreicht mit der Inschrift *Ciceroni Suevico* – dem schwäbischen Cicero. Er verdiente aber auch die Bezeichnung *Schwäbischer Aristophanes*, die Wilhelm Waiblinger für ihn fand, denn er schrieb kleine Komödien und Singspiele, von denen auch dort, wo sie religiöse Gegenstände berührten, eine heitere Stimmung ausging. Er trug die Stücke, meist zu festlichen Anlässen, im Kloster vor.

Sein bekanntestes Werk ist *Die Schöpfung der Menschen, der Sündenfall und dessen Strafe*, das die biblische Erzählung im eigentlichen Wortsinn ver-gegenwärtigt und mit allerhand Verfremdungseffekten den ernsten Stoff in eine komische Perspektive rückt. Sailer arbeitet gezielt mit Anachronismen. Adam erkundigt sich vorsorglich, ob das Paradies noch im Schwäbischen Kreis liege; Eva ruft Maria an und verspricht eine Wallfahrt auf den Bussen; und Gottvater selbst beginnt seine Schöpfung, die er wie ein schwäbischer Handwerker ausführt, im Namen des gekreuzigten Herren Jesus Christus und erwähnt beiläufig, dass er sein *Fiat* dem Lateinunterricht der Schule verdankt. Auch in seinen beiden anderen geistlichen Stücken mischt Sailer moderne Anspielungen in das biblische Geschehen. Zum Kampf gegen Luzifer wollen die Erzengel einen Kapuziner als Beichtvater mitnehmen, und der Teufel wird gewarnt, es werde ihm wie dem Jud Süß ergehen.

Während die evangelischen Pfarrer gegen die freieren Möglichkeiten der Literatur feste Grenzen zogen und Bibelauslegung wie Verkündigung als ausschließlich ernsthaftes Geschäft verstanden, gab es unter den katholischen Geistlichen immer wieder welche, die in ihrer pastoralen Arbeit auch den spielerischen Charakter der Poesie nutzten, um religiöse Inhalte den Menschen nahe zu bringen. Das gilt auch für Michael Jung, der vier Jahre nach Sailers Tod 1781 in Saulgau zur Welt kam, wo er zunächst in der Schneiderwerkstatt des Vaters arbeitete, dann aber aufgrund seiner Begabung zur Theologie gedrängt wurde. Fast vier Jahrzehnte war er Pfarrer in Kirchdorf an der Iller und ein weiteres knappes Jahrzehnt in Tettnang. Bekannt geworden ist er zunächst durch seinen unermüdlichen und effizienten Einsatz bei einer Typhusepidemie; er wurde dafür mit einem hohen württembergischen Orden und mit dem persönlichen Adel belohnt: Ritter Michael von Jung. In der Literaturgeschichte nimmt er nicht den gleichen Rang ein wie Sebastian Sailer – zu Recht. Aber dass er oft nur in ein literarisches Kuriositätenkabinett verbannt wird, ist nicht berechtigt, auch wenn es leicht erklärbar ist. Sein Hauptwerk trägt den Titel *Melpomene*, beruft sich also auf die Muse der Trauer, und es enthält 200 Grablieder, die Jung gedichtet und großenteils bei Beerdigungen vorgetragen hat. Er wählte diese Form, weil er damit bei den Trauergemeinden mehr Aufmerksamkeit fand als mit den üblichen Leichenreden.

Was er vortrug, waren gesungene Beispielgeschichten, die sich auf das Leben der Toten und oft auf die Todesursache bezogen und fast immer mit Ermahnungen endeten. Diese können den Blick auf übergreifende Strukturen lenken, so etwa, wenn beim Begräbnis eines Selbstmörders dessen vorausgegangene Mordtaten zwar drastisch geschildert werden, der entscheidende Vorwurf aber auf seine Spielsucht zielt, die *kein zivilisierter Staat* mit Glücksspielangeboten unterstützen dürfe. In der Regel rügt Jung jedoch individuelles Fehlverhalten und warnt vor den möglichen Folgen. Ein Trinker ist auf dem Heimweg vom Wirtshaus erfroren; der singende Pfarrherr konstatiert nicht nur, dass *nicht selig werden* kann, *wer dem Trunk ergeben ist*, sondern präsentiert ein Ranking verschiedener Alkoholika:

Besonders ist der Branntewein
zum Trunk nicht nur entbehrlich;
er schläfert auch die Sinne ein
und wird dadurch gefährlich …

Empfohlen wird, allein *für den Durst* und zwar *Bier und Wein mit Wasser mäßig* zu trinken.

Ein anderes Lied erzählt von einem Mädchen, *das sich zu tot tanzte*; es wagte keinen Tanz abzuschlagen, geriet immer mehr in Hitze und fing, endlich wieder im Freien, eine Erkältung, die aus dem Tanz einen *Todestanz* machte. Jung wendet sich gegen das Übermaß und lobt die Mäßigung; die Moralpredigt kommt zur Übereinstimmung mit dem biedermeierlichen Ideal einer ausgeglichenen Lebensweise. In einem der Gesänge wird *am Grabe eines Jünglings* vor der *Hundswut* gewarnt; tatsächlich gab es immer wieder Tollwutseuchen, und Jung geht auf die therapeutischen Schritte ein, die der Jüngling versäumt hat. Am Ende nimmt das Lied aber eine andere Wendung und landet bei einem Lob des maßvollen Lebens:

Doch lasst uns mehr die Leidenschaften,
dies Gift für Leib und Seele fliehn,
denn diese Geisteshunde rafften
mehr Menschen als die Hundswut hin …

Wenn Jungs Gedichte in späteren bilanzierenden Darstellungen der Literatur Beachtung fanden, dann fast nur als Kuriosität, als Beispiel für unfreiwillige Komik. Als Parallelstück zum Todestanz eines Mädchens schrieb er über einen Jüngling, der ständig Tanzvergnügen suchte und darüber zu Tode kam. Auch hier mündet die Schilderung des Unheils in den Appell zur Mäßigung:

Es tanzen zwar die Weisen auch,
doch nur sich langsam drehend,
sie tanzen mit Vernunftgebrauch
und nur vorübergehend
und prägen uns die Lehre ein:
Beim Tanzen muss man mäßig sein,
als wie in allen Dingen.

Das klingt einigermaßen komisch. Aber unfreiwillig? Man hat den Stil der Lieder Jungs mit der Machart des Bänkelsangs verglichen – mit guten Gründen. Der Vergleich geht deshalb nicht fehl, weil auch im Bänkelsang meistens nicht aus bloßer Naivität der übliche literarische Stil gemieden und durch eigenwillige Assoziationen und Formulierungen ersetzt wurde, sondern als heitere Gegenrede zur legitimen Poesie. Jungs Gedichte schlagen einen Weg ein, auf dem sich später auch – mit Absicht in eine Reihe gestellt – Wilhelm Busch, Robert Gernhardt und Heinz Erhardt bewegen, und gerade mit der aus dem üblichen Rahmen fallenden Gestaltung sichert er die Aufmerksamkeit des Publikums für seine ernsten Anliegen.

Zweifellos hat sich Jung an seinen poetischen Produkten selbst berauscht; sonst hätte er die von ihm bei Begräbnissen zum Vortrag gebrachten Stücke nicht durch eine große Zahl von Grabliedern ergänzt, in denen er erfundene oder in Zeitungen gefundene Episoden besang. Diese Gedichte, die sich auf besonders ungewöhnliche und auch kriminelle Vorgänge konzentrierten, kamen dem Unterhaltungsbedürfnis der Leserschaft entgegen; aber auch sie gingen meistens von der Schilderung abschreckender Taten zur Forderung tugendhaft maßvollen Lebens über – Sensationspoesie mit moralischem Ende.

Diese Mischung bleibt auch dem volkstümlichen Drama nicht fremd, das Jung verfasst hat und das 1820 in der seinem Pfarrdorf benachbarten Gemeinde Berkheim zur Aufführung kam. Der Ort gilt als Begräbnisstätte des heiligen Willebold, eines Grafen von Calw, der todkrank und unerkannt von einer Fahrt ins Heilige Land zurückkam. Seine Legende griff Jung in dem Theaterstück auf, aber er reicherte den Stoff an mit romantisch gefärbten Szenen aus dem zu seiner Zeit durchaus noch verbreiteten Räuberleben und mit Einschüben aus dem geselligen Alltag – zum Beispiel singt eine Gruppe von Männern im Wirtshaus *Freut euch des Lebens*. Das *Willeboldspiel* kam im weiteren Verlauf des 19. Jahrhunderts auf eine ganze Reihe oberschwäbischer Vereinsbühnen; acht Aufführungen sind nachgewiesen, aber es waren sicher noch mehr. Das nichtprofessionelle Theaterspiel fand in diesem Raum einen fruchtbaren Boden. Aus der bayrisch-schwäbischen Nachbarschaft wurden einzelne Stücke übernommen, aber auch ganz allgemein die unterhaltsame Vermittlung religiöser Stoffe. In diesem Punkt herrschte ein spürbarer Gegensatz zum protestantischen Landesteil, wo die bildliche Darstellung von Glaubensinhalten umstritten war und wo für strenge Pietisten der Besuch eines Theaters als Sünde galt.

Aber es wäre falsch, die Landschaft südlich der Donau ganz auf die fortdauernde Geltung und Hochschätzung traditioneller Glaubensformen festzulegen. Bei der Kennzeichnung *Glückhafte Rückständigkeit* kann man sich gerade darauf berufen, dass sich die Äußerungen der Frömmigkeit mit vorsichtig dosierter, manchmal aber auch sehr freimütiger Weltoffenheit verbanden. In Sailers Stücken findet sich, was auch den Reiz der weihnachtlichen Krippen und Krippenspiele ausmachte, die Garnierung der biblischen Geschichte mit Szenen aus dem gegenwärtigen Alltag. Und die moralischen Schlussfolgerungen in den Versen des Ritters von Jung harmonieren zwar mit christlichen Tugenden, aber sie lassen sich auf die Banalität üblicher Verhaltensweisen ein und plädieren für ein *vernünftiges* Leben. Damit ist ein Stichwort gefallen, das im Zentrum der Bemühungen um *Aufklärung* steht.

Bei dem Grabe eines vom Blitz erschlagenen Jünglings schildert Jung nicht nur eindringlich den Wetterwechsel und die Grausamkeiten des Unglücksfalls, vielmehr soll dieser *uns weise Vorsicht lehren*, was der Sänger mit konkreten Empfehlungen unterstreicht:

> Besonders sollen wir niemal
> hin unter Bäume stehen,
> weil öfter wir den Blitzesstrahl
> in Bäume schlagen sehen.
> Auch ists gefährlich allemal
> bei Pferden, Pflug und Wagen,
> denn öfter pflegt der Blitzesstrahl
> in sie hinein zu schlagen.

Ganz am Ende schwenkt Jung auf den gängigen pastoralen Weg ein:

> Den besten Schutz gewährt jedoch
> ein ruhiges Gewissen,
> wenn wir uns frei vom Sündenjoch
> und seinen Folgen wissen.

Vorher aber empfiehlt er noch einen anderen *besten Schutz*:

> Am besten schützt uns allemal
> ein guter Blitzableiter,
> er zieht an sich den Blitzesstrahl
> und lässt ihn nicht mehr weiter.

Bemerkenswert ist nicht, dass Jung an die Wirksamkeit von Blitzableitern glaubte; die positive Einschätzung hatte sich unter den Gebildeten weithin durchgesetzt. Aber für ihn war gewiss der Streit gegenwärtig, der in den Jahrzehnten davor bestimmend war: Klerikale Kreise wehrten sich gegen den Übergriff auf die unmittelbare Entscheidungskompetenz Gottes und lehnten das technische Mittel eine ganze Zeitlang ab. In seinem Legendenspiel war Jung noch dem Genre gerecht geworden, indem er ein drohendes Unwetter durch Gebete vertreiben ließ; in den Grabgesängen setzte er auf ein auch durch technische Hilfsmittel unterstütztes vernünftiges Verhalten.

Eine pointierte Sonderrolle nahm er damit nicht ein. Entgegen der üblichen konfessionellen Zuordnung aufgeklärten Denkens hatte sich gerade im katholischen Südwesten eine lebhafte und aufgeschlossene Diskussion aufklärerischer Tendenzen entwickelt. Keines der Klöster blieb davon gänzlich unberührt; selbst im Ulmer Wengenstift gab es nicht nur den Typus Lederer, sondern auch Geistliche, die der Aufklärung bereitwillig ein Stück entgegen gingen. Vor allem wurde das Projekt Aufklärung durch Ignaz Heinrich von Wessenberg bestimmt, der 1802 als 28-Jähriger zum Generalvikar des Bistums Konstanz bestellt wurde und damit über die nötigen Mittel der Steuerung verfügte. In den verschiedenen Regionen des Bistums wurden die Geistlichen zu Pastoralkonferenzen zusammengerufen. Dort wurden neue Wege einer auch die Alltagskultur einschließenden Seelsorge besprochen, und das Für und Wider wurde in Aufsätzen erörtert, für die mit dem *Archiv für die Pastoralkonferenzen in den Landkapiteln des Bistums Konstanz* ein eigenes Organ geschaffen wurde. Reinhart Siegert, der zusammen mit Holger Böning umfassende Bibliographien zur Volksaufklärung in Deutschland erarbeitete, hat den beachtlichen Anteil Oberschwabens herausgestellt und auf die Vielfalt der behandelten Themen hingewiesen: Ackerbau, Viehzucht, Stallfütterung, Hauswirtschaft und Hygiene, Gesundheit und Ernährung, dazu besondere Gegenstände, bei denen auch der Schutz vor Blitzschlag und die Tollwut vorkommen.

Aus kirchenpolitischen Gründen kam es 1817 zum Ende des Archivs. Wessenberg wurde, weil er sich für eine deutsche Nationalkirche eingesetzt hatte, von seinem Posten entbunden, und vier Jahre später wurde das Bistum Konstanz aufgeteilt in die neuen

Diözesen Freiburg und Rottenburg, was der napoleonischen Neuordnung der Staaten entgegenkam, aber auch der Absicherung der päpstlichen Macht diente.

Die aufklärerischen Intentionen waren sehr stark von Österreich ausgegangen. Im öffentlich wirksamen württembergischen Geschichtsbild vertraten meist die Staufer die Herrschaftsverhältnisse früherer Jahrhunderte; für sie wurde ein regelrechter Erinnerungskult entwickelt und bis in die Gegenwart immer wieder erneuert. Dabei wirkte der staufische Einfluss, der übers ganze Land verteilt war, bei weitem nicht in gleichem Maße nach wie der Einfluss der Habsburger, die jahrhundertelang die Kaiserwürde trugen und die im deutschen Südwesten viele Hoheitsrechte besaßen – im Elsass, im Breisgau, im Schwarzwald und in Schwäbisch Österreich, wie die habsburgischen Territorien im Oberschwäbischen bezeichnet wurden. In diesen Gebieten und auch im weiteren Umkreis dieser Gebiete dachte man der Donau entlang – in den vorderösterreichischen Donaustädten (zu denen Mengen, Munderkingen, Riedlingen, Ehingen und auch Saulgau gezählt wurden), aber auch in den Freien Reichsstädten, die ja unmittelbar dem Kaiser unterstanden, und in den oberschwäbischen Klosterwinkeln. Der Fluchtpunkt in diesen Räumen hieß eher Ulm als Stuttgart, und im größeren politischen Zusammenhang keinesfalls Berlin, sondern Wien. Und zu den Strömungen, die kräftig donauaufwärts wirkten, gehört die Wiener Aufklärung. Schon unter Maria Theresia verbindet und verbündet sich Frömmigkeit mit heiterer Vernunft, und unter Joseph II. wurde der rationalistische Akzent noch stärker. Er schrieb dem auch damals reisefreudigen Papst, eine Reise nach Österreich bringe nichts, und er empfing den Papst konsequenterweise dann auch nicht in Wien, sondern weit vor der Hauptstadt und ganz ohne Gepränge.

Aufgeklärtes Denken blieb auch nach dem Tod Josephs lebendig; der *Josephinismus* wirkte weit ins 19. Jahrhundert hinein und auch über die neu gezogenen Staatsgrenzen hinweg. Als Beispiel für diesen Impuls kann auf Carl Borromäus Weitzmann verwiesen werden. Er ist in Munderkingen geboren, ging ins Ehinger Gymnasium und zum Studium nach Wien. Das Heimweh trieb ihn zurück nach Ehingen – aber die Wiener Jahre, seine Bekanntschaft mit Wiener Philosophen und satirischen Dichtern, blieben prägend für ihn. Er entwarf nicht nur Genreszenen aus dem Wiener Kaffeehaus in seinen Geschichten, er ließ in einem Gedicht über *Die Drechselbank im Olymp* den Gott Bacchus im Wiener Dialekt reden, und er verband zeitlebens religiöse Gesinnung mit einer aufgeklärt-kritischen Haltung. Sein Gedicht *Die Nacht der Liebe* zum Beispiel verteidigt die leidenschaftlich Liebenden gegen die *mit der Faltenstirne*, die *schwarzen Freunde der Ärgernisse*. Ärgernisse reimt sich bei ihm auf Küsse, und die letzte Strophe lautet:

Alles küsst und schnäbelt um die Wette
in der Kammer und im Hain.
Und sogar der Mönch umarmt im Bette
seine volle Flasche Wein.

Unumstritten war Weitzmann nicht. Seine teils versteckte und teils offene Kritik an den Kirchenvertretern, vor allem aber auch seine gelegentlichen Anspielungen auf die körperliche Seite der Liebe brachten ihm viel Gegnerschaft ein – nicht einmal so sehr von Seiten des Klerus als von weltlichen, auf Ordnung und Würde bedachten Honoratioren. Die Verbreitung seiner Dichtungen wurde dadurch aber nicht immer beeinträchtigt; er avancierte zum Geheimtip, weil sich auch in weiten Kreisen der schwäbischen Bevölkerung der Wunsch nach freierem Denken meldete: Orientierung donauabwärts, Richtung Wien.

Hinzuzufügen ist, dass die Donau keine Einbahnstraße war. Es gab auch Poeten, die es donauaufwärts zog. Der bekannteste war Nikolaus Lenau aus Ungarn, der, vom Unglück gezeichnet, glückliche Wochen in Schwaben erlebte, im Haus von Gustav Schwab in Stuttgart, der selbst eine poetische Reise nach Wien gemacht und schöne Donaubilder entworfen hatte, und im Haus von Justinus Kerner in Weinsberg, der in einem Gedicht für Lenau Berlin als Kopf des deutschen Körpers, Wien aber als sein Herz bezeichnete. Lenau seinerseits, als er in der Heilanstalt Winnenthal bei Winnenden lag, zeigte einem Bedienten seine beiden Füße und sagte: *Siehst Du, der eine gehört nach Wien, der andere nach Frankfurt.* Ein kreativer Ausspruch mit Anflügen des Wahns, der ihm wenige Jahre später den Tod in Wien brachte – aber der Ausspruch stimmte auch, und er hätte noch besser gestimmt, wenn Lenau für Frankfurt eine schwäbische Stadt eingesetzt hätte.

Eiserne Lerche, Blaues Genie, Rote Marie Aufbruch, Aufstand, Aufklärung

Unterbelichtet in der schwäbischen Literaturgeschichte ist nicht nur ein großer Landstrich, der dank seiner historisch-politischen Zugehörigkeit eine von der dominanten Prägung abweichende kulturelle Tradition entwickelt hat; zu wenig beachtet und oft schnell auf die Seite geschoben wurde auch eine politisch-soziale Landschaft – die der republikanischen Bewegung, die während des ganzen 19. Jahrhunderts eine brodelnde Unterströmung bildete, in manchen Phasen aber auch kräftig ins Zentrum der Diskussion und des Geschehens drängte. *Ein garstig Lied! Pfui! ein politisch Lied!* lässt Goethe im *Faust* einen der Zechbrüder in Auerbachs Keller sagen, und von dieser Art der Distanzierung sind auch manche literarischen Einschätzungen nicht ganz frei.

Am Beispiel von Georg Herwegh kann dies gezeigt werden. Sein Werk ist zwar nicht besonders umfangreich; aber seine

Poesie wirkte weit in die Bevölkerung hinein, und ein Teil seiner Gedichte kann Schritt halten mit den lyrischen Produkten bis heute gefeierter Zeitgenossen. Rudolf Krauß, dessen *Schwäbische Litteraturgeschichte* sich durch einen umfassenden Blick und große Gewissenhaftigkeit auszeichnet, rühmt dementsprechend den Autor: *er hat für das, was Tausenden seiner Zeitgenossen das Herz durchwühlte, zur rechten Stunde die rechten Worte gefunden.* Weiteres Lob folgt, bis zur Steigerung: *Er ist fast unerschöpflich an anschaulichen Bildern, drastischen Vergleichungen, ist um treffende Pointen, glückliche Reime, ohrenfällige Refrains niemals verlegen.* Hohes Lob – aber das Resümee hatte Krauß schon vorweg genommen: *Ein großer Poet ist Georg Herwegh ganz und gar nicht gewesen*; und er schiebt nach: *Dem geläuterten Geschmack erscheint freilich vieles an ihm zu gesucht, gekünstelt, gespielt.*

Nun legt das Werk von Dichtern eine einheitliche Bewertung meist nicht nahe, und für Herwegh mag das in besonderem Maße gelten; aber die widersprüchliche Mischung bei Krauß ist doch etwas wunderlich – erklärbar nur aus seiner durch familiäre Verbindungen und Rücksichten gestützten konservativen Grundhaltung, die aber den freien Blick nicht rundweg blockierte. In anderen literarhistorischen Darstellungen ist das Urteil eindeutiger – eindeutig negativ, etwa bei Adolf Bartels, dessen um die Wende zum 20. Jahrhundert verfasste Literaturgeschichte ein populäres Standardwerk war. Für ihn war Herwegh *eine haltlose und durch Eitelkeit rasch verdorbene Natur* und *ein völlig verbohrter Demokrat*, von dem er auch verächtlich feststellt: *verheiratete sich mit der Berliner jüdischen Bankierstochter Emma Siegmund.* Im Dritten Reich machte schon diese Verbindung Herwegh zum verfemten Dichter, aber auch die Tatsache, dass sich die Nationalsozialisten trotz ihres Namens vom sozialistischen Erbe der Revolution distanzierten.

In der Nachkriegszeit blieb Herwegh in der Bundesrepublik wenig beachtet, auch im Zeichen der ideologischen Konfrontation mit der DDR, wo der Dichter in den Lektürekanon aufgenommen wurde. Zu einer neuen Würdigung der Revolutionsgeschichte und damit auch Herweghs kam es hier erst gegen Ende des 20. Jahrhunderts. Karl Moersch publizierte 1985 *Politische Lieder der Schwaben* und legte das Schwergewicht auf die Mitte des 19. Jahrhunderts. Eine umfassende Edition der Werke Herweghs wurde in Angriff genommen, und ausführliche Biographien wurden vorgelegt von Michail Krausnick und von Ulrich Enzensberger. Sie lesen sich wie ein Roman – ein Roman, zu dem Kritiker anmerken würden, der Autor habe zu viel hineingepackt.

Aber in Herweghs Leben war viel, sehr viel, hineingepackt. Die nervöse Unruhe des kleinen Wirtssohns aus Stuttgart wurde als Veitstanz betrachtet und behandelt. Man ist versucht, dieses Wort als Metapher auch auf spätere Lebensphasen zu übertragen; jedenfalls blieb Herwegh ziemlich unberechenbar. Die übliche theologische Laufbahn über die Seminare und das Tübinger Stift sah er problematisch und brach sie ab, nachdem er wegen der Kontroverse mit einem Repetenten aus dem Stift verwiesen worden war. Er wurde, noch nicht 20-Jährig, freier Schriftsteller in Stuttgart und bestritt seinen Lebensunterhalt durch die Mitarbeit an verschiedenen Zeitschriften. Wegen Beleidigungen gegenüber Offizieren musste er die Rücknahme seiner Beurlaubung vom Militär befürchten und floh in die Schweiz. Es folgte das spannendste und spannungsreichste Jahrzehnt mit einem Großteil seiner politischen Aktionen. Zunächst waren es literarische Aktivitäten, die Herwegh jedoch zwangsläufig auch in politische Handlungsfelder führten.

In der Schweiz arbeitete er als Redakteur einer Zeitschrift, in der er auch eigene Arbeiten veröffentlichte, die zum Teil in den 1841 publizierten ersten Band seiner *Gedichte eines Lebendigen* eingingen. Diese Publikation fand ungewöhnliche Verbreitung und machte Herwegh berühmt. Sie mahnt zum Aufbruch aus der politischen Lethargie; ironisch wird die Formel *Schlafe, was willst du mehr?* aus Goethes *Nachtgesang* übernommen und an die ganze Nation gerichtet:

Deutschland – auf weichem Pfühle
Mach dir den Kopf nicht schwer!
Im irdischen Gewühle
Schlafe, was willst du mehr?
Lass jede Freiheit dir rauben,
Setze dich nicht zur Wehr,
Du behältst ja den christlichen Glauben:
Schlafe, was willst du mehr?

In den Gedichten fordert Herwegh den Mut zum Aufbruch in die Freiheit, die in einem *heiligen Krieg* errungen werden sollte. Die Überschrift eines Gedichts, das er nach einem französischen Vorbild gestaltet, heißt *Vive le Roi!*; es ist in seinen Augen ein *Lügenwunsch* – die richtige Parole ist *Vive la liberté!*, und ein anderes Gedicht, *beim Alpenglühen gedichtet*, rühmt die Schweiz unter der Überschrift *Vive la république!* Gegenüber dem religiösen Kindheitstraum fordert er die *Wahrheit* ein: *Die Heiden waren nicht so blind, Nicht halb so blind als wir* – und die Heiden waren frei. Das Gedicht *Aufruf* beginnt: *Reißt die Kreuze aus der Erden! Alle sollen Schwerter werden* – eine Parole, die an eine Überlieferung des Alten Testaments erinnert, in dem einmal Pflugscharen aus Schwertern, ein andermal aber Schwerter aus Pflugscharen werden. Doch mit seiner Anfangszeile entfernt sich Herwegh entschieden von der Bibel. Auch in anderen Gedichten ist der Ton oft aggressiv:

Bis unsre Hand in Asche stiebt,
Soll sie vom Schwert nicht lassen,
Wir haben lang genug geliebt
Und wollen endlich hassen!

Man wundert sich etwas über das große Echo, das der Gedichtband fand, das rasch zu mehreren Auflagen führte und das bei einer Deutschlandreise Herweghs seinen freundlichen Empfang bestimmte. Friedrich Theodor Vischer schrieb in einer Rezension des Gedichtbands, dass die schwelgerische *Poesie des heimlichen Glücks, aus welcher alle großen Menschen und Taten verschwunden sind,* notwendig zur Hypochondrie führe, *ein guter Fortschritt* dagegen in aktueller politischer Dichtung liege. Es ging aber dabei nicht nur um ein verändertes ästhetisches Bedürfnis – aus den Gedichten sprach die Wut, die auch in weiten Teilen der Bevölkerung über die politischen und wirtschaftlichen Verhältnisse herrschte.

Erstaunlich bleibt jedoch, dass Herwegh durch Vermittlung von dessen Leibarzt auch beim preußischen König Friedrich Wilhelm IV. eine Audienz erhielt. Erstaunlich deshalb, weil Herweghs Gedichte ja doch eine Revision der Zustände einfordern und dabei sogar einmal den König von Preußen direkt ansprechen. Man hat die Bereitschaft Friedrich Wilhelms IV. zu der Begegnung der populistischen Strategie des Königs zugerechnet. Das ist nicht falsch, aber dabei ist zu bedenken, dass die Anfänge seiner Regierung generell relativ liberal waren, weil die Verschärfung der Spannungen mit Frankreich Befriedung im Innern forderte und weil angesichts der Notlage des Proletariats der Rückhalt beim Bürgertum gesichert werden sollte. Außerdem spielte das Freiheitspathos der Gedichte Herweghs auch ins Nationale hinüber. Die Botschaft neu entstandener Lieder vom freien deutschen Rhein korrigiert und erweitert er:

Und singt die Welt: Der freie Rhein!
So singet: Ach! Ihr Herren, nein!
Der Rhein, der Rhein könnt freier sein,
Wir müssen protestieren.

Herwegh beklagt hier, dass an den Ufern des Rheins *keine freien Männer* leben; aber im flüchtigen Hören klingt es wie ein nationaler Appell zur Stärkung der Wacht am Rhein. Ausdrücklich fordert Herwegh, aus den *neununddreißig Lappen* der deutschen Staaten *ein* Purpurtuch zu schaffen, und er sieht darin die Mission des Preußenkönigs:

> Die Sehnsucht Deutschlands steht nach dir
> Fest, wie nach Norden blickt die Nadel;
> O Fürst, entfalte dein Panier;
> Noch ist es Zeit, noch folgen wir,
> Noch soll verstummen jeder Tadel!

Mit dem Gedicht *Die deutsche Flotte* greift Herwegh in eine aktuelle Diskussion ein und verkündet eine europäische, ja weltweite Mission:

> Erwach, mein Volk, mit neuen Sinnen!
> Blick in des Schicksals goldnes Buch,
> Lies aus den Sternen dir den Spruch:
> Du sollst die Welt gewinnen!

In Preußen war die Debatte um den Ausbau der Handels-, aber auch einer Kriegsflotte besonders lebhaft, sodass Friedrich Wilhelm ein wichtiger Adressat auch für diese Verse war, die 1843 im zweiten Band der Gedichte erschienen. Der König hatte sich aber inzwischen abgewandt von Herwegh, der Ausschnitte aus dem Audienzgespräch in seiner Version publiziert hatte und dessen Tadel keinesfalls verstummt war. Dies führte zum Verbot einer von Herwegh geplanten Zeitschrift über die deutschen Verhältnisse und zu seiner Ausweisung aus Preußen.

Herwegh kehrte für knapp zwei Jahre in die Schweiz zurück. In diese Zeit fiel seine Heirat. Er arbeitete weiter für Zeitschriften und knüpfte Kontakte mit literarischen Gesinnungsgenossen wie Ludwig Büchner. 1843 verlegte er seinen Wohnsitz nach Paris, wo die Zahl politischer und literarischer Bekanntschaften wuchs: Victor Hugo und George Sand, de Béranger und Lamartine, Michael Bakunin und Karl Marx. Er führte ein vielseitiges, farbiges Leben. Eine neue wissenschaftliche Orientierung, die meeresbiologische Forschung, gehörte dazu, aber auch die Liebschaft mit einer Partnerin von Franz Liszt und Geselligkeit in bunten Formen. Bezeichnend auch für ihn selbst ist, was er über George Sand schrieb: *George Sand ist Republikanerin, strenge Republikanerin. Ich bemerke übrigens für solche, welche bei dem Worte Republik stets an die spartanische Brühe denken, dass es in der Republik von George Sand keine schwarzen Suppen, sondern nur Poesie und Champagner gibt.* Poesie und Champagner – aber das schloss ernsthaftes politisches Engagement nicht aus.

Herwegh hielt die Verbindung mit den vielen jungen deutschen Handwerkern, die in Paris lebten; er wurde Vorsitzender der Deutschen Demokratischen Legion, und als die französische Februarrevolution 1848 auf Deutschland übergriff, bot er dem badischen Revolutionär Friedrich Hecker Hilfe an: *Die hiesigen Deutschen fangen an sich zu organisiren, und zu bewaffnen, und es ist Hoffnung vorhanden, in kurzer Zeit ein corps von 4 – 5000 Mann eingeübt und mit Offizieren versehen zur Disposition Deutschlands bereit zu haben, welches auf das Erste Signal von draußen, dass die Hülfe einer disciplinirten deutschen Armee nötig oder gewünscht wird, an den bezeichneten Ort marschirt.* Tatsächlich machte sich die Legion auf, schrumpfte aber schon auf dem Weg nach Straßburg auf wenige hundert Mann und wurde über dem Rhein im südlichen Schwarzwald durch eine konterrevolutionäre Truppe, ausgerechnet mit württembergischer Beteiligung, aufgerieben. Der Feldzug hatte allerdings erhebliche Unruhe im Südwesten Deutschlands ausgelöst und war mitverantwortlich für den *Franzosenlärm*, ein durch alle Orte jagendes Gerücht, dass Zehntausende Franzosen im Anmarsch seien – was dazu führte, dass mit Sensen und Mistgabeln bewaffnete Männer Bürgerwehren bildeten.

Herwegh entkam den Verfolgern dank der besonnenen Hilfe seiner Frau, die an dem Zug teilgenommen hatte. Ziel der Flucht war wieder die Schweiz, Zürich, wo Herwegh ein unbürgerliches – richtiger vielleicht: großbürgerliches – Leben führte. Er fand enge Freunde in Richard Wagner, Franz Liszt, Gottfried Semper und dem russischen Schriftsteller Alexander Herzen, mit dem er sich wegen einer heißen Liebesaffäre mit dessen Frau beinahe duellieren musste. Der Widerspruch zwischen der vornehmen Attitüde und dem revolutionären Engagement bot den Anlass zu ironischen Kommentaren. Heine machte sich in einem langen, *Simplicissimus* überschriebenen Gedicht über Herwegh lustig. Zunächst habe der auf sein Äußeres keinen Wert gelegt und sich *ganz nach der allerneuesten Mode von Schwäbisch-Hall* getragen, und dennoch sei damals seines *Lebens Glanzperiode* gewesen. Dann aber lässt Heine den Dichter hoch zu Ross vor seiner Freischar reiten, bis ihn der Pulverdampf umkehren lässt.

> Die Sage geht, es habe die Frau
> Vergebens bekämpft die Kleinmut des Gatten.

Aber Heine beglaubigt das nicht, sondern stellt es in Frage:

> So geht die Sage – ist sie wahr?

Es ist nicht das einzige Mal, dass Heine in einem Gedicht Herwegh zum Gegenstand macht. Einige Strophen mit dem Titel *Die Audienz* rücken Herweghs Auftritt im Berliner Schloss in eine komische Perspektive. Der König stellt Fragen, die auf das Schwäbische gerichtet sind, und der Dichter gibt naive Antworten:

Der König sprach: Es pflegt der Schwab
Sein Vaterland zu lieben –
Nun sage mir, was hat dich fort
Aus deiner Heimat getrieben?
Der Schwab antwortet: Tagtäglich gabs
Nur Sauerkraut und Rüben;
Hätt meine Mutter Fleisch gekocht,
So wär ich dort geblieben.

Als Schwabe vermerkt man mit gemischten Gefühlen, dass aller poetische Glanz von dem Dichter abfällt, indem er zum Schwaben reduziert wird – auch bei dem mit Herwegh konkurrierenden Poeten Ferdinand Freiligrath, der nach jener erfolglosen Audienz triumphierte:

Du trotziger Diktator,
Wie bald zerbrach dein Stab!
Dahin der Agitator,
Und übrig nur – der Schwab!

Die erste poetische Auseinandersetzung Heines mit Herwegh ist allerdings vieldeutiger. Nach der ersten Parisreise Herweghs, bei der Heine den Besucher freundlich aufnahm, schrieb er ein kleines Gedicht, das er nie in Druck gab und das erst nach seinem Tod bekannt wurde:

An Georg Herwegh.

Herwegh, du eiserne Lerche,
Mit klirrendem Jubel steigst du empor
Zum heilgen Sonnenlichte!
Ward wirklich der Winter zunichte?
Steht wirklich Deutschland im Frühlingsflor?
Herwegh, du eiserne Lerche,

Weil du so himmelhoch dich schwingst,
Hast du die Erde aus dem Gesichte
Verloren – nur in deinem Gedichte
Lebt jener Lenz, den du besingst.

Eiserne Lerche – die Bezeichnung für Herwegh ist geblieben, verwendet meist, wo an den kraftvollen, wenn auch vergeblichen politischen Widerstand jener Zeit erinnert wird. Auf den *Gott, der Eisen wachsen ließ*, von Arndt in den sogenannten Freiheitskriegen besungen, vertraute man auch im neuen Freiheitskampf. Aber etwas nüchterner betrachtet ist eine eiserne Lerche ja doch kein besonders flugfähiges Wesen, und Heine war die Ambivalenz des Ausdrucks bewusst. Die eiserne Lerche schwingt sich empor, gehört aber eher auf die Erde. Das poetische Vermögen Herweghs stellt Heine nicht in Frage, und tatsächlich sind seine Gedichte souverän komponiert. Eindrucksvolle Naturbilder gibt es auch in Versen, die nicht *beim Alpenglühen gedichtet* sind. Und die Reime gehen Herwegh auch dort leicht von der Hand, wo dies seltene Buchstabenfolgen schwierig machen wie bei der Nennung konkreter Politikernamen in seiner Schilderung des Frankfurter Parlaments. Dieses Gedicht ist überschrieben: *Das Reden nimmt kein End*, und Herwegh bewegt sich auf der Strecke, auf der später regierende Häupter und ihre konservativen Anhänger demokratische *Schwatzbuden* attackieren.

Dies führt zum zentralen Argument der Kritik an Herwegh, das auch bei Heine anklingt: seine fehlende Sensibilität für die komplexen Vorbedingungen, die Beschränkung auf Freiheitsparolen ohne Rücksicht auf die praktischen Möglichkeiten. Die Kritik wird etwas abgemildert durch den Blick auf Herweghs politische Aufsätze. Auch hier dominiert das Bekenntnis zur Tat; Freiheit ist für ihn kein schrittweise zu erreichendes Ziel, sondern *der Boden für alles, und die Wissenschaft ist nur ein luftig Schloss.* Doch er reflektiert beispielsweise das Verhältnis von *Dichter und Staat*;

er schreibt: *Jeder Dichter steht in Opposition mit dem Staate, auch mit dem besten*; aber es handle sich um eine *friedliche Opposition des Herzens.* In die Gedichte aus jener Zeit geht wenig von solchen Gedanken ein. Sie haben Appellcharakter, fordern Veränderung durch die Tat, und man kann Herwegh zugestehen, dass er das poetische Signalement für Aufbruch und Aufstand meisterlich beherrschte.

Eines der Gedichte der eisernen Lerche trägt die Überschrift *Das freie Wort.* Einige Jahre später taucht diese Überschrift in einem kleinen Band mit einem allerdings erweiterten Titel auf: *Die Fragen der Gegenwart und das freye Wort. Abstimmung eines Poeten in politischen Angelegenheiten.* Dieser Poet war Hermann Kurz, der übrigens auch einen Übernamen hatte; seine Studienfreunde sprachen von ihm als *blaues Genie* oder einfach von dem *Blauen*, wobei es für den Ursprung der Bezeichnung nur Vermutungen gibt: die blauen Augen des jungen Mannes, sein blauer Rock, mit dem er die schwarze Seminarkleidung mied, oder auch nur blaue Taschentücher, die er verwendete. Als das Büchlein erschien, hatte Kurz schon eine ganze Reihe von Veröffentlichungen vorzuweisen: Übersetzungen, Gedichte, Erzählungen, Novellen, kleinere Beiträge in Zeitungen und seinen großen Roman *Schillers Heimatjahre* – Arbeiten, die dem in Stuttgart lebenden freien Schriftsteller allerdings wenig einbrachten, sodass er bereitwillig eine Stelle als Redakteur und Herausgeber in Karlsruhe übernahm. Dort teilte er mit dem Heilbronner Ludwig Pfau nicht nur die Arbeit der Redaktion einer Familienzeitschrift, sondern auch das Zimmer. Pfau, fast acht Jahre jünger, war noch Student, engagierte sich in einer Burschenschaft und entwickelte die kompromisslose republikanische Gesinnung, die er in der heißen Phase der Revolution in seinen Gedichten und der satirischen Zeitschrift *Eulenspiegel* zum Ausdruck brachte. Hermann Kurz traf aber auch mit liberalen badischen Politikern zusammen, und das ganze Karlsruher Umfeld trug zu verstärkter Politisierung bei.

Nachdem er gerade die Übersetzung und Bearbeitung von *Tristan und Isolde* abgeschlossen hatte, wandte er sich entschieden den *Fragen der Gegenwart* zu und legte programmatisch seine Sicht der Verhältnisse dar.

Mit scharfem Blick und großer Genauigkeit geht er auf die Probleme einer Zeit ein, die jetzt bald schon zweihundert Jahre zurück liegt; aber bei der Wiedergabe drängen sich heutige Begriffe auf, weil die prinzipiellen Perspektiven immer noch diskutabel sind. Vermutlich rechtfertigte Kurz vor allem die Neuorientierung seines eigenen Interesses, wenn die Poesie von ihm als *der oberste und wahrste Spiegel der öffentlichen Zustände* bezeichnet wird. Mit Recht stellt er den *Ausdruck ›aufs Publicum speculiren‹* als vorschnellen Vorwurf in Frage, da der Schriftsteller nach seiner Auffassung durchaus ein *Menschenfischer* sein soll. Ein Teil seiner Gedanken kreist um die zu gewinnende nationale Einheit, aber er will keine Hauptstadt, *in deren habsüchtigem Schlunde wie in einem ungeheuren Sumpf alle Kraft und Tüchtigkeit des Landes aufgeht.* Er will die Zentralisierung *neben der Selbständigkeit der einzelnen Staaten*, also eine Balance zwischen zentralen und dezentralen Tendenzen; praktisch beschreibt er das Prinzip der Subsidiarität.

Nüchtern schätzt Kurz die Chancen zur Reform ein. Er wendet sich gegen *Parteygehetze und Parteygezänke*, und er sieht in der vorhandenen erblichen Regentschaft ein Korrektiv zur *Herrschsucht der Menschen, die doch niemand läugnen kann.* Er erkennt die Bedeutung der wirtschaftlichen Strukturen für die Lebensverhältnisse, sagt von den Fabriken, dass *ihr einziges Glaubensbekenntniß die Vermehrung der Capitalien ist*, und er sieht es als *Sache der Nationalökonomie,* dass sie *gegen den falschen Götzen des Tages, gegen das Capital* Stellung bezieht. Die *communistische Gleichmacherei* lehnt er ab. Er räumt ein, dass angesichts *der menschlichen Trägheit* nur durch übertriebene Forderungen das Mögliche erreicht wird, findet es aber jedenfalls *merkwürdig, daß ein Teil gerade derjenigen, die mit Recht über das Bevormunden von Seite der Regierungen klagen, die grasse Bevormundung, die der Communismus anwenden will, übersieht.* In den Bereich des Möglichen gehört für Kurz, dass die *Aneinanderkettung von Staat und Kirche* gelöst wird mit der Konsequenz einer Einführung der bürgerlichen Ehe neben der kirchlichen. Diese Forderung stellt Kurz mit dem Blick auf die Lage der jüdischen Bevölkerung; er sieht deren *von Geschlecht zu Geschlecht fortgepflanzte Abgeschlossenheit* als Hindernis und nur über die Chance der Vermischung den Weg zu wirklicher Integration.

Im Gedicht von Georg Herwegh bildet *Das freie Wort* den Kehrreim jeder Strophe; es wird gefeiert und gefordert, ohne dass die Bedingungen und Möglichkeiten diskutiert werden; Hermann Kurz dagegen praktiziert das freie Wort und entwirft einen Überblick über die Situation der deutschen Gesellschaft, ihre Einschränkungen und ihre Möglichkeiten. Nun wäre es sicher kurzschlüssig, im Wettstreit zwischen einem kurzen Gedicht und einem längeren Essay eine ausreichende Vergleichsbasis zu sehen, aber eine differenzierende Analyse der Zustände findet sich in den Schriften Herweghs kaum. Er will, mehr oder weniger bedingungslos, den Aufstand, während Kurz politische Aufklärung als seinen Auftrag sieht.

Das heißt nicht, dass er sich aufs Theoretisieren zurückgezogen hätte. Er ging verschiedenen literarischen Arbeiten nach und hatte mit dem *Sonnenwirt* seinen zweiten großen Roman begonnen, aber als sich im März 1848 die revolutionären Ereignisse überschlugen, mischte er sich direkt in die aktuellen Auseinandersetzungen ein mit seiner programmatischen politischen Erklärung und mit mäßigenden Ratschlägen an die Überstürzler unter den Mitstreitern. Der heißblütigere Ludwig Pfau, der *rote Pfau*, quittierte nach der Notiz eines Ohrenzeugen die Aktivität verblüfft: *Jetzt hört aber doch alles auf, wenn auch noch der Blaue den Staatsmann heraushängen will.* Eher auf der alten Linie bewegte sich Kurz mit der Publikation seines *Vaterlandslieds,* das mit der

Vision eines *Friedenseilands* endet, wo *der große schöne Völkerfrühling* anbricht. Aber in der Zeit als Redakteur des oppositionellen *Beobachters*, 1848 bis 1854, stand Kurz immer wieder unter Anklage wegen regierungskritischer Äußerungen, und er war auch mehrfach auf dem Hohenasperg in Festungshaft.

Solche persönlichen Beschwernisse, aber auch die lähmende reaktionäre Entwicklung ließen Kurz resignieren; er zog sich aus der politischen Diskussion zurück und wandte sich wieder ganz literarischen Projekten zu. Schon in seiner Abhandlung über das freie Wort hatte er geschrieben, dass er die Erwartung eines poetisch-politischen Engagements enttäuschen müsse, weil sein *Saitenspiel nichts nach dieser Seite hin vermag*; in ihm trenne sich *der Dichter und der Bürger*. Es liegt nahe, agitierende politische Dichtung und politische Aufklärung als je eigene Reviere zu sehen; Herwegh und auch Pfau gehörten auf die eine, Kurz auf die andere Seite. Aber schon die wenigen hier zitierten literarischen Produkte zeigen gegenseitige Annäherungen, und es gibt auch Zeugnisse für die Durchmischung der beiden Seiten. Eines dieser Zeugnisse findet sich im nächsten Umkreis von Hermann Kurz: das Wirken seiner Frau, die sich entschiedener als er in politische Aktivitäten stürzte, sie aber durchaus reflektierend in einen größeren Zusammenhang stellte.

Marie von Brunnow, Tochter eines adligen Offiziers aus Ostpreußen und einer ebenfalls aus einer Adelsfamilie kommenden Württembergerin, wuchs in Stuttgart und Esslingen auf. Isolde Kurz, ihre Tochter, berichtet ausführlich vom früh ausgebildeten sozialen Engagement der Mutter für Flüchtlinge und Arme, für das sie beträchtliche Teile des schon geschrumpften Familienvermögens opferte. Sie suchte und fand auch den Kontakt zu sozialistisch orientierten, in Ansätzen bereits organisierten Arbeitern. Als einer von ihnen sie aufforderte, ins Volk hinein zu heiraten, nämlich ihn, wies sie dieses berechnende Argument und den Mann zurück. Zur Ehe mit Hermann Kurz bahnte sie den Weg; das Vorspiel hat sie in ihren Erinnerungen erzählt: Bei einem Esslinger Maskenball Ende Februar 1848 – die Revolution schwappte gerade über den Rhein – erschien sie als Laura, das von Kurz für den Roman *Schillers Heimatjahre* erfundene geheimnisvolle Mädchen, und drückte dem von ihr verehrten Dichter einen Zettel in die Hand – mit einem Sonett, in dem sie ihn scherzhaft aufforderte, mit ihr in den Schwarzwald zu ziehen wie seine Romanfigur. Hermann Kurz habe gesagt, *zum Schwarzwald sei es noch zu kalt*, aber nach einem misslungenen Tanzversuch zogen sich die Beiden in eine stille Ecke zurück.

Bis zur Heirat dauert es noch dreieinhalb Jahre, in denen beide politisch aktiv sind, Hermann als Redakteur des von Karlsruhe nach Stuttgart verlagerten *Beobachters*, Marie bei lokalen Aktionen im Esslinger Raum. Ende Dezember 1848 – die Frankfurter Nationalversammlung hatte eben Grundrechte beschlossen – trägt Marie bei der Freien Christlichen Gemeinde, einer deutschkatholischen Reformgruppe, ein Gedicht vor, in dem sie die neu gewonnene *Menschenwürde* und das *Menschenrecht* rühmt, sich dann aber Gedanken über nach wie vor gegebene Einschränkungen macht:

> Doch sag, was nützen dir der Freiheit Güter,
> Was frommt es dir, dass sank der Fürsten Macht?
> Es drohen neue Fesseln dir ja wieder,
> Des Wahns, des Aberglaubens finstre Nacht.
> So lang der Ausfluss jener Weltenseele –
> Der Menschengeist nicht selber denkt – und glaubt,
> Dass wenn Vernunft er sich zum Leitstern wähle,
> Der Hölle Blitze zucken auf sein Haupt.
> So lang er sich an Glaubensformeln schließet,
> Das starre Dogma auf den Thron sich hebt,
> Dem ew'gen Lichtstrom seine Augen schließet,
> Hat er den Sieg der Freiheit noch nicht erstrebt.

»Gefahren einer roten Republikanerin«, Karikaturen aus dem »Roten Album« der Marie von Brunnow, Adolf Bacmeister, Esslingen 1848/49

Angegriffen wird in dem Gedicht *der Priester Tyrannei*; an Hus und Galilei wird erinnert; Luther wird als *Morgenrot* bezeichnet, sein Werk aber als noch nicht vollendet. Das revolutionäre Ansinnen wird so nicht nur auf die unmittelbaren Zwänge der Zeit bezogen, sondern in den größeren Zusammenhang geistiger Freiheit gestellt – Aufklärung in einem weiten Sinn gilt als das Klima, das allein politische Revisionen auf Dauer stellen kann:

> Dem neuen Wein gebühren neue Schläuche,
> Der neue Geist erfordert neues Licht.
> Drum fort nun die veralteten Gebräuche,
> Wo die Vernunft in Flammenworten spricht.

Die *Eßlinger Schnellpost* druckt die Verse ab: *Prolog. Gedicht von Fräulein Brunnow* – den Adelstitel hatte das Fräulein abgelegt, dafür aber einen neuen Namen gewonnen: die *rote Marie.* So wurde sie vor allem von Freunden und Gesinnungsgenossen genannt, bei denen sie großen Respekt genoss. Es gibt dafür ein apartes literarisches Zeugnis: das *Rote Album*, das 1849 der *Bürgerin Brunnow* überreicht wurde, ein Buch mit rotem Einband, das Karikaturen und mit roter Tinte geschriebene Texte enthält. In ihrer Erinnerung *Aus meinem Jugendland* rechnet Isolde Kurz den Band, den ihre Mutter in einer sorgsam gehüteten Schatulle aufbewahrte, dem *Galgenhumor der Revolution* zu – mit Recht, denn die von der württembergischen Regierung 1848 gemachten Zugeständnisse wurden zum Teil zurückgenommen; die *Märzerrungenschaften* verwandelten sich in die *Märzversprochenschaften*, und an die Verwirklichung revolutionärer Ziele war kaum mehr zu denken. Aber die demokratischen Vorstellungen hatten sich nicht in Luft aufgelöst, und im Roten Album wurden sie vorgeführt.

Da gibt es einen blutigen Aufstand gegen die Herren und einen *Freiheitsbaum*, an dem, umtanzt von ein paar Leuten aus dem Volk, rund 30 Gegner aufgehängt sind; Hoheitszeichen und Orden werden im *Ausverkauf* angeboten. Die Art der Darstellung nimmt den Szenen den blutigen Ernst und verrät Selbstironie; ein Bild zeigt *Gefahren einer rothen Republikanerin*, die wegen der Farbe ihres Umhangs von Federvieh verfolgt wird. Die Texte bestätigen den humoristischen Ansatz; sie sind verschiedenen Personen zugeordnet und unterscheiden sich dementsprechend in der Sprache, im Stil und der Handschrift. Isolde Kurz zitiert den angeblichen Eintrag eines *Proletariers* mit der Vorbemerkung: *Weil das Freilein es gewollen hapent, daß ich in den Alpus schreiben soll, so will ich es eben dun*, und danach mit den Versen:

I ka' keine Versle mache.
I verstand et selle Sache.
Drum ruf i mit wildem Blick.
Hurra hoch die Rebolik.

In Wirklichkeit gab es nur *einen* Verfasser, den Esslinger Adolf Bacmeister. Indem er verschiedene Typen zu Wort kommen ließ, demonstrierte er die Verbreitung republikanischer Einstellungen. Dass er für den Fall der Entdeckung auch die Irreführung der Behörden im Auge hatte, ist nicht sehr wahrscheinlich, denn die Inszenierung war leicht zu durchschauen. Allerdings muss man die Beschränktheit und auch die Nervosität der Überwacher in Rechnung stellen, die schon bei kleinen Auffälligkeiten aufgeschreckt reagierten. Bacmeister hatte selbst darunter zu leiden; er war, nachdem er sich der Deutschen Demokratischen Legion angeschlossen hatte, mehrere Monate in Haft und konnte erst nach Jahren sein Philologiestudium beenden und ins Lehramt einsteigen. Verbote, Gerichtsverhandlungen, Strafen und Ausweisungen nahmen zu; auch die rote Marie musste das erfahren. Als Hermann Kurz ein Gedicht seiner Frau, in dem sie *die von Gottes Gnaden* attackierte, im *Beobachter* veröffentlichte, wurde Marie Kurz angeklagt; allerdings führte die Klage nicht zur Haft.

Bei der Verhandlung war sie schwanger mit dem ersten von fünf Kindern, und es versteht sich, dass die *violette Republik* (so kombinierten die Freunde blau und rot) viel Mühe auf den Unterhalt der Familie konzentrieren musste. Sie waren sich einig in den Erwartungen an dic große Politik; ihre Gedanken kreisten um die Möglichkeit einer *Trias,* einen preußischen und einen österreichischen Einflussbereich und einen Bund der kleineren Staaten, und sie erhofften auch eine Stärkung sozialistischer Tendenzen. Aber diese Erwartungen wurden enttäuscht, und als enttäuschend erwies sich auch die mäßig bezahlte Arbeit, die Hermann Kurz an der Tübinger Universitätsbibliothek gefunden hatte. In seinen letzten Lebensjahren erwähnt Marie in ihren Briefen immer wieder seinen Pessimismus – er lebe *so trübsinnig dahin, sehr zurückgezogen.* Sie selbst blieb aktiv, nunmehr im engeren kommunalen Bereich, wo sie den Kindern viel Freiheit ließ, ihnen aber auch aufgeklärte Ideen vermittelte und sich vor allem für Entfaltungsmöglichkeiten der Frauen und Mädchen, beispielsweise für Reitstunden und Bademöglichkeiten, einsetzte. Bei den Tübinger Honoratioren und ihren Frauen kam dies nicht gut an; da galten auch diese kleinen Widerspenstigkeiten von ihr und ihren *Heidenkindern* (so bezeichnete sie Ottilie Wildermuth) als revolutionär.

Die Zahl der Demokraten, die auf der größeren politischen Bühne weiter agitierten und agierten, wurde kleiner. Der Gedanke der nationalen Einheit ließ Vielen die Frage der inneren Freiheit zweitrangig erscheinen. Aber es gab Literaten, die weiterhin konsequent für die Verbesserung der Arbeits- und Lebensbedingungen der unteren Schichten eintraten. Dazu gehörte Ludwig Pfau, der mit den Resten der Deutschen Legion in die Schweiz geflohen war, der dem Esslinger Gerichtsurteil von 21 Jahren Haft durch den Aufenthalt in Frankreich entging, und der auch nach der durch eine Amnestie 1863 ermöglichten Rückkehr nach Württemberg ein Freund Frankreichs und ein Gegner der Bismarckschen Politik blieb. Und dazu gehörte auch die eiserne Lerche. Georg Herwegh engagierte sich noch in der Schweiz für die entstehenden Arbeitervereine und schrieb das Gedicht, das zum Bundeslied des Allgemeinen Deutschen Arbeitervereins wurde. In zwölf Strophen schildert es in eindringlichen Bildern die Not der Arbeiter und ihre Missachtung; allgemein bekannt ist sein Appell:

> Mann der Arbeit, aufgewacht!
> Und erkenne deine Macht!
> Alle Räder stehen still,
> Wenn dein starker Arm es will!

Bald darauf war Herwegh wieder zur Flucht gezwungen – diesmal nicht aufgrund politischen Engagements, sondern weil er seinen vielen Gläubigern in der Schweiz entkommen wollte, nachdem die Geldquelle in der Familie seiner Frau wegen eines Bankrotts versiegt war. Die letzten neun Jahre verbrachte er in Baden-Baden, ziemlich frei von allem praktischen politischen Engagement, aber mit kritischem Blick auf den deutsch-französischen Krieg und die Reichsgründung. Sein *Epilog zum Kriege* enthält die Strophe, deren Schlusszeile oft mahnend zitiert wurde:

> Schwarz, weiß und rot! Um ein Panier
> Vereinigt stehen Süd und Norden;
> Du bist im ruhmgekrönten Morden
> Das erste Land der Welt geworden:
> Germania, mir graut vor dir!

Und im Gedicht *Der schlimmste Feind* prophezeit er mitten im Siegestaumel den kommenden *Katzenjammer*, der dem *Kriegsidiotentum* folgen muss:

> Gleich Kindern lasst ihr euch betrügen,
> Bis ihr zu spät erkennt, o weh! –
> Die Wacht am Rhein wird nicht genügen,
> Der schlimmste Feind steht an der Spree.

Das ist heute ein Blick zurück auf überwundene Spannungen, aber auch eine Perspektive auf meist übersehene Spuren im geschichtlichen Erbe der Nation.

Trennung auf Sicht
Revolution im Haus Kerner

Nach dem Tod Justinus Kerners ergänzte die Tochter Marie seine Jugenderinnerungen. Ein kleines Kapitel trägt den Titel *Geburtstagsfeste;* darin heißt es: *Der Monat September war uns immer der wichtigste und schönste Monat im Jahr. Es war am 18. des lieben Vaters*

Geburtstag. Und dann erzählt sie: *Kuchen wurden gebacken, was sonst selten vorkam, Gäste wurden geladen, der Onkel von Öhringen kam, und wir durften in vieler Armen Häuser Kuchen und Fleisch bringen. Wohin die Mutter Freude bringen konnte, tat sie es, besonders an diesem Tag* – und die Tochter resümiert: *Es bleibt dieser Tag, so alt ich bin, immer in meiner Erinnerung voll Sonnenschein und Freude.*

Das ist die Perspektive freundlicher Kindheitserinnerung. Eigentlich hätte Marie mindestens einen der Tage ausschließen sollen: den 18. September 1848, Justinus Kerners 62. Geburtstag. Es gibt keinen Bericht über diesen Tag, keine Briefstellen, die sich darauf beziehen. Aber es ist nicht schwer, sich die Stimmung im Hause Kerner auszumalen. Natürlich gab es Gratulationen, und nicht nur die familiären. Schließlich war Justinus Kerner, berühmter Dichter, Gründer des Frauenvereins zur Erhaltung der Ruine auf der Weibertreu und langjähriger Amtsarzt, dem zudem übersinnliche Kräfte zugeschrieben wurden, eine stadtbekannte Persönlichkeit. Aber das Haus wirkte im Vergleich mit dem üblichen Trubel leer, und die Stimmung war schlecht.

Was war geschehen, was war los? Theobald, der Sohn, der mit seiner Frau und dem Töchterchen Justina im Hause wohnte, war nicht da. Er war nach Schwäbisch Hall gereist und sprach dort auf einer Volksversammlung, zu der Tausende kamen. Er war nicht nur ein Anhänger, sondern ein Wortführer der revolutionären Bewegung. Schon im Frühjahr 1848, als in Frankreich, in Baden und später in Österreich demokratische Erhebungen waren, hatte sich Theobald Kerner offen für die Umwälzung, für eine *gewaltsame Erhebung in Deutschland* ausgesprochen, für die Abschaffung der Monarchie und für eine freie, aus Wahlen hervorgehende Regierung – in einer Rede auf dem Weinsberger Marktplatz und in Gedichten, die er unter voller Namensnennung satirischen Blättern beisteuerte.

Außenpolitische und innenpolitische Fragen verschränken sich damals stärker als vorher. Es geht um nationale Einheit ebenso wie um soziale Gerechtigkeit und Freiheit. Preußen kämpft gegen Dänemark, das sich Schleswig einverleibt hat, aber Ende August schließt Preußen, von den Großmächten, vor allen Dingen Russland, gezwungen, einen Waffenstillstand. Dies wird, auch und gerade im Süden, zum Auslöser heftiger Proteste und neuer Unruhen. Am 10. September spricht Theobald Kerner auf einer Versammlung in Heilbronn, er stachelt die versammelten Bauern und Bürger auf, indem er ihren bisher fehlenden Mut attackiert: *Nicht andere wollen wir der Reaktion anklagen. Wir, wir selbst tragen in uns die Reaktion. Wir, wir hatten die Begeisterung für die Freiheit, ja warum nicht auch den Mut, für sie zu kämpfen? Mut hatten die, die auf den Barrikaden von Wien und Berlin die Fahnen der Empörung schwangen.* Diese Rede wird am 15. September im *Neckardampfschiff*, der sozialistisch orientierten Heilbronner Zeitung abgedruckt. Am gleichen Tag werden von der Gerichtsbehörde Ermittlungen aufgenommen, die allerdings fürs erste im Sand verlaufen; die in Heilbronn Befragten halten alle den Mund.

Theobald Kerner agitiert weiter. Auch in Hall beschimpft er praktisch die Versammlung, um die Zuhörer aufzuwecken und aufzurühren. Wir kennen den Text aus den Gerichtsakten: *Ihr seid keine Republikaner. Damals im März, wie Hecker aufgebrochen ist und den Einfall ins Badische gemacht hat zur Erlangung der Freiheit für das deutsche Volk, damals seid Ihr zu Hause geblieben und habt nichts für ihn getan. Im Munde habt Ihr immer die Volksfreiheit, wenn es aber zum Handeln kommt, da bleibt Ihr hinter dem Ofen liegen. Habe ich recht oder nicht?* Und das Volk antwortet im Sprechchor: *Recht!* Die Unruhe in der Bevölkerung wächst. Aber auch der Widerstand gegen möglichen Aufruhr formiert sich. Einen Tag später schon, mitten in der Nacht, erhält Theobald Kerner eine Warnung aus Esslingen, dass seine Verhaftung droht. Er reist sofort über den Neckar ins Badische, einen Tag danach weiter nach Frankreich ins elsässische Straßburg. Seine Frau und seine kleine Tochter folgen ihm wenige Tage später.

Und Justinus, der Vater? Zunächst muss festgestellt werden, dass das Zusammenleben mit dem Sohn und seiner kleinen Familie für ihn nicht nur erträglich, sondern ausgesprochen positiv war, ja sogar beglückend. Im Vorfeld hatte es zwar Irritationen gegeben. Die Frau, der sich Theobald, damals vom Studium ins elterliche Haus zurückgekehrt, zuwandte, war nicht nur sechs Jahre älter, sie war auch verheiratet. Als sie sich von ihrem Mann trennte, nahm sie Mörike in Cleversulzbach auf, was zur zeitweiligen tiefen Verstimmung zwischen Justinus Kerner und dem fast 20 Jahre jüngeren Mörike führte. Aber nach der Heirat und nachdem beide ins Weinsberger Haus gekommen waren, lernte Justinus Kerner die junge Frau schätzen. In vielem war sie ihm eine Hilfe, unter anderem auch darin, dass sie seine Kindheitserinnerungen niederschrieb, die er, in seiner Sehkraft ziemlich beeinträchtigt, damals diktierte. Noch wichtiger aber war die Assistenz Theobalds, der, studierter Mediziner wie er, ihn in seiner ärztlichen Praxis unterstützte und der ihm bald alle beschwerlichen Gänge abnahm.

Schon deshalb sah der Vater Kerner Theobalds politisches Engagement mit Bitterkeit, aber nicht nur deshalb. Ihm passte die ganze Richtung nicht. Es war ohne Zweifel auch ein Generationenkonflikt. Justinus spielt die größere Erfahrung und die größere Besonnenheit aus gegen die Unheil ankündigende Erregung der Jüngeren, die freilich auch keine Kinder mehr waren; Theobald war immerhin 31 Jahre alt. Schon manche Gedichtüberschriften aus jener Zeit lassen diese Konstellation erkennen: *Guter Rat* etwa, oder *An die Jungen,* oder *In das Album eines jungen Roten:*

> Verloren ist das Paradies,
> Der Teufel streicht den Bart der Welt,
> Und wie der einz'lne sich auch stellt,
> Der Menge ist sein Streicheln süß.

Den Fürsten bricht man Wort und Schwur,
Meint, nun sei alles gleich und frei,
Dem Teufel doch hält man die Treu,
Wird Höfling seiner Unnatur.
Das ist die neuste Politik!
Der Teufel ist's, o glaub es mir,
Der reicht statt Brot nur Steine dir,
Und bricht zuletzt dir das Genick.

Dass der alte Justinus Kerner eine ruhigere Gangart der Dinge bevorzugte, ist nicht besonders erstaunlich. Eher kann man fragen, ob er nicht eigentlich in seinem ganzen Charakter, in seinem ganzen Leben quietistisch, ob er nicht stockkonservativ und letztlich unpolitisch war. Theobald, der politische Kopf, Justinus, der unpolitische Träumer und Dichter – so finden wir manchmal die Akzente gesetzt. Und sicher lassen sich für Justinus' Abkehr von allem *Politischen*, man kann auch sagen: von *allem* Politischen Zeugnisse aus den verschiedensten Stationen seines Lebens beibringen.

In einem Brief an den Freund Karl Mayer im Herbst 1816, Kerner war gerade 30 Jahre alt, schreibt er: *Es interessiert mich dies Staatenwesen alles nicht mehr! Würde nur die Sonne hell scheinen und wären nur die Trauben gediehen, so wäre schon gut zu wohnen. Mein neuster Wahlspruch lautet barsch: Glänz Himmel, Welt, leck mich im Arsch!* Vier Jahre später sendet Justinus Kerner an Uhland ein Verzeichnis der Gedichte Hölderlins, den er als junger Famulus behandelt und betreut hatte. In dem Verzeichnis fehlen die Hymnen Hölderlins, in denen dieser seine Begeisterung für die Französische Revolution ausgedrückt hatte, und sie fehlen dementsprechend auch in der ersten Ausgabe der Gedichte. Wieder zehn Jahre später: der jetzt 45-jährige gibt die *Seherin von Prevorst* heraus, den Bericht über die von ihm untersuchte und betreute Frau, die mit ihren Gesichten und Visionen die üblichen

Naturgesetze zurückzulassen schien. Im Vorwort nimmt Kerner Bezug auf die auch damals unruhige Zeit: *In gegenwärtiger Zeit, wo alles in vollem Kämpfen nach außen begriffen ist und einzig in freier bürgerlicher Bewegung das Heil des Lebens zu finden wähnt, sind Anmahnungen an das innere, unvergängliche Leben, sollten sie auch an Tausenden unvernommen vorüberhallen, ein wohl nicht ganz überflüssiges Versuchen.* In der zweiten Hälfte der vierziger Jahre, Kerner ist jetzt um die 60, häufen sich vergleichbare Belege: *Ich lebe nicht in der Politik, sondern in der Natur,* schrieb er an Karl Varnhagen, *die Politik ist Teufels Werk, rechts und links.* In seine naturkundliche Zeitschrift *Magicon* rückt Kerner einen Aufsatz über die 48er-Ereignisse ein unter dem Titel *Der politische Veitstanz im Jahre 1848.* Und nochmals zwölf Jahre später, Kerner ist jetzt 74, schreibt er in einem Brief: *Doch ich will nicht in die Politik geraten, denn da vergeht einem jetzt vollends alles Sehen, und man sinkt in eine Nacht, aus der ein Teufel mit lächelnder Gebärde nach Deutschland hinschaut, bis er seinen langgezogenen Wickelschwanz unvermutet um dasselbe schlingt und hinter sich herzieht.*

In einem rückblickenden Gedicht zieht er die Summe, begründet er seine Distanz vom politischen Leben:

Die Politik trieb in mir schwache Triebe,
Gedeiht nicht in poetischer Natur,
Gehuldigt hab ich einzig nur – der Liehe.
War schuldvoll ich – verklagt bei Gott mich nur.

Das Stichwort, auf das er sich zurückzieht, heißt Natur. Gemeint ist die eigene Natur, die eine andere Orientierung nicht zulässt, aber auch der ruhige, stetige Gang der Natur draußen. *In Baden* ist ein Gedicht überschrieben, das er im August 1849, bald nach der Kapitulation der badischen Revolutionstruppen, verfasste. Darin findet sich kein Wort zu den Zielen und Mühen der Kämpfenden, wichtig ist Kerner der mahnende Blick auf die Natur:

Natur, Natur lässt sich nicht beugen,
Und der Kanone tollster Schall
Bringt, kam die Sangzeit, nicht zum Schweigen
Im Mondenschein die Nachtigall!
Es führet Krieg kein Baum mit Bäumen,
Der Mensch im Wahn mit Menschen nur,
Und rast er in den tollsten Träumen,
Schafft um ihn ruhig die Natur.

Justinus, ein alternder Mann, der die halbblinden Augen schließt vor dem, was der Tag und die Geschichte fordern, einer, der nur noch nach innen schaut und alles verdammt, was die poetischen Träume stört – so einfach ist das. Ist es wirklich so einfach?

Wenn man genauer zusieht, wenn man die Widersprüchlichkeiten, die es in jeder Biographie gibt, zulässt, dann merkt man, dass sich die vermeintliche Wendung gegen die Politik präziser bestimmen lässt und dass sie anders definiert werden muss. Kerner wendet sich gegen das Wahnhafte in der revolutionären Bewegung, den Automatismus der Gewalt, die Unbegrenzbarkeit der Aktionen – das ist die *Tarantella,* die er in seiner kleinen Revolutionsstudie beschwört. Dass diese Warnung vor dem Blutvergießen, und wohl auch die angeekelte Abkehr davon, ihre relative Berechtigung hatte, das wird man auch in der distanziert-theoretischen Revolutionsbegeisterung von heute anerkennen müssen. In Theobald Kerners Heilbronner Rede spielte die Warnung vor der Reaktion eine wesentliche Rolle. Das folgende Gedicht von Justinus klingt wie eine Antwort darauf. Er veröffentlichte es im Dezember 1848 im Heilbronner Tagblatt.

Reaktion

Weis' ich eine arme Mücke,
Die das Feuer noch nicht kennt,
Von dem Lichte lind zurücke

Eh' die Flügel sie verbrennt,
Rufen sie mit barschem Ton: Reaktion! Reaktion!
Wenn ein Knab' auf dünnem Eise
Turnt und mit dem Prügel ficht
Und ich ihm dies Spiel verweise,
Weil das Eis ganz sicher bricht,
Rufen sie mit barschem Ton: Reaktion! Reaktion!
Ja Reaktion, Ihr Herren!
Überstürzt sich wo ein Kopf,
Scheint's mir Christenpflicht, zu zerren
Freundlich ihn an Bart und Schopf,
Schreit er auch mit barschem Ton: Reaktion! Reaktion!

Die Vermeidung von Blutvergießen war ein zentraler Wert für Justinus. Nur ein einziges Mal setzt er sich einer auf die größeren revolutionären Zusammenhänge bezogenen Aktion aus – bezeichnenderweise, um gegen weiteres Blutvergießen zu protestieren und zu demonstrieren. In Frankfurt waren am 18. September 1848 – also an seinem Geburtstag – zwei adlige Parlamentsabgeordnete bei Barrikadenkämpfen getötet worden; allerdings hatten sie vorher die staatliche Gegenwehr mit organisiert und wahrscheinlich sogar in die Menge der Aufständischen geschossen. Kerner, empört über den Mord durch die unkontrollierte Volksmenge, richtete an Erzherzog Johann ein Gedicht mit dem Programmtitel: *Nun ist's genug!*, und er nahm mit seiner Frau an dem Leichenbegängnis für die Getöteten in der Paulskirche teil.

Zu diesem Zeitpunkt war Theobald schon zur Verhaftung ausgeschrieben – mag sein (und ich würde daraus kein Verdammungsurteil ableiten!), dass Justinus auch deshalb nach Frankfurt reiste, um Punkte zu sammeln für eine günstige Abwicklung der Sache seines Sohns. In seinen Äußerungen wird die familiäre Dissoziation sichtbar; Väter werden oft konservativer durch ihre revolutionären Kinder. Aber Justinus' Abscheu vor Gewalt war eine grundsätzliche Haltung, die er teilweise pathetisch, teilweise auch in ironischen Szenen ausdrückte wie in dem Gedicht *Weinsberger Weiberlist*, Untertitel: *Im Jahre 1849. Eine wahre Begebenheit.* Die Weinsberger Männer ziehen aus zu einer revolutionären Aktion, eine Frau gießt ihrem Mann angeblich Schnaps in ein Glas, in Wirklichkeit Brechweinstein, er muss sofort ins Bett und verschläft die ganze Aktion, aber er verschläft damit auch die Niederlage der Ausgezogenen. Die Frau bewahrt ihn vor einer Blamage:

> Das Weib, dem dies gelungen,
> Vom alten Weinsberg ist.
> Dort lebt noch in den jungen
> Die alte Weiberlist.

Das ist die eine Korrektur, die an der These vom unpolitischen Justinus Kerner anzubringen ist: Er mischte sich ein, intervenierte auf seine Weise – politisch uninteressiert war er jedenfalls nicht. In Theobalds freundlicher Schilderung *Das Kernerhaus und seine Gäste* ist von seinem eigenen revolutionären Engagement so gut wie nicht die Rede. Aber interessanterweise schildert er die Haltung seines Vaters mit Respekt, und er spricht auch davon, dass diesen die allgemeine Bewegung keineswegs kalt ließ: *Als das Jahr 1848 anbrach und unter den Märzstürmen alles zusammenkrachte, was morsch war, da erfasste auch meinen Vater jugendliche Begeisterung.* In der Tat, Justinus nahm Anteil an den Ereignissen in Frankreich, in Bayern, in Wien, und er verarbeitete sie auf seine Weise.

Justinus, dem Uhland schon in seiner Jugend bescheinigte, aus seinen Briefen quelle *von allen Seiten Witz und Poesie heraus (...) wie der Saft aus einem guten Schweizerkäse* – Justinus spielte lustvoll mit den Ereignissen. Als die Geliebte des bayrischen Königs, die Tänzerin Lola Montez, aus München fliehen musste, schrieb Kerner an eine liebenswürdig naive Freundin (Brentano bezeichnete sie als *schöne Anmutstrampel): Die Lola Montez kam vorgestern hier an, und ich bewahre sie in meinem Turm bis auf weitere Befehle von München. Drei Alemannen halten dort Wache. Es ist mir ärgerlich, dass sie der König gerade zu mir sandte. Aber es wurde ihm gesagt, die Lola sei besessen und er solle sie nur nach Weinsberg senden, den Teufel aus ihr zu treiben. Interessant ist es immer. Ich werde, ehe ich sie magisch-magnetisch behandle, eine starke Hungerkur mit ihr vornehmen. Sie bekommt täglich nur dreizehn Tropfen Himbeerwasser und das Viertel von einer weißen Oblate. Sage es aber niemand, verbrenne diesen Brief! Herzlich Dein Kerner.* Und kurz darauf setzte er dieses fiktionale Spiel fort, indem er auch Metternich, den einflussreichsten Politiker der Restaurationszeit, in Weinsberg einquartierte. Diesmal war die Adressatin Sophie Schwab, die Frau von Gustav Schwab: Den *Metternich nahm ich in meinen Turm auf, in dem Graf Helfenstein vor seiner Hinrichtung durch die Bauern gefangen saß. Das ist ihm ominös, es ist ihm unheimlich, und mir sein ganzes Wesen unheimlich, besonders sein unverschämtes Liberaltun. Er behauptet: Nur sein Wunsch, dass Deutschland eine Republik werde, den er immerdar gehegt, habe ihn zu dem illiberalen System gebracht. Nur so habe sich Deutschland so mächtig und kraftvoll erheben können. Dies sei sein Werk und von ihm geflissentlich so durchgeführt. Er ruhte nicht, bis ich auf meinen Turm eine rote Fahne steckte. (…) Notabene: Metternich spielt die Geige sehr gut. Es ist noch eine alte von Niembsch* (also von Lenau) *im Turm. Auf dieser spielt er immer die Marseillaise und pfeift konvulsivisch dazu im Mondenschein. Wir grüßen Euch alle.*

Diese Briefe sind nicht nur deshalb interessant, weil sie die Empfängerinnen nachweislich immerhin irritierten, sondern auch deshalb, weil sie zum Teil bis in die Gegenwart herein auch von Historikern ernst genommen wurden. In einer der jüngeren Darstellungen der 48er-Revolution in Württemberg ist ein Aufsatz enthalten, der diese beiden Briefe zitiert, aber mit keinem Wort darauf hinweist, dass es sich dabei um einen fiktionalen, nur ironisch angeführten Sachverhalt handelt.

Das ist eine hübsche Arabeske des Revolutionsgeschehens und seiner Spiegelung im Hause Kerner. Aber, so wird man sagen, wahrhaftig kein Beweis für ein wirkliches politisches Engagement Justinus Kerners. Einverstanden. Aber es gibt auch habhafte Belege für handfeste Interventionen. Dort nämlich, wo es um die neuen Parlamente ging. Er selber fühlte sich nicht berufen und wohl auch schon zu alt für die deutsche Nationalversammlung, aber er bemühte sich um gute, ihm geeignet erscheinende Kandidaten. Friedrich Theodor Vischer fordert er auf, aber der kandidierte schon für Reutlingen und Urach. Darauf setzt sich Justinus gemeinsam mit Theobald für den linksliberalen Handwerker Ferdinand Nägele aus Murrhardt ein.

Justinus hält eine Wahlrede in Weinsberg, und er schließt mit einem Vierzeiler:

> Nicht Doktors, nicht gelehrte Geister,
> Wir wählen diesen Schlossermeister.
> Er schwing die Hämmer klein und groß,
> Schlag Deutschland seine Fesseln los!

Nägele wurde gewählt, Vischer wurde gewählt. Nicht gewählt wurde David Friedrich Strauß im Bezirk Ludwigsburg. Für ihn, den Doktor und gelehrten Geist, hatte sich Justinus ebenfalls eingesetzt. Es ging ihm also nicht etwa um eine prinzipielle Aktivierung von Handwerkern und Arbeitern gegen die Intelligenz, sondern es ging ihm darum, dass tüchtige und vernünftige Männer ins Parlament kamen. Justinus Kerner hatte sich so mit Strauß' Kandidatur identifiziert, dass er nach der missglückten Wahl seinen Landsleuten im Ludwigsburger Tagblatt die Leviten las. Strauß war wegen seiner kritischen Haltung zur Religion angeschwärzt worden. Und dazu nun Justinus Kerner: *Das ist Lächerlichkeit. Es wird in Frankfurt keine Synode gehalten und kein Hus gerichtet und verbrannt. Man braucht zu Frankfurt keine in einen beschränkten Glaubenskreis gebannte Geister, man braucht zur Beratung, wie Deutschlands Einheit zu bewerkstelligen, wie eine freie, allen Stämmen genügende Reichsverfassung zu schaffen sei, keine Schriftgelehrten.* Man brauche vielmehr, so fährt er fort, *Denker und Männer von freiem, vielseitigem Wissen, und unter solche gehört nicht nur in unserem Vaterlande, sondern in ganz Deutschland, meine Mitbürger, unser Strauß in die erste Linie.* In Wirklichkeit hatten allerdings die pietistischen Landorte Strauß eine Abfuhr erteilt. In Ludwigsburg selbst veranstaltete man Trauermusiken, umhüllte die Brunnen mit schwarzem Flor, stellte Trauerweiden vor die Häuser – ein kleiner Hinweis übrigens darauf, wie aufgewühlt die Stimmung war, wie engagiert die Menschen und wie stark bei einem Großteil der Bevölkerung die innere Beteiligung war. Wir können uns davon heute nur noch schwer eine Vorstellung machen – in Oggersheim oder Hannover sind keine Trauerweiden gepflanzt worden.

Mit innerer Beteiligung war auch Justinus Kerner dabei, solange es um den politischen Diskurs ging, um eine vernünftige Verfassung, um eine freiheitliche Ordnung (aber eben doch Ordnung!) der Dinge. Auch dreißig Jahre vorher hatte er sich engagiert, als in Württemberg die Verfassungskämpfe brodelten. Dies wäre ein eigenes Thema. Nur so viel sei dazu gesagt: Kerner stellte sich damals gegen seinen alten Freund und Weggenossen Uhland. Er wandte sich gegen die Beharrlichkeit – Kerner hätte gesagt: die Sturheit, mit der die Altrechtler einen fortschrittlichen Verfassungsentwurf des Königs ablehnten, weil sie daran nicht unmittelbar mitgewirkt hatten. Kerner ging so weit, die Formel vom alten guten Recht (gemeint war das demokratische Mitwirkungsrecht der Landstände) lächerlich zu machen, indem er beispielsweise in einem Gedicht aussprach, dass im Zeichen dieses angeblich alten guten Rechts *die Hure Graevenitz* das Land regierte und der Überfluss in den Schlössern die Bevölkerung arm machte und das Land zerrüttete.

Seine Haltung in der Zeit um 1848 war eine Fortsetzung zu solchen Stellungnahmen. Er wollte mehr Freiheit, aber er suchte eine Koalition zwischen den regierenden Fürsten und dem Volk. Dies hatte gewiss auch zu tun mit seinen eigenen Beziehungen und Abhängigkeiten. In seinem Haus verkehrten einfache Menschen aus der Bevölkerung, aber eben auch regierende Häupter und einflussreiche Adlige, und er spekulierte auf Dotationen – seine Pension lag bei jährlich 300 Gulden, der bayrische König legte später 400 dazu, und auch der württembergische steuerte 500 Gulden bei. Es hat keinen Sinn, vor diesem Zusammenhang die Augen zu verschließen; allerdings sollte man einräumen, dass sich auch unsere politischen Einstellungen zum Teil aus unseren Beziehungsgeflechten, aus den Meinungen von Geliebten und Bekannten und aus ökonomischen Interessen erklären. Aber nur teilweise – und das darf auch für Justinus Kerner in Anspruch genommen werden: Für ihn war eine friedliche, besonnene Königsherrschaft, so wie er sie in dem Lied *Preisend mit viel schönen Reden* dargestellt hatte, die Chance für Freiheit, die nicht nur auf dem Papier stand und die nicht durch neue Pressionen eingeschränkt wurde. Freiheitlich dachte jedenfalls auch Justinus.

Aber kehren wir noch einmal zu Theobald Kerner zurück, den wir im Straßburger Exil verlassen haben. Der Kontakt zwischen Theobald und den Eltern – Justinus' Frau Friederike, das Rickele, ist immer mit zu bedenken, wenn von der familiären Situation die Rede ist – brach keineswegs ab, fast könnte man sagen: im Gegenteil. Schon in den ersten Wochen berichtet Theobald, der in der Heimat steckbrieflich gesucht wird, unbefangen und ausführlich von den Straßburger Erfahrungen und Erlebnissen, etwa davon, dass Marie an einem Gepolter erwachte, dass sie beide, der verhinderte Revolutionär und seine Frau, irgendeine Revolution befürchteten, dass sie glaubten, ein Pulverwagen halte vor dem Haus und dass sich dieser schließlich als *Abtrittwagen* entpuppte – also Fäkalienentsorgung statt Revolution. Justinus wollte, dass Theobald rasch zurückkomme. Er hoffte, ihm gegen eine Kaution die Freiheit zu sichern. Theobald blieb lange Zeit misstrauisch. Aber im April 1849 bezahlte Justinus tatsächlich tausend Gulden Kaution (mehr als das Dreifache seiner Jahrespension!), und Theobald kehrte zurück. Das Verfahren gegen ihn lief, aber er blieb zunächst auf freiem Fuß. Die politischen Freunde erwarteten sein erneutes Engagement, die Familie forderte ihn auf, Ruhe zu halten. Er selber schwankte hin und her, kandidierte für den Landtag, unterlag knapp, aber er hielt sich zurück bei den politischen Demonstrationen.

Im August 1849 wurde er gleichwohl verurteilt zu zehn Monaten Haft. Justinus war ebenso entsetzt wie Theobald selbst. Im November rückte er ein auf dem Hohenasperg:

So war es und wird's ewig sein:
Wer Freiheit liebt, den sperrt man ein

dichtet er zwei Jahre später. Da war er, nach einem übrigens ziemlich zivilen Gefängnisaufenthalt von insgesamt etwa fünf Monaten, längst wieder zu Hause. Er wendet sich intensiver seiner ärztlichen Tätigkeit zu, nicht mehr in Weinsberg, sondern in Cannstatt, spezialisiert auf Neurologie, also den besonderen Interessengebieten des Vaters nahe. Nach Justinus' Tod gründet er in Weinsberg eine galvanisch-magnetische Heilanstalt. 1856 geht er zurück nach Cannstatt.

Er wird Leibarzt des Königs Wilhelm, eben des Königs, der ihn auf den Asperg geschickt hatte, und er wird zum Hofrat ernannt. Aber seinen politischen Grundüberzeugungen bleibt er treu. Während viele Anhänger der revolutionären Bewegung über dem nationalen Triumph des Siebzigerkriegs und im Überschwang der endlich errungenen nationalen Einheit die alten Ideale vergessen oder verdrängen, wächst bei Theobald Kerner die Enttäuschung. Den Krieg verurteilt er, bekennt sich als Freund der Franzosen, nicht als Überläufer, sondern weil er erkennt, dass das französische Volk unter dem grausamen Krieg genauso leidet wie das deutsche. Er geißelt, auch in Gedichten, die egoistischen ökonomischen Interessen der Gründerzeit, und er klagt das Volk an wegen seiner Lethargie:

Im Winterbau schläft Dachs und Bär
Und saugen an den Tatzen.
So schläft jetzt jede Volkskraft, nur
Die Gründer hört man schmatzen.

Vor allem wird er nicht müde, Freiheit einzufordern. Ein Gedicht von 1877, also nach der Reichsgründung, beginnt mit den Strophen:

Ein Deutschland – ja, das wäre gut,
Und all der braven Krieger Blut,
Es wäre nicht umsonst geflossen,
Hättst du, o Einheit, aus der Schlacht
Die Schwester Freiheit mitgebracht,
Sie nicht vom Erbe ausgeschlossen.

Das ist die Erbschaft der 48er-Zeit, unbeschädigt durch politische Niederlagen, unbeschädigt auch vom zeitweiligen Familienstreit im Hause Kerner. Theobald Kerner verdient es, stärker ins Licht gerückt zu werden, auch als politischer Dichter. Und Justinus sollte nicht als unpolitisch gerühmt oder abgeurteilt werden. Mit dieser Bemerkung will ich beide freilich nicht in einen Topf werfen, nicht einmal in einen Kochtopf. Die Tochter von Justinus, die Schwester Theobalds, berichtet, dass bei vornehmen Einladungen Theobald im allgemeinen auf das Essen verzichtete, und gefragt, warum, sagte er, jeder könne so schöne Speisen essen, aber nicht jeder sei imstande, sie auszuschlagen. Justinus dagegen meinte, nur der Teufel esse nichts, griff kräftig zu und vertilgte große Mengen ohne Rücksicht auf ärztliche Diätetik. Eigentlich ist beides sympathisch.

Ironie und Aktualität
Humor bei Hermann Kurz

Man könnte, was hier behandelt werden soll, als die *Halbwertzeit* des Humors bezeichnen. Diese Vokabel ist schnell modisch geworden und wird im populären Gebrauch meist mit Lebens- oder Gültigkeitsdauer gleichgesetzt. Dabei klingt sie exakt, und tatsächlich stammt sie auch aus dem Präzisionsbereich der Naturwissenschaften und bezeichnet einen mathematisch formulierten Prozess: Es handelt sich um eine exponentielle Verlaufskurve, die allmählich gegen Null führt. In dieser korrekten Bedeutung passt Halbwertzeit aber gut zu der hier in Frage stehenden Entwicklung, der allmählichen Abschwächung einer im Ausgangspunkt vitalen Größe, ohne dass ein bestimmtes Verfallsdatum prognostiziert oder festgestellt werden könnte. Es geht um den traurigen, aber unvermeidlichen Sachverhalt, dass literarische Passagen, die einmal geistreich und pointenfunkelnd in Erscheinung traten, mit der Zeit matt, dunkel und nichtssagend werden können. Die Charakterisierung nichtssagend ist dabei freilich problematisch, da die Aussage ja konstant bleibt; die Abschwächung ist ein Rezeptionsvorgang. Etwas wird nicht mehr oder nicht mehr richtig verstanden und ist deshalb nur noch die Hälfte wert.

Das ist ein allgemeiner Prozess; aber für den Humor gilt er in besonderer Weise. Generell ist Literatur ja durchaus in der Lage, fremde Lebenswelten (zeitlich und räumlich gesehen) zu erschließen und verständlich zu machen. Aber für Komik ist die

Herausforderung größer. Sie führt, als Spiel mit Disparitäten, eine Ecke weiter. Abgekürzt könnte man sagen, Humor sei ein gezieltes Missverständnis, und um dieses zu verstehen, muss erst das Verständnis vorhanden sein. Die Empfehlung, schön der Reihe nach vorzugehen, also erst die verständliche Basis für ein komisches Missverständnis zu schaffen, funktioniert nur bedingt. Das Komische wirkt nicht über umständliche Begründungen, sondern im mehr oder weniger überraschenden Aufblitzen einer ungewohnten Verbindung. Ein Witz mit gründlich einführenden Hinweisen oder mit einer ausführlichen nachträglichen Erklärung ist bekanntlich kein Witz mehr.

Aber darf man Komik, Humor, Witz so leichtfertig ohne genaue Abgrenzung nebeneinander stellen? Und herrscht nicht auch zwischen der im Titel angeführten Ironie und dem Humor im Untertitel eine bedenkliche Spannung? Die ausgedehnte Literatur über das Komische bemüht sich ja doch um präzise Definitionen der verschiedenen Formen und um saubere Grenzbereinigungen. Meist scheint es bei solchen Erörterungen um allgemeine menschliche Grundphänomene zu gehen, tatsächlich aber hat man es mit kulturell-historischen Hypotheken zu tun. Es gibt einen deutschen Sonderweg im Verständnis von Witz und Humor, der sich im 18. Jahrhundert herausbildet und der sich vor allem von der damals dominanten französischen Konzeption absetzt. Wenn immer wieder der versöhnliche Humor über den beißenden Witz gestellt wird, ist dies vor allem in jener deutsch-französischen Konfrontation begründet.

Im Jahr 1801 beschreibt Heinrich von Kleist in einem Brief an Luise von Zenge aus Paris die sprunghaft-heiteren Umgangsformen in der Stadt und resümiert: *Der Deutsche spricht mit Verstand, der Franzose mit Witz.* Ähnliche Äußerungen waren gegen Ende des 18. Jahrhunderts verbreitet, aber wenige Jahrzehnte vorher wäre diese Kontrastierung unsinnig gewesen, da Witz nahezu synonym mit Verstand gebraucht wurde. Die Bedeutung von Witz kam der des französischen *esprit* nahe; eben deshalb wurde sie allmählich immer häufiger negativ konnotiert. Diese Abwertung war zum Teil die trotzige Antwort darauf, dass von französischer Seite bei anderen europäischen Nationen und zumal in der antiquierten deutschen Gesellschaft keine Chance zur geistreich-eleganten Kommunikation und damit zum *esprit* gesehen wurde; aber auch die traditionelle deutsche Kultivierung von Ernst und Tiefe spielte dabei eine wichtige Rolle. In gewisser Weise handelte es sich bei der damaligen Konfrontation um ein Vorgefecht zu der späteren Gegenüberstellung von deutscher Kultur und westlicher Zivilisation.

Das Grimmsche Wörterbuch führt eine ganze Reihe von negativen Urteilen über Witz und das Witzige aus dem 19. Jahrhundert an, und obwohl sich die Bedeutung inzwischen fast vollständig vom subjektiven Vermögen auf die objektive Erzählgattung Witz verlagert hat, ist die Einschätzung keineswegs völlig verschwunden. Die Abwertung von Witz geht Hand in Hand mit der Aufwertung von Humor. Der Humor gilt als bieder, gemütlich, versöhnlich; pointierten und aggressiven Äußerungen des Komischen wird diese Bezeichnung verweigert. Das gilt in der poetischen Literatur und auch in Texten über die Literatur. Hermann Kurz, von dem endlich die Rede sein soll, wurde von Mörike mit Jean Paul verglichen; er schrieb daraufhin an Mörike, der Vergleich habe ihn erschreckt. Die Begründung: *Ich kann ihn nicht leiden: er hat keinen Charakter und verrät jeden Augenblick die Poesie an den Witz.*

Hermann Kurz gilt nicht in erster Linie als Humorist. *Heiter ist er nicht – sein Naturell ist an und für sich nicht heiter*, schrieb seine Frau Marie 1864 in einem Brief. Aber abgesehen davon, dass diese Äußerung unter dem Eindruck seiner schlechten körperlichen Verfassung und seiner akuten Existenzsorgen zustande kam – Humor und Heiterkeit sind nicht deckungsgleich. Von Rudolf Krauß (und sinngemäß auch von Anderen) wird

Kurz *liebenswürdiger Humor* bescheinigt, und Krauß variiert diese Charakteristik mehrfach. Die Natur, schreibt er, habe Kurz *einen niemals ganz versiegenden Quell gesunden Humores verliehen, der, auf's mannigfaltigste abgetönt, über seine Dichtungen Licht und Wärme ausgießt.* Dies wird man gerne unterschreiben, aber dann doch ein paar Spitzen und Kanten hinzufügen, ohne dass Hermann Kurz dadurch aus dem Feld des Humors verdrängt wird. Es dürfte korrekt sein, Humor als übergreifende Haltung zu verstehen, als Einstellung, die den Unvollkommenheiten, den Widersprüchen und Disparitäten, der prästabilierten Disharmonie der Welt zugewandt ist und deren komische Seiten ins Auge fasst. Ironie, Parodie, Satire, Schwank, Witz – und man könnte wohl noch weitere Begriffe anfügen – sind Ausdrucksformen und Resultate dieser humoristischen Haltung.

Aufschlussreich ist die Unterscheidung zwischen sinnlich-anschaulichem Humor und Humor in der Form geistiger Verknüpfung, weil sich in ihr auch eine historische Entwicklung abzeichnet. Das Lachen über körperliche Mängel und Missgeschicke, etwa über das Stolpern eines Menschen, gehört einer früheren Stufe an als das Vergnügen an komischen sprachlichen Verbindungen. Bei Hermann Kurz findet sich beides. Für seinen Sprachwitz mag fürs Erste der Hinweis auf seine parodistische Umformung der ‚schwäbischen Nationalhymne' genügen: *Preußend* mit viel schönen Reden … Aber er war auch aufgeschlossen für die derb-direkten Seiten des Humors, die er allerdings meist aus der Vergangenheit herbeizitiert. In der kleinen Skizze *Abenteuer der Heimat* sagt ein Dorfarzt: *Ich könnte hundert Beispiele erzählen, welche beweisen, wie viel mehr Poesie in jener kaum erst verflossenen, hagebuchenen Zeit gelegen ist, als in unserer papierenen.* Kurz wendet sich immer wieder dieser hagebuchenen Zeit zu, findet darin komische Konstellationen und gewinnt daraus komische Effekte.

Als Übersetzer zeigt er zumindest zeitweilig eine Vorliebe für heitere Vorlagen. Von Cervantes übersetzt er die Novelle *Die vorgebliche Tante*, und aus einer Novelle von Gaspari Gozzi entwickelt er seine kleine Komödie *Kunstkennerschaft*, die übrigens das gleiche Thema behandelt wie Yasmina Rezas Erfolgsstück *Kunst*, dabei aber wesentlich robuster vorgeht. Zu Kurz' Rückgriffen auf die altdeutsche Literatur gehört nicht nur Gottfrieds Epos *Tristan und Isolde*, das er mit einem eigenen Schluss versieht, sondern auch *Von den Landsknechten*, eine freie Bearbeitung von Hans Sachs, der er den neuen Schlussteil *Wo die Landknechte geblieben sind* anfügt – er quartiert sie bei Kaiser Rotbart ein, wo sie auf ihre Wiederkehr warten.

Aber auch seinen eigenen Erzählungen gibt Kurz gern ein schwankhaftes Gepräge, zumal wenn sie in der Vergangenheit angesiedelt sind. In der Erzählung *Sankt Urbans Krug* schildert er die Streiche von Vagabunden, die den Wunderglauben einfältiger Bauern ausnützen, ihnen um teures Geld eine wunderbare Weinflasche andrehen, die sich angeblich von selbst wieder füllt, und sich schließlich noch dafür bezahlen lassen, dass sie ein Schwein unter dem Vorwand, es habe ihren Weggenossen gefressen, auf den nächsten Markt treiben. Die Lust an der Übertölpelung ist ein Hauptmotiv der Geschichte, aber auch in drastischen Bildern äußert sich der Humor. Die Erzählung beginnt damit, dass einer der Vaganten, *ein etwas schief gebauter kleiner Mensch mit zweierlei Augen*, sich am Galgen die Beinkleider eines Gehängten holen will; die geschwollenen Beine des Gehängten erweisen sich als Hindernis, der Kleine schneidet sie mitsamt der Hose ab und *warf sie über den Kopf, dass sie zu beiden Seiten vom Halse herunter baumelten*. Das ist ein komisches Bild, das auch heute noch Heiterkeit auslösen und delikate Mitleidsäußerungen verdrängen kann. Diese Wirkung hat mit dem historischen Abstand zu tun, aber auch mit der Identifikation der Erzählgattung, die den Rezipienten ihre Gesetze aufzwingt. Es geht im Schwank nicht primär um historische Wahrheit, sondern um komisches Geschehen, das sich auch in der Form ›schwarzen Humors‹ zeigen kann.

Auch in der Geschichte *Den Galgen! sagt der Eichele* geht es nicht besonders zivil zu. Dem Eichele droht mehrfach der Galgen, aber indem er sich der Rabulistik der alten Rechtsprechung anpasst, wird er vom Galgen, zu dem er schon hinaufbefördert war, gerettet. Spaß beim Lesen entsteht aus der vordergründigen Fabel und den dabei entworfenen kuriosen Bildern, auch wenn man den historischen Hintergrund nicht wirklich versteht. Aber Kurz visiert nicht nur die lustige Befreiung des Galgenvogels an, sondern zielt auch auf die Komik der damaligen Verhältnisse, also auf das lachhafte Faktum, dass schon kleinste Gemeinwesen (man denkt etwa an die Reichsstadt Bopfingen) mit der Blutgerichtsbarkeit ausgestattet waren. Die Geschichte ist ein Schwank mit traditionellen Erzählmotiven, zugleich aber eine Satire auf die im deutschen Südwesten besonders ausgeprägte territoriale Zerstückelung, die unweigerlich eine Vielzahl wichtigtuerischer Honoratioren und damit ein grotesk-komisches Missverhältnis zwischen Anspruch und Wirklichkeit erzeugte. Humor also auf zwei Ebenen; man hat auch etwas davon, wenn einem die *Bel etage* genaueren historischen Verständnisses verschlossen bleibt – aber es geht eben auch Manches verloren.

In dem epischen Gedicht *Der Blättler* erzählt Kurz die Geschichte eines Schwaben, der unter die Türken gerät und als Sklave arbeiten muss. Seine Fähigkeit, einem simplen Blatt Töne zu entlocken, erprobt er auch in der Ferne, und das exotische Blatt erklingt tatsächlich – *süß, durchdringend, als wär es im Herzen von Schwaben gewachsen.* Das ist die Wendung zu größerer Freiheit, die ihm sein Herr gewährt, der die seltsame Musik mit Verzückung hört. Eine hübsche, heitere Geschichte – aber ihr Witz übersteigt die vordergründige Handlung. Der türkische Boss ruft in seiner Begeisterung seinen Gott an: *Allah ist groß! und schleuderte hoch in die Lüfte den Turban*, um gleich hinzuzufügen: *Christ, musiziere doch fort! rief er stets: musiziere mir wieder!* Die Überwindung extremer religiöser Gegensätze durch ungewöhnliche

Kunstfertigkeit ist die eigentliche Pointe. Wer sie versteht (und die fortschreitende Internationalisierung dürfte sie für heutige Leser weithin verständlich machen), hat mehr von der Geschichte. Wo dagegen der historische Hintergrund unverstanden bleibt, sind humoristische Wirkungen nicht schlechterdings blockiert, aber reduziert.

Der Feudalbauer ist eine heitere Geschichte überschrieben, in der es um Sparsamkeit und Geiz, aber auch um Nächstenliebe geht. Sie enthält eine Reihe witziger Situationen – so etwa, als heimatlose Flüchtlinge aus Polen in ein schwäbisches Dorf kommen und vom Schultheiß in einer Rede begrüßt werden, in der er schwäbische Wendungen *(G'schenkt, g'schenkt – von uns!)* mehrfach wiederholt in der Erwartung, sie so den Fremden verständlich zu machen. Auch eine bekannte Wanderanekdote fügt Kurz ein: Ein Weingärtner hat ein Fass mit altem Schillerwein *wohlverspundet und unberührt im Keller. Als aber der Mann krank wurde und zu sterben kam, sagte er zu seinem Weibe: Ich hab' eine wunderbare Lust, vor meinem Ende auch einmal meinen Schiller zu versuchen, gang, Weib, und hol mir einen Schoppen herauf. Sie aber sah ihn wehmütig und bedächtig an. O Johannesle, b'hilf di vollends, sagte sie. Und er behalf sich und starb, ohne von seinem Schiller gekostet zu haben.* Diese Episode wurde später als Original-Gogenwitz verkauft, und schwäbische Unterhaltungskünstler haben sie immer noch im Repertoire – sie ist ja doch noch immer verständlich und lustig. Aber wiederum gilt, dass sich Kurz' Erzählung nicht in solchen Scherzen erschöpft. Das Wort Feudalbauer steht nicht von ungefähr im Titel. Man stritt damals über die Dorfverfassung, die ja – zum Teil bis heute – sehr stark von den Erbsitten bestimmt wird. Im Umkreis der Stuttgarter Regierung, welche ganz generell Vereinheitlichung im Land anstrebte, galt das in Altwürttemberg vorherrschende Modell geschlossener Dörfer mit ihrer komplexen Organisation der Dreifelderwirtschaft als Vorbild; aber es gab auch Stimmen (darunter die von Friedrich List), die darin keine

Garantie für den Zusammenhalt der Bewohner sahen, sondern die Ursache ständiger Spannungen, und die deshalb die vor allem in Oberschwaben übliche Hofverfassung mit einflussreichen ›Feudalbauern‹ vorzogen. Um diese Zusammenhänge deutlich zu machen, bedürfte es für den heutigen Leser einer umfangreichen Kommentierung – aber Fußnoten bieten nicht unbedingt eine Gewähr für Vergnügen.

Hermann Kurz nutzt die Eigengesetzlichkeit literarischer Formen, und er hat offensichtlich Spaß an den Verrückungen und Verrücktheiten des Humors. Seine Freunde in Maulbronn und am Tübinger Stift charakterisierten seinen Lebensstil und seine ausschweifenden Phantasien als *überzwerch*; er hat dies akzeptiert, und in manchen seiner literarischen Produkte mischt er in der Tat die Wirklichkeit übermütig und überzwerch auf. Dazu gehört beispielsweise ein Entwurf verrückt-komischer ländlicher Genrebilder, den er in seinen *Denk- und Glaubwürdigkeiten* vorstellt und den Paul Heyse später unter dem Titel *Auch eine Dorfgeschichte* als Einzelstück präsentierte. Dieser Titel spielt auf Berthold Auerbach an, und tatsächlich enthält der Text eine mit parodistischen Mitteln arbeitende Satire auf den mit Kurz befreundeten Erfolgsschriftsteller und seine *Ruralmoralromantik*. Aber darüber hinaus führt Kurz ein weltumfassendes Kaleidoskopspiel vor, in dem er schon im zweiten Satz (der allerdings eine ganze Seite lang ist) die wissenschaftliche, aber auch die gesellschaftliche Realität seiner Zeit durcheinander würfelt: *Soll und Haben, Taler und Gulden, Heller und Pfennig, Handel und Wandel, Kommerz und Industrie, Produktion und Konsumtion, Realitätenbesitz und Proletariat, (...) Strafanstalten, wie sie sind und wie sie sein sollten.* Er spricht von *männlichen und weiblichen Rettungshäusern für behaltene oder entlassene Verbrecher*, von *barmherzigen Schwestern und unbarmherzigen Brüdern*, von *geistreichen Jünglingen und herzarmen Jungfrauen, Europa- und Amerikamüdigkeit, Roman und Drama, Theater und Parlament* – und so immer fort.

Diese kurze Kurz-Passage mag die Brücke bilden zu anspruchsvolleren (und damit das Verständnis vor allem heutiger Leser gefährdenden) Humor-Beispielen. In seiner langen Universalsuada erinnert Kurz an den Anfang der Odyssee; er beschwört *die realistische Muse* und führt dann in Anspielung auf *Faust* alle möglichen und unmöglichen Wissenschaften auf: *Nenne mir Astronomie, Börsenlehre, Kabbala* ... Im Rückblick auf die Geselligkeit seiner Jugendjahre hielt Kurz fest, dass er und seine Freunde *keine Ahnung von einer Politik der Gegenwart* hatten. *Wir waren Bürger zu Athen, Sparta und Rom* ..., und es folgen Hinweise auf die vorklassische und klassische Literatur – auf einen Kosmos also, mit dem man heute nicht mehr so vertraut ist. Für Hermann Kurz gehörte die klassische Tradition zu dem Bestand an Bildung, der keiner Erklärung bedurfte. Darüber hinaus war ihm aber auch die Literatur seiner Zeit sehr gegenwärtig; das geht aus Zitaten und Anspielungen hervor, die nicht eigens ausgewiesen und deshalb schwer zu entdecken sind. Beispielsweise ermahnt sich in der Komödie *Kunstkennerschaft* der Maler beim Anhören der bornierten Kritiker: *O brich nicht, Geduld, du zitterst sehr!* Das ist nicht sehr elegant ausgedrückt – tatsächlich ist es ein zurechtgebügeltes Zitat aus einem Liebesgedicht Uhlands.

Besonders dicht sind die literarischen Bezüge in der autobiographischen Erzählung *Das Wirtshaus gegenüber*. Sie nimmt Bezug auf die Zeit im Tübinger Stift und schildert den fröhlichen Freundeskreis, der sich regelmäßig in einer bestimmten Wirtschaft traf. Hermann Kurz schätzte diese Stunden der Geselligkeit, in denen man *manch kecken Scherz geübt, manch übermütig Spiel*, wie er später in dem Gedicht *Nachlass* formulierte; und er fährt darin fort mit einer eindeutigen Bewertung:

Vor solchem Leben frisch und reich
Wie sind die Lettern tot und bleich!

In der Erzählung huldigen die Studenten bei ihren Treffen einerseits vordergründigen Trink- und Spottritualen, und ihre Frotzeleien sind auch heute noch verständlich und können in ihrer bierseligen Heiterkeit einigermaßen nachempfunden werden. Andererseits aber werden ambitionierte Wechselreden vorgeführt, literarisch aufgemöbelt und vielfach auch literarischen Gegenständen gewidmet; ihre Halbwertzeit ist schon weiter fortgeschritten. Einer der Freunde schildert seinen Katzenjammer: *Als ich diesen Morgen erwachte, (…) hatte ich ein Gefühl, als ob ich ein pelziger Rettich wäre, und ich*, zitiert Kurz einen zweiten, *war wie ein eingeschlafener Fuß und bedurfte meiner ganzen moralischen Kraft, um endlich aus dem Bett und in die Kleider zu kommen.* Diese heitere Formulierung ist leicht zu begreifen. Dies gilt auch für die literarisch unterfütterten Partien, wo man mit ihrem Gegenstand vertraut ist; die Erzählung vermittelt zum Beispiel eine eindrucksvolle Einschätzung von Eduard Mörike, mit dem Kurz ja auch charmante Briefe tauschte. Aber es fällt sehr schwer, allen literarischen Verästelungen zu folgen, zumal sie der Autor verklausuliert in Szene setzt. So beginnt etwa Caeruleus, der Blaue (und damit ist Kurz selbst gemeint, den man das *blaue Genie* nannte), eine Rede: *Es gibt im Menschenleben … – Augenblicke* ergänzt ein Kommilitone und wird alsbald von einem Dritten unterbrochen: *Oder vielmehr, … wie ich gestern abend jemanden sagen hörte: es gibt im Augenblicke Menschenleben!* Auch diese kleine, leicht erotisch gefärbte Erweiterung versteht man – aber eigentlich sollte man wohl auch die richtige Zitatformel kennen, die aus Schillers Drama *Wallensteins Tod* stammt: *Es gibt im Menschenleben Augenblicke, wo er dem Weltgeist näher ist als sonst und eine Frage frei hat an das Schicksal.*

Hermann Kurz will nicht pausenlos witzig sein. Er verlangt *die Einführung vollkommener Freizüngigkeit in der Gesellschaft*, doch nicht primär im Dienst der Komik, sondern immer auch der Poesie, also der freien Entfaltung der eigenen Phantasie- und

Gedankenwelt. Aber es gehört dann doch auch zu seiner Freizügigkeit, dass er sich der Komik überlässt – und nicht nur, wo sich dies im Gang der Fabel anbietet. Er tritt mitunter auch aus der Handlung heraus und kommentiert sie humorvoll. In dem Erzählgedicht *Die Reise ans Meer* demonstriert er beispielsweise, wie er als Autor die Fäden in der Hand hält. Der Wanderer, von dem er berichtet, erreicht sein Ziel, das Meer, und dann heißt es:

> Sah in die Weite hinaus mit flimmernden Augen und sahe –
> Sahe! – doch was er sah, das muss ich dir leider verschweigen,
> Denn ich habe das Meer noch selbst nicht mit Augen gesehen.

Besonders aufschlussreich ist im Hinblick auf die Halbwertzeit des Humors die Geschichte *Die beiden Tubus*, die letzte und schönste Erzählung von Hermann Kurz, die mit berühmten Novellen und Erzählungen der deutschen Literatur konkurrieren kann – besser: könnte, denn sie ist wenig bekannt. Ein wichtiger Grund dafür dürfte sein, dass sie eine ganz eigene Welt schildert, die für Heutige nur noch bedingt zugänglich ist, und zwar nicht *obwohl*, sondern *weil* sie realistisch (wenn auch mit karikierenden Zuspitzungen) geschildert wird. Dass Tubus Ferngläser sind, begreift man schnell; die Herstellernamen wie *Dollond* und *Frauenhofer* kann man übergehen (obwohl der letztere am Anfang einer immer noch mit diesem Namen verbundenen technisch-ökonomischen Entwicklung steht). Die *täglichen Okularreisen* der beiden geistlichen Herren, die sich dank ihrer *Liebhaberei des Fernesehens* über eine weite Entfernung gegenseitig entdecken, rufen samt den artistischen Verrenkungen am Beobachtungsfenster auch jetzt noch Vergnügen hervor. Auch die gegensätzliche Wesensart der beiden Pfarrherren wird deutlich, und dabei werden die Charaktere bewusst ins Kurios-Komische gerückt – etwa wenn die Bio-Ernährung des armen Geistlichen mit geröstetem Backsteinkäse und mit Bier als *Korruptionsgesöff* geschildert wird.

Schwieriger wird es mit den literarischen Anspielungen, die es in Fülle gibt. Auch hier begegnet Antikes (*Bei Philippi also sehen wir uns wieder*). Cervantes wird zitiert. Vor allem aber gibt es Hinweise auf die zeitgenössische deutsche Literatur: an *alte unnennbare Stunden* wird erinnert, was an Mörike anklingt; die Korrespondenz der beiden Pfarrer wird als *Briefwechsel zweier Deutschen* bezeichnet, was der Titel eines Buchs von Paul Achatius Pfizer ist; *frisch fromm fröhlich frei* bezieht sich auf die noch junge Jahnsche Bewegung; Don Carlos wird zitiert; und die Söhne der Pfarrer wählen als ihr geheimes Losungswort *Biribinker*, Name einer nicht ganz jugendfreien Figur Wielands.

Auch mit den politischen Debatten hat man aus der heutigen Distanz gewisse Schwierigkeiten; sie beziehen sich in erster Linie auf den griechischen Freiheitskampf – im Wirtsgarten bekämpfen sich zwei Gruppen, von denen die eine für den griechischen Helden Miaulis, die andere für den türkischen Gegenspieler agitiert. Der Spur nach kann man aber folgen, auch wenn man die näheren Umstände nicht kennt. Bei all dem handelt es sich um Details, die dem Geschehen besondere Farben aufdrücken – doch sie bremsen das heutige Lesepublikum nicht schlechterdings aus. Empfindlich eingeschränkt wird das Lesevergnügen dagegen, wenn der zentrale Krisenbereich der ganzen Geschichte unverständlich bleibt. Es geht um das *Landexamen*. So wurde die anspruchsvolle Prüfung bezeichnet, deren Bestehen jungen Männern in Württemberg weitgehende Sicherheit in der beruflichen Versorgung durch ein kostenloses Studium eröffnete – ein Studium der Theologie, das in Württemberg lange Zeit das Portal zu fast allen höheren Funktionen war, zum Pfarramt vor allem, aber auch zum Lehramt an Gymnasien, und zwar in allen Sparten. Das Landexamen war eine ganz eigene Institution. Hermann Kurz erwähnte in seinen Erinnerungen einige Einzelheiten, und er rückte dazu eine ironische Anmerkung ein: *Für das chinesische Publikum, dem diese Verhältnisse unbekannt sind, ist hier zu bemerken, dass die Herbstlesen*

(…) drei Jahrgänge und drei Prüfungsgrade umfassten, so dass, wer fernd zum Petens gereift war, heuer als Expectans prima vice und übers Jahr desgleichen secunda, also in zweiter, dritter und letzter Erwartung, zum Examen kam. Diese Anmerkung ist mindestens so schwer verständlich wie der vorausgegangene Text, und man darf getrost unterstellen, dass nicht nur das chinesische Publikum daran scheiterte und scheitert. So kommt es, dass Leserinnen und Leser gerade dort, wo Hermann Kurz, erfüllt von seinen eigenen nicht nur angenehmen Erinnerungen, in Schwung kommt, ihr Tempo verlangsamen müssen und manchmal ratlos bleiben.

Gewiss, Vieles bleibt amüsant – etwa der mathematische Versuch des wenig strebsamen Pfarrersohns, der bei der Frage nach der genauen Dauer des dreißig- und des siebenjährigen Kriegs die Monate à vier Wochen und die Woche einer gängigen Redewendung entsprechend mit acht Tagen berechnet. Auch sein Scheitern an der Frage, wen Moses im Busch zu sehen glaubte, bei der er schließlich auf den *Has* tippt, bedarf keiner weiteren Erklärung; und humanistische Schulzeitrelikte erlauben Lesern meist auch die Einsicht, wie schlimm es ist, das lateinische *ut* mit dem Indikativ zu ergänzen. Aber zu einem weitergehenden, tieferen Verständnis der Erzählung braucht es einen gewissen Einblick in den Hintergrund, in das theologisch durchtränkte totale Klima jener Zeit. Dieses Klima war auch für Kurz schon Vergangenheit; er spricht von der *mythischen Zeit*, in der *das theologische Bewusstsein noch nicht durch Kirchentage, Pfarrgemeinderäte und so manches andere vom Zeitgeist getragene Compelle geschärft war.* Aber ganz vergangen war diese mythische Zeit noch nicht, und jedenfalls war sie noch lebendig in Erinnerungen und Erzählungen – da ist dann beispielsweise vom ausgedehnten Netzwerk theologischer Verwandtschaften die Rede, von der *Parochialvisitationsrundreise* eines leutseligen Pfarrherrn wird berichtet, und auch die häuslichen Usancen in den Pfarrfamilien zeigen noch viel von der älteren Tradition.

Als Hermann Fischer um die Wende zum 20. Jahrhundert seine Hermann-Kurz-Edition zusammenstellte, reichte diese Tradition in den Erinnerungshorizont gebildeter Leser noch herein. Indirekt bezeugt das Fischers Einleitung zum 11. Band. *In diesem Feuerwerk von Witz sind nicht alle Einzelheiten für uns mehr ganz verständlich*, schreibt Fischer, und man erwartet nun eine größere Zahl detaillierter Aufschlüsse und Hinweise. Aber Fischer beschränkt sich auf sieben Erklärungen, die zum Teil banal sind: *Die buckligste aller Universitätsstädte,* von der Kurz berichtet hatte, *ist Tübingen*; *Das Dorf Ofterdingen liegt etwa drei Stunden von Tübingen entfernt; List ist der Nationalökonom Friedrich List ...* Bald zwei Jahrhunderte nach der Niederschrift der Geschichten ist der Erklärungsbedarf erheblich gestiegen, ist der Einblick in jene Epoche und ihre sehr spezifische regionale Ausprägung sehr viel schwieriger und dürftiger geworden.

Die Erzählung *Die beiden Tubus* von Hermann Kurz ist durch die mit den Zeitläuften eingetretenen Verständnisschwierigkeiten objektiv nicht schlechter geworden. Sie kann uns sogar mahnen, literarische Meisterschaft nicht am Integralwert ewiger Dauer und allgemeinmenschlicher Bedeutung zu messen. Den verbreiteten *Glauben daran, dass das Gute sich durchsetzt,* zog Levin Schücking in Zweifel; er fragte, *ob es nicht oft eher umgekehrt ist, d.h. dass das, was sich durchsetzt, hernach als das Gute betrachtet wird.* Auch diese Annahme wird man nicht verabsolutieren dürfen; aber die unterschiedlichen Halbwertzeiten bilden sicher keinen verlässlichen Maßstab der Beurteilung. Das allmähliche Versickern zeitgenössischer Zusammenhänge, Sozialfiguren und Probleme ist ein natürlicher Prozess. Die Realitäten ändern sich, aber auch die Perspektiven und Interessen. Stillstand ist kein wünschenswerter Zustand.

Ich möchte diese Überlegung mit einem letzten Beispiel aus dem Werk von Hermann Kurz garnieren. Ich beziehe mich auf das lange und mühsame vorletzte Kapitel seines Romans *Der*

Sonnenwirt. Friedrich Schwan, der *Verbrecher aus verlorener Ehre*, wie ihn Schiller bezeichnete, demonstriert in diesem Kapitel sehr extensiv seine Reue und Bekehrung; altertümlich-fromme Formeln sind über den Text verstreut. Aber dann erfährt Schwan eine Demütigung, wie er sie oft erlebt hatte, und nun erhebt er eine bittere Anklage gegen seine Peiniger, der man die Berechtigung nicht absprechen kann. Er argumentiert, dass *nach heutiger Weise gesprochen – die Arbeit vom Kapital unterdrückt* wird – ein Fremdkörper zwischen all der konformen christlichen Zerknirschung. Man fragt sich, ob Kurz die Parole bewusst eingesetzt hat oder ob dabei der Gaul mit ihm durchgegangen ist; bekanntlich formulierte er das Kapitel in einer die literarische Arbeit überschattenden schwierigen Phase seines Lebens. Jedenfalls wirkt der Einschub als Verfremdungseffekt mit nahezu komischer Einfärbung. Als Leser ist man überrascht, aber man versteht sehr wohl, was gemeint ist – die Halbwertzeit des Gegensatzes von Arbeit und Kapital ist wahrhaftig nicht abgelaufen. Leider: Es wäre schön, wenn man die Wendung als weit entferntes historisches Faktum erklären müsste.

Eine leise Melancholie liegt über solchen Betrachtungen des Vergehens, aber die Vergänglichkeit ist zu respektieren – auch im Blick auf gute Literatur und ihre Bewertung. Wenn sich das Interesse einige Zeit auf einen älteren Dichter konzentriert, wird sehr oft die Formel *zu Unrecht vergessen* in Stellung gebracht. Die ständige und häufige Anwendung dieser Formel sollte eigentlich zu denken geben. Auch Hermann Kurz steht (sieht man von den Jubiläumsprogrammen ab) nicht im Zentrum literarischer Erinnerung. Vermutlich hat er bald wieder eine Phase nicht der Geringschätzung, aber verletzender Nichtbeachtung vor sich. Doch in einem knappen Jahrzehnt, zum 150. Todestag, werden ihn gewiss die Jubiläumstaucher wieder an die Oberfläche holen aus dem Meer des Vergessens, in dem er glücklicherweise irgendwie überlebt.

Testfall Amerika
Der Blick auf den Fortschritt

Karl Mayer, leitender Jurist in verschiedenen Städten und kurze Zeit oppositioneller Abgeordneter im Landtag, war ein enger Freund Uhlands, stand in Verbindung mit allen Poeten des schwäbischen Dichterkreises und eiferte ihnen nach; aber auch im sympathisierenden Rückblick wird eingeräumt, dass er in der Literatur *keine unverlöschlichen Spuren hinterlassen* hat. Auf boshafte Weise könnte man diesem Urteil allerdings widersprechen, denn oft bieten sich seine Verse an als Belege abseitiger poetischer Orientierungen. Das gilt auch für die Einstellung zur Technik. In Mayers Gedicht *Natur und Menschenfleiß* steht die Strophe:

> Nicht jeder deiner Erdensöhne,
> Gott, flehet dich um Schutz fürs Schöne.
> Zu dem Gebet lass ich mich mahnen
> Beim Näherdrohn der Eisenbahnen.

Mayers skeptische Haltung gegenüber technischen Fortschritten bildet allerdings keine Ausnahme. Das ist auch nicht verwunderlich; die Poesie hatte die Liebe zu den Schönheiten der Natur und der Landschaft gerade erst entdeckt oder doch vertieft, und so ging der späteren realen Ausweisung von Schutzgebieten der Natur die Verteidigung des Schutzraums in der Poesie voraus.

> Dampfschnaubend Tier! seit du geboren,
> Die Poesie des Reisens flieht (…)

heißt es in dem Gedicht *Im Eisenbahnhofe* von Justinus Kerner, in dem er an die romantischen Stimmungen der früheren Fahrten und Wanderungen erinnert und schließlich seine Version des rasenden Stillstands beschwört:

Fahr zu, o Mensch! treib's auf die Spitze,
Vom Dampfschiff bis zum Schiff der Luft!
Flieg mit dem Aar, flieg mit dem Blitze!
Kommst weiter nicht, als bis zur Gruft.

Weitere, ähnliche Belege ließen sich anführen; aber natürlich setzt Dichtung Technikfeindschaft und Fortschrittszweifel nicht zwingend voraus. Ein Gattungsunterschied ist von Belang: Romane und Erzählungen, Essays und Skizzen, also problembezogen auf die Realität ausgerichtete Formen setzen verschiedene Perspektiven in ihr Recht und können so zu sachlicheren Einschätzungen kommen. Aber die Bewertungen sind auch abhängig von den individuellen Einstellungen der Autoren. Berthold Auerbach, der seine Kindheit im kleinen Nordstetten bei Horb verbrachte und bäuerlicher Kultur viel Raum gab in seinen Werken, war gleichwohl aufgeschlossen für neue Entwicklungen – weil der jüdische Schriftsteller den dörflichen Horizont real und auch geistig überschritt, aber auch, weil er die Sorgen der konservativ gesinnten Bevölkerung ernst nahm und gerade im technischen Fortschritt die Chance einer Hilfe für sie erkannte. Er kam den einfachen Leuten entgegen, indem er, Hebel nacheifernd, einige Jahre einen *Kalender für den Stadt- und Landbürger* herausgab. In zwei Beiträgen wendet er sich der Bahn als der neuen Verkehrsführung zu. *Auf einem Acker an der Eisenbahn* lässt er einen Bauern sprechen, der die abergläubischen Besorgnisse vieler Nachbarn aufzählt, die den daherbrausenden Zug vom Teufel gebaut glaubten und *wirklich Schwindel davon bekommen* haben; und dann feiert er die Verbesserungen durch die Bahn und die neuen Möglichkeiten der Telegraphie, glücklich, dass er in einer Zeit lebt, *in der die Geheimnisse der Welt uns ganz nahe gerückt sind.*

Der andere Kalenderbeitrag gibt *eine ungehaltene Rede* wieder, die bei der Feier zur Einweihung einer Bahnstation einem Besucher durch den Kopf geht. Es ist die Reaktion auf die Hochrufe, die *in dem säulengetragenen kirchenhohen Saal* eines neu gebauten Hotels auf den Fürsten, den Baumeister und den Wirt ausgebracht werden. *Tausend und aber tausend Hände regten sich draußen in Wald und Feld, schaufelten die Erde auf und legten den eisernen Steg*, heißt es in der Rede; die Anteile an der erfolgreichen Arbeit werden zurechtgerückt wie in Brechts Gedicht *Fragen eines lesenden Arbeiters*, der wissen will: *Wer baute das siebentorige Theben?* Dann wird der Schienenweg gerühmt als *Grundlage zu einer neuen Weltordnung, deren Ergebnisse wir noch nicht absehen können*; aber Sinn und Ziel werden optimistisch beschrieben: *Die verschiedenen Völker werden sich immer näher rücken und in Frieden einander achten*. Danach wird der soziale Aspekt noch einmal aufgenommen: Paläste werden künftig gebaut *zu gemeinnützigen Zwecken*, und *ein Fürst wird einziehen mit ewiger Majestät: das ist das Volk*. Und schließlich erfährt man noch, warum die Rede ungehalten blieb – sie wäre untergegangen im Lärm des Festbetriebs und im Hoch, das die Honoratioren nach dem Essen auf die Köchin ausbrachten.

Rund zwei Jahrzehnte später greift Auerbach das Thema wieder auf. In der Erzählung *Die Sträflinge* muss oder darf ein schuldig gewordenes Paar die Strafe in einem Bahnwärterhaus abarbeiten; und im *Nest an der Bahn*, dem *Bahnhäuschen Nummer 374*, lebt zufrieden ein altes Paar. Auerbach schildert Veränderungen und auch Gefährdungen der Landschaft, sieht aber Vorteile darin, dass alles *in eine neue Beweglichkeit versetzt* wird. In seiner Erzählung werden Schonbezirke gerettet: *Das selig stille Glück stirbt nicht aus, es siedelt sich hart neben den unbeugsam eisernen Gleisen der neuen Zeit an*; und insgesamt hofft er auf eine Epoche gesteigerter Rationalität: *wo Maschinen sind, gibt's keinen Aberglauben*. Auerbach bemüht sich jedenfalls um ein differenzierendes Bild der technischen Entwicklung und des oft verteufelten, von manchen aber auch als eindeutiges Heilssignal gesehenen Fortschritts.

Diese beiden gegensätzlichen Bewertungen bestimmten vor allem auch das Verhältnis zu Amerika, das in den alltäglichen

Gesprächen der Leute das Interesse auf sich zog, das aber auch immer häufiger Gegenstand literarischer Publikationen wurde. Dass Auerbach immer wieder auf Amerika zu sprechen kommt, mag zunächst merkwürdig erscheinen, da er ja vor allem als Verfasser von Dorfgeschichten bekannt ist, und diese *spielen alle in Nordstetten*, wie er selbst formulierte. Aber der Widerspruch löst sich auf, wenn man feststellt, welche Bedeutung die Auswanderung damals in den schwäbischen Dörfern und für die Dörfer hatte. Wirtschaftliche Not, aber auch die Unzufriedenheit mit den politischen Verhältnissen trieb die Menschen zur Emigration. Oft blieb ihnen nur dieser Ausweg; äußerer Zwang und innere Hoffnung wirkten zusammen. In Nordstetten war, wie auch in anderen ›Judendörfern‹, die Quote der Auswandernden besonders hoch; innerhalb des Dorfs hatte sich zwar ein weitgehend friedliches Zusammenleben eingespielt, aber die jüdische Bevölkerung war wirtschaftlich benachteiligt.

Auerbach sah die Gefahr einer Schwächung des Dorfs und vor allem der jüdischen Gemeinde und nahm dementsprechend lange eine negative Haltung zur Auswanderung ein. Er durchschaute aber auch die falschen Bilder von Amerika, an denen sich die Leute in ihrer Not orientierten und die verbreitet wurden von *Auswanderungsagenten mit ihren Helfershelfern, Wirten, Schulmeistern und Krämern*, die alle an der Auswanderung verdienten und deshalb das Leben auf dem fremden Kontinent in den buntesten Farben ausmalten. *Amerika schickte uns einst die Kartoffel, die in der alten Welt heimisch und zum Bedürfnis geworden, in hunderterlei Arten bereitet und genossen wird; man kann fast sagen, das Gespräch über Amerika ist auch eine Art von Kartoffel: Das wird gesotten und gebraten, in hunderterlei Art bereitet und sogar zum berauschenden Trank hergerichtet.*

Dies steht in der Geschichte *Der Viereckig oder die amerikanische Kiste*. Viereckig ist der Übername von Xaveri, den ihm die Dorfbuben verpassten, als der Kauf eines Huts an seinem etwas unförmigen Kopf scheiterte. Er ist tüchtig und hat sein Auskommen, aber er träumt von besseren Tagen in Amerika. Für die Überfahrt hat er schon eine stabile Kiste bereitgestellt. Vorerst bleibt er, vor allem seiner alten Mutter zuliebe, aber er ist seiner Sache auch nicht so sicher. Vom jungen Auerbach ist überliefert, dass er die Debatte in einem literarischen Salon in Leipzig mit der hübschen Formulierung begann: *Ich bin noch nicht meiner Meinung*. Das hätte auch der Viereckige sagen können, und als ihm die Heirat einer wohlhabenden Witwe nahegelegt wird, lässt er sich überreden, bleibt fürs erste in seinem Heimatdorf und nimmt den Spott der Leute in Kauf. Den Fragen, *wie es in Amerika aussehe, und wie er die Seekrankheit überstanden habe,* begegnet er gelassen. Aber die Ehe mit der ungeliebten Frau und die Versetzung *in ein verwitwetes Anwesen* machen ihm zu schaffen: *die ganze alte Welt, die ganze gewohnte Umgebung hatte ihm etwas Verwitwetes.* Amerika geht ihm nicht aus dem Sinn, und als die Spannungen im Haus und im Dorf für ihn größer werden, tritt er doch noch die große Reise an. Die Zeit in Amerika klammert Auerbach in seiner Erzählung aus. Nach drei Jahren kommt Xaveri zurück, richtet sich in einem bescheidenen, arbeitsamen Leben ein, und die Geschichte endet: *jetzt bin ich bekehrt.* Bekehrung von trügerischen Träumen durch eigene Erfahrung – das ist ein ganz genereller Lernprozess, aber Amerika spielt dabei immer wieder eine wichtige Rolle.

Auch in Auerbachs erfolgreichstem Roman *Barfüßele* erweist sich das fremde Land nicht als sicherer Hafen; der kleine Bruder der Titelfigur scheitert in Amerika – über das man wiederum relativ wenig erfährt. Kurzen Prozess mit Amerika macht Auerbach auch in der Erzählung *Der Tolpatsch*. Aloys, der so genannt wird, ist ein rechtschaffener und gutmütiger Kerl. Als seine Liebschaft in die Brüche geht, verpflichtet er sich beim Militär, kauft sich aber mit Hilfe eines in Amerika lebenden Verwandten los und macht sich selbst mit einer kleinen Migrantengruppe aus dem Dorf auf den langen Weg übers Wasser. Über sein

Leben in Amerika erfährt man so gut wie nichts. Immerhin endet die Geschichte mit einem kurzen Brief des Tolpatsch. Das Heimweh drängt vor allem Gedanken über Nordstetten in den Brief, aber er beginnt mit der Feststellung: *Es drückt mir oft schier das Herz ab, dass ich all das viele Gut so allein genießen soll*, wo sich doch *ganz Nordstetten* bei ihm satt essen könnte; und am Ende drückt er den Wunsch aus, nochmal eine Stunde in Nordstetten zu sein und dem Schultheiß zu zeigen, *was ein freier Bürger von Amerika ist.*

Amerika hat hier positivere Vorzeichen: Die Auswanderer können dort einen gewissen Wohlstand erreichen, und sie haben weniger Einschränkungen und mehr Freiheit als die kleinen Leute in Deutschland, deren Gängelung Auerbach in einer ganzen Reihe seiner Dorfgeschichten schildert und angreift – und auch in einer theoretischen Schrift vertritt er die Auffassung, dass das Volk *neue Lebensformen* entwickelt, *wenn man nur der freien Entfaltung Raum gönnt.* Auerbach dachte sich noch einen zweiten Brief von Aloys aus, an dem dieser über Wochen immer wieder geschrieben hat und der deshalb Genaueres über sein Leben in der neuen Heimat vermittelt. Das Datum ist demonstrativ mit der Ortsbezeichnung versehen: *Nordstetten in Amerika am Ohioflusse*, und der Tolpatsch erzählt, dass er bei seinem Haus ein Ortsschild mit dem Namen aufgestellt hat in der Hoffnung, dass noch mehr Zuwanderer aus der alten Heimat kommen. Er warnt vor den Methoden, mit denen vielen Ankömmlingen das Geld abgeknöpft wird, und auch vor falschen Erwartungen; technische Fortschritte haben die Landwirtschaft noch nicht revolutioniert. Aloys hat gerade die Deichsel seines Wagens repariert – *man kann hier nicht all Ritt zum Wagner springen, da muss man alles selber machen.* Der Fortschrittsgedanke verlagert sich noch mehr auf die politischen Bedingungen und die sozialen Verhältnisse. Über Funktionen in der Gemeinde wird demokratisch entschieden; Aloys wird aufgrund seiner militärischen Erfahrung zum Offizier gemacht. Und zwischen den Neubürgern herrschen Offenheit und Toleranz: *Hier fragt man keinen nach seinem Glauben.*

Auerbach nimmt so Hinweise auf das Schicksal von Aloys in eine weitere Erzählung auf. Aber es ist keine Fortsetzungsgeschichte. Behandelt werden vielmehr die Wege und Probleme eines jungen Priesters, der schon im Titel mit der mundartlichen Bezeichnung für Geistliche vorgestellt wird: *Ivo der Hajrle.* Er besucht die Mutter von Aloys, die dessen Brief schon einige Zeit in der Tasche trägt, weil sie ihn nicht lesen kann, und auf ihre Bitte liest Ivo ihn vor. Eine Episode nur – das eigentliche Thema sind Ivos Gewissensnöte, seine Distanz zum geistlichen Amt, das er schließlich verlässt, nachdem sich die *Lust nach einem tätigen Leben immer stärker in ihm regt.* Dass Auerbach hier eigene Unsicherheiten und Erfahrungen verarbeitet hat, ist sicher eine berechtigte Annahme; die Verweigerung des für ihn von der Verwandtschaft ins Auge gefassten Rabbinats ging zwar von der staatlichen Behörde aus, aber er hatte schon vorher an seiner Berufung dafür gezweifelt.

Die Verflechtung, die Auerbach zwischen den beiden Geschichten herstellt, ist charakteristisch: Er versuchte ja doch die Leserschaft in seinen dörflichen Kosmos als Ganzes hineinzuziehen. Die Verflechtung kommt aber nicht nur über Personen zustande, sondern auch über leitende Ideen und die fortdauernde Herausforderung durch Probleme. Amerika spielt auch weiterhin eine wichtige Rolle, meist allerdings eher als grob skizziertes Kontrastbild zu den deutschen Verhältnissen und nicht als Schauplatz konkreter Entwicklungen. Ein nach der Revolution von 1848/49 zum Tod verurteilter Graf plant die Flucht ins freie Amerika, sieht seine Aufgabe aber dann weiterhin in der alten Heimat und wirkt hier, mit falschem Pass, als Dorfschullehrer. Diese Geschichte, erzählt im Roman *Neues Leben,* soll übrigens den russischen Grafen Leo Tolstoi veranlasst haben, Auerbach aufzusuchen und mit ihm Freundschaft zu schließen.

In der Erzählung *Lucifer* ist die Verlaufskurve ähnlich: Ein Bauer wehrt sich gegen weltfremde Reglementierungen der Kirche und schaut sehnsüchtig auf Amerika als Land der Glaubensfreiheit, bleibt aber in der alten Heimat, um hier für Religionsfreiheit und liberalere Verhältnisse einzutreten. Nur im umfangreichen Roman *Das Landhaus am Rhein* ist ein beträchtlicher Teil der Handlung nach Amerika verlegt. Ein ehemaliger Sklavenhändler aus den amerikanischen Südstaaten erwirbt das Landhaus als vornehmen Alterssitz und spekuliert auf den Adelstitel aus der Hand des regierenden deutschen Fürsten. Aber so weit kommt es nicht; ein im Hofgesinde dieses Fürsten arbeitender Schwarzer deckt die Rücksichtslosigkeiten des Mannes auf, die er selbst in Amerika erfahren hatte. Der Sohn des Landhausbesitzers bricht nach Amerika auf, in die Südstaaten, wo er für die Sklavenbefreiung kämpft. Damit hat Auerbach ein drastisches Gegeneinander von brutaler Machtausübung und humaner Gesinnung konstruiert, das seine ambivalente Haltung zu Amerika spiegelt. Als Land neuer, wenn auch nicht unbegrenzter Möglichkeiten hat er Amerika immer empfunden, und es verschwand auch nie aus seinem Gesichtskreis. Wenige Jahre vor seinem Tod legte er eine eigene Übersetzung von Benjamin Franklins Autobiographie vor, die für die Vision eines humanen und freiheitlichen Landes steht, die dank der Genialität und Vielseitigkeit dieses Mannes aber auch ganz konkrete Einblicke in technische Innovationen und ihre Auswirkung auf das Leben der Menschen vermittelt.

Auerbach warnt vor beschönigenden Amerikabildern, und er ist auch nicht völlig frei von Vorurteilen gegenüber dem Staatenbund über dem Ozean. Aber er sieht, dass hilfreiche technische Verbesserungen durch eine Gesellschaft begünstigt werden, die den Menschen das Recht auf freie Entfaltung und individuelle Optionen einräumt; und mit der Zeit erkennt er, dass Fortschritt nicht primär eine Folge technischer Erfindungen ist, sondern in freiheitlichen Lebensformen zum Ausdruck kommt. Amerika blieb für ihn ein Fluchtpunkt; nicht nur aus Zeitungen informierte er sich über die Vereinigten Staaten, sondern auch über Bekannte und Verwandte, die ausgewandert waren, darunter ein jüngerer Bruder von ihm. Aus eigener Anschauung kannte Auerbach Amerika nicht.

Ganz anders Max Eyth, der, 1836 in Kirchheim geboren, im Kloster Schöntal aufwuchs, wo der Vater als Ephorus wirkte, und der nach der Schulzeit entschieden einen praktisch-technischen Beruf anstrebte. Nach der Lehrzeit als Maschinenbauer und Arbeitsjahren in Stuttgart war Max Eyth während der beiden letzten Lebensjahrzehnte Auerbachs in der halben Welt unterwegs: in europäischen Nachbarländern, in Russland, in Ägypten und anderen afrikanischen Regionen, in Südamerika und nicht zuletzt in Nordamerika. Die längste Zeit arbeitete er für eine englische Firma, die Dampfpflüge herstellte und mit wechselndem Erfolg den Export dieser Maschinen betrieb. Max Eyth war als Auslandsagent für den Verkauf zuständig; aber das war nur sehr bedingt Schreibtischtätigkeit, vielmehr waren ständig die Kenntnisse und Fertigkeiten des Ingenieurs gefragt, der den schwierigen Transport der Dampfpflüge organisieren und ihre technischen Funktionen überwachen musste. Über die Bedingungen in den verschiedenen Weltteilen und die oft abenteuerlichen Herausforderungen hat er geschrieben.

Er notierte kontinuierlich seine Erlebnisse und Erfahrungen – in den Briefen an die Eltern so ausführlich, dass sein Vater diese zusammenstellte zum *Wanderbuch eines Ingenieurs*, das im Verlauf von 13 Jahren auf sechs Bände anwuchs. Wo heute noch an ihn erinnert wird, tritt er uns im Allgemeinen als mit technischen Problemen vertrauter Reiseschriftsteller entgegen. Das war er – *auch*; aber sein literarischer Ehrgeiz und sein poetisches Können reichten darüber hinaus. Vielleicht hängt die gängige Reduktion auf den Ingenieur, der nebenbei schrieb, mit den *zwei Kulturen* zusammen, wie sie der englische Soziologe Charles P. Snow analysierte: eine geisteswissenschaftlich-literarische und eine naturwissenschaftlich geprägte Kultur, zwischen denen gerade in Deutschland lange eine dichte Trennwand stand. Max Eyth schlägt eine Brücke; er zeigt die Poesie der Technik, und jedenfalls tut man gut daran, ihn auch als Literaten ernst zu nehmen.

Schon deshalb, weil er selbst seine literarischen Aktivitäten ernst genommen hat. Er war eine künstlerische Natur; seine Neigung und auch seine Begabung lenkten ihn zum aktiven Umgang mit der und in der Kunst. Er hinterließ ansprechende Zeichnungen, die verständlicherweise hinsichtlich Gegenstand und Ausführung einen überwiegend technischen Charakter haben. Er war ein begeisterter Klavierspieler, der auch in der Fremde fast immer ein Instrument auftrieb und dem in Amerika einmal die Stelle eines Organisten angetragen wurde. Und er verstand sich als richtigen Poeten. Viele seiner Gedichte legen davon kein sicheres Zeugnis ab; sie sind oft merkwürdig holprig und überzeugen auch nicht in ihrer Poetisierung der Technik:

Fasse den Hammer
Am Ende des Stiels,
Freu dich am Takte
Des klingenden Spiels.

Der Titel dieses Gedichts ist *Am Schraubstock*; er nimmt den Titel des ganzen Buchs auf: *Hinter Pflug und Schraubstock.*

In diesem Band, in den Eyth auch einige der im Wanderbuch geschilderten Episoden aufnahm, übernehmen eingeschobene Gedichte die Aufgabe grundsätzlicher Verständigung mit dem Leser. Eines, der langen Amerika-Erzählung vorangestellt, ist überschrieben: *Hast du's erlebt?* Der Verfasser lässt sich darin ansprechen in freundlicher Skepsis:

Wohl hast du manches selbst gesehen.
Man spürt zuweilen fast das Wehen
Der Wirklichkeit: doch das Verdrehen
Scheint dir ein angeborner Hang.

Er bestreitet das nicht; aber er pocht auf das Erleben *im tiefsten Herzen* und auf die Wahrheit der Poesie. Der Band beschränkt sich denn auch nicht auf tatsächlich Erlebtes, sondern enthält viele Passagen, in denen sich der Autor in fremdes Erleben einfühlt.

Ein gelungenes Beispiel dafür ist die in den Band eingefügte Geschichte *Berufstragik*. Sie behandelt das schottische Eisenbahnunglück von 1879, das schon Fontane zum Gedicht *Die Brücke am Tay* veranlasst hatte. Eyth manövriert sich als Ich-Erzähler in das Geschehen hinein. Das gibt ihm die Möglichkeit, die Baumängel an der Brücke und damit die Ursache des Unglücks präzise zu beschreiben; aber wichtiger ist die Darstellung der Gedanken und Emotionen der Beteiligten. Schon die Einleitung zeigt die Sensibilität seines Zugangs:

> Hat jemals ein kühner Psychologe dem Bewegungsgesetz der Erinnerungen nachgespürt? In seltenen Fällen ziehen sie ruhig dahin, auf ihrem stillen Weg nach rückwärts; meist tanzen sie in wunderlichen Sprüngen wie Irrlichter, kreuz und quer, beleuchten auf einen Augenblick hier eine alte Haustür, dort ein schwimmendes Stückchen Holz, hier ein wedelndes Hündchen, dort das Lächeln eines Menschengesichts, das längst zu lächeln aufgehört hat. Heller leuchten sie auf, je weiter sie rückwärts hüpfen, lassen lange Strecken in tiefer Nacht, um mit einemmal ein jugendliches Glück, einen kindlichen Jammer zu überstrahlen, als schiene die Sonne von heute darauf, ehe alles wieder in bläulicher Dämmerung verschwindet.

Max Eyth zieht die Leser hinein in die unerbittliche, tragische Handlung, deutet aber auch die Souveränität des Erzählers an und jongliert mit dem konkurrierenden Gewicht von Realität und Roman. Ein Freund wird erwartet, vergeblich: *auch mit dem nächsten Wagen kam Schindler nicht. Im erbärmlichsten Roman wäre er sicherlich gekommen, woraus man schließen kann, dass der erbärmlichste Roman dem harten, rücksichtslosen Leben vorzuziehen ist. Doch sind die Ansichten hierüber geteilt.*

Das lange Kapitel über Erlebnisse in Amerika bleibt beim Anspruch auf korrekte Wiedergabe von Realität; es öffnet nicht den Durchblick auf die Erfindungsgabe des Autors – aber wohl nur, weil die geschilderten Vorgänge so mit Übertreibungen und Unwahrscheinlichkeit gespickt sind, dass man von selbst zu zweifeln beginnt. Vom politischen Hintergrund und vom gesellschaftlichen Rahmen erhält man allerdings ein richtiges, nur etwas grell gemaltes Bild. Max Eyth befindet sich in New Orleans, also in den Südstaaten, die den Sezessionskrieg verloren geben mussten und einigermaßen hilflos nach Auswegen aus der entstandenen Krise Ausschau halten. Von der *Regeneration des Südens* spricht *halb New Orleans.* Das ist die Chance für den Pflugagenten, der mit seiner Maschinerie die durch das Ende der Sklavenarbeit verloren gegangene Kapazität wiederherzustellen verspricht.

Max Eyth gibt einen genauen Einblick in die widersprüchliche Haltung und Stimmung der Bewohner von Louisiana, welche die endgültige Niederlage schmerzlich empfinden, ihre Herrschaftsmentalität aber in den neuen Zustand hinüberzuretten versuchen. *Die alten Haudegen des großen Bürgerkriegs* visieren *auf andern Feldern neue Siege* an und sind notgedrungen bereit, gemäß der Parole *Schwerter zu Pflugscharen* zu handeln. In einen der Presseartikel rutscht einmal das Wort *Dampfneger* für die neuen Pflüge hinein; aber überwiegend bemühen sie sich um einen salbungsvollen Stil – angesprochen wird beispielsweise *der glänzende Erfolg der großen englischen Erfindung, die uns einen*

Einbandillustration nach einem
Entwurf von Max Eyth

Ersatz für die wohl für immer verlorene Arbeit unsrer farbigen Mitbürger zu schaffen bestimmt ist. In den Gesprächen geht es weniger rücksichtsvoll zu; hier bleiben die farbigen Mitbürger Menschen zweiter Klasse, was ja auch ihrer fortbestehenden gesellschaftlichen Stellung entspricht.

Dass die englische Erfindung in den meisten Zeitungen gewürdigt wird, ist nicht nur Ausdruck tatsächlicher Hoffnungen auf die neue Technik, sondern auch das Ergebnis einer ausgefeilten Geheimstrategie, in die der Ingenieur von vermeintlichen amerikanischen Freunden hineingezogen wird. Er braucht, um überhaupt wirtschaftlich arbeiten zu können, eine Absenkung des Schutzzolls für seine Maschine. Das läuft über den Kongress, und dafür muss er bezahlen. *Sie glauben doch wohl selbst nicht, dass man eine wertvolle Verordnung wie die, die Sie brauchen, durch den Kongress drückt ohne Schmiermaterial.* So wird er belehrt von einem der Unterstützer, die grundsätzlich bedauernd auf die Bestechlichkeit Anderer verweisen, tatsächlich aber bei jedem Winkelzug etwas für sich abzweigen. Eyth deckt dieses System gnadenlos auf. Beim Zoll hat sich ein *Schnellfeuer von Meineiden* ausgebreitet; illegale Abmachungen werden offen abgewickelt und als *fair play* verstanden, und Falschmeldungen gelten als legitim, wenn sie einem taktischen Propagandazweck dienen. Der Pflugagent muss das zur Kenntnis nehmen, als er immer wieder zu hören und zu lesen bekommt, dass es in Amerika bereits von Dampfpflügen wimmelt, während er bei seinen Erkundungsfahrten keinen einzigen antrifft.

Merken Sie allmählich, dass Sie in Amerika sind? wird er gefragt. Später wird er einmal gelobt, dass er *Land und Volk so rasch begreifen* lernt; ihn selbst überfällt aber das unbehagliche Gefühl, *den amerikanischen Verhältnissen vielleicht doch noch nicht ganz gewachsen zu sein.* Beides stimmt. *Kindlicher Glaube an die unbegrenzten Möglichkeiten des menschlichen Fortschritts*, wie er ihn bei manchen Amerikanern vorfindet, bleibt ihm fremd. Aber *der rasche Pulsschlag des amerikanischen Lebens, der uns langsame Europäer manchmal fast betäubt,* imponiert ihm, und die Auflockerung starrer bürokratischer Ordnung durch lebhafte persönliche Kommunikation verführt ihn zwar nicht zum Lob der Korruption, weckt aber eine gewisse Sympathie für die Bewegung in Grauzonen – beim Autor und bei seinen Lesern und Leserinnen.

In einer der zahlreichen farbig ausgemalten Nebenszenen kommen zwei an sich verfeindete Chefredakteure Arm in Arm von einem kleinen Gelage und versuchen, *föderierte und konföderierte Kriegslieder zweistimmig zu singen.* Max Eyth schildert das Ergebnis: *Ein erstaunlicher Grad mangelhaften musikalischen Sinns und der gute Wille, mit dem sie sich gegenseitig unterstützten, ergab eine Verschmelzung von Dissonanzen, die das Beste für die Zukunft hoffen ließ.* Dies lässt sich im Grunde auf die ganze politische und ökonomische Szenerie übertragen: eine Verschmelzung von Dissonanzen, die immer wieder einen kleinen Schritt vorwärts führt. Auf jeden Fall aber passt es zu dem Ereignis, das Max Eyth als Glanzpunkt der Mission des Pflugagenten schildert: *Das Elefantenrennen*, das er inszeniert, und zwar für die Leserschaft und nicht in der amerikanischen Wirklichkeit. Einfachere Formen des Wettpflügens gehörten schon in Ägypten zu den Verkaufsstrategien. Aber während sich dafür ebenso wie für die Verhandlungen über die Einfuhr der Pflüge, für die vielen Tricks und Winkelzüge in den verschiedensten Dokumenten Anhaltspunkte finden lassen, dürfte das Elefantenrennen allein im Kopf des Autors entstanden und abgelaufen sein.

Es handelt sich um einen mit Wetten verknüpften Wettlauf zwischen zwei *Dampfelefanten*, nämlich Dampfpflügen, die man sich ähnlich wie Lokomotiven vorzustellen hat, an welche die Pflüge über starke Drahtseile angeschlossen sind. Die beiden für das Rennen vorgesehenen Exemplare erhalten die Namen Jonathan und John Bull, werden mit den zugehörigen Nationalflaggen geschmückt, und auch die Jockeys verkörpern den Gegensatz zwischen Amerika und England. Der Ablauf mit Überholmanövern, absichtlichen Verzögerungen und dem schließlichen Sieg Jonathans war sorgfältig programmiert, geriet aber in Gefahr durch den Ehrgeiz der die Fahrzeuge dirigierenden Jockeys, durch die Unberechenbarkeit der Maschinen und das Wetter – John Bull sinkt wenige Meter vor dem Ziel tief ein in das zum Sumpf gewordene Gelände. Dass der Amerika-Pflug als erster durchs Ziel geht, ist am Ende nur dem Zufall und Glück zu verdanken.

Max Eyth erzählt von dem Rennen mit ironischem Blick auf die Parteinahme und die Begeisterung der Zuschauer, die von dem abgekarteten Spiel nichts wissen, und er berichtet amüsiert von einem Zeitungsbericht über das Ereignis, in dem *meist richtige Sportausdrücke, meist falsche maschinentechnische Erörterungen und die dem Konversationslexikon entnommene Zoologie des Elefanten wundersam gemischt waren.* Seine eigenen maschinentechnischen Erörterungen erfolgen beiläufig, sind aber natürlich korrekt und vermitteln skizzenhaft ein Bild von der Konstruktion der Pflüge.

Generell gilt, dass Eyth technische Details in seinen erzählenden Schriften nur dann ausbreitet, wenn sie für den jeweiligen poetischen Entwurf bedeutsam sind. Das trifft zu für die knappen Bemerkungen zur problematischen Konstruktion der schottischen Brücke, und es bestimmt auch die Akzentuierung in dem Roman, an dem Eyth bis zu seinem Tod arbeitete. Er wendet sich dem Schicksal des Schneiders von Ulm, Albrecht Berblinger, zu, und selbstverständlich reflektiert Max Eyth die Ursachen des misslungenen Flugversuchs. Aber es geht ihm nicht in erster Linie um die Vermittlung technischer Probleme, sondern um die Ehrenrettung Berblingers. Dabei setzt er sich verschiedentlich über die Fakten weg, obwohl er diese vorher in Archivrecherchen gründlich studiert hat. Er verweist auf die kreative und immer menschenfreundliche handwerkliche Tätigkeit Berblingers jenseits seiner Flugversuche, und er scheut vor ausgedachten Ergänzungen nicht zurück. Er glaubt *die wahre Geschichte des Schneiders von Ulm* geschrieben zu haben, und er fügt hinzu: *so wie er gefühlt, gedacht und gelebt haben müsste, wenn alles mit rechten Dingen zugegangen wäre.*

Er zieht einen anspruchsvollen Vergleich mit Schillers Wilhelm Tell und verteidigt das Eigenrecht der Poesie. In diesem Sinne hatte er selbst eine Trennung vollzogen: Nachdem er die englische Firma 1882 verlassen hatte, zog er nach Deutschland und organisierte in Berlin, wo er zehn Jahre wohnte, den Aufbau einer Deutschen Landwirtschaftlichen Gesellschaft nach englischem Vorbild; danach kehrte er in die Heimat zurück, wohnte bei der Mutter im bayrischen Neu-Ulm und hatte seine Arbeitsräume im württembergischen Ulm – die tägliche Wanderung zwischen zwei Königreichen gefiel ihm. Die Ulmer Zeit widmete er fast ausschließlich literarischen Aufgaben und Ausgaben, ohne dass er sein Engagement für die technische Entwicklung vergaß. In seinen umfangreichen Romanen erzählte er mit dichterischer Freiheit von seinen exotischen Arbeitsphasen; in seinem Buch über Berblinger malte er dessen vielseitige technische Anstrengungen aus; und auch theoretisch nahm er Stellung zum Verhältnis von *Poesie und Technik*.

Dies ist der Titel eines Vortrags, den Eyth zwei Jahre vor seinem Tod beim Verein Deutscher Ingenieure hielt. Er betont darin die in der Technik lebende Poesie, verweist auf die Schönheit technischer Gebilde, die nur oft verdeckt ist durch unvermeidlich erzeugten Schmutz und Lärm, die er aber am Beispiel der Lokomotive und anderer Maschinen in lebendigen Bildern präsentiert. So vermittelt er den Ingenieuren die Möglichkeit einer gehobenen Auffassung ihres Wirkens. Aber seine Argumentation richtet sich auch an die entgegengesetzte Adressatengruppe, die in technischen Dingen und Abläufen eine Abkehr von der eigentlichen humanen Bildung sieht. Eyth sieht in der Technik wie in der Poesie schöpferische Phantasie am Werk, und er fordert, über dem Werkzeug des Geistes den Geist des Werkzeugs nicht zu vergessen.

Mit dieser umfassenden Perspektive bringt Max Eyth nicht nur erstmals Poesie und Technik und darüber hinaus die *zwei Kulturen* humanistisch und technisch orientierter Bildung in cin vernünftiges Gleichgewicht; er sieht auch genauer und gräbt tiefer als die bald darauf einsetzende Produktion der Zukunftsromane, die sich ganz überwiegend auf Möglichkeiten – und oft auch Unmöglichkeiten – des äußeren Fortschritts beschränkt.

Himmel und Höhle
Wege zum Ursprung

David Friedrich Weinland – sein Name drängt sich nicht sofort auf, wenn nach den wichtigsten Repräsentanten der schwäbischen Literaturgeschichte gefragt wird. Aber beim Namen *Rulaman* klingelt es, und es ist angebracht, den Erfinder dieser Romangestalt vorzustellen. Eine Parallele zu Max Eyth fällt gleich ins Auge. Auch Weinland machte die Literatur erst zu seinem Hauptgeschäft, nachdem er eine vielseitige Ausbildung hinter sich gebracht, nachdem er weite und lange Reisen unternommen und sich in der beruflichen Praxis bewährt hatte. Seine Interessen und sein Metier unterschieden sich allerdings von denen Eyths. Sein Vater war Pfarrer in Grabenstetten auf der Alb; dort verbrachte er seine Kindheit, und es war selbstverständlich, dass auch er den üblichen Theologenweg beschritt: Seminar in Maulbronn, Stipendiat im Tübinger Stift, Examen. Erst dann schaffte er den Absprung zu den Naturwissenschaften, in denen er sich schon während der theologischen Semester umgesehen hatte. Er schloss ein zweijähriges Studium mit dem Schwerpunkt Zoologie an und behandelte in seiner Doktorarbeit die *Urzeugung*, also die ungelöste Frage nach dem Ursprung des Lebens, für die der Grundsatz *Leben kann nur aus Leben entstehen* eine Sperrwand darstellt, die nur in Richtung Religion durchbrochen werden kann. Weinland wurde Assistent am Zoologischen Museum in Berlin, leitete dann ein Labor an der Harvarduniversität in den U.S.A. und unternahm Forschungsreisen nach Kanada und Haiti. Wegen eines Halsleidens kehrte er in die Heimat zurück und wurde nach der Genesung 1859 als gerade 30-Jähriger Wissenschaftlicher Sekretär der Zoologischen Gesellschaft in Frankfurt am Main. Nach vier Jahren zog er sich, nachdem seine Krankheit wieder ausgebrochen war, auf das Hofgut Hohenwittlingen bei Urach zurück und lebte dort bis zu seinem Tod im Jahr 1915.

Schon im Rahmen seiner beruflichen Ausbildung und Tätigkeit war Weinland mit wissenschaftlichen Beiträgen an die Öffentlichkeit gegangen. Er beteiligte sich beispielsweise an der Diskussion um Charles Darwins Thesen zur Evolution; er verteidigte sie gegen theologische Angriffe, räumte aber dem biblischen Schöpfungsbericht ein Recht *neben* der Naturwissenschaft ein. Zum Erzähler wurde er nach seiner eigenen Aussage, indem er sich Geschichten für seine Kinder ausdachte und nachdem er bei einer Lesung im Uracher Pfarrkranz gedrängt wurde, sein Romanmanuskript in Druck zu geben. Es handelte sich um den Band *Rulaman*, dessen Untertitel die wissenschaftliche Herkunft betonte: *Naturgeschichtliche Erzählung aus der Zeit des Höhlenmenschen und des Höhlenbären*. Das mag sich auf die Verbreitung positiv ausgewirkt haben; vor allem aber wirkte wohl der Blick in eine unbekannte Welt und ihre Verlebendigung durch abenteuerliche Konstellationen und Konfrontationen. Weinland bringt diese Welt nicht nur durch sachliche Schilderungen, sondern auch gefühlsmäßig nahe und belässt ihr doch ihre geheimnisvolle Fremdheit.

Die Erzählung wurde immer wieder nachgedruckt; die Zahl der bis heute verkauften Exemplare liegt über einer halben Million. Der Text wurde in mehrere Sprachen übersetzt, und im weiteren Umkreis der Handlungsorte, also auf der Schwäbischen Alb und in ihrem Vorland, wird der Inhalt oft vergegenwärtigt – in Ausstellungen, in Theateraufführungen, auf Exkursionen quer durch die Höhlenlandschaft, die es ja tatsächlich gibt. In der Literaturgeschichte, auch der regionalen, kommt *Rulaman* dagegen meist nur ganz am Rande vor. Warum? Die simple, aber wohl richtige Antwort ist: Weil es sich um ein Jugendbuch handelt. Tatsächlich wird dieser Teil der Literatur nicht selten in eine besondere Schublade gesteckt. Das war berechtigt, solange die Literatur für Kinder und Jugendliche in pädagogischer Engführung mit moralischer Belehrung und frommen Geschichten bestückt wurde; und das galt noch über die Aufklärungszeit hinaus. Aber danach schafften die Autorinnen und Autoren für ihre Literatur Freiräume, in denen die Zumutungen nicht allein durch strenge moralische Prinzipien diktiert und die Abenteuer nicht immer gezähmt wurden – und es entstanden Bücher, die oft auch für Erwachsene lebendig blieben. Dank ihrem unbekümmerten Umgang mit Problemen geht von manchen Jugendbüchern eine besondere Faszination aus.

Dem Erzähler Weinland wurde allerdings auch der Vorwurf gemacht, dass er allzu unbekümmert mit Problemen und mit der historischen Wahrheit umgehe. Es trifft zu, dass er fast 10.000 Jahre geschichtlicher Entwicklung überspringt, indem er eine altsteinzeitliche Völkerschaft, zu der Rulaman gehört, mit bronze- und eisenzeitlichen Gemeinschaften zusammenführt. Das ist für unsere moderne Wissensgesellschaft ein ernster Einwand, aber der Zeitensprung ändert wenig an der grundsätzlichen Konfrontation von Gruppen verschiedener Entwicklungsstufen. Es trifft auch zu, dass Weinland die Vorurteile seiner Zeit in die Darstellung einfließen lässt, nicht eben plakativ, aber doch spürbar – die *Aimats* vertreten die zivilisatorisch weniger anspruchsvollen, aber ehrlich-tapferen Germanen, während bei der Gruppe der *Kalats* der Gedanke an die (wenige Jahre vor dem Erscheinen des Buchs im 1870er-Krieg besiegten) Franzosen naheliegt, auch wenn der Autor diese Kelten aus dem Osten, von der Donau her zuwandern lässt. Ihr Leben sei *süß und leicht*, heißt es einmal, und das ist das Klischee, das die schwermütigeren Deutschen für die Franzosen parat hatten.

Aber es trifft nicht zu, dass Weinland zwischen den beiden Lagern ein unausweichliches, durch die Zugehörigkeit zu verschiedenen *Rassen* fixiertes Gefälle eingebaut hat. Reizvoll an der Geschichte ist gerade, dass ihr Verfasser zwei grundverschiedenen Lebensformen und Tendenzen gerecht werden musste und wollte. Da ist auf der einen Seite die einfache Lebensweise der Aimats, zurückgeworfen auf ihre – historisch nur zum Teil

Die alte Parre im Eingang der Staffa, Holzschnitt von Theodor Knesing aus der Erstausgabe 1878

verbürgte – Höhlenexistenz, und auf der anderen Seite die fortgeschrittene Ordnung der sesshaft gewordenen Kalats, die aber beeinträchtigt ist durch archaische Relikte und Rituale. Ein tragendes Gleichgewicht zwischen den Gruppen besteht nicht; aber Weinland inszeniert neben dem militanten Gegeneinander auch Verbindungen. Manche scheitern, aber Rulaman erhält von einem Kalat-Freund Einblicke *in das Treiben und Tun dieses im Vergleich mit den Aimats so hochgebildeten Volks*, und seinem Freund *erschien wohl kaum weniger erstaunlich die Klugheit, die Gewandtheit und Tapferkeit, mit der dieses Naturvolk* (der Aimats) *mit den einfachsten Mitteln allen Bedürfnissen des Lebens zu genügen wusste.*

An der einen oder anderen Stelle mag man feststellen, dass Weinland nicht ganz konsequent gearbeitet hat; die Kalats werden zum Beispiel als Vegetarier vorgestellt – *sie leben von Körnern und*

Pflanzen –, sind aber den erjagten Bärendelikatessen doch nicht abgeneigt. Aber die meisten Widersprüche erklären sich aus der doppelten Blickrichtung auf das *Naturvolk,* wie die Aimats bezeichnet werden, und auf die fortgeschrittene Gesellschaft der Kalats, die in die Zukunft weist. Als symbolische Kette zieht sich durch die bunte Vielfalt der Handlung die Farbe Weiß; sie prägt bei den Kalats die Erscheinung der Menschen, angefangen mit der Gesichtsfarbe und fortgesetzt mit der Kleidung und Schmuck, und sie ist bei den *gelbbraunen* Aimats ein *Merkmal der Auszeichnung*, das nur Wenigen zusteht – mit einem weißen Wolfsfell treten nur die *alte Parre*, die schamanisch begabte Ahnfrau, und die Häuptlinge auf. Die Bewertungsskala ist also die gleiche bei Kalats wie Aimats.

Wahrscheinlich hätte Weinland unterschrieben, was Leopold von Ranke als Aufgabe des Historikers definierte: zu zeigen, *wie es eigentlich gewesen*. Aber so kundig er manche objektiven wissenschaftlichen Befunde nutzte – das Eigentliche suchte er im Denken und in den Emotionen der Menschen, denen er sich in poetischer Einfühlung näherte. Und er vermittelte ein farbiges Bild der Albnatur in der Vorzeit:

Es war eine Zeit – fragt nicht, vor wieviel tausend Jahren, niemand weiß es – da war ein Meer, wo heute die Schwäbische Alb sich erhebt. Es war ein warmes Meer, reich an Tieren, Steinkorallen wuchsen am Ufer wie unterseeische Gebüsche. Zwischen ihren Zweigen regten und bewegten sich, wie heute noch an den Gestaden der südlichen Meere, Tausende von Seesternen und Seeigeln, Muscheln, Schnecken und Würmern, von Krebsen und Korallenfischen in üppiger Farbenpracht. Auf der hohen See schwammen Fischherden und Ammonshornschnecken, verfolgt von mächtigen Flusseidechsen, den Raubherrschern dieses Ozeans …

Eine grandiose, den Pflanzen und Tieren vorbehaltene Landschaft; aber dann folgt die Schilderung der Umwelt, in der sich Menschen zurechtfinden mussten:

Da wurde es eisig kalt in Deutschland. Die Gletscher reichten von den Schweizerbergen weit herein nach Bayern und Oberschwaben. Ein kaltes Meer voll schwimmender Eisberge bedeckte ganz Norddeutschland. Da wurde auch unsere Schwäbische Alb ein Schneegebirge. Palmen, Zypressen, Feigen- und Mandelbäume erfroren, und mit ihnen ging die ganze schöne Tierwelt jener Zeit zugrunde bis auf wenige Reste, die sich den neuen Verhältnissen anbequemen konnten.

Weinland stellt die Beziehung zu seiner Gegenwart her: Deutschland, Bayern, Oberschwaben, *unsere Schwäbische Alb*; und es kommt vor, dass er moderne Bewertungen auch in die längst vergangenen Zeiten hineinträgt. Wenn Rulaman *aus der Waldeinsamkeit* kommt, transportiert das romantische Wort auch romantische Gefühle; und in der Einleitung heißt es: *Noch war der Mensch nicht da, der sich der großen, schönen Natur hätte freuen können* – eine Feststellung, die der Autor später selbst korrigiert: *Freilich, für die Romantik der Natur hatte jenes Volk weder Sinn noch Zeit.* Doch arbeitet er dem romantisch eingefärbten Vergnügen heutiger Leser zu, so detailliert und genau er auch die damaligen natürlichen Verhältnisse und Lebensbedingungen beschreibt.

Die Entdeckung der Vorzeit war eine Erweiterung und Vertiefung historischen Wissens, aber auch eine von romantischen Orientierungen bestimmte Mode. Als Mitte des 19. Jahrhunderts ein besonders trockener Winter die Wasserspiegel absenkte, wurden in Schweizer Seen die Reste von Pfahlbauten entdeckt, die teils falsche und teils diskutable Phantasien über das Leben ihrer Bewohner auslösten. Eine ironische Spiegelung dieser verbreiteten Faszination findet sich in den Werken von Friedrich Theodor Vischer. Er schrieb eine *Prähistorische Ballade*:

Ein Ichthyosaur sich wälzte
Am schlammigen, mulstrigen Sumpf.
Ihm war in der Tiefe der Seele
So säuerlich, saurisch und dumpf,

So dämlich, so zäh und so tranig,
So schwer und so bleiern und stumpf;
Er stürzte sich in das Moorbad
Mit platschendem, tappigem Pflumpf.
Da sah er der Ichthyosaurin,
So zart und so rund und so schlank,
Ins schmachtende Eidechsenauge,
Da ward er vor Liebe so krank.
Da zog es ihn hin zu der Holden
Durchs klebrige Urweltgemüs,
Da ward aus dem Ichthyosauren
Der zärtlichste Ichthyosüß.

Vischer verwandelt so den monströsen griechischen Fischochsen in einen gefühlvollen Liebespartner – ein charmantes Wortspiel. Aber er berührt die geschichtliche Frühzeit nicht nur flüchtig, sondern platziert darin auch eine ausgedehnte Erzählung.

Er war über 70, als er seinen einzigen Roman schrieb, dem er den Titel *Auch Einer* gab – ein Werk in drei Teilen, die keine durchgängige Handlungslinie erkennen lassen, die aber psychologisch spannende Konstellationen vorführen und eigenwillige, oft witzige philosophische Reflexionen enthalten. Beim mittleren Teil, überschrieben *Der Besuch*, handelt es sich um *eine Pfahldorfgeschichte.* Vischer belebt die Landschaft der *Wassergemeinden* mit interessantem Personal, vom Druiden mit priesterlichen Funktionen bis zu einfachen Familien mit ihren Kindern; und er wirft Blicke auf ihren Alltag und ihre Festlichkeiten. Dabei durchsetzt er die fremde, vergangene Welt immer wieder mit Gegenständen und Denkweisen aus seiner Gegenwart, was der angeblichen historischen Dokumentation ein kurioses Aussehen gibt. In aller Ausführlichkeit schildert er ein großes Fest mit religiösen Ritualen und feierlichen Reden, mit Spielen und Tänzen, Tafelmusik und Festschmaus. Der detaillierte *Speiszettel*, den er in seinen Text aufnimmt, bringt ein erstaunlich üppiges Angebot. Es mag genügen, die Eingangs-Auswahl wiederzugeben, die nach dem *Voressen* zur Verfügung steht:

Suppe mit Speckknödeln	Aal mit Salbeiblättern, gebraten
Suppe mit Leberknödeln	Kibitzeneier
Gesottene Krebse	Saure Nieren
Forellen, blau gesotten.	

Vischer schmuggelt aber nicht nur moderne Elemente und Vorstellungen in die ferne Vergangenheit; die althistorische Gesellschaft bietet ihm auch eine Plattform für die Kritik an der Moderne. Besonders deutlich wird dies in der Rede, die ein zum Fest geladener Gelehrter hält. Er trägt den Namen *Feridun Kallar*, eine Verballhornung von *Ferdinand Keller*, wie der Entdecker der Funde in Schweizer Seen und Erfinder der Bezeichnung *Pfahlbauten* hieß. Er versetzt seine Zuhörer in eine ferne Zukunft, in der man versuchen wird, ihrer Lebensweise über Ausgrabungen näher zu kommen: *Die Leute, die uns herausscharren: wir, unsre Geister werden sie nicht allzu gelb und grün beneiden! Überklug werden sie sein, diese späten Enkel, hastig, unruhig, fahrig, immer eilig, immer gedrängt. Wie gemütlich ist unser Abschiedsgruß, wenn einer geht: Lassen's Zeit! Wie schrecklich ist das Pressieren, das Pressiertsein! So ein Mensch wird nichts mehr geruhig betrachten, bei nichts mehr mit stillem Sinnen verweilen! Sein Leben wird ein Jagen sein! Er wird raffen und raffen, um zu genießen! Was für Köche, was für Zuckerbäcker wird's dann geben! Und es wird den Menschen dann erst nichts recht schmecken, weil sie ja doch immer aufs Folgende spannen. Sie werden endlich nicht mehr raffen, um zu genießen, sondern um zu raffen! Es wird keine Gegenwart mehr für sie geben! Und wenn sie sich vormachen, sie haben eine Freud' am Mädel, so werden sie sich nur anlügen, denn auch da wird ihnen nichts genug sein! Und Schneider wird's geben! Denkt euch: die Kleider! die Klunker! das Geflunker!*

Damit legt Vischer eine Zwischenlandung ein auf einem Feld, in dem er sich auch in witzig-aggressiven Essays ausgebreitet hat: Modekritik, die sich hier auf die knappe Beschreibung zeitgenössischer Extravaganzen beschränkt. Dabei schwingt das Kontrastbild schlichter Kleidung und ganz allgemein einfacher Verhältnisse mit; der Blick auf eine weit zurückliegende Menschheitsepoche ist motiviert durch die visionäre Vorstellung eines natürlichen Daseins und das Ideal einer friedlich lebenden Gesellschaft. Vischer projiziert dieses Ideal jedoch keineswegs bruchlos in die Vorzeit. Sein Redner greift auch die Pfahlbürger an, die er *wackere Seeseelen*, aber auch *schleimige Schneckenseelen* nennt. Auch sie hängen an Äußerlichkeiten, und sie überlassen sich kritiklos blutiger Magie. Blinde Vorzeitbegeisterung ist für Vischer genauso fragwürdig wie naiver Fortschrittsglaube – natürliches Leben ist vielmehr eine aktuelle Aufgabe.

Vischer suchte ihr nicht nur in literarischen Entwürfen gerecht zu werden; er setzte sich für den Tierschutz ein, machte Front gegen die steife akademische Gesellschaft, propagierte Turnen und körperliche Ausbildung und unterzog sich selbst einem relativ asketischen Leben, ohne freilich großbürgerliche Ansprüche und Verhaltensweisen gänzlich aufzugeben. Jedenfalls aber war Leben im Einklang mit der Natur nicht mehr nur ein romantischer Sonntagstraum, sondern galt als reale Forderung, deren Dringlichkeit zunahm aufgrund der ökonomischen und sozialen Entwicklung. In jenen Gründerjahren sah man die natürlichen Gegebenheiten gefährdet durch die rasante Expansion der Industrie; es gab viele Übergänge zu einem der Tradition entfremdeten Luxusleben – und es kündigten sich Gegenbewegungen an, die auf im alltäglichen Leben wirksame Reformen zielten, aber auch ihren literarischen Ausdruck suchten. Es gab einen schwäbischen Vorläufer und Pionier, der zu seinen Lebzeiten eine nicht allzu große, aber einflussreiche Anhängerschaft hatte und dessen Leitgedanken auch in der Folgezeit immer wieder aufgegriffen wurden: Christian Wagner.

Er ist geboren in Warmbronn bei Leonberg. Der Vater war Schreiner, betrieb aber hauptsächlich eine kleine Landwirtschaft. Christian war das einzige Kind, und weil er gute Schulleistungen aufwies, schickten ihn die Eltern in die Präparandenanstalt des Esslinger Lehrerseminars, konnten aber schon nach wenigen Wochen für die Kosten nicht mehr aufkommen. Damit war der Weg als Bauer vorgezeichnet, und der Junge nahm ihn an, ohne seine weiter ausgreifenden Interessen aufzugeben. Er las viel, versuchte sich gelegentlich in Gedichten, schrieb, angeregt durch Hauffs *Lichtenstein*, einen historischen Roman, der zehn Jahre später in der Unterhaltungsbeilage des heimischen Amtsblatts abgedruckt wurde; und er bot ein nach dem Alten Testament gestaltetes Drama dem Stuttgarter Theater an – ohne Erfolg. Als er 30 war, starben seine Eltern, sodass er sich stärker auf die bäuerlichen Aufgaben konzentrieren musste. Aber sein literarisches Interesse erlahmte nicht, und fünf Jahre nach Vischers Roman – Wagner war schon fast 50 – erschien sein erstes Buch, der erste Teil seiner *Sonntagsgänge*.

O du Abendländer mit deinem verzweifelten Rennen und Jagen und Treiben! lautet die Anrede an den Leser, die an die Zukunftsschau bei Vischers Pfahldorffest erinnert. Aber die Adresse *Abendländer* ist nicht nur poetische Ausschmückung, sondern verweist auf die Gegenrichtung als Heilmittel: *Du hast es bei all deinem Wissen und deiner Bildung noch nicht so weit gebracht als der Sohn des fernen Ostens in seiner natürlichen Pietät.* Der Untertitel des Bandes nennt die Garanten der Pietät: *Märchenerzähler, Bramine und Seher*. In der Niederschrift *Aus meinem Leben* hat Wagner den Titel später erläutert: *wer wie ich, als fingierter Brahmine alles Lebendige schonend und achtend durch die Fluren wandelt, dem erzählen Schmetterlinge, Vögel und Blumen gar viel und mancherlei, und so er das ihm Erzählte wieder erzählt, ist er Erzähler. Aber sie erzählen ihm auch Dinge, die fernliegend und künftig sind, und so wird er zum Seher.* Er betont, dass er nicht etwa buddhistische Schriften gelesen hat – er wusste nur, dass die Priester der Hindus, die *Brahmanen, alles Lebendige schonen.*

Die Texte – Gedichte und Prosa, sich im Wechselspiel ergänzend – geben Beispiele für den schonenden Umgang, der gegen alle Reglementierung auf freie Entfaltung setzt. Das betrifft das natürliche Umfeld: *Bleibe ferne von den Mordgesellen, die die heilgen Schattenbäume fällen (…)* – aber auch starre gesellschaftliche Institutionen: *Bleibe ferne weg von allen denen, die der Satzung und dem Rechte fröhnen, und erfüllt von deren taubem Grimme nimmer achten der Erbarmung Stimme.* Er ist überzeugt, dass die *liebevolle Umfassung des Lebendigen*, wie er sie sich zu eigen gemacht hat, *im Rahmen des Christentums nicht wohl gedacht werden kann*; deshalb lernt und lehrt er östliche Weisheit.

Der Gedanke der konsequenten Schonung – *Kultur, die in dem Grundsatze gipfelt, nie und nirgends Qual zu schaffen* – ist verbunden mit dem Glauben an Seelenwanderung und Wiedergeburt, die Wagner in verschiedenen Bildern und Vorstellungen umkreist. Er verweist auf die Beständigkeit der Pflanzenwelt: *Das blaue Muschelkalkmeer hat seine Toten wiedergegeben. Sie sind wiedererstanden als Eichen und Birken, wiedererstanden als Rosen und Wachholder, wiedererstanden als Erdbeerblüten und Pulsatillen. Sie werden wiedererstehen auf den Äckern da drüben als grüne Saaten, als Klee und Kartoffeln, als Hopfen und Rüben.* Aber er entwirft auch einen komplexeren Weg des Wiedererstehens, über Teile des vergangenen Lebendigen, die Teile neuen Lebens begründen, aber nur im Glücksfall zu vollen Lebewesen werden:

> Dass gefunden sich, dass sich getroffen
> die Atome wieder, darf ich hoffen.

Er öffnet den Blick auf die lichten Seiten, auf die Schönheit der Welt, und er lässt ihn nicht verdunkeln durch ängstliche Mahnungen. *Keine Askese!* schreibt der in dürftigen Verhältnissen lebende Dichter um die Jahrhundertwende an den Pazifisten Gustav Landauer – *Das ist es, was ich am Kirchentum so unversöhnlich hasse!* Schon acht Jahre vorher hatte er in Leonberg eine Rede gehalten, in der er vorschlug, *künftighin statt der vielen kirchlichen auch Natur- und Blumenfeste zu feiern.* Dies sei, wie er in seinen autobiographischen Notizen anmerkt, für die Mehrheit der Zuhörer *fast gotteslästerlich gesprochen* gewesen; aber es kam doch zum Beschluss, regelmäßig im Juli den *Rosensonntag* zu feiern. Man kann Wagners Haltung als Weltfrömmigkeit bezeichnen – Beachtung und Achtung gegenüber der Vielfalt des Wirklichen, auch dann, wenn es nicht unmittelbar der Natur angehört. In einem Gedicht mit der Überschrift *Erinnerungen hinter der Erinnerung* schildert er die schönen Spiegelungen von Gebrauchsgegenständen und sieht darin *Ewigkeiten* aufblitzen:

> Augenblicks mit Licht dich übergießend,
> Augenblicklich in ein Nichts zerfließend.

Er ist erfüllt von einer Weltfrömmigkeit, die auch den Blick auf die Überwelt öffnet:

> Dein ist Alles, was in Tal und Hügeln
> Lichtvoll sich in dir kann widerspiegeln;
> Dein die Himmel selbst, und selbst die Sterne,
> Wenn du Glanz hast für den Glanz der Ferne.

Christian Wagner verbietet sich hier *den* Himmel als fest definierte jenseitige Größe; aber er beschwört in einem anderen Gedicht auch den *großen Feierabend,* in dem die Menschen nicht mehr hoffen müssen, sondern *den Himmel offen* schauen werden.

Solche Lichtblicke sind für den Dichter aber nicht selbstverständlich. Gustav Landauer berichtet, dass ihn Wagner bedrängte: *Nicht wahr, Herr Landauer, der Pessimismus muss doch überwunden werden* ... Es war vor allem sein eigener Pessimismus, der ihn immer wieder zur Beschäftigung mit der Möglichkeit des Freitods führte und der vor allem gegen Ende seines langen Lebens seine Erwartungen verdüsterte – er warnte vor der *künftigen Pöbelgesellschaft* – und seine Gegenwart verdunkelte. Es ist Krieg, und er fragt in einem Brief an Hermann Hesse, wo *das schöne Menschentum* geblieben ist, und gibt selbst die Antwort: *Unter Granaten begraben*.

Sicher hat auch die eigene Position im Heimatdorf seine Stimmung herabgedimmt. In seinen *Sonntagsgängen* schrieb er: *Zerstörend ist das Walten der Menschheit auf dieser Erde. Die schönsten Lebensgebilde mäht fortwährend ihre Sichel, und die köstlichsten Schatten tilgt fortwährend ihre Axt.* Was hier nach Willkür aussieht, war für die anderen Dorfbewohner eine Folge wirklicher oder vermeintlicher wirtschaftlicher Zwänge. Man begegnete dem Poeten nicht ohne Respekt, aber ohne wirkliches Verständnis für seinen Lebensstil und Tageslauf, in dem geistige, literarische Interessen immer stärker in den Vordergrund drängten. In seinem Lebensbericht erzählt Wagner die heitere Episode um ein aufschlussreiches Missverständnis. Als seine Frau dem Irrsinn verfiel, glaubte deren Schwester, er habe sie verhext, weil er gelegentlich das Wort *Hex*ameter verwendet hatte.

In den späten Jahren beurlaubte er sich oft gänzlich von der bäuerlichen Arbeit; Reisen nach Italien (erst in den nördlichen und ein starkes Jahrzehnt später auch in den südlichen Teil) waren außerordentliche Erlebnisse für ihn, und immer eifriger orientierte er sich in der europäischen Geistesgeschichte. Er bewahrte die Freiheit des Autodidakten, die seinen Blick auf ungewohnte Bilder lenkte; aber mit vollem Recht galt er als Gebildeter. Seine Gedichte, anfangs manchmal mit Holperstellen, wurden immer melodischer, und in sicherem Rhythmus widmete er sich klassischen Formen.

In der Vorrede zu seinem ersten Buch hatte er um Nachsicht für etwaige *Unrichtigkeiten* gebeten, *denn ich, der Verfasser, bin nur ein armer ungelehrter Landmann.* Dies betonte er auch später immer wieder, aus Bescheidenheit, aber auch als korrekte Orientierung für Leserinnen und Leser – und vermutlich nicht ganz ohne Kokettrie. Aber allmählich mehrten sich die Indizien dafür, dass er nicht als *Bauerndichter* gesehen werden wollte – auch wenn es freundlich gemeint war, erkannte er darin doch Herablassung. Tatsächlich hatte Christian Wagner zu einer aufkommenden Mode in der Lesewelt beigetragen, deren Rahmen aber entschieden überstiegen. Das beeinträchtigte die laute Popularität seines Werks, sicherte ihm aber die leise und intensive Zuwendung sensibler Literaturfreunde.

Bilder vom Ursprung: Sie sind nicht auf ein Format festgelegt. Das Leben in Höhlen und im Sumpfgebiet der Pfahlbauten, eine fremde Welt, aber mit Konstellationen und Emotionen, die uns vertraut sind – Sondierung des Primitiven. Es ist kein Zufall, dass dieses Wort in der Zeit Weinlands und Vischers den nur negativen Charakter verliert und oft als Ausdruck eines wertvollen Anfangs mit Potenzial für die Zukunft verstanden wird. So wandert der Gedanke ursprünglichen Lebens in den zeitgenössischen Verhaltenskodex. Um die Wende zum 20. Jahrhundert nimmt die Bewegung der Lebensreform Fahrt auf und bildet ihre Schwerpunkte – regional, zum Beispiel am Monte Verità, und thematisch: Naturschutz, Tierschutz, Kleidung, Ernährung. Es ist richtig, dass die Verklärung des einfachen Lebens auch der völkischen Propaganda und ihrem Biologismus zuarbeiten kann; diese Gefahr disqualifiziert aber nicht schlechthin die Suche nach dem Ursprünglichen in der entfremdeten Welt. Christian Wagner bietet dafür ein verlässliches Leitseil.

Region und Welt

Literarische Wege in die Gegenwart

Das 19. Jahrhundert – also grob gerechnet die Zeit des württembergischen Königreichs – wurde als *ein schwäbisches Jahrhundert* präsentiert. Damit sollte nicht die trügerische Vorstellung eines geschlossenen Raums und eines autarken Gebildes geweckt werden. Aber es war zu zeigen, dass es in Württemberg charakteristische Züge des Lebensstils gab, die auch für diejenigen wichtig waren, die nach einer prägenden Kindheit das Land verließen oder die sich erst in einer späteren Phase ihres Lebens einfanden und wenigstens bis zu einem gewissen Grad einfügten. Dass sich die Literatur nicht schlechterdings auf einen regionalen Nenner bringen ließ, ist nicht verwunderlich. Als Werkzeug der Phantasie und als deren Vermittlerin gehört es zu ihrer Funktion, Grenzen zu überschreiten – Grenzen der Denk- und Lebensweise so gut wie geographische und politische Grenzen. Dabei kann man an den unbestimmten Reiz des Fremden, an die ins Mysteriöse reichende Attraktion des Exotischen denken, aber auch an die gezielte Erweiterung des Horizonts und die Kenntnisnahme von vorher unbekannten Realitäten.

Ein aparter Beleg dafür ist eine briefliche Bemerkung von Wilhelm Hauff, gerichtet an einen Freund, der als Jurist tätig war: *Kann es Dich zufrieden stellen, in den Parks von Neckarsulm und in den Salons von Jagstfeld für den ersten jungen Mann comme il faut zu gelten? Reiß Dich heraus, nur auf ein halb Jahr, nur auf ein paar Monate … ich weiß aus eigener Erfahrung, dass ein einziger Abend in fremder, interessanter Gesellschaft mir für meine Lebenserfahrung und innere Bildung mehr nützte als ein Monat, den ich in unserem schalen Stuttgart zugebracht hätte.* Tatsächlich hat Hauff in seinem vorletzten Lebensjahr eine lange Reise unternommen, die ihn von Stuttgart nach Frankfurt, Paris, Le Havre, Brüssel, Köln, Bremen, Hamburg, Berlin, Dresden und Nürnberg führte – im gleichen Jahr, in das auch die meisten seiner Veröffentlichungen fielen. Und wenn er auch keine Reisebeschreibung lieferte, die Erfahrung der Fremde und des Fremden war ein sichtbarer Antrieb für seine literarische Produktion.

Man darf sich jene Zeit nicht allzu unbeweglich vorstellen, zumal in der Literatur, die ja reale Erfahrung und ausschweifende Phantasie zusammenführt; hier sind die Grenzen nicht eng gezogen. Aber die Horizonte haben sich stetig erweitert – Horizonte im Sinne der faktischen Erreichbarkeit, aber auch die Interessenhorizonte. Größere politische Zusammenhänge und Zusammenschlüsse haben die engen und festen Bindungen der Menschen gelockert. Das Gefühl der Identität hängt nicht mehr nur an den räumlich nahen Gegebenheiten, kulturelle Vielseitigkeit ist gefragt und kommt in internationalen Begegnungen und Inszenierungen zum Ausdruck. Die Literatur bietet dazu einen lebendigen Anschauungsunterricht. In den Buchhandlungen mischen sich schon unter die im Eingangsbereich gestapelten aktuellen Bestseller viele Bücher ausländischer Autoren. Die zu den großen Buchmessen eingeladenen Gastländer entsenden nicht nur wenige namhafte Repräsentanten, sondern vermitteln einen Überblick; und die deutschen Verlage haben oft viele Übersetzungen im Angebot – *Überseezungen* formulierte die japanische Autorin Yoko Tawada für ihren Tübinger Verlag und betonte damit das Nicht-Mechanische und Schöpferische der Übertragungsarbeit. Mit Literaturpreisen – auch den nach schwäbischen Dichtern benannten und im Land vergebenen – werden immer häufiger auch ausländische Autorinnen und Autoren ausgezeichnet, und die fremden Literaten treten auch selbst in Erscheinung auf größeren Lesereisen. Literaturtage und Literaturfestivals, zunächst meist landesweit und in größeren zeitlichen Abständen organisiert, gehören inzwischen in manchen Regionen und in einzelnen Städten zum literarischen Betrieb, bieten aber nicht nur eine Bühne für die eigenen Schriftsteller, sondern öffnen sich für die ganze Vielfalt der Poesie, auch der ausländischen. Überhaupt sind internationale Kontakte häufiger und üblicher geworden – es handelt sich nicht nur um eine multikulturelle Schauseite, sondern um interkulturelles Leben.

Es gibt zweifellos eine Vielzahl von Tendenzen, die man dem Schlagwort Globalisierung zuordnen kann. Aber es *ist* ein Schlagwort, das leicht zu falschen Einschätzungen verführt. Nicht nur im Blick auf Teile des Globus und seiner Bevölkerung, die der technische Fortschritt kaum erreicht, sondern auch hinsichtlich der Reichweite im eigenen Land. Globale Möglichkeiten lösen ja auch Gegentendenzen aus, die sich fanatisch national und militant ethnizistisch äußern können, aber auch in einer schlichten, selbstverständlichen Betonung der Nahwelt. Und hier kommt wieder die Literatur ins Spiel: Sie bringt nicht nur Fremdkulturelles näher, sondern lenkt die Aufmerksamkeit auch auf heimatliche Aspekte.

Im Überblick über das 19. Jahrhundert war zuletzt davon die Rede, dass sich die ländlich konnotierte Vorstellung einer naturverbundenen Allerweltsheimat ausbreitete. Diese Vorstellung ist nicht verschwunden, aber nach dem Zweiten Weltkrieg hat sich ein Heimatbegriff in den Vordergrund geschoben, der den Alltag der Menschen nicht ausblendet und auch urbane Lebensweise einbezieht; und diese nüchterner gesehene Heimat tritt auch in der Literatur hervor. Unter den Bestsellern – deren optimaler Rangplatz ja oft nur kurze Zeit gilt – sind auch historische Romane mit Themen aus der Landesgeschichte, die ihren Reiz teilweise der regionalen Verankerung verdanken; und im Heimat-Angebot der Buchhandlungen sind außerdem Reise- und Tourenführer verschiedener Art – und regionale Kochbücher, welche die sich wiederholenden Rezepte mitunter durch differenzierte

Geschmacksschilderungen wie durch sinnliche Ess- und Trinkerlebnisse attraktiver machen.

Gewiss kommen auch hier die kompensativen Funktionen zum Ausdruck, die meist pauschal als *romantisch* bezeichnet werden. Aber Heimat ist aus ihrem Schwebezustand doch eher auf den Boden geholt worden – in den Raum des Gewohnten und auch Gewöhnlichen. Angelika Overath spricht in einem ihrer Romane vom *Minimalprogramm Heimat* und bezieht sich damit auf Tisch, Stuhl und Bett. So karg muss es nicht zugehen; aber jedenfalls muss Heimat nicht Kürzel für ein geschöntes Fluchtprogramm sein. Heimat und Welt, Regionalität und Globalisierung – das können Formeln für ein Zusammenspiel sein, und es sind Wegmarken der neueren Literatur.

Hesses Spagat

Hermann Hesse (1877–1962) war 60, als er sich im Gedicht *Rückblick* an seine Kindheit erinnerte. Damit er *Fremdling werde auf Erden und dennoch / dieser Erde werbend Liebender,* habe sie ihn *zwei Heimaten eingepflanzt.* So drückt er es aus in einer Pluralform, die inzwischen häufiger zu hören ist, weil immer mehr Menschen freiwillig oder zwangsweise über mehr als eine Heimat verfügen, die aber damals ungewöhnlich war. Seine Kindheit habe ihn mit *zweier Länder Duft und zweier / Mundarten schlichter Musik beschenkt und gebildet.* Die Auflösung: *Heimat war mir Schwaben und war mir Basel am Rheine.* Hesse ist in Calw geboren und hat dort und im weiteren Umkreis von Stuttgart den größten Teil seiner Jugendjahre verbracht. Dazwischen, vom fünften bis zum neunten Lebensjahr, war er mit seiner Familie in Basel, wo er als 22-Jähriger wieder landete. Nur für wenige Jahre; nach der Heirat seiner neun Jahre älteren ersten Frau lebte er mit ihr in Gaienhofen am Bodensee, von wo er im Jahr nach dem Ende des Ersten Weltkriegs – allein – ins Tessin zog und dort wenige Jahre mit einer zweiten und über drei Jahrzehnte mit der dritten Frau die Casa Camuzzi in Montagnola bewohnte, bis zu seinem Tod.

Württemberg und die Schweiz, Calw und Basel – das sind keine gewaltigen Entfernungen, und die badische Halbinsel Höri mit Gaienhofen liegt gewissermaßen dazwischen. Man denkt zunächst nicht an Unterschiede, sondern an Verwandtschaft, wie sie ja auch in den Dialekten und anderen Traditionen gegeben ist. Aber der Gegensatz baut sich auf, wenn man Hesses individuellen Weg betrachtet, die *Zickzackläufe*, von denen er selbst spricht. Die Zeit in Württemberg war für ihn sehr stark geprägt durch widrige Schulerfahrungen, die erschöpfende Vorbereitung auf das Landexamen und ein halbes Jahr im Seminar Maulbronn, aus dem er nervenkrank und zerrüttet floh und einen Selbsttötungsversuch unternahm. Auch einen erneuten Anlauf im Cannstatter Gymnasium brach er ab, begann eine praktische Lehre in einer Calwer Turmuhrenfabrik und wechselte nach etwas mehr als einem Jahr zu einer Tübinger Buchhandlung. Dies war der Zugang zu dem Betätigungsfeld, in dem er sich über kleine Gedicht- und Prosapublikationen vortastete zu einem ungemein reichen literarischen Werk.

Nach vier Jahren in Tübingen arbeitete Hesse ebenso lang in Basel als Buchhändler und Antiquar, und nach dem Erfolg seines ersten größeren Romans *Peter Camenzind*, der als Autobiographie erzählten Bildungsgeschichte eines Schweizer Bauernsohns, konnte er als freier Schriftsteller leben. In seinem nächsten Roman, *Unterm Rad*, schilderte er eindringlich eine quälende Schulzeit. Er greift darin auf die eigenen Erfahrungen zurück, aber auch auf die seines Bruders Hans, der durch Selbstmord aus dem Leben geschieden war. Dessen Vornamen gibt Hermann Hesse der Hauptfigur; Hans Giebenrath erleidet die monotone

Hermann Hesse mit seiner Frau Ninon vor dem Haus in Montagnola, das der Freund Hans C. Bodmer ihnen 1931 auf Lebenszeit zur Verfügung stellte

Schuldressur mit ihren physischen und psychischen Belastungen. Es geht den Erziehern nur darum, *gute Lateiner, Rechner und Biedermänner* zu schaffen, ohne Rücksicht auf individuelle Gefühle und erlebte Gemeinsamkeit. Die Schule und das Seminar sind geschlossene Handlungsräume, von den sensibleren Kindern als Gefängnis empfunden, aber konform mit der allgemeinen Vorstellung von Erziehung.

Vor diesem Hintergrund wird verständlich, dass Hesse das Leben in der Schweiz als Befreiung empfand – nicht so sehr, weil es ihm bald einen gehobenen Lebensstil ermöglichte, sondern weil er frei schalten und seinen Weg selbst bestimmen konnte. Als er um die 30 war, entschloss er sich beispielsweise zu einem asketischen Aufenthalt auf dem Monte Verità bei Ascona, wo sich zivilsationsmüde Naturisten ein Zentrum geschaffen hatten. Besucher des Hesse-Museums in Gaienhofen stehen deshalb oft verunsichert vor Photos, die den berühmten Dichter nackt zeigen – Felicitas Andresen hat diese Museumsszenen in dem ironischen Bändchen *Sex mit Hermann Hesse* amüsiert geschildert.

Befreiend war für Hesse nicht nur, dass er die bedrückenden Schul- und Lehrlingszeiten hinter sich gelassen hatte, sondern auch die Distanz zum Elternhaus und seiner sehr spezifischen Situation. Als Hermann Hesse vier Jahre alt war, beklagte die Mutter beim Vater in einem Brief den *mächtigen Willen* des Kindes, fragte: *Wo will's hinaus?* und gab die Antwort: *Gott muss diesen stolzen Sinn in Arbeit nehmen, dann wird etwas Edles und Prächtiges draus* … In dieser Bemerkung war die liebevoll gedachte, aber von spröden pietistischen Grundsätzen geprägte häusliche Erziehung vorgezeichnet. Hesses Eltern engagierten sich beide leidenschaftlich für die christliche Mission, der aus Estland stammende Vater als Angestellter im Calwer Verlagsverein, die Mutter als freie Mitarbeiterin, die auch an Missionsreisen teilnahm. Hermann Hesse hielt Distanz zu diesen Bestrebungen; aber die Erfahrungen der Eltern und auch seine eigenen Kontakte, Begegnungen und Interessen machten für ihn die ferne östliche Welt zu einem Bezugspunkt, und in seinen Schriften wird immer wieder deutlich, wie er gedanklich zwischen der östlichen Welt und seiner alemannischen Heimat pendelt. Bei großzügiger Auslegung könnte man die zwei *Heimaten* Hesses auch auf diese weit auseinander liegenden Weltgegenden beziehen, die er in verschiedenen Anläufen zusammenführte.

Im Jahr 1911 unternahm auch er eine längere Reise nach Indien, bei der sich die Mission gewissermaßen umkehrte: Er öffnete sich für buddhistische Anschauungen, die sicher seine gegen militanten Nationalismus gerichteten Aufrufe während des Weltkriegs mit bestimmten. Im 1922 veröffentlichten, als *indische Dichtung* vorgestellten Roman *Siddharta* verknüpfte er sie mit der Jungschen Archetypenlehre. Auch der Roman, der in der zweiten Hälfte des 20. Jahrhunderts in vielen Ländern modische Anziehungskraft gewann, zehrte teilweise von indischen Erfahrungen. *Der Steppenwolf* bedient sich fernöstlicher Philosophie, er öffnet sich hemmungsloser Sinnlichkeit und scheut auch vor Drogenerlebnissen nicht zurück. Die Hauptperson Harry Haller leidet daran, dass sie zwischen ihrem geistigen Anspruch und dem triebhaften Anteil, der Wolfs-Hälfte, keine Synthese zu erzeugen vermag, die aber, wie Hesse selbst anmerkte, als überpersönliche und überzeitliche Glaubenswelt in den Roman hineinragt.

Die exotischen Farben der Romane stehen nicht im Dienst fröhlicher Auflockerung; Hesses Erzählweise ist meist auf einen dunklen, manchmal depressiven Ton gestimmt. Es ist auffallend, wie oft er das Motiv des Selbstmords einsetzt, um die Handlung abzuschließen oder ihr eine Wendung zu geben. Und es ist auffallend, dass der Tod im Wasser gesucht wird. In der Erzählung *Klein und Wagner* wird der Suizid umgebogen: Der Protagonist stürzt sich in einen Tessiner See, erlebt eine Erleuchtung und die Weisung, sich ins Leben fallen zu lassen. Der Tod im Wasser kommt aber auch ungewollt; in Hesses letztem Roman bei einem Wettschwimmen. Es geht nie um Auslöschung, sondern um den Übergang in einen unbekannten Kosmos.

In seinen späten Romanen sucht Hesse Befriedung und Lösung, indem er die Vereinzelung der Menschen aufzuheben sucht in erlebter Gemeinschaft. In seinem eigenen Umfeld vertraute Hesse kaum einmal kollektiver Absicherung, aber in seinen Büchern malte er sie aus. Ganz explizit ist dies der Fall im *Glasperlenspiel*, in dem ein elitärer Orden daran arbeitet, die Welt mit all ihren Erscheinungsformen und Werten zu befrieden und steuerbar zu machen – eine Vision, die vor der digitalen Epoche lag, aber an die Zukunftsträume mancher Computerfreaks erinnert. Die unter dem *Magister ludi* Arbeitenden suchen das in Enzyklopädien gegebene Nebeneinander in eine umfassende organische Ordnung zu bringen, in der man sich *Stufe um Stufe* bewegen kann.

Diese Romanutopie erschien 1943, noch im Zweiten Weltkrieg. Im Jahr nach dem Kriegsende wurde Hermann Hesse mit dem Nobelpreis ausgezeichnet. Er gehört nach wie vor zu den bekanntesten Dichtern; die Verbreitung seiner Bücher wird auf weltweit deutlich über 100 Millionen geschätzt, und die Nachfrage ist immer noch da. Die Urteile über die literarische Qualität schwanken. Gerade an den enormen Verkaufserfolg heftet sich der Verdacht auf triviale Attraktionstricks, und die Kritik an tiefenpsychologischer Verkündigung und esoterischen Passagen ist sicher nicht immer unbegründet. Aber was Hesse an Hölderlins Dichtungen lobte, eine *Unterströmung von Musik, von rhythmischem und klanglichem Geheimnis*, ist bei ihm zwar eingeschränkter durch gedankliche Härten, ist aber da und sollte gewürdigt werden. Und es sollte das ganze Werk, das große Unterschiede in Thematik und Tonart aufweist, einbezogen werden.

Diese Aufforderung ist gerade auch im Blick auf die schwäbische Literaturgeschichte zu beachten. Hesses Heimat und Jugend ist nicht nur in dem Schul-Roman *Unterm Rad* verarbeitet, sondern in einer ganzen Reihe von Erzählungen, Anekdoten und Skizzen. Mit der tragischen Geschichte Hans Giebenraths war das Trauma weitgehend überwunden, und was Hesse im Lauf der Jahre sonst an schwäbischen Erinnerungen publizierte, vermittelt viel heimatliche Wärme und heitere Stimmung. Hesse schildert eigenwillige Personen und bunte Szenen, teils aus eigenem Erleben und teils fabulierend nach Überlieferungen aus der Vergangenheit. Dazu gehört die reizvolle Erzählung *Im Presselschen Gartenhaus*. Dort, auf dem Tübinger Österberg, hatte Wilhelm Waiblinger Zugang; ein kleiner Freundeskreis traf sich, zu dem

Waiblinger auch den kranken Hölderlin mitbrachte. Hesse gesellt Mörike dazu, und mit freundlicher Teilnahme stellt er die Gespräche vor, die unvermeidlich eine komische Außenseite und eine traurige Innenseite haben – und er denkt sich auch in die unvermeidliche Komik der Gespräche hinein.

Hesse überraschte sogar einmal mit einer *Schwäbischen Parodie*, in der er den selbstgefälligen Eifer und den Finderstolz mancher Heimatforscher ironisiert. Er spricht über die imaginäre Gemeinde *Knörzelfingen*, erzählt, dass Uhland in der Reifeprüfung Professor *Hosianders* Frage *nach dem einundzwanzigsten linken Nebenfluss des Neckars* – nämlich der *Knörzel* – nicht beantworten konnte, führt einen mittelalterlichen *Ritter Knorz* als Stammvater ein, lässt den Bürgermeister über Mörikes Gedichte urteilen: *Der Kerle könnt au ebbes Gscheiters tun*, und er berichtet vom traurigen Ende des örtlichen Heilbads, nachdem ein Arzt die grassierenden Krankheiten als *Folge von Charakterfehlern* diagnostiziert hatte.

Hesse griff weit aus – ohne seine indische oder allgemeiner: östliche Orientierung ist er nur halb verstanden. Aber ohne die haltbaren Verbindungen in die schwäbische Heimat auch.

Schwäbische Spur

Es ist ein allgemeiner Befund, aber für Hermann Hesse gilt er besonders: Bedeutende Schriftsteller wirken nicht nur direkt durch ihre Texte, sondern auch mittelbar durch den Einfluss, den sie auf andere literarisch Tätige nehmen. Bei Hesse war es, ehe ihn die östlichen religiös-philosophischen Ideen stärker beherrschten, die Ausrichtung an der vertrauten heimatlichen Umgebung, die er den Schreibenden nahe legte. In Tübingen hatte er den Reutlinger Apothekersohn Ludwig Finckh (1876–1964) kennen gelernt, der Student der Rechtswissenschaft war, einige Jahre später aber das Studienfach wechselte und Mediziner wurde. Auf Vorschlag Hesses zog er nach Gaienhofen, übte den erlernten Beruf aber eher beiläufig aus. Er wollte als Schriftsteller arbeiten, und nachdem gleich seine ersten Bücher, darunter der Roman *Der Rosendoktor* von 1905, erfolgreich waren, hatte er die Möglichkeit dazu. In dem Jahrzehnt bis zum Ausbruch des großen Kriegs folgten neben Gedichtbänden noch drei Romane: *Rapunzel, Die Reise nach Tripstrill, Der Bodenseher.*

Die von Finckh erzählten Geschichten kreisen um das Thema Heimat. Er belebt sie zwar gerne mit den fremden Farben weit entfernter Gegenden und Länder, aber die Gedanken der Weitgereisten haften an ihrer Herkunftsregion. Tripstrill ist Codewort für das Lebensglück, das in Finckhs Roman von einem jungen Handwerker gesucht wird – aber er weiß nicht, auf welchem Kontinent es zu finden ist. Er wendet sich nach Afrika, denkt in Algerien aber ständig an die Heimat: *Schad, dass es keinen deutschen Garten gibt, bedauerte Georg. Die ewigen Palmen und Oliven sind trostlos; bloß einen Ast von einem Lindenbaum, bloß ein Buchenblatt!* Zur Korrektur lässt er sich von einem Tuttlinger Gärtner Nelkensamen schicken, er schafft es, die Blumen zum Blühen zu bringen und sagt: *Da geht mir die ganze Heimat mit auf.* Und am Ende kehrt er zurück zu Frau und Kindern.

Bald nach dem Ende des Ersten Weltkriegs schrieb und publizierte Finckh sein populär gefasstes *Ahnenbüchlein.* Er sah, nachdem andere Bindungen und Verbindungen in die Brüche gegangen waren, in der Blutsbindung das wichtigste Element des gesellschaftlichen Aufbaus. Tatsächlich haben sich ja Familie und Verwandtschaft bis heute trotz allen Auflösungsimpulsen als erstaunlich stabil erwiesen, und sie leben von ständigen Weiterungen und Veränderungen. Finckh respektiert dies und zeigt in einer einfachen Rechnung, dass die Vorfahren nicht alle Schwaben gewesen sein können. Aber solche nüchterneren

Überlegungen lösen sich nicht wirklich von der Unterströmung des Glaubens ans Blut, das rein zu halten ist, und damit von den Exklusionstendenzen, die im Nationalsozialismus zu einem tödlichen Prinzip gesteigert wurden.

Hesse lebte zu Beginn des Weltkriegs bereits drei Jahre in der Schweiz; Finckh war in Gaienhofen geblieben. Die Entfernung war für die Freundschaft trotz gelegentlichen Treffen nicht förderlich, zumal Hesse sich einem großzügigeren und liberaleren Lebensstil geöffnet hatte. Aber gravierender war die Entfremdung in den grundsätzlichen gesellschaftlichen und politischen Auffassungen. Hesse hatte sich gleich bei Ausbruch des Krieges gegen die deutschen Dichter gewandt, die sich nationalistischen Hassparolen verschrieben hatten; *Freunde, nicht diese Töne!* war sein Artikel überschrieben. Und er sah mit schmerzlicher Enttäuschung, welchen Weg der alte Freund eingeschlagen hatte. Finckh brachte weiterhin Jahr für Jahr mindestens ein Buch auf den Markt – Gedichte, Erzählungen, Romane, Reiseskizzen. Schon in den 1920er-Jahren ließen manche Titel erkennen, wohin er steuerte – *Sudetendeutsche Streife; Bruder Deutscher; Heilige Ahnenschaft.* Es war kein Bruch, sondern Fortsetzung, als er in Gaienhofen nach der nationalsozialistischen Machtergreifung nicht nur der Partei beitrat, sondern auch Führungspositionen übernahm und sich vor allem im Bereich der Ahnen- und Erbforschung als Propagandaredner betätigte. Das Band mit Hesse war zerschnitten, und es war nur peinlich, wie Finckh es nach dem Kriegsende neu zu knüpfen suchte. Hesse bezeichnete ihn in einem Brief als *vernagelten alten Nazi, der 12 Jahre lang Heil Hitler geschrien hat und es am liebsten wieder täte.*

Hesses Verärgerung war mit verursacht durch Finckhs Versuch, auch literarisch seinen dichterischen Weg mit dem Hesses in Einklang zu bringen. Er hatte 1948 Hesse als *schwäbischen Vetter* reklamiert, indem er eine gemeinsame Ahnin nachwies; und vor allem hatte er in einem Erinnerungsbüchlein seine und Hesses

Werke dicht nebeneinander gestellt, Hesses Ruhm als glückliches und seine geringere Publizität als unglückliches Schicksal beschrieben. Zur Literaturgeschichte gehört aber nicht nur die Entwicklung des Verhältnisses dieser beiden schwäbischen Dichter, sondern auch der merkwürdige Befund, dass Ludwig Finckh in den ersten Nachkriegsjahrzehnten fast ohne Vorbehalt als bedeutender Repräsentant schwäbischer und deutscher Heimatdichtung galt. Das bezeugen nicht nur gedruckte Würdigungen; er erhielt auch Auszeichnungen, an seinen runden Geburtstagen feierte ihn ein Freundeskreis und der größte Wanderverein des Landes, und er selbst verkündete dabei als Losung: *Leben heißt wandern*. Zum 100. Geburtstag gab es eine Feierstunde in Reutlingen, und der Freundeskreis versammelte Beiträge in einem kleinen Erinnerungsband, in denen Finckhs NS-Engagement nicht einmal gestreift wurde.

Man kann Gründe für diese selektive Wahrnehmung und Vermittlung anführen. Finckh war fast vollständig erblindet, umso mehr scheute man eine offene Auseinandersetzung mit dem alten Mann, der zudem – bewährter gesellschaftlicher Schutzschild – aus einer angesehenen Familie stammte. Die Laudatoren waren mit seinen frühen Büchern vertraut, und diese hatten zwar mitunter einen bieder-sentimentalen Anstrich, zeigten aber auch Munterkeit und Wärme. Und Finckh hatte – in der Zeit des Dritten Reichs – Verdienste im Naturschutz erworben, als er mit geschickten Protestschritten, freilich unterstützt von Heinrich Himmler, durchsetzte, dass der Basaltabbau an einem der Hegauberge gestoppt wurde. Die aus diesen Umständen resultierende Schonhaltung gegenüber Finckh wäre allerdings legitimer gewesen, wenn sie wenigstens von Ansätzen einer Kritik der *völkischen* Seite seines Schaffens begleitet worden wäre. Die spezifischeren Gründe für die Zurückhaltung wären sicher nicht wirksam geworden, wenn sie nicht einer generellen Haltung in der kulturellen Nachkriegssituation entsprochen hätten. Sie wird oft mit der Konzentration auf die wirtschaftliche Regeneration erklärt, die keine Zeit für anderes ließ. Aber schließlich wurde auch in jener Wirtschaftswunderzeit geschrieben und gelesen. Wichtiger war, dass nationalsozialistisches Gedankengut aus älteren nationalen Ideologien wie etwa der Romantisierung des Bauerntums erwachsen war, die nicht spurlos verschwanden. Und noch bedeutsamer war, dass die Konstellation des Kalten Kriegs sich auch im regionalen und lokalen Rahmen abzeichnete: Was frei war von gesellschaftskritischen, womöglich marxistischen Sichtweisen, war respektiert.

Diese Einschätzung und Haltung war nicht überall vorhanden, es gab literarische Kreise, die sie kritisch in den Blick nahmen. Aber sie bestimmte sehr stark die Nachkriegs-Ausrichtung der bürgerlich akzeptierten Kultur, in der man zwar auch gefällige Neuerungen zur Kenntnis nahm, den alten Traditionsbestand aber gelten ließ, ohne ihn auf bräunliche Adern abzuklopfen. Die in der ersten Hälfte des 20. Jahrhunderts entstandenen schwäbischen Werke behielten eine ganze Zeitlang ihr Gewicht. Die grundsätzlichen Überlegungen dazu sollen durch wenige Beispiele ergänzt werden. Hans Reyhing (1882–1961), geboren und aufgewachsen in dem kleinen Dorf Bernloch auf der Münsinger Alb, war Lehrer in verschiedenen schwäbischen Dörfern und zuletzt zehn Jahre in Ulm, wo er nach dem Ersten Weltkrieg bis 1933 die Leitung der Volkshochschule übernahm. Er schrieb eine Reihe von Erzählungen und steuerte für den Uracher Schäferlauf das Festspiel *D' Schäferlies* bei, das immer noch gespielt wird. 1942 kam *Der tausendjährige Acker* heraus mit dem Untertitel: *Der Roman eines Dorfes.* Tatsächlich war damit der richtige Akzent gesetzt; bei aller Intensität in der Zeichnung der Personen, ihrer Arbeit und ihrer Konflikte geht es um den Kosmos eines ganzen Dorfs, in seiner Entwicklung über viele Jahrhunderte weg in langen Passagen beschrieben. Bei aller Direktheit in den einzelnen Szenen ist die Chronik aber übersät mit Leitideen und Sprachwendungen, die man als *völkisch* charakterisieren kann, und der Roman kann als besonders krasses Beispiel für die Ideologie von *Blut und Boden* gelten. Reyhing war sich darüber im Klaren, dass diese Form plakativer NS-Propaganda nach dem Ende des Regimes auch für den Teil der Bevölkerung nicht mehr genießbar war, der die romantische Hochschätzung robuster bäuerlicher Art beibehalten hatte. Der Dichter arbeitete deshalb an einer gereinigten Fassung und kam teilweise zu einer passablen Neugestaltung, musste aber am Gesamtkonzept scheitern, weil die ideologischen Bestandteile des Romans nicht nur dekorative Zusätze, sondern in Inhalt und Struktur eingeflochten waren. Gerhard Schmid hat sich in dem 2011 veröffentlichten Buch *Hakenkreuz und Heckenrosen* exemplarisch mit dem Roman und seinem Verfasser auseinandergesetzt, und auch die Gedenkstätte in Bernloch strebt eine objektive Bewertung an.

Sehr viel weniger extrem stellt sich das Ideologieproblem bei Hans Heinrich Ehrler (1872–1951) dar. Er stammte aus einer Handwerkerfamilie in Mergentheim, verbrachte das Ende seiner Schulzeit aber im Bayrischen und zuletzt in Ellwangen – mit der Absicht, Geistlicher zu werden, die er jedoch gegen Ende seines Theologiestudiums verwarf. Er arbeitete als Redakteur und versuchte dann sein Glück als freier Schriftsteller. Man kann ihn mit vielen seiner Werke den Heimatdichtern zuordnen, mit der Vorliebe für überschaubare kleinstädtische und dörfliche Strukturen. *Briefe vom Land* ist der Titel eines seiner ersten Romane, 1924 erschienen, und 1929 kokettiert er mit der Distanz zur Großstadt – der Bericht *Meine Fahrt nach Berlin* wird vorgestellt als *Erlebnisse eines Provinzmanns*. Seine Romane und Erzählungen sind nicht – jedenfalls nicht demonstrativ politisch. Aber Ehrler, dessen politische Sozialisation weit in die Kaiserzeit zurückreichte, war entschieden deutschnational gesinnt, und er bekundete nach dem Umbruch von 1933 seine Solidarität mit dem Nationalsozialismus – für einige Zeit. Wie konsequent die *innere Emigration* war, von der er im Rückblick sprach, lässt sich schwer sagen. Als er, in Freiburg lebend, 1938 den Schwäbischen Literaturpreis erhielt, dürfte eine gewisse Nähe zum neuen Reich auf alle Fälle unterstellt worden sein. Aber immerhin gibt es eine kleine Anekdote, die ihn von der Parteilinie etwas abrückt: Er habe Goebbels bei einem Treffen auf die Schulter geschlagen und gesagt, er möge ihn *bloß halbe*, sei aber für die andere Hälfte nicht bestraft worden.

Ganz und gar verschrieb sich Karl Götz (1903–1989) dem Nationalsozialismus, allerdings fixiert auf einen einzelnen Problembereich: Geschichte und Gegenwart der Auslandsdeutschen. Er hatte sich ein Bild davon verschafft, als er nach der Lehrerausbildung zwei Jahre in den Vereinigten Staaten von Amerika und nach einem Zwischenspiel als Lehrer in Dinkelsbühl vier Jahre an einer Schule der Tempelgesellschaft in Bethlehem arbeitete. Der gängige Ausdruck für die Ausgewanderten war *Volksdeutsche*, und man verstand sie nicht nur als Minderheit, die in einem neuen Umfeld eine sichere wirtschaftliche Basis zu schaffen suchte, sondern sah in ihnen nationale Repräsentanten in einer Pionierrolle. Dieses Verständnis hatte sich schon im Kaiserreich herausgebildet, war in der Weimarer Republik Teil der erneuerten nationalen Orientierung und wurde in der NS-Ära verstärkt und zum Teil in die wahnhaften Eroberungs- und Herrschaftspläne integriert. Götz bekannte sich zum Nationalsozialismus und übernahm in den für das Auslandsdeutschtum zuständigen Organisationen Schlüsselfunktionen, in denen er Umsiedlungen und andere politische Aktionen leitete, die ihm aber auch weitere Reisen ermöglichten. In seinen Büchern ging er im Wesentlichen konform mit den nationalsozialistischen Vorstellungen; aber im Vordergrund standen eindringliche Schilderungen persönlicher Schicksale. Romane wie *Das Kinderschiff*, *Brüder über dem Meer*, *Die große Heimkehr* erreichten auch politisch nicht engagierte Leser und sicherten ihm ein Stammpublikum, das er nach der

Zwangspause einer Internierung mit Geschichten und Skizzen aus der engeren Heimat bediente. Dass seine Schriften in der DDR aus dem Verkehr gezogen wurden, war keine Beeinträchtigung, und in den späten Jahrzehnten seines Lebens erhielt er eine ganze Reihe von Auszeichnungen und Ehrungen.

Es gab nur wenige Heimatdichter, die der Vereinnahmung durch die NS-Instanzen entgingen. Mit leichtem Zögern kann Otto Rombach (1904–1984) genannt werden, der in Bietigheim lebte, als Journalist aber auch in Frankfurt und Berlin bei großen Zeitungen tätig war. Mit seinen Büchern war er von den NS-Behörden akzeptiert, weil sie in das bewusst unpolitisch gehaltene Unterhaltungsprogramm passten, das bis in die letzten Kriegstage als Mittel der Ablenkung und Entlastung gefördert wurde. Rombachs erster Roman, *Adrian, der Tulpendieb*, ist als *Schelmenroman* ausgewiesen, ist aber gleichzeitig ein Lehrstück der Ökonomie mit der Schlusspointe, dass die wegen ihrer Seltenheit irrsinnig teure und wertvolle Tulpenzwiebel ahnungslos zum Salat verzehrt wird. Das Buch fand auch später noch Liebhaber, war aber wegen seines etwas zähen Stils nicht sehr verbreitet. Doch 1966 wurde es zur Grundlage der ersten Farbserie des deutschen Fernsehens, und in jüngster Zeit bezeugte ein Theaterstück neues Interesse an dem Stoff, der ja im Miniaturformat eine historische Wirtschaftskrise schildert. Der zweite während des Dritten Reichs publizierte Roman, *Der junge Herr Alexius*, führt in die große Zeit der Ravensburger Handelsgesellschaft vor 500 Jahren zurück, begleitet den Handelsagenten in viele eindrucksvolle Städte und lässt ihn am Ende erkennen, dass Ravensburg die *goldene Stadt* ist: Heimatliteratur mit Reiseprogramm.

Die Reihe der nach dem Zweiten Weltkrieg geschriebenen Heimatromane – wie weit oder eng dieser Begriff auch verstanden wird – ist lang. Es muss genügen, an wenigen gewichtigen Beispielen zu zeigen, dass diese schwäbische Erzählspur bis in die Gegenwart weitergeführt wurde, und zwar auf sehr verschiedene Weise, mit unterschiedlicher Spurweite und Ausrichtung. Gerd Gaiser (1908–1976) wurde in Darstellungen zur Nachkriegsliteratur mehrfach ignoriert – aus Gründen von *political correctness*. Im Jahr 1941 – Gaiser war zu dieser Zeit Offizier der Luftwaffe – kam als sein erstes Buch der Gedichtband *Reiter am Himmel* heraus. Er enthält mythische Überhöhungen von Volk und Reich und hymnische Huldigungen an den *Führer*, der als *entwachsen dem Sagbaren* gezeichnet wird. Nicht nur der Inhalt, auch die pathetische Übersteigerung der Sprache verbietet eine Verteidigung dieses Produkts, das ja nicht etwa Flakhelferlyrik war, sondern von einem Mann über 30 stammte. Gaiser selbst hat sich nie öffentlich dazu geäußert. Zweifellos also ein Ärgernis, aber es rechtfertigt nicht die Herablassung, mit der seine späteren Werke kritisiert oder auch ignoriert wurden.

In einer Phase, in welcher der Blick der literarisch Interessierten ganz überwiegend in die Weite gelenkt wurde, platzierte Gaiser seine Geschichten in der gegenwärtigen Nähe. Sein erster, 1950 erschienener Roman, *Eine Stimme hebt an*, war den Wegen und Irrwegen eines Heimkehrers aus dem Krieg gewidmet – eines heimatlosen Heimkehrers, was sentimentale Zugänge blockierte und was die unwirtlich-schöne Natur und nicht das besser abgesicherte Leben in Dorf und Stadt zum wichtigsten Schauplatz machte. Trotzdem entstand ein gültiger Einblick in die besonderen Probleme der Nachkriegsgesellschaft in abseitigen schwäbischen Waldgebieten, ein im Wesentlichen ungeschöntes Bild, aber vermittelt in schöner, variationsfreudiger Sprache. Sie wurde zu einem Markenzeichen Gaisers – und zu einem Hauptgegenstand der Kritik. 1955 kam *Ein Schiff im Berg* heraus, Roman einer Gebirgsszenerie, die in vielen Details auf die Mittlere Schwäbische Alb und damit auf die Gegend dicht bei Gaisers Wohn- und Arbeitsort Reutlingen verwies. Erzählt wird die Geschichte des Bergs, weit ausgreifend in die Vorzeit, gestützt auf die angeblichen Zettelkästen eines Archäologen; aber erlebt und erlitten wird die nicht spendable Landschaft wiederum von einem heimkehrenden Soldaten, und der Bogen in die Gegenwart greift noch weiter aus in die Phase, in der die Menschen *gegen Eintrittsgeld die Natur auf sich wirken* lassen.

Es ist eine grandiose Geschichte. Kritisiert wurde die wortreiche und bildträchtige Ausmalung der natürlichen Szenerie, die zumal angesichts der kargen und herben Handlung allzu gewählt und kostbar erschien, und in Frage gestellt wurde auch die Feier der wuchernden Urzeiten, die der Moderne keine Chance ließ. Die jüngsten Entwicklungen rückten bei Gaiser in eine ironische Perspektive, die sich im nächsten Roman in düstere Abrechnung verwandelte. Der Titel *Schlussball* zielt auf dubiose Vergnügungsevents, die sich in der Umbruchphase nach dem Krieg entwickelt haben, aber er signalisiert auch den in den Augen des Autors unabwendbaren Niedergang – das Ende einer ausgeglichenen wirtschaftlichen Struktur, die Abkehr von traditionellen Werten und die Verletzung elementarer Gesetze des Zusammenlebens. Eine Flüchtlingsfrau, die mit ihrer Familie gegen den Trend zu kämpfen sucht, scheitert an den weithin von Egoismen bestimmten Lebensbedingungen der Stadt Neu-Spuhl, die Gaiser in vielen Zügen Reutlingen nachbildete.

Die Auffassung, dass Heimat im Grunde in der Stadt, zumindest der Großstadt, nicht möglich sei, ist nicht nur aus großen Teilen der Heimatdichtung abzuleiten, sondern bestimmte bis weit ins 20. Jahrhundert hinein auch die Grundlinien der *Heimatkunde*, wie sie von Eduard Spranger und von Schulpädagogen entworfen wurde und im Bauernkult des Nationalsozialismus Unterstützung fand. Es gab aber einen Dichter, der schon während der Zeit der Hitler-Herrschaft daran arbeitete, gerade auch die Stadt als einen Ort zu zeigen, der nicht nur als Ganzes in seiner verwirrenden Vielfalt und vielleicht auch seiner Unwirtlichkeit in Erscheinung tritt, in dem sich vielmehr kleine Heimatwelten mit festen Standorten, flexiblen Familienbeziehungen und übersichtlichen Nachbarschaftsverhältnissen entwickeln. Hermann Lenz (1913–1998), Lehrerssohn aus Künzelsau, wo er das erste Jahrzehnt zubrachte, lebte danach in Stuttgart, das für ihn Heimat wurde und blieb. Sein Studium zog sich hin bis zum Krieg – weil er vom Theologiestudium zu Fächern der Philosophischen Fakultät wechselte, aber auch, weil er zu schreiben begonnen hatte. Ein Gedichtband war 1936 erschienen, und er arbeitete an der Erzählung *Das stille Haus*, der er nach fünfjähriger Dienstzeit bei der Wehrmacht und einem Jahr Kriegsgefangenschaft die endgültige Form gab. Titel und damit Thema des Buchs waren charakteristisch: Lenz konzentrierte sich auf kleine Handlungsräume, und er mied laute Reden und Gegenreden, schilderte Störungen und ihre Auflösung vielmehr in leiser Eindringlichkeit. Er schrieb, in der Regel sei das Leben in Romanen *langweilig und verlogen, weil es spannend ist* – eine geradezu revolutionäre Einsicht, die der Literatur den sicheren Boden entzog, der Lenz aber mit seinem Bekenntnis zum Vergangenen, zum Unaufgeregten, zum Stillen begegnete.

Nach dem Krieg bot sich die Formel *Innere Emigration* für Literaten an, die Distanz zum Nationalsozialismus hielten, aber Widerspruch nicht wagten; sie ist als Entschuldigung oft, wahrscheinlich zu oft präsentiert worden. Bei Lenz war sie angebracht, wobei man hinzufügen muss, dass sie auf sein ganzes Leben gemünzt werden kann, was dann allerdings das politische Gewicht der Formel abschwächt. Eine ganze Reihe von bereits Publiziertem hat Lenz 1970 unter dem Titel *Im inneren Bezirk* zusammengefasst, der räumliche Abgeschlossenheit, aber auch den Rückzug auf einen psychischen Kernbereich assoziieren lässt. Lenz begibt sich in dem kombinierten Romanwerk allerdings durchaus in die heißeren Zonen der Politik und scheut vor trivialem Erregungspotenzial in der Handlung nicht zurück: Pläne eines hohen Offiziers zu einem Attentat gegen Hitler, Verhaftung, vorgetäuschte Liebe der Tochter zu einem Gestapomann,

Befreiung des Vaters, Heirat der Tochter mit einem Nationalsozialisten. Die Integrität des inneren Bezirks ist also keineswegs gesichert; aber im größten Teil seines umfangreichen Romanwerks liefern sich die wichtigsten Personen weder politischen Versprechungen noch verführerischen Zeitmoden aus. Von 1966 an veröffentlichte Hermann Lenz zwar eine große Zahl von Erzählungen und eine Handvoll selbständiger Romane, aber den größten Teil des in den letzten Jahrzehnten seines Lebens entstandenen Romanwerks gab er als Serie heraus. In insgesamt neun Romanen steht Eugen Rapp im Mittelpunkt, ein zurückhaltender und gutmütiger Mann, den Lenz mit seinen eigenen Charakterzügen versehen hat und den er in Situationen schickt, wie er sie selbst erlebt hat. Die Stürme der großen Politik werden nicht ausgeblendet, aber geschildert werden vor allem die Lasten, die Konfrontationen und auch die Fluchtchancen des Alltags.

Die Erzähldichtung von Hermann Lenz bot viele Identifikationsmöglichkeiten; aber sie wirkte unzeitgemäß; Lenz' zögernde Annäherung an die Meinungsführer des literarischen Betriebs schlug fehl, und er hatte sich schon mit der Position des verkannten Einzelgängers abgefunden, als Peter Handke 1973 für ihn das Wort ergriff. *Einladung, Hermann Lenz zu lesen* stand in der Überschrift seines Essays, und diese Einladung wurde vom aufgeschlossenen Lesepublikum angenommen. Zum Bestseller hat es Hermann Lenz dennoch nicht gebracht, aber in der schwäbischen Literaturgeschichte hat er einen sicheren Platz.

Thaddäus Troll (1914–1980) wird oft schnell abgelegt in der Rubrik Mundartdichtung. Er hat dort eine wichtige Position; aber er darf jedenfalls nicht in eine Gemütlichkeitsecke gestellt werden, und was er im Dialekt schrieb, fällt fast ausschließlich in seine sechs letzten Lebensjahre. Das selbstgewählte Pseudonym, mit dem der Stuttgarter (genauer: der Cannstatter) Hans Bayer seine Nachkriegskarriere startete, zielt ja auch nicht auf typisch Schwäbisches, sondern auf Skurrilität; erst später hat Troll den

Namen aufgewertet, indem er erzählte, er habe ihn gewählt, um im Bücherregal links neben Tucholsky platziert zu werden. Seine literarischen Aktivitäten waren eng mit seiner journalistischen Tätigkeit verbunden (vier Jahre arbeitete er beim *Spiegel*), wandten sich aber vor allem auch der satirisch-kabarettistischen Seite zu: als Mitgründer der Zeitschrift *Das Wespennest*, als Texter für das Düsseldorfer *Kommödchen*, als aktives Mitglied der *Radikalen Mitte,* die den *höheren Blödsinn* in die Politik tragen sollte. Den Erfolg als Autor verdankte er zunächst überwiegend einer großen Zahl von lockeren Sachbüchern und heiteren Skizzen: *Auto-Knigge, Theater-Knigge, Lesebuch für Verliebte, Lehrbuch für Snobs* – gern auch mit Ausweitung der Zielgruppe wie im *Genesungsgruß*, der vorgestellt wurde als *Trostbüchlein für Gesunde, Kranke und solche, die es nicht werden wollen.*

Die entschiedene Wendung ins Regionale kam über einen Buch-Auftrag zustande. Ein Hamburger Verlag gab in den 1960er Jahren die Reihe *Deutschland deine ...* heraus; Thaddäus Troll wurde als Autor gewonnen und ließ mit *Deutschland deine Schwaben* die vorher führenden Berliner und Sachsen weit hinter sich. Das war verdient, denn er brachte nicht nur die gängigen Witze und Anekdoten, sondern hatte sich so in die materielle und geistige Schwabengeschichte eingearbeitet, dass er das heikle Charakterisierungsgeschäft nicht nur freimütig, sondern auch mit Augenmaß bewältigen konnte. Die anhaltend starke Marktreaktion veranlasste eine Fortsetzung *für Fortgeschrittene*, die nicht weniger erfolgreich war. Für sie wählte er den Titel des schwäbischen Nationallieds *Preisend mit viel schönen Reden*, der durch seine Betrachtungen ins Ironische rutschte, ohne dass schwäbisches Selbstbewusstsein nur niedergemacht wurde. Erst danach kamen die mundartlichen Publikationen, beginnend mit dem Büchlein *Wo kommet denn dia kloine Kender her?,* mit Bildern versehen und geschrieben *ohne Dromromgschwätz fir Kender ond fir Alte*. Molières Geiziger wurde von Troll als *Entaklemmer* auf die Bühne gebracht, und im gleichen

Jahr 1976 kam ein Band mit schwäbischen Versen heraus. Er trägt den Titel *O Heimatland* – nicht als Sehnsuchtsgebärde, sondern als Enttäuschung; geschildert wird beispielsweise, wie man hier mit kritischen Dichtern umging und manchmal immer noch umgeht, und die Beispiele enden mit dem Buchtitel: *O Heimatland!* Von dem Dichter, der sich so überzeugend als Schwabenkenner präsentiert hatte, akzeptierten die Meisten auch kritische Töne – selbst wenn Jesus im Oberland in die CDU eintreten möchte und mit Blick auf das sozialistische Gedankengut der Bergpredigt wegen Gefahr der *Unterwanderung* abgewiesen wird.

Politische Desillusionierung trug sicher neben vorhandenen und drohenden Krankheiten zu den depressiven Stimmungsanteilen bei, die den sorgfältig arrangierten Freitod des Dichters nahe legten. Welchen Anteil der Rückblick auf eigenes Versagen an dem Entschluss hatte, lässt sich nur schwer bestimmen. Hans Bayer studierte nach dem Abitur und schloss mit einer pressegeschichtlichen Dissertation ab; danach wurde er, noch vor dem Krieg, eingezogen und 1941 einer Propagandakompanie zugeteilt. In den folgenden Jahren erschienen Artikel von ihm, die Treuegelöbnisse enthielten und die auch von antisemitischen Parolen nicht frei waren. Es ist ein merkwürdiger Befund, dass Thaddäus Troll diese Phase nie wirklich thematisierte und dass es auch in der Öffentlichkeit keine Nachfragen gab, obwohl seine respektablen Freunde wohl kaum ahnungslos waren. Erst vor wenigen Jahren brachte eine Ausstellung mehr Licht in jenen Lebensabschnitt, der auch biographisch neu beleuchtet wurde. Die Annahme, dass Trolls humoristische Schreibweise gewissermaßen eine therapeutische Antwort auf die Irrtümer der NS-Zeit war, dürfte einseitig sein. Die Kompromisslosigkeit seiner demokratischen Vorstellungen war dagegen sicher eine bewusste Abkehr von jener Fehlhaltung.

Peter Härtling (*1933) ist in Chemnitz geboren. Der Vater, Jurist, übernahm eine Tätigkeit im besetzten Mähren. Der

12-jährige Sohn floh von dort mit der Mutter nach Österreich; der Vater starb wenige Wochen nach Kriegsende in russischer Kriegsgefangenschaft. Von Niederösterreich ging es weiter nach Nürtingen, wo Peter Härtling bald allein seinen Weg finden musste – seine Mutter, traumatisiert durch Fluchterlebnisse, ging aus dem Leben. Nach der Gymnasialzeit war Härtling Redakteur an verschiedenen Zeitungen und fünf Jahre Cheflektor eines großen Frankfurter Verlags. Mit 40 Jahren konnte er diese festen Anstellungen hinter sich lassen; die Bücher, die er publiziert hatte – Gedichtbände, Erzählungen, Romane, Kinderbücher, literaturkritische Essays – waren so beliebt und gefragt, dass er das Wagnis auf sich nehmen konnte, als freier Schriftsteller zu leben. Er blieb bei der Produktion in der ganzen inhaltlichen Breite und in erstaunlich dichter Folge, nur manchmal etwas gebremst durch Erkrankungen und auch durch politische Engagements, zum Beispiel in der Friedensbewegung.

In Nürtingen lebte Härtling 13 Jahre, und diese Stadt machte er zu seiner Heimat. Die Formulierung ist mit Bedacht gewählt, denn er lernte die Stadt nicht nur kennen, sondern war aktiv bemüht, den richtigen Platz im sozialen Geflecht dieses Gemeinwesens zu finden und sich seine Sprache anzueignen. Das ist in einem weiten Sinn gemeint: Er schloss sich örtlichen Künstlern an, war an Wahlkämpfen beteiligt, und er ging mit jüngeren Freunden der lokalen NS-Geschichte nach. Aber er richtete seine Aufmerksamkeit auch auf die Sprache selbst und übernahm die schwäbische Mundart zwar nicht für den alltäglichen Gebrauch, aber als literarisches Stilmittel. Zu den ersten größeren Prosaveröffentlichungen Härtlings zählt *Das Familienfest*, ein historischer Roman, der an die Revolutionszeit Mitte des 19. Jahrhunderts anknüpft, aber nur insofern, als am Anfang die Rückkehr eines Revolutionärs aus dem französischen Exil steht. Das eigentliche Thema ist das Familienleben im elterlichen Haus mit einem ungewöhnlichen Dreiecksspiel. Der liberale Rückkehrer, der

Philosophieprofessor in Tübingen ist, sieht sich mit den Meinungen und Wertungen des pietistisch orientierten Bruders konfrontiert, und er überlässt sich der Liebe seiner Schwester. Penible Themen und durchgeistigte Probleme – aber sie werden gegen ein Milieu gestellt, in dem sparsam gesetzte Dialektstellen die biedere Gemütlichkeit unterstreichen: *Du machscht di luschtig über mi – da hascht dr ebbes eibrockt – so isch au net* ... Man kann über die Wirksamkeit dieser kleinen Verfremdungen streiten; jedenfalls versucht Härtling die spezifische schwäbische Einfärbung der Lebensverhältnisse und der Kommunikation zur Geltung zu bringen, wenn sich der Schauplatz seiner Geschichten in Württemberg befindet – und das ist oft der Fall.

Noch vor dem *Familienfest* erschien *Niembsch oder Der Stillstand*. Der fremdartige Vorname hatte eine Fortsetzung: Niembsch Edler von Strehlenau, als Dichter bekannt geworden unter dem aus den letzten Silben gebildeten Namen Lenau. Er war aus Ungarn nach Deutschland gekommen, war von den Dichtern im Umkreis von Kerner und Uhland freundlich aufgenommen worden, schrieb selbst ansprechende Lyrik, ein Faust-Drama und epische Gedichte, verließ enttäuscht Europa, kehrte nach kurzer Zeit enttäuscht aus Amerika zurück und erlebte in Württemberg den totalen geistigen Zusammenbruch, der ihm den frühen Tod brachte. Härtling erzählt dieses bewegte Leben als exemplarische Künstlergeschichte, konzentriert auf Lenaus utopisches Bemühen, über leidenschaftliche Wiederholungen in der Liebe nach dem Vorbild Don Juans die Zeit zum Stillstand zu bringen. Härtling erprobte in der *Suite*, wie er die Erzählung benannte, einen musikalischen Aufbau in acht Sätzen, und er nutzte die Lenau-Episoden als Brücke zu ausgedehnten eigenen Reflexionen über die Zeit und die Liebe. Aber das Buch war auch der Auftakt zu einer ganzen Reihe von Publikationen, in denen er, von besonderen Ereignissen ausgehend, Lebensbilder berühmter Künstler entwarf. Sie sind seit den 1990er Jahren Musikern gewidmet – Schubert, Schumann, Fanny Hensel-Mendelssohn, Verdi –, vorher Dichtern, und zwar schwäbischen Dichtern: Hölderlin, Mörike, Waiblinger. In allen drei Versuchen sind die ekstatischen, aber unglücklich verlaufenden Liebesbegegnungen von großem Gewicht: Julie Michaelis, Peregrina, Diotima; aber der Durchblick zu anderen Stationen und Brüchen auf den Lebenswegen ist Härtling wichtig.

Der 1976 veröffentlichte, mit 600 Seiten umfangreichste der Romane, *Hölderlin*, befasst sich in acht Teilen und insgesamt 42 Kapiteln mit der ganzen Lebensgeschichte des Dichters und über sie mit den kulturellen Höhenwegen jener Zeit. Peter Härtling hat genau studiert, was an Quellen erreichbar war; aber er schrieb keine dokumentarische Biographie, sondern nahm die überlieferten Fakten auf und spann sie weiter mit Phantasie und Einfühlung – nicht mit dem Gestus überlegenen Wissens, sondern abwägend und relativierend: *So kann es gewesen sein*, oder auch, korrigierend: *So kann es nicht gewesen sein.* Oder die vorsichtige Rücknahme in den Raum der Möglichkeit: *Ich weiß nicht, wie es begann, ob sie sich schon hier, in diesem sommerlichen Refugium, ihre Liebe gestanden.* Die Transformation ins Vielleicht legitimiert nicht nur das farbige Ausmalen auf der erzählten Realebene, sondern auch die Präsentation eigener Gedanken und Gefühle des Autors. Das ist nicht ohne Risiko: Die kommentierende Funktion kann überwuchert werden von der Manier zur Selbstdarstellung. In Kritiken taucht das Stichwort *narzisstisch* auf, das der Intention des Autors nicht gerecht wird, das aber eine Implikation seiner Darstellungsperspektive trifft.

Auch die sorgsame Mobilisierung des Schwäbischen in der Schilderung alltäglicher Umgangsformen und Sprechweisen ist ambivalent. Härtling skizziert die einfache Welt, in der Hölderlin aufwuchs, der sich manchmal in höhere Sphären hineinsteigert, dann aber wieder teilnimmt an den Sorgen und zunächst auch an den Freuden der anderen. Nicht nur die Verwandten und Betreuer sprechen Schwäbisch – *Sei schtill, bleib hocke, i ben ja do*; auch Hölderlin selbst hat schwäbische Brocken und Sätze parat. Weil er sich gegen die groben Kontrollabsichten eines sturen Gendarmen wehrt, landet er auf der Polizeiwache, wo ihm geholfen wird: *Ganget Se no, des war e Versehe.* Er sagt: *I komm hoim*, und Härtling schließt die feierlichen Verse an, die beginnen: *Heimzugehn, wo bekannt blühende Wege mir sind …* Das unmittelbare Nacheinander einfacher und poetischer Sprechweise stellt das weite Spannungsfeld heraus, in dem Hölderlin auch noch in der Zeit seiner Umnachtung lebte.

Schwäbische Prägung und heimatliches Milieu – man hat bei diesen Vorgaben fast automatisch dörfliches oder kleinstädtisches Leben vor Augen. Die Akzente in der Literatur bestätigen dies. Als Manfred Esser (1938–1995) im Jahr 1978 seinen *Ostend-Roman* herausbrachte, handelte es sich um eine Ausnahme. Esser war aus einem Dorf in der Eifel nach Stuttgart gekommen, wo er beim Rundfunk arbeitete, sich aber auch intensiv an den neuen literarischen Konzepten im Kreis um Max Bense beteiligte. Im *Ostend-Roman* stellte er aber nicht neue formale Konstruktionen der Dichtung heraus, sondern strebte die genaue Schilderung einer Großstadt an. Ein wichtiges Vorbild war Alfred Döblin, der am Beispiel eines Arbeiters und seines Umfelds Berlin erschlossen hatte; Essers *Alexanderplatz* war das proletarisch und sozialistisch geprägte Stadtviertel im Osten Stuttgarts, und sein Thema waren die dort vorhandenen tagtäglichen Probleme und die darauf antwortenden sozialen Gruppierungen und Aktivitäten. Der Roman wurde 1983 von einem Frankfurter Verlag in einen großen Stuttgarter Verlag übernommen und neu ediert; aber nach einem kurzen Aufschwung verschwand er fast ganz aus den Buchhandlungen – und aus der Diskussion.

Die Folgerung, dass städtisches Leben in seinen moderneren Formen als literarischer Vorwurf überhaupt nicht gefragt ist, wäre allerdings allzu pauschal. Es gibt einige urban orientierte schwäbische Beispiele, in denen zwar allgemeinere Beobachtungen und Probleme im Mittelpunkt stehen, die aber auch den Blick öffnen für die besondere regionale Färbung städtischer Milieus. Bei Draginja Dorpat (*1931) handelt es sich um Vorgänge in und um Tübingen, also einer Stadt mittlerer Größe, die allerdings durch den studentischen Einfluss Ansätze von Bohème erkennen lässt. Der 1966 erschienene Roman *Ellenbogenspiele* kreist um sexuelle Lust und Last und übernahm gezielt eine Bürgerschreckfunktion. Sie wirkte: Bald machte die Erzählung die Runde, der Politikwissenschaftler Theodor Eschenburg, damals Chef der Autorin, habe das Buch auf der Fahrt nach Bonn aus dem fahrenden Zug geworfen. Die Geschichte muss nicht wahr sein, aber sie trug zur Nachfrage nach dem Roman ebenso bei wie eine platte Verfilmung, die 1968 in die Kinos kam. Die ungewöhnliche und ungewöhnlich offen behandelte Thematik rückte das Interesse ganz ins Stoffliche; dabei bewies die Verfasserin bei aller Direktheit sprachliche Eleganz und eine Bildkraft, die viele jüngere Versuche in diesem Genre alt aussehen lässt.

Manfred Zach (*1947) kam über sein Heidelberger Jurastudium ins Land und arbeitete fast 40 Jahre in Stuttgarter Ministerien. In zwei von seinen Büchern beschreibt er, mit welchen Strategien und Tricks in Gemeinwesen Politik gemacht wird – und was die Politik aus den Menschen macht. 1996 erschien *Monrepos oder die Kälte der Macht*, ein Schlüsselroman, der aufdeckt, was und wie in der Stuttgarter Regierungszentrale hinter den Kulissen gespielt wurde. Er erstreckt sich über die Amtszeit von zwei Ministerpräsidenten und kann so zeigen, wie sich ganz persönliche Voraussetzungen auswirken; aber er macht auch deutlich, wie die Zwänge des *Apparats*, aber auch die Ausstattung mit Privilegien die Beteiligten prinzipiell verändern. Ein weithin gültiger Prozess, der aber hier in der spezifischen schwäbischen Färbung präsentiert wird. Sie ist noch deutlicher in dem Roman *Die Bewerbung*, in dem bei der Bürgermeisterwahl in einer Kleinstadt ein norddeutscher Kandidat gegen den einheimischen Platzhalter antritt, in dessen Beziehungsnetz sich fast alle Angriffe verfangen – auch solche, die sich auf Vorgänge in der NS-Zeit beziehen.

Auch in rund einem Dutzend Büchern von Joachim Zelter (*1962) geht es um die überwiegend unheilvolle Macht des Apparats, um die einschränkenden bürokratischen Strukturen und den erfolglosen Widerstand gegen sie. *Betrachtungen eines Krankenhausgängers, Schule der Arbeitslosen* – immer sind Personen mit einem für sie undurchschaubaren System (etwa *Die Welt in Weiß*) konfrontiert, in dem die Reibungsverluste hoch sind, das aber immun ist gegen Veränderungen. Zelter, der Anglist an der Tübinger Universität war, sich aber seit 20 Jahren als freier Schriftsteller umsieht, kann dabei oft auf eigene Erfahrungen zurückgreifen, entwirft jedoch meistens imaginäre Schauplätze. Für den Roman *Der Ministerpräsident* bediente er sich bei einem Thüringer Vorbild, aber der unter Gedächtnisverlust leidende Politiker bewegt sich dann doch offensichtlich im Schwäbischen und ist dort auch mit realen Personen des Landes konfrontiert. Die von Zelter skizzierten Situationen sind oft kafkaesk, aber er stellt vor allem auch das Absurd-Komische daran heraus (das Kafka ja auch nicht fremd war).

Was in solchen Büchern gezeigt wird, ist eine neue Form des Provinziellen, die gerade durch die Übernahme von Modernismen zustande kommt. Als *richtige* Heimatliteratur galt und gilt aber für Viele nur, was in der ländlichen Welt, im Dorf angesiedelt war. Ökologische Probleme ließen sich dort übersichtlicher darstellen, und die antiautoritären Tendenzen hatten im Dorf wichtige Angriffspunkte, weil dort kontrollsüchtige Autoritäten noch wenig eingeschränkt waren. Ungefähr gleichzeitig mit der Neuauflage des Ostend-Romans erschien die erste Dorfgeschichte von Georg Holzwarth (*1943), *Das Butterfass*, der er nach einigen Jahren *Die Fußreise* folgen ließ. Beide Romane handeln von einem jungen Kerl, der aufbegehrt gegen die Forderungen und Erwartungen der

Alten und dabei keineswegs nur scheitert – Holzwarth merkt dazu an, es sei ein großer *Vorteil der Erziehung, dass sie irgendwann aufhört.* Der Junge lässt aber die dörflichen Prinzipien nicht einfach zurück, und ganz generell wird die Sprache des Dorfs, auch durch die Herausstellung der Mundart, hervorgehoben. Ein Problem ist dabei, dass heutige Leserinnen und Leser die Dialektpartien oft nicht in ihrer Selbstverständlichkeit aufnehmen, sie vielmehr verstehen als Signale grober Urwüchsigkeit einerseits und der Verniedlichung andererseits.

Dies berührt ein generelles Problem der Heimatdichtung. Auch wo sie bemüht ist um eine sachliche Erzählweise, um eine schlichte Darstellung einstiger oder heutiger Gegebenheiten im engeren Lebens- und Erlebnisraum, rutschen die Texte – manchmal schon bei der Entstehung und spätestens in der Rezeption – leicht ins allzu Grobe und ins allzu Herzige. Beides sind Attraktionsmomente, und so ist es nicht verwunderlich, dass ein beachtlicher Teil der Verfasser die Stoffe bereits danach ausrichtet. Eine nüchternere und ehrlichere Heimatbeziehung kommt am ehesten dort zustande, wo sie nicht den Ton und die ganze Handlung bestimmt. Das ist im Allgemeinen der Fall bei den Heimatkrimis, für die seit einiger Zeit eine erstaunliche Konjunktur beobachtet werden kann. Sie hängt sicher mit der wachsenden Zahl von Liebhaberautoren und -autorinnen zusammen, die sich hier im vertrauten Gelände bewegen oder doch an realen Kartenbildern orientieren können und denen mit der langen Liste bekannter Vergehen und Verbrechen eine große Auswahl von Spannungsmomenten zur Verfügung steht. Die Gattung spielt in der Literaturbetrachtung und -kritik nur eine marginale Rolle. Das ist verständlich, denn sie ist ja definiert durch ihre geringe Reichweite. Aber es gibt Unterschiede, und es gibt Autorinnen und Autoren, die nicht nur auf die Anziehungskraft des vertrauten Handlungsraums spekulieren, sondern in diesem neue Perspektiven entdecken und öffnen.

Ein eindrucksvolles Beispiel hierfür ist die aus dem Schwarzwald kommende Uta-Maria Heim (*1963), die seit 25 Jahren Kriminalromane schreibt, aber nie bei den Problemen der Entdeckung und Zuordnung von Verbrechen stehen bleibt, sondern die Hintergründe psychologisch ausleuchtet. Folgerichtig schließt in einem ihrer letzten Krimis nicht etwa ein Urteil die Handlung ab, sondern ein mögliches Fehlurteil schließt sie auf. *Wem sonst als Dir* – das Hölderlinzitat des Titels berührt die Vergangenheit des als Täter Verurteilten, der auf der Alb in der Psychiatrischen Anstalt gelandet ist, von der während des Kriegs für Viele der Weg ins nahe Grafeneck und damit in die Vernichtung führte. Auch ganz aktuelle Bezüge werden in die Heimatkrimis aufgenommen. Dabei sind auch die Städte mit ihren Vergnügungsstätten und ihren anonymen Mietskasernen gefragt, und die Verfasser lassen sich auf Kontroversen ein. Der in Stuttgart lebende Wolfgang Schorlau (*1951) konfrontiert beispielsweise seinen scharfsinnigen, überlegen und doch bescheiden agierenden Detektiv Dengler mit ungelösten politischen Fällen, und das umstrittene Bahnprojekt *Stuttgart 21* wurde schon von mehreren Krimiautoren als Hintergrund und Schauplatz gewählt. Das macht gegenüber dem Großteil traditionell ausgerichteter Heimatliteratur einen wichtigen Unterschied aus.

Hier ist Heimatdichtung, die den süßen wie den sauren Kitsch meidet und die hohe Emotionalität der Gattung nicht ins Sentimentale rutschen lässt, nach wie vor relativ selten. Aber es gibt sie. Felix Huby (*1938) soll angeführt werden, weil sein Beispiel zeigt, wie das scheinbar altmodische Thema Heimat auch in moderne Konstellationen literarischer Produktion und in technisierte Wirklichkeiten eindringt.

Auch Felix Huby ist ein Pseudonym, das sich der Dettenhauser Eberhard Hungerbühler zu eigen machte, um im Kulturbetrieb etwas moderner zu erscheinen und beweglicher agieren zu können. Er begann seine journalistische Tätigkeit als Redakteur von lokalen

Zeitungen und Fachzeitschriften. Mit 33 wechselte er zum *Spiegel* als Korrespondent für Baden-Württemberg und blieb das sieben Jahre. Seither ist er freier Schriftsteller, wobei diese Bezeichnung etwas antiquiert klingt angesichts vielfältiger Aufgaben als Literaturagent und vor allem im Blick auf den weitreichenden Vorstoß in die veränderte moderne Medienlandschaft. Huby schrieb Drehbücher, die ihren Schauplatz in verschiedenen deutschen Regionen haben; ungefähr drei Dutzend Mal lieferte er das Buch für die Fernsehserie *Tatort* und übertrug die Fahndung, nachdem er bereits zwei andere Kommissare erfunden hatte, dem betont bieder gezeichneten *Ernst Bienzle*, der in anderen Gegenden manchmal das Bild vom langsamen und allzu gemütlichkeitssüchtigen Schwaben befestigte, zumindest unter den Schwaben selbst aber meist als Vertreter einer Spezies gesehen wurde, die große Worte scheut und nicht viel Aufhebens macht, aber in aller Ruhe pfiffig ihre Aufgaben löst. Die Bienzle-Filme begleitete Huby mit den entsprechenden Bienzle-Romanen, in denen die Landschaft und der Menschenschlag noch entschiedener als schwäbisch vorgeführt wurde.

Trotzdem war es eine Überraschung, dass Felix Huby 2014 den Roman *Heimatjahre* vorlegte. Er schildert die Entwicklung eines intelligenten Dorfjungen, Christian Ebinger, der schon durch die NS-Belastung seines Vaters und das dadurch ausgelöste Verfahren politisch geweckt wird und dem alle Modalitäten von Anpassung verdächtig bleiben. Es sind manchmal abenteuerliche und manchmal krumme Wege, die er einschlägt, aber er findet Rückhalt im Dorf. Es ist keine Mustergemeinde, es gibt Pannen, Bosheiten und Bösartigkeiten; aber der fragile Zusammenhalt wird dadurch letztlich so wenig gesprengt wie durch die Zuwanderungen und wirtschaftlichen Einschnitte. Die Liebe spielt eine große Rolle, in Erfüllung wie Versagen, und was geschieht, wird auch diskutiert. Die fortlaufenden Dialoge und Gespräche geben auch dem Alltäglichen Gewicht. Das Sprachniveau wird dabei genau kalkuliert; in einer Situation, in der sich zwei junge Leute näherkommen, heißt es einmal: *Die ganze Zeit hatten sie hochdeutsch geredet, jetzt verfielen sie in ihren Dialekt.* Es wird viel erzählt, und ohne komplizierte Reflexionen lernt man auch einiges über das literarische Erzählen. Die Fäden laufen bei Christian zusammen; ganz am Ende wird er zum erzählenden Autor gemacht: *Plötzlich richtete sich Christian auf, beugte sich zu der Schreibmaschine vor und fing an, Wörter eines neuen Textes zu tippen, nicht ahnend, was daraus werden würde. Auf dem weißen Papier erschien der erste Satz: »Albert Ebinger stand vor der großen Landkarte, die er selbst auf Pappe aufgezogen und mit Reißnägeln an die Wand gepinnt hatte.«* Das ist genau der Satz, mit dem das Buch beginnt – Rahmung der Autobiographie Christian Ebingers. Und partiell gewiss auch Felix Hubys.

Der Begriff *Heimat*, seit einiger Zeit Kürzel für die aktuelle und zukunftweisende Aufgabe, für möglichst Viele lebenswerte Verhältnisse zu schaffen, hat dennoch seine Neigung zum Alten und Vergangenen behalten. Er führt zurück in die Kindheit, die in der Erinnerung der meisten selbst dann ein Moment der Geborgenheit enthält, wenn diese Frühzeit von Not bestimmt war; und er siebt aus, was von der Überfülle des Vergangenen wert ist, bewahrt zu werden. Martin Walser schrieb in diesem Sinne, Heimat sei *der schönste Name für Zurückgebliebenheit*. Die Frage liegt nahe: Was ist eigentlich mit Walser selbst? Gehört er nicht in die Mitte dieses Kapitels?

Im Oberland

Dass in dieser Darstellung der eine oder andere Name vermisst wird, war nicht zu vermeiden. Nicht nur, weil die Vorlieben von Leserinnen und Lesern alles andere als einheitlich sind und weil es für die vielen Hundert Bücher, die irgendwie mit dem Schwäbischen zu tun haben, keine Rangliste gibt, sondern auch wegen begrenzter Kapazitäten – was den Umfang dieses Bandes, aber auch, was den Überblick des Bearbeiters angeht. Doch im Blick auf das, was als *schwäbische Spur* und *Heimatdichtung* bezeichnet wurde, drängt sich eine Reihe von Dichterinnen und Dichtern auf, die bisher nicht erwähnt wurden, aber ohne Zweifel dazugehören – und die zusammen gehören. Die geschichtliche Entwicklung hat dafür gesorgt, dass die heimatliche Orientierung und Identifikation im Süden des Landes einen anderen Charakter hat als im nördlichen Landesteil. Im Oberland denkt und fühlt man eher *oberschwäbisch* als *schwäbisch*, auch wenn es scharfe Abgrenzungen und heftige Konfrontationen nicht mehr gibt. Das kommt auch im literarischen Leben zum Ausdruck.

Oberschwaben blieb lange geprägt von der Agrarwirtschaft, die mehrfach ernste Krisen durchstehen musste; der Einfluss des Adels war über die Eigentumsverhältnisse erhalten geblieben; und die katholische Prägung der weitaus meisten Städte und Dörfer festigte eine Tradition, die eine lebhafte Entwicklung volkstümlicher Bräuche und Feste begünstigte, aber einer freien literarischen Produktion kaum entgegenkam. Sicher gilt auch hier, was schon für das 19. Jahrhundert anzumerken war: Die dürftige Bilanz für Oberschwaben war auch eine neckarschwäbische Konstruktion. Das amtliche Standardwerk *Das Königreich Württemberg* von 1886 zählt namentlich 29 Dichter und Dichterinnen mit ihren Geburtsorten auf, darunter Rottenburg, das immerhin im oberschwäbischen Einflussbereich liegt – das aber nur auftaucht, weil die strikt evangelische Ottilie Wildermuth zufällig dort auf die Welt kam. Im Übrigen wird der südliche Landesteil total gemieden, was sicher primär mit der altwürttembergischen Perspektive zusammenhing. Aber andererseits ist zuzugeben, dass man beim Versuch, die ungerechte Lücke zu schließen, erhebliche Schwierigkeiten hat.

Der stattlichen Riege der angeführten Romanciers, die noch vor oder bald nach dem Ersten Weltkrieg in Erscheinung traten, ist zwingend nur ein Oberschwabe hinzuzufügen: Wilhelm Schussen (1874–1956). Er hieß eigentlich Wilhelm Frick und wählte den Dichternamen nach dem Fluss in seiner Heimatgegend nahe Schussenried, womit er bereits die heimatliche Orientierung andeutete. Tatsächlich ist die oberschwäbische Landschaft die bevorzugte Szenerie seiner Bücher. Der 1907 als erstes erschienene Schelmenroman *Vinzenz Faulhaber* schickt diesen sympathischen Sohn eines Torfstechers zwar in die Welt hinaus, feiert aber am Ende seine Heimkehr; und dem Titel des nächsten Romans, *Meine Steinauer*, fügte Schussen bei: *Eine Heimatgeschichte*. In seinen Büchern erwies sich Schussen als einfallsreicher Querdenker, der gerne skurrilen philosophischen Überlegungen nachging, und es war nicht verwunderlich, dass er mit dem Lehrerberuf, den er wählte, nicht allzu glücklich war. Als er knapp 40 war, wechselte er zu einem Münchner Verlag und wagte dann die Existenz als freier Schriftsteller. Er erzählte unter anderem von den Schwierigkeiten, die Lehrer weniger mit den anvertrauten Kindern als mit den starren bürokratischen Forderungen der Behörden haben. Der Roman *Ein guter Stolperer* ist stark autobiographisch bestimmt und gibt schon mit dem Titel eine ironische Selbstcharakteristik. Man könnte sie auch auf seine politische Haltung beziehen; er unterschrieb 1933 ein Treuebekenntnis für Hitler, schwenkte aber nicht auf die Parteilinie ein. Gewichtiger blieb, dass er gleich nach dem politisch gesteuerten Mord an Matthias Erzberger 1922 eine Würdigung veröffentlicht hatte – ein Freundesdienst an dem Mann, mit dem er im Saulgauer Seminar zusammen war, aber auch ein mutiges Einstehen für ehrliche Politik.

Wenn für die frühen Jahrzehnte des 20. Jahrhunderts hier nur ein Schriftsteller hervorgehoben wird, heißt dies jedoch nicht, dass Oberschwaben literarisches Ödland war. Allein schon die vielen autobiographischen Schriften, die Manfred Bosch erschlossen und vorgestellt hat, verweisen auf ein lebendiges Klima der Selbstvergewisserung und der gesellschaftlichen Auseinandersetzung. Es handelt sich kaum einmal um die selbstbewusste Präsentation einer Lebensleistung, sondern großenteils um die Abrechnung mit widrigen Bedingungen und auch mit eigenen Fehlern. Anhaltende literarische Wirksamkeit ging daraus in aller Regel nicht hervor, aber es waren wichtige Beiträge zu oft aufregenden Diskussionen, Beiträge auch zum Widerstand gegen die inhumane NS-Politik, und sie wiesen nicht selten poetische Qualitäten auf.

Trotzdem kann man sagen, dass es erst 1945 zum nachhaltigen kulturellen und damit auch literarischen Aufbruch in Oberschwaben kam. Die veränderten äußeren Bedingungen spielten dabei wesentlich mit. Das Gebiet hatte, im Vergleich mit den nördlichen Regionen, wenig Kriegsschäden erlitten. Der traditionelle Zuschnitt der Wirtschaft war angesichts der allgemeinen Notlage hoch funktional. Die Streitigkeiten und Rochaden in der Besatzungspolitik hatten dazu geführt, dass *Südwürttemberg-Hohenzollern* für einige Jahre ein eigenes Staatsgebiet war. Und als Folge von Kontroversen zwischen den Besatzungsmächten blieb der Raum in der schwierigen Anfangszeit von Zuwanderungen der Heimatvertriebenen und damit von einer zusätzlichen Aufgabe weitgehend verschont. Zusammen mit der demokratischen Stabilisierung war all dies eine Grundlage für den Aufschwung, der auch den Bereich der Literatur betraf. Bereits im Herbst 1945 wurde die *Gesellschaft Oberschwaben* im kleinen Aulendorf gegründet; dorthin hatte der Buchhändler Josef Rieck sein Geschäft 1938 von Berlin verlegt, und er war eine treibende Kraft für die Aktivitäten, unterstützt von Carlo Schmid, dem die Franzosen die Zuständigkeit für die Kultur im Land übertragen hatten. Es wurden Tagungen abgehalten, zu denen führende Wissenschaftler als Redner kamen. Mit leicht missionarischem Eifer wurde die *oberschwäbische Idee* herausgestellt, die sich nicht wirklich definieren ließ – im Rückblick kann man vielleicht sagen, dass diese

Idee gerade in der Vielfalt gedanklicher Ansätze zum Ausdruck kam; schon Rieck bewegte sich zwischen streng katholischen und kommunistischen Vorstellungen, und in den Tagungen spielte neben Theologie und Philosophie auch die Architektur eine wichtige Rolle.

Ohne dass ein direkter Zusammenhang bestand, kann man den *Ravensburger Kreis* als Fortsetzung betrachten. Die *Gesellschaft Oberschwaben* traf im Sommer 1949 zum letzten Mal offiziell zusammen; im Herbst kam es zu der Ravensburger Gründung, die ausdrücklich auf die Literatur zielte und vor allem durch Lesungen etablierter Dichter Höhepunkte schaffte – Werner Bergengruen, Rudolf Alexander Schröder, Stefan Andres wurden eingeladen, und auch, ohne Berücksichtigung seiner NS-Belastung, Wilhelm von Scholz. In der Liste der späteren Lesungen sind fast alle Schriftstellerinnen und Schriftsteller vertreten, die das Gesicht der deutschen Literatur bestimmten. Dies war großenteils der klugen Organisationsarbeit von Peter Hamm (*1937) zu verdanken. Er war in Weingarten aufgewachsen, wirkte als Kulturredakteur für den Bayrischen Rundfunk, gewann aber auch Ansehen mit seinen eigenen literarischen Arbeiten; er schreibt vor allem Gedichte und ebenso eigenwillige wie treffende Essays.

Weitere lokale Literaturinstitutionen ließen sich anführen; wichtiger aber war, dass auch Möglichkeiten geschaffen wurden, Literaten aus dem ganzen oberschwäbischen Raum (und seiner Nachbarschaft) zusammenzuführen und zur Präsentation unveröffentlichter Texte und zum Austausch zu ermutigen. 1967 traf sich erstmals das *Literarische Forum Oberschwaben* in Wangen im württembergischen Allgäu, wohin der dortige Landrat eingeladen hatte. Man nannte Walter Münch (1911–1992) gelegentlich den *roten Landrat*, weil er sich von der schwarzen Mehrheitsmeinung immer wieder absetzte. Das Forum existiert nach wie vor und kommt einmal im Jahr in Wangen zusammen. Peter Renz hat über die Geschichte des Treffens berichtet unter dem Titel *Spiel-*

Titelblatt der Zeitschrift »Allmende«
zu Martin Walsers 60. Geburtstag

wiese für Dichter – dabei sollte man nicht von einem allzu leichten Spiel ausgehen, denn für die Debütanten war das Erlebnis und Ergebnis ihrer Lesung enorm wichtig. Allerdings kam ihnen entgegen, was Renz in einer Zwischenüberschrift notierte: *Kritik als Freundschaftsspiel.*

1981 wurde die Zeitschrift *Allmende* gegründet, in der poetische Versuche und kritische Essays vorgestellt wurden. Die Zeitschrift hat, nachdem sie seit 2003 von der *Literarischen Gesellschaft Karlsruhe* betreut wird, ihren Radius beträchtlich erweitert, aber die schwäbisch-alemannische Tradition wird im 1998 gegründeten *Forum Allmende* mit einer Buchreihe und mit Treffen an literarisch bedeutsamen Schauplätzen fortgeführt.

Am Ausbau dieser literarischen Einrichtungen waren und sind vor allem Leute beteiligt, die selbst eine respektable Bibliographie vorzuweisen haben. Peter Renz (*1946) kam nach der Ausbildung und achtjähriger Arbeit als technischer Zeichner an die Pädagogische Hochschule Weingarten und weiter an die Universität Konstanz, wo er mehrere Jahre Assistent war. Einige Jahre war er Verleger, und er schrieb kontinuierlich selbst – beginnend mit dem Roman *Vorläufige Beruhigung*, der schon im Titel die Atmosphäre der Zeit nach dem 68er-Aufbruch vermittelt, bis zu dem 2015 erschienenen Buch mit dem ebenso sprechenden Titel *Heimat. Ausflug in ein unbekanntes Land.* Renz wirkt aber auch als Literaturberater und in kreativen Schreibkursen. Auch Hermann Kinder (*1944), der aus dem Fränkischen nach Konstanz gekommen war, engagierte sich zeitweilig stark in der oberschwäbischen Literaturszene. In mehreren Romanen zeichnete er ein illusionsloses Bild der Nachkriegsgesellschaft, und er nahm seine Aufgabe als Germanist sowohl in wissenschaftlichen Expertisen wie in der Literaturvermittlung wahr, zuletzt in einer *Collage*, die der Chronik des Lebens von Berthold Auerbach folgt.

Manfred Bosch (*1947), aufgewachsen in Radolfzell, brach sein Studium ab zugunsten praktischer literarischer Arbeit. Die Liste seiner Veröffentlichungen ist lang, wie übrigens auch die Liste seiner Auszeichnungen, in welcher der Bodensee-Literaturpreis der Stadt Überlingen zweimal (und das ist einmalig) auftaucht: 1978 vor allem für seine Mundartgedichte, und 1997 für *Bohème am Bodensee,* einen Band, der *Literarisches Leben am See von 1900 bis 1959* umfassend darstellt und geradezu detektivische Nachforschungen voraussetzte. Auch in der Folge hat Bosch an viele halb oder ganz vergessene Dichter erinnert, teils durch die Edition ihrer Werke, teils durch seine Porträts, die sehr stark auf frühe Arbeiterliteratur, auf den Widerstand in der nationalsozialistischen Zeit und auf jüdische Autoren ausgerichtet sind. Auch Oswald Burger (*1949), der seit 1991 das Wangener Forum leitet, hat neben 35 Jahren Lehrtätigkeit an der Überlinger Gewerbeschule auch publiziert, vor allem auf der Grundlage der lokalhistorischen Forschungen, mit denen er Vorgänge der NS-Geschichte in die öffentliche Diskussion brachte.

Von den älteren Literaten ist vor allem Josef W. Janker (1922–2010) zu nennen, der sich immer wieder für oberschwäbische Poeten einsetzte, obwohl er selbst mit erheblichen Schwierigkeiten zu kämpfen hatte. Er war schwer geschädigt aus dem Krieg gekommen, unfähig, beim erlernten Beruf eines Zimmermanns zu bleiben, deshalb umgeschult zum Bautechniker. Umschulung in einem allgemeineren Sinn, als Versuch, die braune und die Kriegsvergangenheit loszuwerden, war das Thema eines seiner Romane, die von Heinrich Böll in die größere literarische Diskussion eingebracht wurden; trotzdem konzentrierte sich Janker ganz überwiegend auf die oberschwäbische Perspektive. Bruno Epple (*1931) verbrachte seine Kindheit in Radolfzell und lebt jetzt als pensionierter Gymnasialprofessor auf der Höri. Sein Werk ist zu großen Teilen der Seelandschaft gewidmet; in phantasievoller Sprache schildert er die besondere Art der Natur und der Menschen am See, und er hat sich auch als Maler einen Namen erworben. Er wird der naiven Malerei zugerechnet, lässt aber erkennen, wieviel reflektiert-witzige Gestaltung dabei im Spiel ist. Mit seiner Doppelbegabung wurde er zu einer Institution im regionalen Kulturbetrieb und mischte auch bei der Entwicklung der literarischen Foren kräftig mit. Günter Herburger (*1932) lässt sich keineswegs auf Oberschwaben festlegen, weder mit seinen Büchern noch mit seiner eigenen bewegten Existenz. Er ist in Isny geboren und war in Schelklingen im Internat, lebte aber, nachdem er das Studium in München abgebrochen hatte, in vielen europäischen Städten und kam schließlich, in dritter Ehe, nach München. Zu den bekanntesten seiner Bücher zählen seine *Abenteuergeschichten für Kinder*, deren Hauptperson *Birne* in den Anfangsjahren antiautoritärer Sozialisation zum Vorbild wurde. Die meisten Diskussionen löste das Buch *Lauf und Wahn* aus, in dem er berichtete und reflektierte über die Gedanken und Gefühle, die auf Marathon- und längeren Strecken entstehen. Am längsten arbeitete er an der Romantrilogie *Thuja*, die kreuz und quer durch geographische und geistige Räume führt – die aber endet auf dem Friedhof in Isny, wo eine reichlich chaotische Gesellschaft von sehr unterschiedlichen Menschen und Phantasiegestalten zusammentrifft. Heimatdichtung neuer Art, wenn man will, ohne Harmoniekosmetik, aber Erinnerung an die Heimatregion, in deren literarisches Leben sich Herburger immer wieder einmal einmischte.

Weitere Namen ließen sich anfügen; aber es ist wohl keine Missachtung der Aktivisten jener erfreulichen Sparte des Literaturbetriebs, wenn statt dessen der Fokus auf Martin Walser (*1927) gerichtet wird. Er war Mitgründer des *Literarischen Forums Oberschwaben* und der Zeitschrift *Allmende*, ansonsten war er, rein formal betrachtet, nicht für die Gruppenbildungen und Veranstaltungen zuständig; aber er war fast immer beteiligt und hatte eine wichtige Rolle – manchmal eher als Galionsfigur, die bedeutende Persönlichkeiten anlockte oder auch Geldgeber günstig stimmte, im Allgemeinen aber als engagierter Diskutant und als freundlich aufgeschlossener Vermittler, der ermutigte und der Türen öffnete. Die oberschwäbischen Literaturveranstaltungen sah er immer als wichtiges Betätigungsfeld, und insofern ist er selber schuld, dass er hier für eine schwäbische Bilanzierung reklamiert wird. Diese saloppe Feststellung trägt dem Umstand Rechnung, dass Walser sich dem Alemannischen zugehörig fühlt und gegenüber den Ansprüchen des Schwäbischen einen gewissen Sicherheitsabstand hält, und dies weniger, weil sein Geburtsort Wasserburg zu dem kleinen bayrischen Uferstück des Bodensees gehört und sein Wohnort Nussdorf bei Überlingen badisch war, sondern eher mit einem weiten Blick in die Frühgeschichte, in der er Charakterprägungen verankert sieht.

Es gibt aber noch einen weiteren Grund, der eine schnelle Eingemeindung des Dichters vom See abbremst. Unter den hier vorgestellten Schriftstellern der jüngeren Epoche gehört er zu den ganz wenigen, die ein so sicheres internationales Renommee haben, dass man sich fragt, ob eine regionale Würdigung angebracht ist. Gerade die letzten seiner vielen Bücher sprengen Grenzen, sind vom *Glaubensbedürfnis* des Autors gesteuert und suchen die Antwort auf die allgemein menschlichen Probleme des Lebens, Liebens und Sterbens in metaphysischem Gelände. Nicht zu übergehen ist auch, dass Walser sich stärker als die meisten Nachkriegsautoren erzählend und kommentierend mit der nationalen Identität auseinandergesetzt hat – einerseits in seiner während der deutschen Teilung ungebrochenen Überzeugung, dass die Einheit wiederhergestellt werde, und andererseits in der kontinuierlichen Erinnerung an die nationalsozialistische Diktatur und ihre Monstrositäten. Walser ist dieser Aufgabe vor allem in Essays und Reden nachgegangen, hat aber auch Theaterstücke verfasst, in denen NS-Maßnahmen und ihre Auswirkungen vorgeführt werden – *Eiche und Angora, Überlebensgroß Herr Krott, Der Schwarze Schwan.*

Aber abgesehen davon, dass für Schriftsteller ja keine geistige Residenzpflicht besteht – ein großer Teil von Walsers Schriften spielt in seiner Heimatlandschaft, ist regional geprägt und behandelt teilweise ausdrücklich Fragen der heimatlichen Bindung. Walsers erster Roman *Ehen in Philippsburg* von 1957 entstand, als er an der Neugestaltung des Süddeutschen Rundfunks beteiligt war, und wurde manchmal als Stuttgarter Schlüsselroman verstanden. Das ist er nur sehr bedingt, aber der ihn korrumpierende Aufstieg eines Kleinbürgers in die sogenannte bessere Gesellschaft ist schwäbisch eingefärbt. Das thematische Spannungsfeld bleibt in den nächsten Romanen erhalten – es geht um kleine Leute, mit gehobenen Milieus konfrontiert, denen sie nicht gewachsen und denen sie gleichzeitig überlegen sind. Dabei ermöglicht die Bodenseelandschaft als Ort der Handlung ungewöhnliche Konstellationen wie Anselm Kristleins Begegnung mit einer überdrehten Schweizerin, die *öppis Gnaus* über die Liebe erfahren möchte und dafür erotische Feldforschung im

Hotelbett vorsieht; exemplarisch zeigt Walser aber auch, wie sich die schönen Uferstrecken in Maklerobjekte und in wirtschaftswunderliche Vergnügungsstätten verwandeln. Dabei belässt er seine Personen nicht in sicherer ästhetischer Distanz, sondern macht sie zu widerwillig Beteiligten.

Nachdem Walser in seinen Romanen und Erzählungen nach 1980 überwiegend unterwegs war – in den U.S.A. und in verschiedenen deutschen Gegenden –, kehrte der 70-Jährige 1997 mit dem autobiographischen Roman *Ein springender Brunnen* direkt in seine Heimat und in die Zeit seiner Kindheit und Jugend zurück. Das war großenteils die Zeit des Nationalsozialismus, und so kann das Buch auch in Beziehung gesetzt werden zu der Debatte, die seine im Erscheinungsjahr des Romans gehaltene Rede in der Frankfurter Paulskirche ausgelöst hatte. Seine Warnung, Auschwitz als *Drohroutine*, als *Moralkeule* einzusetzen, hatte ihm Vorwürfe eingebracht, die in die Richtung reaktionärer Geschichtsvergessenheit gingen. Walser bedauerte seine Formulierung, weil sie leicht missverstanden und verdreht werden konnte, aber er konnte mit dem Hinweis auf den 1965 erschienenen Aufsatz *Unser Auschwitz* auch zeigen, dass er sich früh und gründlich mit den nazistischen Grausamkeiten auseinandergesetzt hatte. Eine interpretierende Antwort war aber auch der Roman, der in der Alltagsszenerie eines kleinen Dorfs vorführt, wie nationalsozialistisches Gedankengut in kleinen Dosen infiltriert wurde und wie sich die Menschen in einem widersprüchlichen Gefüge aus Traditionen und Neuerungen, Gefahren und Begünstigungen zurechtzufinden suchten.

Walsers ausgeprägtes Sprachvermögen in der Schilderung psychischer Befindlichkeiten hat ebenso auf die literarische Produktion seiner Landsleute ausgestrahlt wie seine Fähigkeit, große gesellschaftliche Probleme im Kleinen sichtbar zu machen. Er war aber in seiner beratenden und protegierenden Funktion bereit, Vieles gelten zu lassen. Das zeigt sich deutlich bei den von ihm so bezeichneten *drei oberschwäbischen Marien-Heiligen der Literatur*, die er rühmte und förderte. Das Stichwort Förderung lässt normalerweise ja an junge Anfänger denken; die drei Marien waren aber um Einiges älter als Walser, und die älteste, Maria Müller-Gögler (1900–1987) hatte schon eine ganze Reihe von Büchern vorgelegt, als Walser auf sie aufmerksam wurde – Gedichte, Erzählungen, Romane. Es waren größtenteils historische Stoffe, die sie bearbeitete. Das entsprach ihrem Interesse, war aber auch eine Reaktion auf die Kontrolle der Schulbehörde und der Eltern, der sie als Lehrerin unterlag. Sie wagte dann aber doch auch aktuellere Zugänge, indem sie Erfahrungen ihrer Internats- und Lehrerzeit aufgriff und an Tabus rührte wie in der Geschichte eines Lehrers, der eine Schülerin liebt. Ihre politische Haltung wurde deutlich in dem Roman *Der heimliche Friede*, in dem eine deutsche Lehrerin und ein französischer Kriegsgefangener Frieden schließen durch ein Liebesverhältnis. Das katholische Milieu, in dem sie sich bewegte, stützte ihre Ablehnung des Nationalsozialismus; aber sie setzte sich auch kritisch mit den autoritären kirchlichen Strukturen auseinander und führt beispielsweise mit einer gewissen Bosheit das Liebesleben eines fromm erzogenen Theologiestudenten und späteren Weihbischofs vor.

Maria Beig (*1920) war Hauswirtschafts- und Handarbeitslehrerin an Schulen, die sich aufs ganze Land verteilten, aber ihre Heimatlandschaft ist Oberschwaben und besonders der schwäbische Zipfel am Nordufer des Bodensees, wo sie bei Tettnang in einer Bauernfamilie mit 13 Kindern aufwuchs. Sie ging ihren eigenen Weg, löste sich äußerlich von der bäuerlichen Welt, blieb ihr aber innerlich verhaftet, und als sie nach ihrer vorzeitigen Pensionierung zu schreiben begann, wurden ihre Erzählungen und Romane zu einer eindringlichen Erinnerung an diese Welt. Die Themen weckten manchmal den Eindruck, eine besonders pessimistische Sichtweise sei im Spiel, aber harte Arbeit, ärmliches Dasein, Ausweglosigkeiten mussten nicht erfunden werden, sondern gehörten zur Realität. Maria Beig wollte diese Realität nicht leugnen oder verbiegen. Wenn aber in Kritiken ständig ihre nüchterne Darstellung betont wird, zeigt dies vor allem, wie sehr man sich an den romantisierenden Blick auf ländliches Leben gewöhnt hat, sodass jede Abweichung davon als krasse Desillusionierung erscheint. Tatsächlich ist auch Maria Beig romantisches Ausmalen nicht völlig fremd.

Probe aufs Exempel: Zu einem *Bodensee-Lesebuch* steuerte sie die Skizze *Acker beim Bodensee* bei, in der sie also wohl ihre Schreibart repräsentiert sah. Drei Wanderer sind unterwegs, durch die Jahre immer wieder, und sie registrieren, wie sich ein weites Ackerfeld verändert, wie es ausgelaugt, eingezäunt, zu einer Obstanlage, zu einem Erdbeerfeld mit Direktverkauf wird. Die städtischen Wanderer bedauern die Entwicklung, die Bauersleute sind unzufrieden. Aber die Autorin macht auch den Acker zum kritischen Subjekt: *Der Acker hatte sich auf die Schollen in der Winterruh gefreut und vielleicht auf die Kartoffelknollen, die im andern Jahr auf ihm reifen würden.* Die Freude vergeht ihm; es sieht aus, *als ob der Acker sich seines Aussehens wegen schämte.* Am Ende wird er ein Rebacker, und die Menschen werden nichts *so nötig haben als Wein, um das zu ertragen, was ist und was noch kommen wird.* Da klingt schwarzer Humor an, und in die Nüchternheit dringt ein Märchenton.

Um dem freundlichen Etikett von den drei Marien gerecht zu werden, soll hier auch Maria Menz (1903–1996) erwähnt werden, die vor allem Lyrikerin war. Als Krankenschwester war sie in Stuttgart, Berlin und Leipzig, kam aber schon mit knapp 40 Jahren aufgrund eigener Erkrankung in den heimatlichen Bauernhof in Oberessendorf zurück. Sie intensivierte ihre Schreibtätigkeit und tastete sich ein wenig in die Öffentlichkeit vor über Zeitungspublikationen. Aber bekannt wurde sie erst durch das *Literarische Forum*, wo sie sich beim ersten Treffen zum Vortrag einiger Gedichte überreden ließ. Ihr erstes Gedichtbändchen trug den Titel *Innenwelt* und stellte, wie auch die Publikationen der Folgezeit, überwiegend geistliche Lyrik vor. Dies war in jener Zeit politischer und sozialer Umbrüche ungewöhnlich; aber die Unbeirrbarkeit ihres Fragens faszinierte ebenso wie die Eigenwilligkeit ihrer Sprache. In hymnischen Steigerungen rühmt sie die Demut, beugt sie das Haupt *in die warme Unterwerfung*. Sie findet unverbrauchte Worte für die beschädigte, *ich-verklebte* Existenz und ihre Hoffnung auf einen *Wolkenbruch von Erhörung*, aber auch für die Garantie des Erhofften:

> Hinter dem Dunkel,
> hinter der Wüste,
> wartet das ewige Antlitz
> mit seinem Ausspruch des Nichtvergeblichen …

Die 1981 auf Betreiben Martin Walsers zusammengestellte Gesamtausgabe enthielt bereits über 600 Gedichte, von denen ein Teil in Mundart geschrieben ist: *Oberlendische Vers*, die deutlich machen, dass Maria Menz mit ihrer religiösen Dichtung auch ihre Heimat feierte.

Von den jüngeren Dichtern, die Martin Walser freundlich und kritisch begleitete, ist vor allem Arnold Stadler (*1954) anzuführen. Er kommt aus einer Bauernfamilie in einem kleinen Weiler bei Messkirch, wo er sein Abitur machte – am Martin-Heidegger-Gymnasium, dessen Namensgeber dazu beitrug, dass sich Stadler mit den Möglichkeiten und der Gefährdung von Heimat gleich in seinen ersten Romanen auseinandersetzte. Vorausgegangen war ein langes Studium, zunächst der Katholischen Theologie und dann der Germanistik, aber auch der entschiedene Ausbruch aus vertrautem Gelände durch Reisen, die nach China und auch nach *Feuerland* führten. Das südamerikanische Land gab den Titel her für seinen zweiten Roman, während der dritte – *Mein Hund, meine Sau, mein Leben* – gleich ein wenig heimischen Stallgeruch verbreitet. Heimat interessierte ihn nicht nur als das gewohnte eigene Umfeld, sondern als generelles Problem der Zugehörigkeit und Verantwortung – dies war mit ein Grund, dass er 1999 mit der höchsten literarischen Würde, dem Büchner-Preis, ausgezeichnet wurde.

Von seiner Herkunftslandschaft kam er nie ganz los, aber er lieferte sich ihr nicht aus. Er schreibt in Ich-Form, um die alten Nöte und die neuen Fragwürdigkeiten aus der Nähe schildern zu können, aber er wehrt sich gegen die Unterstellung eines rein autobiographischen Zugangs. Er hat sich als *Heimatlosigkeitsschriftsteller* bezeichnet, was die Suche nach Heimat ja keineswegs ausschließt. Seine jüngeren Romane haben hinsichtlich Personal, Szenerie und Handlungsführung an Buntheit zugenommen, und er ist nach wie vor viel unterwegs. Doch es gibt auch die Gegentendenz: Stadler hat sich einen Rückzugsort im Wendland geschaffen, und er kehrt auch immer wieder einmal in seine ursprüngliche Heimatregion zurück, real und literarisch.

Die Abfolge: Einbindung der Kindheit in ein enges Gefüge mit streng kontrollierten Riten, Aufbruch zu unbekannten und ungesicherten Freiheiten, Rückkehr mit der Chance, den Rück*fall* zu vermeiden – diese Abfolge ist ein öfter gewähltes Handlungsmuster der Literatur. Es wird auch sichtbar im ersten Roman von Karl-Heinz Ott (*1957), der sich in seinem Titel *Ins Offene* auf den Abschied von dem geschlossenen Horizont eines oberschwäbischen Dorfs konzentriert, aber die ganze Entwicklung aus der Perspektive des Heimkehrers schildert. Der Ich-Erzähler kehrt heim, weil seine allein lebende Mutter ihrem Tod entgegen sieht. Es ist der nur bedingt gelingende Versuch, die schmerzliche Konstellation von einst zu verarbeiten und zu überwinden, in welcher der – uneheliche – Sohn den verschwundenen Vater ersetzen musste und dabei die an sich diesem geltende Wut der Mutter auf sich zog. Für die Versöhnung mit der Mutter ist es zu spät; aber ihr elendes Leben unter den bigotten

Dorfbewohnern, die ihr alle Schande zuschieben, ist nun auch für den Sohn gegenwärtig.

Als der Roman 1998 erschien, hatte sich Ott über seine Theaterarbeit bereits einen Namen erworben. Als studierter Musikwissenschaftler war der gebürtige Ehinger an den Bühnen in Esslingen und danach Freiburg für die Schauspielmusik zuständig, bearbeitete Stücke und schrieb ein Libretto. Seine Romane erschienen deshalb auch in größeren Abständen. Sie konzentrierten sich nicht mehr strikt auf die oberschwäbische Region. Als Themen wählte er – und hier kommt einem das Vorbild Walser in den Sinn – psychologische Probleme und alltägliche Spannungen, die sich zu extremen Feindschaften auswachsen. *Endlich Stille* handelt von einem aufdringlichen Fremden, der einen ruhebedürftigen Menschen mit seiner eitlen Geschwätzigkeit zur Verzweiflung bringt – und zur kriminellen Lösung des Problems. Die Titelfigur des Romans *Wintzenried* ist ein Friseur, der Rousseau bei seiner Geliebten verdrängt und so dessen revolutionäre Schübe auslöst. Und *Die Auferstehung* schildert die bösartigen Stellungskämpfe eines Erbstreits, nachdem der Vater von vier Kindern alles seiner Pflegerin, für die Benachteiligten *die ungarische Hure*, vermacht hat.

Da dieses ganze oberschwäbische Panorama immer wieder durch den Namen *Walser* belebt wird, soll auch noch erwähnt werden, dass Karl-Heinz Ott einige dramatische Bearbeitungen zusammen mit Theresia Walser (*1967), der jüngsten Tochter von Martin Walser, vorgenommen hat. Mit ihr schrieb er auch das als *Himmelstheater* bezeichnete Theaterstück *Konstanz am Meer*, das bei den Konzilsfestspielen zur Aufführung kam. Theresia Walser selbst ist schon 1997 mit einer Stuttgarter Uraufführung hervorgetreten und hat seitdem ein gutes Dutzend weiterer Stücke geschrieben. Auch die ältere Schwester Alissa Walser (*1961) hat eine reiche Bibliographie vorzuweisen, die neben zwei Theaterstücken und einigen Prosatexten eine große Zahl von Übersetzungen enthält. Alissa Walser erzählt spannend, und ebenso wie bei ihrer

Schwester wird auch bei ihr die phantasievolle poetische Sprache hervorgehoben. In ihrem Roman *Am Anfang war die Nacht Musik* wendet sie sich Franz Anton Mesmer zu, der in Iznang auf der Höri geboren ist und in Meersburg starb; allerdings konzentriert sie sich auf sein Wirken in Wien. Sie greift meistens weit aus, orientiert auch an der internationalen Kunstszene, die sie als Malerin kennenlernte. Aber Alissa und Theresia sind durchaus legitimiert, das Oberland-Kapitel abzurunden – und dies nicht nur im Anhang und *als* Anhang von Martin Walser.

Heimattheater

Die Theatergeschichte steht unter besonderen Bedingungen und kann nicht einfach als Abfolge literarischer Texte dargestellt werden; die Aufführungspraxis ist ein wechselhaftes, oft auf ganz kurze Zeiträume begrenztes Spiel. Deshalb soll hier nur kurz ein kleiner Ausschnitt skizziert werden, der zur literarischen Thematisierung von Heimat einen wichtigen Beitrag leistet.

Dabei sollen wenigstens zwei Dichter berücksichtigt werden, die auch in der größeren Literaturgeschichte ihren Platz gefunden haben. Hermann Essig (1878–1918) ist in Truchtelfingen bei Ebingen geboren, verbrachte die Jugendzeit in der Heilbronner Gegend, studierte kurze Zeit in Stuttgart, lebte aber von 1904 an in Berlin, wo er zu schreiben begann. Mit seinen Stücken *Die Weiber von Weinsberg* und *Die Glückskuh* blickte er zurück auf schwäbische Verhältnisse. Viel Erfolg hatte er mit seinen Dramen nicht, und sein Roman *Der Taifun* ist erst nach seinem Tod erschienen. Darin setzt er sich mit den expressionistischen Tendenzen des Kunstbetriebs auseinander, die er selbst ironisch übertreibt. In den 1970er-Jahren wurde nicht nur dieser Roman neu aufgelegt, sondern auch seine Theaterarbeit wiederentdeckt.

Hohentwielfestspiele 1924
veranstaltet von der Scheffel-Gemeinde auf dem Hohentwiel. e. V.
Künstlerische Leitung: Oberspielleiter Felix Baumbach, Karlsruhe.

Gastspiel des badischen Landestheaters Karlsruhe, Baden.

Freilichtspiele.

„Der arme Konrad“

Tragödie aus der Bauernrevolte 1514 von Friedrich Wolf.
In Szene gesetzt von Oberspielleiter Felix Baumbach.

Personen:

Das Bauernkriegs-Drama »Der arme Konrad« wurde für Friedrich Wolf einer seiner größten Publikumserfolge

Vor allem *Die Glückskuh* kam – meistens leibhaftig – auf verschiedene Bühnen; im Stück wird sie von einem resoluten Mädchen gestohlen in der Hoffnung, dadurch in dem erbarmungslosen bäuerlichen Milieu bessere Heiratschancen zu haben.

Auch Friedrich Wolf (1888–1953) setzte sich in seiner Arbeit für die Armen und Benachteiligten ein. Er kam aus Neuwied, studierte aber einige Semester in Tübingen, wo er eine Wandervogelgruppe gründete, und praktizierte von 1921 bis 1933 als Arzt in Hechingen und Stuttgart. Er setzte eigene medizinische Akzente, wie sie in seinem Hausbuch *Die Natur als Arzt und Helfer* zum Ausdruck kommen, und er kämpfte für eine gerechtere soziale Ordnung. Größtes Aufsehen erregte sein Drama *Cyankali*, in dem er sich gegen den deutschen Abtreibungsparagraphen wandte, und mit einem von ihm gegründeten Spieltrupp agitierte er in Württemberg für Ziele der kommunistischen Partei, der er beigetreten war. 1933 emigrierte er in die Sowjetunion, die er wegen der stalinistischen Maßnahmen 1937 in Richtung Frankreich verließ, in die er aber während des Kriegs zurückkehrte. 1945 führte sein Weg in die DDR, wo er nicht nur fürs Theater, sondern auch für Oper, Funk und Film schrieb; außerdem war er kurze Zeit Botschafter in Polen. In der Bundesrepublik wurde auch Friedrich Wolf um 1970 neu entdeckt. Besondere Aufmerksamkeit erfuhr sein schon 1923 geschriebenes Drama *Der arme Konrad*, das der deutschen Widerstandsgeschichte zuarbeitete, die, lange vernachlässigt, damals neu propagiert und manchmal auch mit aktuellen Forderungen verknüpft wurde. Das Spiel wanderte nicht nur in verschiedene Theater, es wurde mit seinen Massenszenen auch ins Freilichtspiel übernommen und wurde Teil der Theaterbewegung, die ausdrücklich und mit großem Erfolg heimatliche Themen und auch die Idee der Heimat in den Vordergrund stellte.

Die Naturtheater, die als feste Spielstätten draußen in der Landschaft ausgebaut wurden, begleiteten im 19. Jahrhundert vor allem den Prozess der Entstehung einer Nation; danach wurden vermehrt auch landeshistorische Stoffe und regionale Überlieferungen auf die Bühnen gebracht. In der Zeit nach dem Zweiten Weltkrieg, als im ländlichen Raum neue Naturbühnen entstanden, verstärkte sich diese Tendenz. Einige wenige Schriftsteller bedienten kontinuierlich die ganz überwiegend aus Laien bestehenden Theatergruppen. Paul Wanner (1895–1990), Gymnasiallehrer aus Schwäbisch Hall, schrieb schon in den 1930er-Jahren Theaterstücke, die Episoden schwäbischer Geschichte behandelten, und nach dem Krieg wurde er auf den Freilichtbühnen neben Schiller zum am häufigsten gespielten Autor – seine Stücke waren geschickt gebaut, und er ließ sich mit pittoresken Szenen auf die besonderen Bedingungen des Naturtheaters ein.

Eine besondere örtliche Tradition ergab sich in Hayingen, wo 1949 eine Naturbühne entstand. Zu den Gründern gehörte Martin Schleker, der das Heft in die Hand nahm und Jahr für Jahr ein eigenes Stück auf die malerische Waldbühne brachte, fast immer mit schwäbischen Themen. Im Jahr 1968 löste ihn sein Sohn, Martin Schleker junior (*1935) ab. Er legte Wert darauf, dass die Geschichte und die Geschichten nicht allzu harmlos daher kamen, und scheute vor Sozialkritik und politischen Offensiven nicht zurück – zum Missvergnügen des Seniors, der sich aber mit der Entwicklung abfinden musste. Inzwischen wird die Familientradition von einem jungen Verwandten, Jo Schleker, fortgesetzt, der mit den gewählten Stücken geographisch weiter ausgreift und viel moderne Lebensart und Technik zur Geltung bringt. Schwäbische Art und Sprache sind bei ihm in die Perspektive des liebenswert Altmodischen gerückt, wie auch bei seiner Schwester, die als *Prenzlschwäbin* in Berlin auftritt und dort die Stellung hält gegen die allerdings meist nur spielerische Schwabenfeindschaft.

Im Lauf der letzten Jahrzehnte ist *Sommertheater* zum festen Begriff geworden; an meist spektakulären Schauplätzen werden Stücke aufgeführt, die den Traditionen der Naturbühnen nahe stehen. Städte unterstützen damit den Tourismus, professionelle Theater überbrücken so die Sommerpause, und Laiengruppen erreichen mehr Menschen als gewöhnlich. Die Wahl wird oft unter dem Aspekt phantasievoller Vielfalt getroffen wie beim *Sommernachtstraum*; aber auch historische Erinnerungen und politisches Engagement kommen ins Spiel. Überzeugende Beispiele dafür hat das im kleinen Melchingen auf der Alb lokalisierte Theater Lindenhof geliefert. Unter der Leitung von Uwe Zellmer (*1946) und Bernhard Hurm (*1956) kamen die gefeierten Hölderlinszenen zur Aufführung, aber beispielsweise auch Szenen um den im Bauernkrieg getöteten Maler Jerg Ratgeb. Zur Erinnerung an den Mössinger Streik im Januar 1933 wurde ein Spiel mit Massenauftritten entworfen und inszeniert, das vor Ort gezeigt wurde; und auch im Theater selbst war Widerstand gegen den Nationalsozialismus mehrfach ein Thema wie im *Polenweiher* des genialen Schwarzwälder Autors Thomas Strittmatter (1961–1995) oder in Szenenfolgen über Elser und Stauffenberg. Für die

Truppe des Theaters ist die Verbindung von kreativer Arbeit an Entwürfen und Engagement auf der Bühne charakteristisch; diese lebendige Arbeit am und im Schauspiel ist zu einem anregenden Vorbild geworden, hat allerdings kaum sonst irgendwo die gleiche Intensität erreicht.

In aller Kürze

In aller Kürze – das bezieht sich auf das Gros der lyrischen Dichtung, die objektive Schilderungen und subjektive Stimmungen meist in wenigen Zeilen unterbringt; es trifft aber auch die knapp gehaltene Charakteristik in diesem Kapitel. Sie ist unvermeidlich angesichts der Fülle des Angebots, die auch die Auswahl schwierig macht. Im Rückblick lichtet sich die lyrische Landschaft allerdings. Für den Anfang des 20. Jahrhunderts ist an Eduard Paulus zu erinnern, dem das Land kunsthistorische Standardwerke und prähistorische Beiträge verdankt, der aber auch als Lyriker hervortrat. Nicht immer ernsthaft – er lässt zum Beispiel Wotan den Niedergang altgermanischer Kultur kommentieren:

> Nicht mehr mit Run' und Stäben wird geliedet,
> Gesangbuchverse werden jetzt geschmiedet (…).

Aber es gibt auch eine Reihe eindrucksvoller herb-realistischer Naturgedichte von ihm, und auch der ironische Blick auf die Gesellschaft war ihm nicht fremd. Er urteilt dabei allerdings von der Warte der höheren Stuttgarter Bildungsschichten, während der Schorndorfer Ludwig Palmer (1856–1931), lange Zeit Arbeiter in einer Eisenfabrik, sozialistisch orientiert und auch organisiert war, sich in der Darstellung seiner Weltsicht und Kritik aber ganz besonders um gediegene Formulierungen bemühte.

Isolde Kurz (1853–1944) lebte von 1877 bis 1914 in Italien. Das hatte familiäre Gründe; sie war in Florenz mit der Mutter und ihren Brüdern zusammen. Aber sie verstand und stilisierte es als schicksalhafte Erfüllung: *Der deutsche Genius mit den riesengroßen gefalteten Flügeln, die er nicht gebrauchen kann, sitzt in der engen Bürgerstube, zu der die Landschaft umsonst hereinblickt.* Das schafft insbesondere bei den Schwaben Unruhe; der Blick vom Hohenstaufen *lockt über die niederen Kuppen weg in fernere südliche Weiten, die Anmut der Landschaft erregt, aber sie befriedigt nicht, sie erweckt ein unruhiges Verlangen nach höherer, ernsterer Schönheit, den Drang nach Süden.* In Italien schrieb sie nicht nur die *Florentiner Novellen* und *Italienische Erzählungen*, sondern publizierte auch zwei Gedichtbände, die südliches Leben und südliche Landschaft in schöne Sprachbilder fassen, die aber auch zurückblicken auf die Heimat ihrer Jugendzeit.

Als eindrucksvollsten lyrischen Beitrag aus jener Zeit kann man Hermann Hesses Gedichte betrachten, auch wenn sie im Schatten des Erzählwerks standen und manchmal als epigonal kritisiert wurden. Tatsächlich lag Hesse, wie er selbst notiert, nichts daran, *formal Neues zu bringen*; er suchte auch inhaltlich nicht Aktualität, sondern Zeitlosigkeit. Aber unter diesem Aspekt entstanden Gedichte, die nicht nur genaue Beobachtungen der Natur in einprägsame Bilder fassen (*Gedichte des Malers* nannte er einen Band von 1920), sondern auch elementare Befindlichkeiten und Probleme sensibel beschreiben – Einsamkeit, Liebe, Trauer. Die Suche nach dauerhaften Antworten auf existenzielle Fragen charakterisiert ja auch die Romane, und verschiedentlich besteht ein direkter Bezug zwischen dem epischen Werk und den zur gleichen Zeit entstandenen Gedichten.

Die aktualisierende, direkt auf Zeitereignisse bezogene und damit dem Journalismus nahestehende Lyrik blieb nicht nur Hesse fremd, sie ist im Schwäbischen insgesamt nur dünn vertreten. Hans Erich Blaich (1873–1945) aus Leutkirch schrieb schon als

Student und dann als praktizierender Arzt unter dem Pseudonym Dr. Owlglass für satirische Zeitschriften, vor allem für den weit verbreiteten *Simplicissimus*, in dessen Redaktion er 1912 eintrat. Er griff Tagesereignisse auf, und er setzte sich von aller harmoniegläubigen Natursehnsucht ab. Den *Vorfrühling* stellt er in der Eingangsstrophe so vor:

> Schon entkeimt die Hyazinthe.
> Aber unsereiner steckt
> Bis zum Nabel in der Tinte,
> Die nicht halb so lieblich schmeckt.

Auch Karl Wilhelm Fuß (1893–1962) darf wohl angeführt werden, der in Memmingen geboren ist und der in Essen kulturelle Aufgaben übernahm, aber einen Teil seiner Jugend in Heilbronn verbrachte, in Tübingen Germanistik studierte und nach der Rückkehr aus fünfjähriger russischer Kriegsgefangenschaft im oberschwäbischen Wilhelmsdorf lebte. Er wählte für seine Beiträge als Verfassername Wendelin Überzwerch. Das passte zu den von ihm bei jeder Gelegenheit eingesetzten Schüttelreimen, charakterisierte aber auch seine Perspektive in der Verarbeitung von Zeitereignissen.

Johannes R. Becher (1891–1958) wird in Darstellungen zur schwäbischen Literatur meist übergangen. Man kennt seine politische Aktivität in der DDR, in der er einige Jahre Kulturminister war und der er den schönen Text für die Nationalhymne – *Auferstanden aus Ruinen* – bereitstellte. Aber es gibt viele poetische Publikationen von ihm, vor allem aus der Zeit zwischen 1914 und 1933, und Urach wurde, so formuliert von Kurt Oesterle, *die Hauptstadt seiner lyrischen Provinz*. Dort baute der Ökonom Karl Raichle eine kleine Landsiedlung, und er suchte 1919 über eine Berliner Zeitung *Unterricht in Literatur*. Becher reiste an und bewohnte bald das kleine *Becherhäusle*, einige Zeit das ganze

Jahr, später gemeinsam mit seiner Frau in den Sommermonaten. Mit Besuchern vom Monte Verità wanderten Reformgedanken nach Urach, wo sie stärker ins Politische gewendet wurden. Für die Stadt hatte die Kolonie eine gemäßigte Bürgerschreckfunktion, bei den Bewohnern gab es zwar manche Differenzen, aber sie suchten die Idee einer wirklichen Heimat zu realisieren. Das kommt auch in Bechers Gedichten zum Ausdruck, und in seine Heimatvorstellung ist die Landschaft einbezogen. Im Moskauer Exil schreibt er das Epos *Urach oder Der Wanderer aus Schwaben*, in dem er auf Distanz zu der *Narrenwirtschaft* der Kolonie am Grünen Weg geht, aber die Integrität der Landschaft bleibt bestehen:

Die rauhe Alb. Von Höhen rings umfangen
Und zu den Höhen wie im Traumverlangen
Aufblickend: Urach … Apfelbäume blühn,
Und tief verneigen sich die Blütenzweige.
Ein Holzfuhrwerk zieht hoch die Ulmer Steige.
Die Burgruine – Fels im Hügelgrün.

Die zwölf Jahre der NS-Herrschaft waren keineswegs eine lyrikfreie Zeit. Auswahl und Interpretation älterer Gedichte änderten sich; aber in bemerkenswerter Breite erschienen auch neue Gedichte. Man kann sich aus der Distanz nur schwer vorstellen, wie dicht das Propagandanetz geknüpft war und mit wieviel Aggressivität nationalsozialistische Parolen in Verse gefasst wurden – ein Zeichen dafür, dass die herrschende Ideologie auch den Kulturbetrieb durchtränkte und hier nur auf wenig Widerstand traf. Die Agitation wurde durch einzelne Organisationsschritte unterstützt; in Württemberg spielte dabei der Esslinger Gerhard Schumann (1911–1995) eine zentrale Rolle. Die Gedichte und Sprechchortexte, die er selber schrieb, verkünden pathetische Begeisterung für Führer und Reich, und der junge Mann blockierte hemmungslos die Karrieren älterer Schriftsteller wegen ihrer Herkunft oder ihrer politischen Gesinnung. Nach dem Krieg publizierte Schumann weitere Bände mit Gedichten, denen er mehrfach die Charakterisierung *heiter-besinnlich* verpasste, die aber auch einmal unter dem Titel *Die Tiefe trägt. Gedichte einer Jugend* erschienen. Und er gründete den *Europäischen Buchklub* und einen eigenen großen Verlag – ein Schlaglicht auf die Nachkriegsgeschichte des Literaturbetriebs, der allerdings größtenteils eine andere Richtung nahm.

Der Berliner Kurt Leonhard (1910–2004) wurde 1946 von den Amerikanern nach Esslingen entlassen – ein Zufall, aber die Stadt wurde zu seiner Wahlheimat. Er schrieb Gedichte, leicht in der Form und oft gedankenschwer im Inhalt. Wichtiger war seine Funktion als Vermittler; er war Übersetzer, und er schrieb über die in der NS-Zeit ausgebootete Kunst. Er arbeitete in dem damals für die Lyrik wichtigsten Verlag Bechtle mit Poeten zusammen – besonders eng mit und für Paul Celan und Peter Härtling, aber bei Einzelprojekten auch mit vielen anderen. Beispielsweise erschien 1960 in dem Verlag der Band *Gärten im Abend- und Morgenland*, zu dem Friedrich Georg Jünger (1898–1977) den Text schrieb. Sein Lebensgang weist viele Parallelen zu dem seines älteren Bruders Ernst auf: Kindheit in Hannover, Teilnahme am Ersten Weltkrieg, Verwundung; bald nach Abschluss des Studiums freier Schriftsteller in Berlin, verschiedene Wohnorte und Reisen, 1936 Wechsel in den Südwesten. Und die Parallele betrifft nicht nur die äußeren Daten. Wandervogel-Orientierung, Kriegsbegeisterung, Ablehnung des parlamentarischen Prinzips, Eintreten für eine konservative Revolution, ambivalentes Verhältnis zum Nationalsozialismus mit teilweise deutlicher, elitär gefärbter Distanzierung, Ausrichtung an einer grundsätzlichen Zivilisationskritik – alles Stichworte, die für beide gelten. Der Unterschied war großenteils ein gradueller. Der Interessenhorizont Friedrich Georgs war weit genug, aber etwas enger als der des älteren Bruders, der immer wieder neue Spezialgebiete erschloss. Friedrich

Treffen der Bechtle-Lyriker in der Sektkellerei Kessler,
von links: Wolfgang Bächler, Helmut Heißenbüttel, Johannes Poethen,
Kurt Leonhard, Dieter Hoffmann und Peter Härtling

Georg dachte etwas weniger systematisch und war der musischere Charakter. Seine Gedichtbände haben kein Gegenstück bei Ernst Jünger, während sie sich in der langen Bibliographie des jüngeren Bruders immer wieder zwischen erzählende und essayistische Prosa, Reiseberichte und philosophische Schriften schieben. Das immer noch bekannteste der Bücher ist die fortschrittskritische Studie *Die Perfektion der Technik*; aber auch die Gedichte kamen gut an. Insbesondere die gleich nach dem Zweiten Weltkrieg publizierten Bände boten eine freundliche Aufhellung – schon die Titel klangen heimatlich-heiter: *Die Silberdistelklause* oder *Das Weinberghaus*. Die Verse sind klassisch gebaut, aber mit spielerischen Ausformungen – zur Theorie der lyrischen Dichtung legte Jünger wenig später das Buch *Rhythmus und Sprache im deutschen Gedicht* vor.

Johannes Poethen (1928–2001), der aus dem Rheinland über das Studium ins Land kam, setzte nicht nur als Redakteur und als Abteilungsleiter des Süddeutschen Rundfunks wichtige Akzente in der Literatur; er gab ihr auch mit seinen Werken ein eigenes Gepräge. Er wohnte in Tübingen und in seinen letzten 15 Jahren in Stuttgart; aber über weite Strecken war dies nur die amtliche Meldeadresse, während er unterwegs war. Das Studium der Klassischen Philologie öffnete ihm Blicke in den mediterranen Traditionsraum, in dem er eine Auseinandersetzung mit Mythen und Bildern, Natur und Leben suchte. In seiner Dichtung zielte er auf die Momente, in denen nach seinen Worten *Wirklichkeit wirklicher erscheint* und wo die Poesie über die präzise Charakterisierung hinaus geistige Zusammenhänge erschließt. Poethen arbeitete unermüdlich an der Formung seiner Gedichte; einfach sind sie damit nicht geworden, weil sie die Verwerfungen nicht glätten. Klar ist ihre übergreifende Botschaft; sie übermitteln der ausgedorrten Moderne Bilder vom Reichtum einer elementaren Welt, die ihrerseits gefährdet ist – durch ökonomische wie durch politische Gewalt. Als die Militärdiktatur das freiere Leben in Griechenland zerstörte, schrieb Poethen den Zyklus *Im Namen der Trauer*.

Poethen unternahm seine Griechenlandreisen zu jener Zeit oft gemeinsam mit Margarete Hannsmann (1921–2007). Später war sie über ein Jahrzehnt die Gefährtin des Holzschneiders HAP Grieshaber. Mit beiden hatte Hannsmann einen fruchtbaren künstlerischen Austausch. Sie teilte deren Griechenland-Begeisterung und grundsätzliche Opposition gegen ausbeuterische Politik. Grieshaber begleitete sie auf den Fahrten, mit denen er vor allem auch Kontakte mit der DDR aufrechterhielt; sie hat dies sehr lebendig geschildert in dem Buch *Chauffeur bei Don Quijote. Wie hap Grieshaber in den Bauernkrieg zog*. Den Freund Poethen drängte sie etwas stärker in die politische Gegenwart. In ihren eigenen Gedichten entwickelt sie sensible Sprachbilder, mit denen sie der Natur nahe kommt; aber der Gedanke an die verbrecherische NS-Epoche lässt sie, immer vor dem Hintergrund ihres eigenen jugendlich-naiven NS-Engagements, nicht los, und so holt sie die Gefährdungen in die freundlichen Naturbilder herein wie etwa in der Schilderung einer schönen winterlichen Albtour, bei der plötzlich der Blick auf einzelne Denkzeichen die Erinnerung öffnet für die grausame Realität der Euthanasiemorde.

Begegnungen und zeitweilige Gruppierungen von Literaten fallen beim Rückblick auf jene noch sehr offene Literaturlandschaft immer wieder ins Auge – wahrscheinlich bedeuteten sie mehr als im durchorganisierten Tagungs- und Lesungsbetrieb von heute. Auch Ludwig Greve (1924–1991) gewann durch freundschaftliche Verbindungen seinen Platz im literarischen Leben. Greve, der aus einer deutsch-jüdischen Berliner Familie stammte, war in den Kriegsjahren mehrfach auf der Flucht, die nie in wirkliche Freiheit führte; er verlor den Vater und die Schwester durch den Tod in einem der Vernichtungslager. Nach dem Krieg traf er in der Bernsteinschule auf den dort tätigen HAP Grieshaber, aber auch auf Literaten wie Helmut Heißenbüttel und Peter Härtling. Er bekam die Chance, für Marbach zu arbeiten, und übernahm später eine leitende Stellung im Deutschen Literaturarchiv. Seine lyrische Produktion war schmal, zumindest wenn man von den wenigen Publikationen ausgeht; aber er fand einen eigenen Ton, expressionistisch eingefärbt und mit einer überraschenden Mischung von mythisch gesteigerten Naturbildern und Alltagsempfindungen.

Werner Dürrson (1932–2008) ist in Schwenningen geboren; nach einer Handwerkslehre und einer abgeschlossenen Ausbildung zum Musiklehrer studierte er in München und Tübingen. Sein erstes Buch handelte am Beispiel Hermann Hesses vom *Wesen der Musik in der Dichtung*. Diese Verbindung und damit die Zuwendung zu verschiedenen Zweigen der Kunst blieb charakteristisch; Dürrson errang zum Beispiel bei einem Wettbewerb den Weltmeistertitel im Mundharmonikaspiel. Aber der Hauptakzent lag auf der Literatur. Er legte Übersetzungen aus dem Französischen vor, gut präpariert durch eine sechsjährige Tätigkeit an französischen Universitäten, und er schrieb selbst – Essays, Erzählungen, Romane, aber vor allem Gedichte. Seine Lyrik zeigt die Suche nach der Ursprünglichkeit der Natur, vermittelt über genaue Beobachtungen und vorgetragen in leiser Eindringlichkeit. Sein ganz spezifischer Umgang mit den Dingen und mit der Sprache kommt vielleicht am deutlichsten zum Ausdruck, wo er sich dem Element des Wassers zuwendet. Sicher haben die Jahre am Bodensee dafür seine Sinne geschärft; in dem Gedichtband *Das Kattenhorner Schweigen* hat er Eindrücke aus seinem zeitweiligen Heimatort festgehalten; in der lang und in wechselnder Bewegung dahinströmenden Dichtung *Denkmal fürs Wasser* erreicht die Sprache eine großartige Verbindung von objektiver Präzision und subjektiver Kreativität. Zuletzt lebte Dürrson auf Schloss Neufra in der Nähe von Riedlingen, wo im ehemaligen Kapuzinerkloster eine kleine Gedenkstätte in sein Werk einführt.

Die Gedichte Tina Strohekers (*1948) sind bestimmt durch das Spannungsfeld von Region und Welt. Ihre Reisen und Verbindungen in fremde Länder haben zu poetischen Bilanzierungen geführt, in denen Klischeevorstellungen überwunden oder gegen den Strich gebürstet werden. Ihr Blick geht vorwiegend nach Osten; vor allem polnische Erfahrungen bringt sie zum Ausdruck – mit offenen Sinnen für die bunte Modernisierung (*Pommes frites in Gleiwitz*), aber auch im Bewusstsein der fortwirkenden Tragödien der Vergangenheit. Voraus ging aber die kritische Auseinandersetzung mit der eigenen Region. Tina Stroheker war zunächst Lehrerin, wagte aber früh den Schritt in die freie Schriftstellerarbeit, über die sie ihre Stadt Eislingen zu einem Ort literarischer Begegnungen machte. Sie schreibt Heimatgedichte in ganz unsentimentaler Weise, und ihre oft kantig-karge und trotzdem ins Schwingen gebrachte Sprache ermöglicht auch den Ausdruck sehr persönlicher Gefühle. Der Band *Luftpost für eine Stelzengängerin* von 2013 ist das freimütige Bekenntnis der Liebe zu einer Frau.

Eva Christina Zeller (*1960) verarbeitet in zentralen Teilen ihrer Dichtung ebenfalls ganz persönliche Erfahrungen. Die Trauer um den früh verstorbenen Partner zieht sich durch ihr lyrisches Werk und hat in dem Langgedicht *Die Erfindung deiner Anwesenheit* einen besonderen Ausdruck gefunden – tastende Annäherung an eine vergangene Erfahrung, reflektiert aus der Distanz einer veränderten Erfahrungswelt, die aber die Intensität des Gewesenen noch deutlicher macht. Andere Gedichte klinken sich ein in Anhaltspunkte der Natur und entwickeln von dort aus Gedanken und Phantasien.

Zu den Traditionen lyrischer Gestaltung gehört es, dass sich der Wille zur Produktion an den Bildern *eines* Orts entzündet und neue Bilder hinzufügt. Diese Traditionslinie wird sichtbar in dem Gedichtband *In Bebons Tal* von Karl Corino (*1942), der als lockere Fortsetzung von Mörikes Zyklus *Bilder aus Bebenhausen* verstanden werden kann. In beiden Fällen geht es um das alte Kloster im Schönbuch, die Schönheiten der baulichen Anlage und ihrer Umgebung; und in beiden Fällen wird an das einstige Leben in den Klostergebäuden erinnert – bei Mörike nicht ohne freundliche Ironie, aber auch mit viel Sympathie, bei Corino aus größerer Distanz mit schärferer Kritik, die sich nicht nur gegen Vergangenes richtet, sondern Parallelen in heutigen Verhältnissen aufdeckt. Corino, in der Gegend von Dinkelsbühl aufgewachsen, hielt nach dem Studium die Verbindung zu Tübingen aufrecht und zog nach dem Ende seiner langjährigen Tätigkeit beim Hessischen Rundfunk wieder in die Stadt. In einer großen Zahl von Veröffentlichungen erweist er sich als der beste Kenner des Lebens und Werks von Robert Musil, und in Frankfurt war er zuständig für die DDR-Literatur – jetzt blickt er in Gedichtbänden auch zurück auf seine Kindheit im bäuerlichen Milieu.

Energisch abgeschüttelt wurde die vielfach unterstellte Zusammengehörigkeit von Lyrik und überschaubaren ländlichen Gegebenheiten in dem Langgedicht *Holzrauch über Heslach* von Ulf

Stolterfoht (*1963). Er lebt in Berlin, kennt aber den Stuttgarter Stadtteil aus seiner Jugend sehr genau – und beschreibt ihn noch genauer in der Form einer ethnologischen Studie. Einer historischen Studie, die aber nur in die 1970er-Jahre zurückführt, in denen dort in heimlicher und offener Rebellion ein Stamm hauste, den Stolterfoht als *katzenartig* beschreibt – in einer katzenartigen Sprache, die trotz kurioser Kapriolen und spielerischer Verwirrung immer auf die Füße fällt. Eine im herkömmlichen Sinn realistische Schilderung ist das nicht, aber die Eigenart und die Spannweite der Untergrundbewegung werden lebendig. Zu dieser Eigenart gehört auch, dass es ein Zusammenspiel von obskuren Drogen und Weizenbier gibt – schwäbische Verschmelzung von Revolution und Gemütlichkeit.

Susanne Stephan (*1963) lebt in Stuttgart – schon ein Buchtitel wie *Tankstellengedichte* zeigt, dass auch sie nicht der Illusion unberührter Natur verfällt. Urbanität heißt für sie aber vor allem auch Umgang mit großen künstlerischen Traditionen. In ihrem Gedichtband *Haydns Papagei* geht sie spielerisch und pointierend um mit anekdotischen Zügen aus dem Leben von Künstlern – Musiker, Maler und Dichter werden zum Gegenstand. Ein weites Feld, mit einem leichten Schwerpunkt im Expressionismus, dessen verkürzte, assoziative Schreibweise in den Gedichten Susanne Stephans nachwirkt.

Eine Sonderstellung nimmt Walle Sayer (*1960) ein. Er greift alltägliche Objekte und Vorgänge auf, rückt sie in ungewohnte Perspektiven und kommt zu weitreichenden, aber spielerisch vorgetragenen Folgerungen. Er ist abonniert auf das Kleine, auf die Miniatur – das betrifft seine Texte, betrifft aber auch ihre Gegenstände. Im Titel des Bändchens *Was in die Streichholzschachtel paßte* kommt dies zum Ausdruck, und die bewusst verwendete überholte ß-Orthographie macht deutlich, dass eine vergangene und weithin vergessene Welt poetisch reanimiert wird. Walle Sayer lebt in einer ländlichen Gegend in der Nähe von Horb, in der er auch aufgewachsen ist; seine Erinnerungen und Beobachtungen sind unromantisch und erzeugen doch Nostalgie, die aber nie süßlich und auch nicht nur gemütlich ist. Sayer schreibt meistens nicht in ausgewiesener Versform, aber der sorgfältig geformte Rhythmus, die Präzision knapper Beschreibung und die Profilierung einzelner Bilder legen es nahe, von Prosagedichten zu sprechen.

Ein umfassender Überblick zu den lebenden Autorinnen und Autoren kann nicht gegeben werden, nur diese sehr knappe Auswahl. Sie war schwierig und enttäuscht wohl auch Erwartungen. Vielleicht hilft der Hinweis, dass es sich nicht schlechterdings um eine Rangliste handelt, sondern um die Vermittlung verschiedener Tendenzen, die aber nicht die ganze Entwicklung abdecken. Gedichte werden ja in sehr großer Zahl geschrieben – zur eigenen Freude, zum Vortrag, ins Tagebuch, für den Druck in Zeitungen, Zeitschriften, Büchern. Gereimte Verse sind oft die Einstiegsdroge zum Schreiben, die kurze Form verhilft zu schnellem Gelingen und einem raschen Echo. Vieles, das Meiste, verschwindet bald wieder, sicher auch manches, das eine längere Lebensdauer verdient hätte. Als positive Feststellung soll deshalb zum Schluss angeführt werden, dass das Land mit der 1974 von Tübinger Studenten gegründeten Zeitschrift *Exempla* unter den noch existierenden Literaturzeitschriften die älteste besitzt.

Dialekt – Nähe und Verfremdung

Hinweise auf den Gebrauch des Dialekts sind in dieser literarhistorischen Betrachtung immer wieder einmal aufgetaucht. Völlige Enthaltung gab es nur selten, bei fast allen Poeten finden sich mundartliche Belege – einzelne Wörter und Sätze, ganze Passagen, bis hin zu Werken, die vollständig im Dialekt geschrieben wurden. Selbst Hölderlin ist hier inbegriffen, den man normalerweise auf ein anderes sprachliches Niveau festlegt; er spricht nicht nur in den von Peter Härtling imaginierten Szenen Schwäbisch, sondern verwendete den Dialekt nachweislich auch in schriftlicher Kommunikation und verwehrte einzelnen Vokabeln auch nicht den Zugang zu hoher Dichtung. Generell handelt es sich bei der gelegentlichen Nutzung des Dialekts in literarischen Werken entweder um eine Rollensprache, die zu der sie verwendenden Person in der betreffenden Situation passt, oder um einen Ausdruck der Stimmungslage des Autors.

Diese Funktionen können ähnlich auch für die ganz im Dialekt gehaltene Dichtung angenommen werden. Entweder der Text führt in ein Milieu, für das der Dialekt als gängige Sprachform gesehen wird, oder der Autor überlässt sich der Mundart, um ein hohes Maß von Ursprünglichkeit zu zeigen. In Theorien und programmatischen Bemerkungen zur Dialektdichtung wird meist deren Natürlichkeit betont; man sieht in ihr die schlicht-schöne Feldblume, die all die Künstlichkeiten anderer literarischer Produkte meidet; und dieser Schein des Natürlichen trägt wesentlich zur Hochschätzung der Dialektdichtungen bei. Aber es ist Schein – fast könnte man sagen, dass der Reiz mundartlicher Poesie gerade in ihrer Un-Natürlichkeit liegt. Weniger zugespitzt: Normal ist für die Literatur ja doch die Präsentation in der Standardsprache; vor diesem Hintergrund gewinnen Dialekttexte ihren besonderen Charakter. Die Verwendung der Sprache des Publikums (falls man davon angesichts des Dialektrückgangs noch sprechen kann) ist zugleich ein V-Effekt, Verfremdung, die das Gewohnte in eine neue Perspektive rückt. Das gilt für Schauspiele aus der frühen Neuzeit, in denen biblisches Geschehen auf der Bühne von Bauernburschen auf Schwäbisch ins Komische gezogen wird; es gilt für die geistlichen Dialektstücke von Sebastian Sailer, die er für seine Klosterbrüder schrieb, und es bestimmt auch in der neueren Zeit bis zu unserer Gegenwart die Rezeption von Dialektteilen in der Literatur.

Die Verfremdung ist aber zugleich Annäherung, oft an eine vergangene oder vergehende Welt mit eigenwilligen Strukturen und Prinzipien: Welt der Kindheit, ländliche Welt, vormoderne Welt. Michel Buck (1832–1888), oberschwäbischer Bauernsohn, kam über das Ehinger Konvikt zum Studium der Medizin nach Tübingen, wo er, angeregt von Uhland und im Kontakt mit Anton Birlinger, auch Volksüberlieferungen sammelte und veröffentlichte, zunächst im Zusammenhang mit seiner ärztlichen Tätigkeit (*Medizinischer Volksglauben und Volksaberglauben aus Schwaben*), dann aber – in einem Flurnamenbuch und in einigen Erzählungen – mit Betonung der sprachlichen Seite und damit praktisch auch mit dem Akzent auf dem Dialekt. Er gibt nicht vor, ganz in der Mundart und in dem von ihr bestimmten Milieu zu leben, und in seinen Dialektgedichten zeigt er, dass Geistliche und andere Akademiker mit der Denk- und Sprachwelt der einfachen Leute oft nicht zurechtkommen. Da ist etwa der Pfarrer, der verwundert feststellt, dass der Hütebub nicht weiß, mit wieviel Stück Vieh er es zu tun hat, dass er aber den Namen und die Eigenheiten jedes einzelnen kennt. Oder Buck schildert, wie der junge Hirt im tiefen Winter barfuß gehen muss und seine Füße in Kuhfladen wärmt. Ein heiteres und gleichzeitig bitteres Motiv, weil es die Armut aufdeckt. Zwischenfrage an die Leser:

> Wia gfallat der dia Modischuah?
> Gealt, jetzt hoscht gnua?

Die Leser – das sind weniger die Bauersleute als die Stadtbürger. Für sie ist diese realistische Schilderung ungewohnt, auch und gerade in der Mundartdichtung, die Ende des 19. Jahrhunderts überwiegend eine Wendung zum Niedlichen und Herzigen genommen hatte. Die Schönheiten der Natur fanden auch in die poetische Werkstatt Bucks; seine Gedichte wurden nach seinem Tod mit dem Titel *Bagenga* veröffentlicht, aber sie waren weit entfernt von den schönfärberischen Produkten der mundartlichen Salonlyrik, die damals neben gereimter grober Komik diesen Zweig der Poesie beherrschte.

Fast gleichzeitig mit dem Nachlassband von Buck erschienen Dialektgedichte von Eduard Hiller (1818–1902). Er wählte als Buchtitel *Naive Welt* – aber naiv war nur seine Annahme, er stelle unverfälscht die bäuerliche Welt vor. Sein Gedicht *Maiegrueß* beginnt:

> Ei Gräsle, wie zitterst
> Und spielst mit em Wind!
> Ei Bächle, wie kitterst
> Und laufst eso gschwind!

Es folgen *Blättle, Käferle, Blüemle, Spinnle, Vögele, Räuple, Schneckle, Mückle* – man staunt, wie niedlich es bei ihm in der Natur zugeht. Er hatte in Hohenheim Landwirtschaft studiert und war Verwalter auf großen Gütern gewesen; aber krankheitshalber hatte er sich zurückgezogen nach Buoch, lebte ganz überwiegend in und mit der poetisch kastrierten Natur und traf gerade damit den Geschmack des städtischen Publikums.

Wie Michel Buck mit den Schlüsselblumen, so charakterisierte Mathias Koch (1860–1936) die heimatlichen Albwiesen mit *Kohlraisle*, die man auch *Baurebüable* nannte und deren hochsprachlicher Name Traubenhyazinthe kaum bekannt war. Koch absolvierte nach einer Ausbildung zum Mechaniker das Lehrerseminar und arbeitete zunächst in seinem Geburtsort Tieringen, der in dem Gedichtbändchen gleich in den ersten Verszeilen gefeiert wird: *Mei Diarenga, o mei Diarenga!* Als das Buch erschien, lebte Koch mit seiner Frau und zwölf Kindern in Tübingen, was vielleicht ganz gut war, weil sich die Tieringer in manchen knapp charakterisierenden Gedichten wiedererkannten und sie als Spott empfanden.

Für die Verbreitung der Gedichte Kochs hat sich vor allem der Balinger Lehrer Karl Hötzer (1892–1969) eingesetzt, der sich mit seinen Mundartgedichten in diese Tradition einreihte. Auch er drückt die Freude über Naturbilder aus, zum Beispiel über die Kirschblüte in Nehren:

Schöner geit s jetzt uf dr Welt
nonz wie z Naihre s Kiirschefeld.

Aber er sieht in der Erzählung *das eigentliche Gebiet der Dialektdichtung* und erzählt selbst gern von früheren Ereignissen. Mit dem Namen Karl Hötzers verbindet sich auch eine gut dokumentierte politische Auseinandersetzung: Er war 1967 Ehrenbürger von Balingen geworden, und eine Halle wurde nach ihm benannt; um die Jahrtausendwende entstand eine Diskussion über seine Verstrickung in den Nationalsozialismus, und der Name wurde gestrichen. Es gab sicher Mundartdichter, bei denen das NS-Engagement sehr viel krasser war, aber der Balinger Streitfall erlaubte und verlangte einen grundsätzlichen Rückblick, und es wurde deutlich, dass es gefährliche Überschneidungen gab: Idealisierung des Bäuerlichen mit seinen Auslesemechanismen, sprachliches Bekenntnis zur stammlichen Reinheit und als Weg zu einem Wir-Gefühl, das leicht ins Nationalistische zu steigern war.

Dies wird offenkundig in der Entwicklung und vor allem der Verwendung der Dialektdichtung von August Lämmle (1876–1962). Der Vater war Bauer in Oßweil bei Ludwigsburg; die Herkunft aus dem Bauernstand hat der Sohn immer betont, selbst aber die Ausbildung als Lehrer gewählt. Seine Hochschätzung des Dialekts war Teil seines volkspädagogischen Engagements; er wirkte aktiv im Sängerbund, schrieb eine Heimatkunde, wurde als

Landeskonservator vom Schuldienst freigestellt und wandte sich auch der Dialektdichtung zu. In der NS-Zeit fand er vermehrt offizielle Unterstützung; Ideen wie die von der Erneuerung des Volks aus der bäuerlichen Tradition trafen sich mit seinen Vorstellungen und wanderten auch in seine Verse ein.

Auch Friedrich E. Vogt (1905–1995) unterlag dem Einfluss der Propaganda für die Volkstradition; aber er blieb nüchterner – mit bedingt dadurch, dass Dialekte das wissenschaftliche Interesse des Philologen anzogen, die heimischen seiner Umgebung ebenso wie die von zugewanderten französischen Waldensern. Als Stuttgarter stand Vogt aber auch der vom Regime propagierten Bauernromantik ferner; er wurde zum respektierten Sänger der Hauptstadt. Er schrieb Verse über die Stuttgarter Stäffele (und eine der steilen Treppen trägt inzwischen seinen Namen), aber er war auch darauf bedacht, ja nicht altmodisch zu erscheinen. *Guck dr d skailain a von stuagert*, liest man in einem Gedicht.

Dass der Weg keineswegs zur Hitlerverehrung führen musste, zeigt die Biographie des wichtigsten schwäbischen Mundartdichters jener Zeit, der bis heute der bedeutendste geblieben ist: Sebastian Blau (1901–1986), der unter diesem Namen bekannter ist als mit dem bürgerlichen Josef Eberle. Er war aus Rottenburg, ging am gleichen Platz wie vor ihm Hesse in Tübingen in eine Buchhandelslehre, die ihm Arbeit in verschiedenen Städten verschaffte. Eine berufliche Wendung kam mit seinem Engagement für den Süddeutschen Rundfunk, an dessen Ausbau Eberle von 1927 bis 1933 beteiligt war. Dann wurde er entlassen, weil seine Frau aus einer jüdischen Familie kam; er musste sieben Wochen in ein Konzentrationslager, das für Kommunisten und andere Nazigegner eingerichtet war, und er blieb zunächst arbeitslos. Erst in dieser Situation begann er unter dem neugewählten Pseudonym Dialektgedichte zu schreiben, die von der Presse gerne aufgenommen wurden und beim Publikum Anklang fanden. Mit *Kugelfuhr, Feierobed, Rottenburger Bilderbogen* erschienen auch die ersten Bände, denen nach dem Krieg vier weitere folgten. 2010 erschien eine Gesamtausgabe mit 375 Gedichten, von denen eine ganze Reihe längst zum auswendig verfügbaren Repertoire vieler Liebhaber und Rezitatoren gehört.

Sebastian Blau machte keinen Versuch, bäuerliche Idylle zu konstruieren; er ging von der kleinbürgerlich-handwerklich geprägten Atmosphäre seiner Heimatstadt aus; es geht um Nachbarschaftsprobleme, um Stammtischdiskussionen, um kleine Festlichkeiten. Blau fand aber auch den Zugang zum Leben in Stuttgart, zu dessen Schauseite er das vergebliche Streben nach modischer Eleganz zählt. Er hat eine enorme Fähigkeit, mit wenigen Worten ein Milieu zu charakterisieren, und man hat bei ihm nie den Eindruck, dass er Reimwörter suchen musste – die Verse fliegen ihm zu. Ein Naturtalent? Gewiss, aber in seine Mundartdichtung geht ein, was er sich als hochgelehrter Autodidakt in verschiedenen Sprach- und Literaturbereichen angeeignet hatte; er war ja auch ein anerkannter Meister lateinischer Versdichtung, und er erprobte in hochdeutschen Gedichten unterschiedliche Formen und Perspektiven, die von teilnehmendem Gefühl bis zu ironischer Distanzierung reichten.

Aufmerksamkeit solcher Breite erreichte mit Schriften zum und im Schwäbischen erst wieder Thaddäus Troll. Viele Mundartdichter fanden ihr Publikum ganz überwiegend in ihrer Region, was wegen der sprachlichen Ausrichtung ja nicht negativ zu bewerten ist. Willi Habermann (1922–2001) war zwar lange Lehrer in Bad Mergentheim, blieb aber vor allem bekannt in seiner Ulmer Heimatregion, wo er zum Widerstandskreis der Weißen Rose gehört hatte. *Bloß falsch naglangt* ist der Titel des letzten von ihm zusammengestellten Gedichtbandes – Hinweis auf freundlich-ironischen Umgang mit menschlichen Unzulänglichkeiten. Für einige oberschwäbische Autoren wurde schon angemerkt, dass sie *auch* in Mundart geschrieben haben. Von Rolf Staedele (1921–2006) stammt eine anschauliche Betrachtung der schwäbischen Mundart; in seinen alltagsnahen und oft witzigen Dialektgedichten ging er von der Sprache seiner Heimatgemeinde Ebenweiler aus. Norbert Feinäugle (1943–2013) behandelte eingehend die historische Entwicklung und die Funktionen der Mundart, und mit dem Band *Mei Sproch – dei Red* von 1989 legte er einen Überblick über die Dialektdichtung vor; aber auch selbst schrieb er gelegentlich kleine Mundartgedichte. Egon Rieble (1925–2016) aus Rottweil war Lehrer und Kulturreferent, schrieb Beiträge zur Kunstgeschichte und brachte 1968 einen hochsprachlichen Lyrikband heraus, dem er mehrere mundartliche Gedichtbände folgen ließ. Karl Napf (*1942) ist der Autorenname von Ralf Jandl, der in der staatlichen Kulturverwaltung für Literatur zuständig war und seit 1998 unermüdlich schreibt, vor allem über die Schwaben und ihre Eigenheiten. Eines seiner Bücher trägt den Titel *Quergedacht* und charakterisiert damit seine generelle Absicht. Im Hohenlohischen fanden mehrere Poeten zusammen. Gottlob Haag (1926–2008) aus Niederstetten war gelernter Schneider und arbeitete nach dem Krieg, als er mit diesem Handwerk kein Glück hatte, in ganz verschiedenen Branchen, zum Beispiel gleichzeitig als Werbetexter und im Steinbruch. Und er schrieb in seiner Mundart, reimlose Verse, in denen er auf die Ungereimtheiten der Wirklichkeit verwies. Walter Hampele (*1928) war Schulleiter und Fachdidaktiker; von ihm gibt es genaue Beobachtungen und kluge Reflexionen zur Mundart, die er aber auch zu besinnlichen Gedichten nutzte. Eine enge Verbindung bestand zu Wilhelm Staudacher (1928–1995), der in Rothenburg ob der Tauber lebte und seine fränkischen Landsleute 1971 mit dem Gedichtband *Des is aa deitsch* erfreute.

Man kann Staudacher in eine Reihe stellen mit dem Wiener H. C. Artmann und dem Schweizer Kurt Marti, die oft als die Reformer der Dialektdichtung angeführt werden, weil sie gesellschaftskritische Mundartgedichte schrieben. Staudacher zeigte, wie der harmlos-gemütliche Dialekt Irrwege kaschieren kann: *ja hewwes gsocht* beginnt eines der Gedichte über seine Landsleute – hinterher bedauern sie, dass sie nicht *naa gsocht* haben; aber der Dichter prophezeit, dass sie wieder nicht nein sagen werden –

si hewwe en
sproechfähler
wenns drauf oukommt
jedsmoel.

Nach 1970 ist eine entschiedene Veränderung der Tonlage in den Dialektdichtungen zu registrieren. Die Mundart wird als geeignetes Mittel entdeckt, die Stimme und Stimmung der kleinen Leute zur Geltung zu bringen und dabei auch politische Konfrontationen nicht zu scheuen. Eine wichtige Rolle in der Neubestimmung nahm Manfred Bosch ein. Sie schloss sich bei ihm direkt an seine kritischen Beiträge zu sozialen und politischen Fragen an. 1974 veröffentlichte er eine Dokumentaranalyse der Managerliteratur unter dem entlarvenden Titel: *Die Leute behandeln als ob sie Menschen seien*. Ein Jahr später publizierte er den Gedichtband *Uf den Dag wart i* – Perspektiven derer, die behandelt wurden, als ob sie Menschen wären. Von greller Agitation sind die Gedichte weit entfernt; nah sind sie den schlichten Wahrheiten und den emotionalen Brüchen der Menschen, deren mitunter naiven Umgang mit der Welt er mit Humor, aber ohne verletzende Kommentierung schildert. Auch der Dettinger Wilhelm König (*1935) tritt auf als engagierter Poet. Er wendet sich beispielsweise gegen die zerstörerische Baupolitik, die alles Heil im *aareißa* sieht, und er nimmt die Nostalgie der Leute aufs Korn:

sisch nemme dees
noe
abr fill ischd äwwl noh
wia friar

König hatte sich nach einem schweren Arbeitsunfall während der Schreinerlehre umstellen müssen und sich später auf dem Weg über das Leipziger Literaturinstitut der aktiven Literaturarbeit zugewandt. Er schrieb auch eine autobiographisch gefärbte Romantrilogie, bewegte sich aber vor allem in der Dialektszene.

Peter Schlack (*1943) aus Stuttgart gab seinem 2016 erschienenen Dialektbändchen den Titel: *Ond älles scho so lang her*, Ankündigung des Eintauchens in erlebte Vergangenheit, aber auch ein Blick zurück auf die Zeit, in der die Dialektdichtung ziemlich schlagartig zu einem Gefäß für Erinnerungen *und* für aktuelle Kritik wurde. Peter Schlack entdeckte über die Sozialarbeit die besonderen Möglichkeiten der Mundartdichtung. Er achtete freilich auch auf die zwar eingeschränkten, aber besonderen Möglichkeiten, im Dialekt Gefühle auszudrücken – zum Beispiel in dem Gedichtband *Wenn dr Wend sich drääd* mit schwäbischen Liebesgedichten. Zärtlich und leise beschreibt auch Michael Spohn (1948–1985) ein Miteinander. Er setzt ein:

> Gib mer dae Hand
> dia Welt wird donggl
> i säh nigs meh
> ond d Musig wird so laes (…)

Gib mir deine Hand – die Zeile zieht sich durchs ganze Gedicht, dringliche Bitte um Hilfe beim Alleinsein – dunkle Überraschung für die Leser, die Spohn vor allem mit seinen heiteren *Schwäbischen Comics* und *Stuttgarter Comics* identifizierten. Er demonstrierte aber die ganze Spannweite der mundartlichen Dichtung. Mit noch nicht 40 Jahren schied Michael Spohn freiwillig aus dem Leben.

Die 1970er-Jahre befreiten die Dialektliteratur aus früher gezogenen Grenzen; sie musste nicht mehr vorgeformten Erwartungen gerecht werden, sondern nutzte die Mundart zur Vermittlung ernster Gedanken wie als vielseitiges Spielmaterial. Der kontrastive Bezug zur Hochsprache gab dabei eigene Pointen her. Der Leonberger Helmut Pfisterer (1931–2010) wählte für ein Bändchen von 1981 den Titel *Komm, gang mer weg* – Paradoxie, die im Schwäbischen keine ist. Andere Gedichte stellte er unter den Titel *Weltsprache Schwäbisch*, den die vielen kurzen Reflexionen des Bändchens nicht verfehltn, der aber erst auf den letzten Seiten wirklich eingeholt wurde. Hier versteckt Pfisterer das Schwäbische in englischen Wendungen: *When I defend* – schwäbisch *wenn i di fend*, und deutsch *wenn ich dich finde.* Gerhard Raff (*1946) aus Degerloch fasste den Gedanken der Weltsprache etwas weiter, indem er die Abstammung der Schwaben von den Chinesen in Erwägung zog und mit Beispielen wie *ha-no* und *ha-noi* unterbaute. Raffs Buch mit dem Titel *Herr, schmeiß Hirn ra!* wurde und blieb ein Bestseller, dem der Autor die Bände *Mehr Hirn* und *Das dritte Hirn* mit weiteren schwäbischen Geschichten folgen ließ. Auf die *chinäbischen* Beispiele warten die Leute, wenn Raff – auch als Redner gefragt – aus seinen Büchern vorträgt.

Der mündliche Vortrag hat in diesem literarischen Bereich besondere Bedeutung: Das Lesen ist oft mühsam, da für manche Laute keine direkte Entsprechung im Alphabet zu finden ist; und der eigenwillige und nicht selten rechthaberische Anspruch der Autoren auf *ihre* Schrift macht die Sache nicht einfacher. Und das Hören kommt auch der nostalgischen Erinnerung entgegen. So sind Vortragsabende, oft musikalisch unterlegt, zu einer gängigen Darbietungsform geworden, oft in der engeren Region – Botschaften von der Alb für die Alb beispielsweise bei Petra Zwerenz (*1961), verschiedentlich aber auch in einem größeren Umkreis, in dem etwa Marlies Grötzinger (*1959) aus Burgrieden ihre Auftritte hat. Besonders ausgeprägt ist die überregionale Nachfrage, wo über den Dialekt Sprachspiele zustande kommen und auch ganz allgemein *Abgedrehtes* und *seltsam Normales* vorgeführt wird wie an den Abenden mit dem von der Ostalb kommenden Musikanten Ernst Mantel (*1956).

Die vielfältigen Möglichkeiten öffentlicher Präsentation von Dialekten und gleichzeitig der besorgte Blick auf den Rückgang des Dialektgebrauchs haben in den letzten Jahrzehnten zu organisatorischen Bemühungen und Institutionalisierungen geführt. Verschiedene Mundartvereine wurden gegründet, und verschiedene Veranstaltungsreihen und Tagungen sind zu festen Einrichtungen geworden; die von Wilhelm König organisierten Reutlinger Mundartwochen gibt es seit 40 Jahren. Lesungen in Schulen werden gefördert, in Vorträgen berichten prominente Personen über ihre Erfahrungen mit dem Dialekt, und es werden auch Preise vergeben. Die mögliche Auszeichnung für Verdienste in der Mundartforschung oder Mundartdichtung wird sogar in den Statuten des Ludwig-Uhland-Preises angeführt, der von Herzog Carl von Württemberg 1991 gestiftet wurde.

Experiment

Der Begriff *Experiment* ist nicht geschützt, und es gibt keine verbindlichen Ausschlusskriterien. Hans Magnus Enzensberger vertrat die strenge Auffassung, sinnvoll sei die Bezeichnung nur dann, wenn ein definiertes Ziel methodisch kontrolliert verfolgt werde. Aber da man meist lockerer mit dem Etikett umgeht, kann man durchaus sagen, dass dichterische Produktion immer den Charakter eines Experiments hat – inhaltliche Begrenzung und Strukturierung, Perspektiven und Akzente, Stil und Stimmung müssen bedacht werden. Von experimenteller Poesie wird aber in der Regel nur dann gesprochen, wenn die Bearbeitungstechnik vom Vorherigen deutlich absticht. Das kann ein einzelnes Werk betreffen, aber auch eine ganze Stilrichtung. Ein Beispiel dafür bot der Übergang zum Expressionismus. In Stilanalysen von Hesses Werken taucht manchmal die Kennzeichnung *expressionistisch* auf, durchaus begründet, aber nur sporadisch und auf einzelne Passagen bezogen. Vereinzelt könnte man sie auch bei anderen schwäbischen Autoren jener Zeit nach der Jahrhundertwende anbringen; aber die volle Definition Expressionist drängt sich nirgends auf. Als 1960 eine Marbacher Ausstellung einen Überblick über die expressionistische Literatur gab, wurde aus dem Land nur ein einziger, wenig bekannter Poet vorgestellt: Hermann Essig. Auch die Kennmarke *naturalistisch* ist beim Blick auf die schwäbische Literatur entbehrlich. Wiederum lassen sich einzelne Abschnitte finden, die man so bezeichnen könnte, aber beim Aufmarsch richtiger Naturalisten ist auch hier eine Lücke zu registrieren.

Man kann versuchen, das konkret über den Inhalt der Charakterisierungen zu begründen. Die abgehackte, stenogrammartig andeutende Ausdrucksform des Expressionismus widersprach offenbar der explikativen, auf Verständlichkeit bedachten Sprechweise schwäbischer Literaten; und die karge Wirklichkeitsdarstellung des Naturalismus verfehlte das Bedürfnis, den inneren Gehalt auszumalen. Beim Blick zurück aufs 19. Jahrhundert erkennt man aber, dass auch dort eine gültige Etikettierung mit den gängigen Epochenbegriffen kaum vorkommt – am ehesten noch mit dem Begriff *Biedermeier*, der aber in sich widersprüchlich ist und heitere Zufriedenheit genauso bezeichnen kann wie schmerzliche Entbehrung. Vielleicht kommt der Wahrheit die Annahme nahe, dass es den schwäbischen Literaten (oder gar den Schwaben allgemein) fern lag, sich einer bestimmten Bewegung anzuschließen und deren Leitlinien zu folgen. Und dieser Erklärungsversuch lässt sich noch erweitern. Die -ismen und vergleichbare Bezeichnungen tauchen ja auf, wo etwas Neues propagiert wird, und sie schaffen zunächst einen Raum des Experimentellen. Bei diesem Stichwort geht einem unweigerlich durch den Kopf, dass mit der Parole *Keine Experimente!* im Schwäbischen schon viele Wahlkämpfe im Land gewonnen wurden; die Reaktion *Jetzt grade nicht!* gegenüber dem Vorschlag von Neuerungen wurde schon oft als schwäbisches Charakteristikum herausgestellt.

Wie dem auch sei – ein Experimentieren, das über das in jedem poetischen Akt gegebene Ausprobieren von Möglichkeiten hinausgeht und auf stilistisch Neues zielt, war offenbar selten. Umso überraschender ist es, dass fast immer Stuttgart ins Spiel kommt, wenn von experimentellen Zugängen in der deutschen Literatur die Rede ist. Das hängt vor allem mit einer einzelnen Persönlichkeit zusammen: Max Bense (1910–1990), der 1949 an die Technische Hochschule Stuttgart berufen wurde und in der Stadt die zweite Hälfte seines Lebens verbrachte. Vorausgegangen waren sehr mobile Jahrzehnte. Sein Geburtsort war Straßburg; 1918 wurde die Familie ausgewiesen und zog ins Rheinland, wo Max Bense dann auch studierte – mathematisch-naturwissenschaftliche Fächer und zusätzlich Philosophie. Als Soldat arbeitete er während des Zweiten Weltkriegs als Meteorologe und Medizintechniker. 1945 wurde er in Jena Kurator der Universität und Professor, wechselte aber wegen des politischen Klimas nach drei Jahren in den Westen. In Stuttgart war sein Aufgabenfeld mit Philosophie und Wissenschaftstheorie umschrieben; er schlug Brücken zur Naturwissenschaft und suchte die Philosophie, aber auch die Kunst und die Sprache mit mathematisch-technischen Methoden zu durchdringen.

Eines der Ergebnisse war der Entwurf einer experimentellen Dichtung, den er mit einigen Autoren diskutierte und weiterentwickelte. Er zielte mit seiner Theorie und auch mit eigenen praktischen Versuchen auf *Konkrete Poesie*, wie sie der Schriftsteller Eugen Gomringer in Entsprechung zur schon etablierten Konkreten Kunst nannte. Literatur sollte sich lösen aus der Abhängigkeit von Bedeutung und Kontext; gefordert war die Reduktion auf das Sprachmaterial, auf die Zeichen. Sie transportieren aber ja schon im isolierten Wort Bedeutung – dies blieb für die strengeren Vertreter des Experimentellen eine fortdauernde Provokation. Anders als in der Konkreten Kunst war Bedeutung kaum zu überspringen. Erreichbar war ein zusätzlicher Weg der Vermittlung, etwa mit der Platzierung und Anordnung von Buchstaben oder Wörtern in der graphischen Gestaltung; und möglich war auch die bewusste Abkehr vom normalen und banalen Sinngefüge eines Textes. Die Hauptstrecke des Experimentellen führte zu einem freieren Spiel mit der Sprache und zum Jonglieren mit Sinnbezügen bis hin zur Legitimation von *Nonsense*.

In den Beispielen, die für den neuen Weg der Poesie immer wieder angeführt werden, ist dies offenkundig. Dazu gehört etwa der Apfel von Reinhard Döhl (1934–2004), bei dem das Wort *Apfel* ungefähr 70 Mal in der Umrissform dieser Frucht präsentiert wird, und unauffällig schiebt sich dazwischen das Wort *Wurm*. Döhl, der sich vor allem als bildender Künstler sah, studierte bei Bense und lehrte später selbst an der Stuttgarter Universität. Er begnügte sich nicht mit der gewissermaßen handgestrickten Form des Experimentellen, sondern stieß, durchaus im Sinne Max Benses, in den entstehenden digitalen Kosmos vor und suchte die mathematisch-statistische Methodik mit den neuen medialen Möglichkeiten zu verbinden. Er gilt als einer der Pioniere der Internetpoesie.

Es ist auffallend, aber auch verständlich, dass intensive Verbindungen entstanden zwischen der methodischen Fundierung einer experimentellen Poesie und den neuen Medien. Zunächst handelte es sich dabei um Funk und Fernsehen. Max Bense hatte mit seiner Arbeitsgruppe engen Kontakt mit dem Süddeutschen Rundfunk, wo mit Alfred Andersch (1914–1980) und Helmut Heißenbüttel (1921–1996) hervorragende Literaten innovative Arbeit leisteten. Andersch, der nur kurze Zeit in Stuttgart war, näherte sich mit seiner Montagetechnik experimentellen Formen. Heißenbüttel leitete über 20 Jahre die Redaktion Radio-Essay –

und schrieb, für den Funk, aber in großem Umfang auch für den literarischen Markt. Für die Bände, die er veröffentlichte, wählte er zunächst ziemlich kontinuierlich den Titel *Textbuch* mit einer Zahl; die ersten sechs Bände erschienen in dichter Folge in den 1960er Jahren; 1980 nahm er die Zählung wieder auf und landete immerhin bei 11. Seine Texte sind eine bunte Mischung von Geschichten und Gedichten, Essays und Skizzen, mit ironischem Grundton – genaue Beobachtung, psychologische Durchdringung, aber auch heiter-bedenkliche Verbiegung der Wirklichkeit, die so erst richtig sichtbar wird. Eine ganze Reihe seiner Bände hat er mit Titeln versehen zur Einladung der Leserschaft: *Eichendorffs Untergang und andere Märchen; Wenn Adolf Hitler den Krieg nicht gewonnen hätte; Ödipuskomplex made in Germany* – Ausdruck des Spiels mit Bedeutungen und letztlich mit der ganzen Realität.

Auf der mit einigen Leitplanken versehenen, aber nicht abgeschrankten Strecke der experimentellen Literatur sind auch wesentliche Arbeiten von Ulf Stolterfoht zu finden. Seine ersten Gedichtbände tragen alle den Titel *fachsprachen*, ergänzt durch eine fortlaufende römische Zahl. Sie enthalten reimfreie Gedichte, komplex gebaut, aber in meist flüssigen Rhythmen. Das Experiment verläuft so, dass der Dichter von Sachbüchern aus ganz verschiedenen Gebieten ausgeht (zum Beispiel Schweinezucht oder Radiotechnik) und dass er die oft skurrilen Beschreibungen in seine eigene Erfahrungswelt integriert; so entstehen provozierende sprachliche Mischungen und Inhalte, die klar geordnete Einsichten verweigern, aber assoziatives Mitgehen ermöglichen. *natur kommt nur am rande vor*, heißt es einmal; die Verse kreisen um oft dubiose materielle Fortschritte und, mit fließenden Übergängen, um Zivilisationsmüll. Stolterfoht experimentiert auch mit der Hilfe technischer Gerätschaften. *Ammengespräche* nannte er, mit einem sehr altmodischen Ausdruck, sein sehr neumodisches Arrangement mit einer Sprechmaschine, die einen Dialog mitbestreitet, der in schiefer Grammatik verwirrende Fragen meist noch mehr verwirrt.

Volker Demuth (*1961) ist zunächst mit Gedichten hervorgetreten, die in phantasievoller Sprache genaue Beobachtungen der äußeren Welt mit differenzierter Reflexion verbinden. In seine poetische Arbeit sind stets auch grundsätzliche Überlegungen eingegangen, und diese wurden mehr und mehr beunruhigt durch die in rasanter Veränderung begriffene mediale Welt. Demuth verfolgte die Entstehung eines veränderten Lebensraums und eines neuen Raumerlebens; er schrieb eine *Topische Ästhetik*, und er wandte sich der Aufgabe zu, eine lyrische Form zu schaffen, die den veränderten Erfahrungsbedingungen gerecht wird. Nachdem er sich schon vorher als freier Autor zur Medientheorie geäußert hatte, vertrat er dieses Fach einige Jahre als Professor in Schwäbisch Hall. Als Nebenprodukt seiner Studien, aber als zentrale Anstrengung, die neue Konstellation poetisch einzuholen, entwickelte er exemplarisch ein *RaumPoem*, bei dem nicht nur der Text durch verschiedene mediale Sprachen – Photo, Film, Video, Ton – ergänzt, sondern auch der reale Raum mit der vorgegebenen Architektur und den wechselnden Lichtverhältnissen einbezogen war. Demuth nannte diese multimediale Installation *Das Material des Sanddornschattens* – vermutlich, um harmonisierende inhaltliche Assoziationen zu blockieren und die formale Innovation deutlich zu machen. Volker Demuth hat die komplexe Aufgabe nur theoretisch weiter verfolgt und inzwischen – inhaltlich auch komplex – zwei Romane vorgelegt; ob und wie die poetische Innovation fortgesetzt wird, bleibt abzuwarten.

Soweit es nur um das Multimediale geht, gibt es zahlreiche Beispiele aus der literarischen Vortragspraxis. Die Kombination mit Musik, mit projizierten Bildern und gelegentlich auch kleinen Filmsequenzen greift um sich, und in gewisser Weise lassen sich auch schon die verbreiteten neuen Arrangements der Slam Poetry der experimentellen Versuchsstrecke zuordnen. Die Betonung des Akustischen unterstreicht das Raumerleben, und über technische Arrangements werden auch neue Formen der Vermittlung erprobt wie bei der lärmgeschützten Übertragung aus einer Textbox. Der Stuttgarter Timo Brunke (*1972), der bekannteste Slam-Poet im Land, bringt seine Texte auch ohne solche technischen Weiterungen zur Geltung, aber er lehnt sie keineswegs ab und weiß sich als *Sprachspielkünstler* der experimentellen Dichtung verbunden.

Krieg

Der Lebenslauf von Ernst Jünger (1895–1998) ist reich mit Orten und Eskapaden bestückt: Geboren in Heidelberg, Kindheit in Hannover, im Erzgebirge, in Rehburg und Wunstorf, mit knapp 18 Eintritt in die französische Fremdenlegion, Ausbildung in Algerien, Flucht nach Marokko, Internat in Hannover. Danach die Zeit bei der Reichswehr während des Ersten Weltkriegs und bis 1923, Studium und Heirat in Leipzig, freier Schriftsteller in Berlin. 1936 Umzug der Familie nach Überlingen, aber schon nach etwa drei Jahren Rückkehr in den Raum Hannover. Teilnahme am Zweiten Weltkrieg, als Hauptmann, bis zum Herbst 1944, danach Umzug nach Ravensburg und schließlich 1951 nach Wilflingen bei Biberach in ein zum Besitz der Stauffenbergs gehörendes Forsthaus. Das blieb während der zweiten Hälfte seines Lebens das Domizil, und Jünger wurde, auch wenn er sich keineswegs ganz vereinnahmen ließ, zu einer oberschwäbischen Institution. Dabei spielten die vornehmen Besucher eine Rolle (1993 kamen der französische Staatspräsident und der deutsche Bundeskanzler ins Haus), aber auch Jüngers Annäherung an die regionale Kultur (mit Konversion zum Katholizismus) – und das Renommee, das er als Literat und vielseitiger Forscher genoss. Die von ihm angelegten Sammlungen: Schmetterlinge, Käfer, militärische Gegenstände, wertvolle Bücher bekamen zu seinen Lebzeiten nicht viele zu sehen, und seine Publikationen wurden in den oberschwäbischen Städten und Dörfern auch nicht zu Hausbüchern; aber man wusste, dass er ein berühmter Schriftsteller und Forscher war, über den immer wieder etwas in der Zeitung stand. Und man kannte vielfach den Titel seines berühmtesten Buchs: *In Stahlgewittern.*

Es war sein erstes Buch, und es war eines der ersten Bücher überhaupt, in denen Erfahrungen aus dem Ersten Weltkrieg zum Thema gemacht wurden. Jünger fügte dem Titel hinzu: *Aus dem Tagebuch eines Stoßtruppführers.* Damit war nicht eine nachträglich gewählte Darstellungsform angesprochen, sondern Jünger hatte während seines Einsatzes in Frankreich tatsächlich fortlaufend Tagebuchnotizen gemacht, die als Grundlage für die Publikation dienten. Damit war die Struktur einer Chronik vorgegeben; aber abweichend vom Bild des Tagebuchs als Speicher improvisierter Notizen rückte Jünger für die Veröffentlichung die Einträge zurecht und feilte von Auflage zu Auflage weiter an seinem Text – sechs verschiedene Fassungen wurden zwischen 1920 und 1961 gedruckt, was auch ein Licht wirft auf die große Nachfrage. Die Bearbeitung blieb nicht frei vom Wunsch des Autors, das Heroische der eigenen Aktivitäten etwas stärker zu betonen; man kann zum Beispiel verfolgen, wie er einen im Grabenkampf getöteten Gegner immer näher an den eigenen Standort heranrücken lässt. Beschönigt wird in der direkten Schilderung nichts; man hat von der *kalten Ästhetik* gesprochen, mit der Jünger das grausige Handwerk des Kriegs mit seinen blutigen und tödlichen Folgen beschreibt.

Aber er unterstellt einen Sinn des Wahnsinns: Krieg ist ein elementarer, ein Natur-Vorgang. Das spiegelt sich in der blinden, rauschhaften Wut der Soldaten und in seiner eigenen Charakterisierung des Kriegs als *prächtiges, blutiges Spiel.* So steht es in der 1922 erschienenen Studie *Der Kampf als inneres Erlebnis.* Politische Hintergründe des Kriegs werden nicht reflektiert. In weiteren Schriften, beginnend mit der Erzählung *Sturm* von

1923 bis hin zu dem während des Zweiten Weltkriegs entworfenen Essay *Der Friede*, rückt der Krieg mehr und mehr in den Bereich der Sinnlosigkeit. Jüngers Affinität zum Elementaren und Rauschhaften bleibt aber erhalten. Politisch äußerte sich das in Jüngers mehrfach modifiziertem, in den Grundzügen jedoch stabilen Bekenntnis zu einer konservativen Revolution. Es ist aber auch bekannt, dass er Drogenerfahrungen suchte, die er in der Erzählung *Besuch auf Godenholm* von 1952 poetisch umsetzte in dahinströmende visionäre Traumbilder – Gegenposition zu der gliedernden Systematik, die er in seinen wissenschaftlichen Revieren an den Tag legte. Sicher ist der Hinweis angebracht, dass in jener Zeit eine Phase fruchtbarer dichterischer Produktion einsetzte, in der rund drei Dutzend Bücher entstanden, die sehr verschiedene Wege einschlugen; aber die Sehnsucht nach mythischer Erneuerung der modernen *bildlosen Zeit* kommt immer wieder zum Ausdruck.

Friedrich Georg Jünger zog wie sein Bruder als Kriegsfreiwilliger in den Ersten Weltkrieg, und wie dieser wurde er schwer verwundet. Im Gegensatz zu Ernst Jünger, der im Zweiten Weltkrieg als Offizier in Frankreich und Russland war und auch diese Tätigkeiten in seinen *Strahlungen* beschrieb, war für Friedrich Georg das militärische Engagement beendet. Er nahm gleich sein juristisches Studium auf, und er beteiligte sich auch aktiver an der Tagespolitik, allerdings auf der gleichen nationalistisch-konservativen und antidemokratischen Schiene wie sein Bruder. Und wie dieser verstand er den Krieg als Einfall des Elementaren und Abkehr von ziviler Langeweile und bürgerlicher Sattheit. Seine grundsätzliche Einstellung, geprägt durch bündische Gedanken und Parolen, grenzt manchmal an grüne Perspektiven – die Assoziation drängt sich nicht nur deshalb auf, weil er ein *Erinnerungsbuch* von 1951 unter den Titel *Grüne Zweige* stellte. Drei Jahre später gab er seinen Roman *Der erste Gang* heraus, Auseinandersetzung des Erzählers mit dem Krieg, und zwar ausgehend vom Ersten Weltkrieg. Er bezieht sich dabei nicht auf seine Kampferfahrungen in Frankreich, sondern schildert in einer Reihe von Episoden, was die österreichisch-ungarischen Soldaten gegen Kriegsende und danach in den östlichen Kampfgebieten erlebten. Gegenüber dem Nationalsozialismus hielt Friedrich Georg Jünger Distanz, die aber nicht schlechterdings in der Ablehnung ideologischer Positionen begründet war, sondern – und hier ergibt sich wieder eine deutliche Parallele zum Bruder – in elitärer Abneigung und Skepsis:

> mich widert der Taumel,
> widert das laute Geschrei,
> das sich Begeisterung nennt (…)

– eine Beschreibung, die sich wohl auf viele Angehörige des gehobenen deutschen Bürgertums übertragen lässt, die dem Nationalsozialismus nicht aus politischen Gründen fernblieben, sondern wegen seines plebejischen Stils.

Nach dem Zweiten Weltkrieg kam eine ganze Reihe von Büchern heraus, in denen die Kriegshandlungen meist im Stil der Reportage beschrieben wurden, manchmal ins Sentimentale gewendet in der Schilderung persönlichen Schicksals. Der bekannteste, bereits 1945 publizierte Roman, *Stalingrad* von Theodor Plievier (1892–1955), hebt sich in mehrfacher Hinsicht von der sonstigen Produktion ab. Plievier lebte während des Kriegs als Emigrant in Moskau und hatte Gelegenheit, mit überlebenden deutschen Kriegsgefangenen zu sprechen. Er greift glaubhafte Einzelschicksale auf, die er nüchtern und doch eindringlich beschreibt. Und er schildert nicht nur die Kämpfe, sondern setzt sich auch mit dem Größenwahn der militärischen Führung auseinander. Plievier war Berliner, aber er war in den 1920er-Jahren längere Zeit in Urach, wo er wie Becher zu den anarchischen Lebensreformern gehörte, und er streifte Urach auch nach dem

Zweiten Weltkrieg, als er in den Westen übergesiedelt war und eine Zeitlang am Bodensee lebte.

Gerd Gaiser publizierte 1953 den Kriegsroman *Die sterbende Jagd.* Wie die vorausgegangene Heimkehrergeschichte ist er stark durch eigene Erlebnisse des Autors geprägt: *nicht nach Hörensagen, (...) nach dem was ich sah,* schilderte Gaiser einen Ausschnitt des Kriegs. Gaiser war Segelflieger gewesen und wurde als Jagdflieger rekrutiert; später war er Bodenoffizier. Im Roman erzählt er, konzentriert auf knapp zwei Tage, von den Einsätzen und der Desillusionierung einer Fliegertruppe, die im Nordseeraum stationiert ist. Man schreibt das Jahr 1943 – es wird immer klarer, dass der Kampf aussichtslos ist; die gegnerischen Luftkräfte sind übermächtig; aber die deutsche Fliegerstaffel ist in Aufgaben der Entlastung und Abwehr eingebunden, die ihr das Durchhalten, Kampf und Opfer abverlangen, obwohl sich der Gedanke der Sinnlosigkeit und der Resignation in die Köpfe frisst. In den Fliegerstaffeln wurde in der zugespitzten Endsituation nicht diskutiert, wie es zum Krieg gekommen war. Wo Politisches in der damaligen Realität zum Thema wurde, da geschah das sicher nicht selten in Worten, wie sie Gaiser einem sterbenden Hauptmann in den Mund legt: *Verdammt und verflucht sollen die sein, die alles so haben kommen lassen, und verdammt und verflucht, die nachher nichts mehr davon hören wollen, und verdammt und verflucht, die es dann noch einmal probieren.* Die Grenzen zwischen Offizierskasino und Mannschaftsbaracke verwischen in dieser Situation, und Bildungserinnerungen, die der Autor einbringt, bleiben ohne Resonanz.

Entschiedener im Umkreis einfacher Soldaten bleibt in seinen Kriegserzählungen Josef W. Janker. Er wurde nach der Ausbildung als Zimmermann Soldat, war an der Front im Osten und in Frankreich, kam aus der Gefangenschaft schwerbeschädigt und durch Tuberkulose *auf halbe Atemkapazität gesetzt* zurück, arbeitete als technischer Zeichner und begann später zu schreiben –

vom Krieg, der ihn nicht losließ, nicht als großes Erlebnis, als das ihn manche jetzt beschönigten, sondern als Ausdruck brutaler Verrohung. Sein Kurzroman *Der Umschuler* von 1971 war die Fortsetzung; er schildert die entwürdigenden und oft sinnlosen Prozeduren, denen diejenigen ausgesetzt sind, die nicht gleich einen geeigneten Arbeitsplatz finden. Janker fand Zustimmung und Zuneigung nicht nur bei den oberschwäbischen Freunden, sondern bei vielen Literaten; er las zweimal bei der Gruppe 47. Aber das große Publikum mied die Bilder des Kriegs, zumindest die ehrlich-brutalen von Janker.

Albrecht Goes (1908–2000) vergegenwärtigt das Elend des Krieges an einer einzelnen Episode, abseits der Frontkämpfe, aber belastet mit dem ganzen Gewicht der Ausweglosigkeiten. Die Handlung hat sich vielfach eingeprägt durch eine sehr erfolgreiche Verfilmung, die den Titel des Buchs von 1950 übernahm: *Unruhige Nacht.* Ein sonst in einem ukrainischen Lazarett wirkender Wehrmachtspfarrer wird in einen benachbarten Ort gerufen, um einen unwiderruflich verurteilten Deserteur bis zu seinem Tod zu begleiten. Er hält die Fahnenflucht angesichts des verbrecherischen Kriegs für gerechtfertigt, hat aber keine Chance, etwas zu ändern – was ihn nicht freispricht; ein *Händewäscher der Unschuld* will er nicht sein. Albrecht Goes war selbst als Geistlicher in Kampfgebieten im Osten. Vor und nach der Militärzeit arbeitete er als evangelischer Pfarrer in Gebersheim bei Leonberg, quittierte aber 1953 den Pfarrberuf und wurde freier Schriftsteller. Das erste danach erschienene Buch, *Das Brandopfer*, erzählt von der Judenverfolgung. Das literarische Werk von Goes ist schmal, aber vielseitig und vielsagend. Vor allem hat er eine größere Zahl von Gedichten veröffentlicht, in denen er über menschliche Grundfragen nachdenkt und belehrt, leise und eindringlich, aufdringlich nie; er betonte, eine Lehre habe er nicht. Er hatte einen offenen Sinn für die Schönheiten der Natur – und für die Freuden der Menschen. Sein Gedicht *Sieben Leben* zeichnet in knappster Form sieben gewünschte Selbststilisierungen, die von großer Offenheit zeugen, und sein Gedicht an und über *Stuttgart* ist eine begeisterte und doch bescheidene Huldigung.

Auch Sandra Hoffmann (*1967) aus Laupheim gestaltet einen Rückblick auf den Krieg, aus der Perspektive eines alten Polen, der im Sterben liegt. Er denkt zurück an die lange Zeit der Zwangsarbeit, die er in einem schwäbischen Bauernhof verbrachte – eine Zeit mit viel Elend und ständiger Bedrohung, aber auch mit glücklichen Momenten, für die vor allem die Liebe zu Paula, der Bauerntochter, steht. Sandra Hoffmann hat den Krieg ja nicht miterlebt; aber in der Jugendpsychiatrie lernte sie den Umgang mit extremen Erfahrungen, und in ihren vorausgegangenen Liebesgeschichten – darunter *schwimmen gegen blond* – hatte sie bereits ein hohes Maß von Sensibilität bewiesen. So wird auch die in einer strömenden Suada vorgetragene Erinnerung des alten Mannes zu einem glaubhaften Zeugnis.

Hellmut G. Haasis (*1942), der auch schwäbische Gedichte und einen schwäbischen Roman schrieb, verfolgte sein zentrales Thema Widerstand in einem weiten europäischen Umkreis, in aktiver politischer Praxis wie in literarischen Arbeiten. 1984 gab er unter dem Titel *Spuren der Besiegten* in drei Bänden Dokumente zu halb vergessenen Freiheitsbewegungen heraus, wobei er zur jüngeren Geschichte aufwändige Recherchen angestellt hatte. Dies blieb charakteristisch. Für sein Buch *Den Hitler jag' ich in die Luft. Der Attentäter Georg Elser, eine Biografie* wertete er nicht nur die schon bekannten Zeugnisse aus, sondern suchte über Akten und Gespräche den Vorgängen und Elsers Motiven näherzukommen. Er trug dazu bei, dass Elser nach einer langen Zeit der Distanzierung in seinem Heimatort Königsbronn und allgemein in der öffentlichen Erinnerung als mutig handelnder Kriegsgegner gewürdigt wird.

In den weiteren Umkreis des Kriegs gehören auch die Erfahrungen in Konzentrationslagern, die vereinzelt eine schlichte literarische Verarbeitung fanden. Ein Beispiel bietet ein Buch des aus einer Reutlinger Arbeiterfamilie kommenden Friedrich Schlotterbeck (1909–1979). Er war von Jugend auf politisch aktiv, ging als Kommunist zum Studium nach Moskau, wurde in der NS-Zeit verhaftet und war von 1937 bis 1943 im KZ Welzheim. Er war dort im *Intellektuellenbunker* des Lagers, wo *die Rangordnung des bürgerlichen Lebens ihre Gültigkeit* verlor. Er erinnert sich an seine Gefühle: *Lächelte nachsichtig darüber, wie wenig diese Menschen ihre mitgebrachte Weisheit zu nutzen wussten, wie sie an ihren zertrümmerten Illusionen litten.* Nach seiner Entlassung gelang Schlotterbeck die Flucht in die Schweiz, aber Mitglieder seiner Familie und Freunde wurden hingerichtet. Noch im Jahr 1945 gab er ein Buch heraus, das in mehreren ausländischen Verlagen erschien und den Titel trägt: *Je dunkler die Nacht, desto heller die Sterne – Erinnerungen eines deutschen Arbeiters 1933–1945*. Man staunt über die Botschaft von Rettung und Hoffnung, die in diesem Titel steckt, die aber für den Neuanfang nach Kriegsende charakteristisch war.

Weit her

Etwas ist *nicht weit her* – eine gängige Redewendung in der Umgangssprache. Es ist kein Raumbezug, sondern ein Werturteil; auch eine Ware aus Übersee kann *nicht weit her* sein, nämlich unpraktisch oder fehlerhaft. Mit dem Gegensatz verhält es sich anders. *Weit her* ist nicht etwa eine grundsätzlich positive Einschätzung, sondern eine räumliche Bestimmung. Wenn Leute *von weit her* zu einem Ereignis kommen, dann ist damit nicht gesagt, dass es sich um ein großartiges Publikum handelt, angedeutet wird vielmehr die Attraktivität des Ereignisses, das auch aus größerer Entfernung Menschen anlockt. Auch hier, in diesem

Schlusskapitel, zielt der Hinweis zunächst auf die Überbrückung größerer Distanzen, was die Wege der Literatur angeht; ob damit auch die Chance oder gar die Garantie eines qualitativen Vorsprungs gegeben ist, wird zu fragen sein. Jedenfalls gehört es zum literarischen Leben der jüngeren und jüngsten Vergangenheit, dass die Reichweiten – in der Produktion wie in der Rezeption – größer geworden sind.

Allerdings darf man sich die Literatur einer ferneren Vergangenheit auch nicht gerade statisch vorstellen. Sie hat immer auch Unbekanntes erschlossen und fremde Lebensformen und Vorstellungen vorgeführt. Die wachsende, teils freiwillige und teils erzwungene Mobilität hat aber dazu geführt, dass das Stichwort *Fremde* für große Teile der modernen Literatur einen kaum mehr vermeidbaren Befund bezeichnet. Dabei geht es um die Konfrontation mit fremden Menschen, aber auch um *die Fremde* als Problem und Erlebnis.

Die sehr verschiedenartigen Bezüge sollen anhand weniger Erzählwerke gezeigt werden, wobei erneut zu betonen ist, dass sie als Beispiel für unterschiedliche Varianten dienen, für die auch weitere Autoren und Werke angeführt werden könnten.

Für die individuellere Hinwendung zur Fremde mag noch einmal an das Werk von Isolde Kurz erinnert werden. In den 37 Jahren, die sie in Florenz verbrachte, schrieb sie zwar auch über die Jugendzeit in Tübingen und zeichnete ein großartiges Charakterbild ihres Vaters Hermann Kurz; aber sie vertiefte sich auch in die italienische Geschichte und vermittelte Eindrücke der von der Antike wie vom Christentum geprägten Traditionen und Probleme. Ihre *Florentiner Novellen* und ihre *Italienischen Erzählungen* werden mit Recht über die späteren, wieder in Deutschland verfassten Publikationen gestellt, in denen sie manchmal der nationalsozialistischen Ideologie nahekommt.

Individuelles Schicksal und ein individueller Ton in der Verarbeitung von Migrationserfahrungen finden sich auch bei Autoren der späteren Generationen; aber sie sind gleichzeitig Teil übergreifender Wanderströme und damit Repräsentanten einer kollektiven Bewegung. Das gilt zum Beispiel für die aus der Ferne nach Deutschland zurückkehrenden Emigranten. Von *weit her* kam Hans Sahl (1902–1993), der seine letzten Jahre in Tübingen verbrachte. In Dresden und in Berlin in einer jüdischen Familie aufgewachsen, war er nach dem Studium ein erfolgreicher Journalist und Kritiker. Die 1933 erzwungene Emigration führte ihn nach Prag, Zürich, Paris; nach Monaten in französischen Internierungslagern und Flucht in die USA arbeitete er dort nach dem Krieg als Kulturkorrespondent auch für deutsche Zeitungen. Seine Gedichte und Romane behandeln Erfahrungen aus dem Exil, auch Auseinandersetzungen zwischen Emigrantengruppen, die *Das Exil im Exil* zur Folge hatten – Sahl hat diesen Titel für eine 1990 publizierte Schrift gewählt. Ein Jahr später erschien das Gedicht *Die Letzten*, das er auch in den Buchtitel aufnahm und das beginnt:

> Wir sind die Letzten.
> Fragt uns aus.
> Wir sind zuständig.
> Wir tragen den Zettelkasten
> mit den Steckbriefen unserer Freunde
> wie einen Bauchladen vor uns her.

Das war ein reales Angebot, und Sahl suchte bis zum Schluss in Schulen und Bibliotheken durch Gespräche und Lesungen seinen Rückblick mit Jüngeren zu teilen.

Josef Mühlberger (1903–1985) kam 1946 aus der Tschechoslowakei, wo er zum Jungvölkischen Bund gehört hatte und sich für die deutsche Minderheit einsetzte, aber als Sohn eines deutschen Vaters und einer tschechischen Mutter prinzipiell mit dem Ziel der Versöhnung. Er war weltoffen und trat grundsätzlich für Freiheiten in der Lebensgestaltung ein; in seinem bekanntesten Buch *Die Knaben und der Fluss*, hoch gelobt von Hermann Hesse, schildert er, wie die erotisch unterlegte Freundschaft zwischen zwei Jungen infolge der Liebe zu einem Mädchen mit dem Freitod des einen endet. Mühlberger kam nach Eislingen, wo er sich von Anfang an aktiv an der Kulturarbeit beteiligte. Sein Kommentar zur neuen Orientierung wird oft zitiert, weil er für das Land einen kaum zu übertreffenden Vergleich enthält; er zeigt aber vor allem, wie intensiv sich der Dichter dem neuen Umfeld zugewandt hat: *Als ich meine Heimat verließ, kamen in der Truhe, die noch die Spuren der Erde des väterlichen Gartens an sich trug, die Arbeiten meiner letzten zehn verschwiegenen und schweigsamen Jahre mit in die neue Heimat, die mir aber längst alte Heimat war, in das Land zu den Füßen des Hohenstaufen, in die Landschaft Schillers, Hölderlins, Mörikes, Hesses. Das war schließlich wie die Vertreibung in ein Paradies.*

Auch Imre Török (*1949), in Ungarn geboren, kam als Flüchtling nach Deutschland. Er lebt seit einem Vierteljahrhundert bei Leutkirch im Allgäu. Dass auch er sich mit Eifer deutschen Kulturtraditionen zuwandte, zeigt schon der Titel seines ersten Buchs: *Butterseelen. Mit Hölderlin und Hermann Hesse in Tübingen*. Das heißt nicht, dass er sich von weiteren Horizonten zurückgezogen hätte; eine der jüngsten Veröffentlichungen trägt den Titel *Aus dem Harem nach Berlin* und erschien zuerst in der Türkei, und seine Bücher berühren viele Landschaften, reale und märchenhaft imaginäre. Imre Török spielt gern mit der Sprache, angefangen damit, dass er sich als *un-gar* bezeichnet; in dem älteren Buch *Klaut und Drüben* operiert er mit *Sätzen zum weiter spinnen*. So dicht seine Publikationen aufeinander folgen – auch in die Organisationsarbeit für andere hat sich Török eingeschaltet, zehn Jahre als Vorsitzender des Verbands deutscher Schriftsteller im Land und weitere zehn Jahre im Bund.

Vorsichtige Parallelen lassen sich ziehen zu José F.A. Oliver (*1961), der im badischen Hausach geboren ist, aber seine andalusische Herkunft betont und ins jetzige Leben mit einbringt: *Mein andalusisches Schwarzwalddorf* ist der Titel einer kleinen Sammlung essayistischer Skizzen, in denen auch Oliver die Vieldeutigkeit der Sprachen und das *Worte aufstöbern* nutzt, allerdings mit riskanteren expressiven Ausbrüchen: *wortaus wortein in Vorüberheiten.* Im von ihm organisierten Literaturfest *Hausacher LeseLenz* kommen seit fast 20 Jahren Autorinnen und Autoren aus allen Weltteilen zu Wort; aber ebenso wichtig sind: *Fremde Menschen, die nach und nach eingereist und Land geworden sind.* Mit dem Blick auf sie hat das Stuttgarter Literaturhaus mit Olivers Hilfe die Schreibwerkstätten für Schulen eingerichtet.

Dass sich Fremdheit als vielseitiges Leitmotiv durch ein ganzes literarisches Werk zieht, ist nicht die Regel. Oft verhält es sich so, wie man es bei der Berliner Schriftstellerin Sibylle Lewitscharoff (*1954) verfolgen kann: In ihrem Erzählen greift sie weit aus, erfindet Biographien und überhöht Philosophisches mit visionären Bildern; aber einmal holen sie doch die erinnerten und phantasierten Bilder einer fremden Vergangenheit ein: *Apostoloff* ist die Geschichte ihres Vaters, der in ihrer Stuttgarter Kindheit Suizid beging und dessen Leiche in dem Roman auf einer hindernisreichen Fahrt in seine alte Heimat Bulgarien überführt wird.

Ähnliche Fälle einer eher sporadischen Verarbeitung von Fremdheit ließen sich anfügen. Aber wichtiger ist der Seitenwechsel: Auch im Erfahrungsbereich derjenigen, die selbst keinen einschneidenden räumlichen Veränderungen ausgesetzt waren, nistet sich mehr und mehr Fremde ein. Schlichter gesagt: Auch schwäbische Autoren ganz ohne familiären Migrationshintergrund rücken Fremde und Fremdes manchmal in den Vordergrund – als exotisch angetöntes Wunschbild, als aufregendes Erlebnismilieu, als interessantes Beobachtungsfeld oder als farbfrohe Kulisse.

Der in der Gegend von Schwäbisch Hall aufgewachsene Kurt Oesterle (*1955) schrieb den Roman *Der Wunschbruder*, der 2014 herauskam. Wunschbruder – Sehnsucht eines Einzelkindes in der ländlichen Provinz. Die Sehnsucht wird erfüllt: Der Junge kümmert sich um einen Mitschüler, der halb verwahrlost in einer brüchigen Flüchtlingsfamilie lebt, und sie schließen enge Freundschaft, was den fremden Jungen aber nicht an manchmal bösartigen Widerspenstigkeiten hindert. Es kommt zur Trennung – und zur Wiederbegegnung der Erwachsenen in einer veränderten, städtischen Umgebung. Besonders eindringlich schildert Oesterle aber die traditionsgeprägten Bedingungen und Konflikte in der dörflichen Welt, deren Eigenart er auch in anderen Büchern aufschlüsselt, so in dem kleinen Roman *Der Fernsehgast oder wie ich lernte die Welt zu sehen*, in dem er zeigt, wie ein neugieriger Junge die religiös-moralisch gefärbte Feindschaft gegen Neuerungen unterläuft.

Auch wo sich die erzählte Geschichte auf andere Personen und Probleme konzentriert, kommen oft Fremde ins Spiel, weil ohne sie die Schilderung des Milieus unvollständig bliebe. Anna Katharina Hahn (*1970) beispielsweise bringt in ihrem ersten Roman *Kürzere Tage* zwei Frauen ins Bild, die in einem stummen Wettstreit um bürgerliches Renommee und in wechselseitigem Neid gefangen sind; es geht der Autorin darum, zu zeigen, wieviel Brüche und Unsicherheiten sich hinter gediegenen Stuttgarter Fassaden – Stichwort Halbhöhenlage – verbergen. Dazu ist aber außer der Ausleuchtung familiärer Spannungen und Machtspiele auch ein Blick in das engere und weitere Wohnumfeld nötig. Deshalb gibt es Nachbarn mit manchmal fragwürdigen Altersgewohnheiten, und es gibt einen türkischen Feinkostladen, dessen freundlicher Besitzer von einem dem gewalttätigen Vater entflohenen Jungen überfallen wird.

Die einheimischen Autoren machen aber nicht nur Fremdes in ihrem Umfeld zum Gegenstand, sondern sehen sich selbst in der Fremde um und finden dort einen eigenen Ton der Darstellung und manchmal auch spannende Stoffe. Sibylle Mulot (*1950) aus

Reutlingen hat in dem Roman *Die unschuldigen Jahre* ihre eigene Familiengeschichte erzählt, und vielen ist sie vor allem durch *Die Fabrikanten*, den *Roman einer Familie* bekannt; er schildert, teils im Dokumentarstil und teils angereichert mit reizvollen Erzählmotiven, 200 Jahre einer ständig von familiären Spannungen durchwirkten Schwarzwälder Firmengeschichte. Es geht um die vielfältigen Methoden und Zwecke der Holzverarbeitung, und mit der historisch korrekt geschilderten Erfindung des Bierdeckels wird darin ein besonderer Akzent gesetzt.

Vor diesen Veröffentlichungen aber suchte und fand sie spannende Stoffe auch im Ausland. Sie lebte einige Zeit in einem kleinen französischen Städtchen am südlichen Rand der Vogesen und stieß dort, zufällig zuerst und dann in konsequenter Recherche, auf Ungereimtheiten aus der Kriegs- und Nachkriegszeit. In dem Roman *Nachbarn* konnte sie zeigen, dass die Trennlinie zwischen Collaboration und Résistance nur aufgrund von Missverständnissen und Ausblendungen so scharf zu ziehen war, wie es in der Bevölkerung damals üblich war.

Rainer Wochele (*1943), geboren in Brünn und aufgewachsen in Bayern, lebt in Stuttgart. In dem Buch *Der General und der Clown* wandte er sich dem mörderischen Vernichtungskrieg gegen die Tutsis im afrikanischen Ruanda zu – aus der Perspektive des deutsch-kanadischen Generals, dem es mit seiner Blauhelmtruppe nicht gelang, die Grausamkeiten zu verhindern. Er leidet unter dem Erlebten, findet aber in seiner Heimat im Südschwarzwald schließlich über die Liebe ins Leben zurück. Das klingt nach einer allzu glatten Patentlösung, aber die psychologische Entwicklung ist mit moralischem Augenmaß geschildert und wischt die blutige Vergangenheit nicht einfach vom Tisch.

Auch Thea Dorn (*1970) bewegt sich in den Romanen, die sie nach einer Reihe von Kriminalgeschichten und Bühnenstücken schrieb, in weiten Dimensionen. Im 2016 erschienenen Roman *Die Unglückseligen* trifft eine Frau in den USA auf einen im 18.

Jahrhundert geborenen Mann. Es geht aber nicht nur um die Weite von Raum und Zeit, sondern um den Vorstoß in unentdeckte Problembereiche – der uralte Mann ist Physiker und die Frau Molekularbiologin, die den Bedingungen für Unsterblichkeit auf die Spur zu kommen hofft. Was Thea Dorn vorführt, ist wissenschaftlich durchtränkte Phantastik, kein naives Spiel. Das stünde auch im Widerspruch zu der reflektierten Literaturkritik, die sie lange Zeit im Stuttgarter Sender moderierte und vortrug.

Ein letztes Beispiel für die Begegnung mit dem Fremden, diesmal als kreativer Ausflug in eine fremde Welt, die schnell als potenzierte Heimatmöglichkeit erscheint. Thomas Vogel (*1947), lange Zeit leitender Redakteur im Südwestfunk-Studio Tübingen und inzwischen erfolgreicher Autor, hat gleich mit seinem ersten, 2001 erschienenen Roman ein starkes Echo gefunden. *Die letzte Geschichte des Miguel Torres da Silva* spielt im Jahr 1772 in Portugal und setzt ein mit dessen Tod. Er war Weinbauer und ein legendärer Geschichtenerzähler, aber seine *letzte Geschichte* konnte er nicht zu Ende erzählen. Das spornt seinen Enkel an, der an der Universität Coimbra über die Mathematik das Geheimnis des Erzählens zu ergründen versucht – soweit ihm die Liebe zur schönen Tochter eines Tuchhändlers Zeit lässt. Der Roman ist eine Erzählung vom Erzählen, und er führt ein in Geheimnisse der Mathematik; er versetzt die Leser aber vor allem in eine Welt, die bei aller Not und Trauer von Freundlichkeit und Schönheit bestimmt ist.

Fremde kann als Bedrohung verstanden werden, aber auch als Geschenk. Vor einigen Jahren hat der amerikanische Soziologe Richard Sennett den Wert der Heterogenität und ihre Bedeutung für die Moderne hervorgehoben. Er betonte, dass eine Stadt aus unterschiedlichen Arten von Menschen besteht und spitzte zu: *ähnliche Menschen bringen keine Stadt hervor.* Diese Bemerkung lässt sich nicht unmittelbar auf die Literatur übertragen, aber indirekt schon. Die Schwaben, die gegenüber Fremdem zunächst einmal skeptisch sind, hatten eine Redensart: *Es ist nirgends besser lügen als weit her.* Nun ist in der Literatur, die ja nicht auf bloße Wiedergabe der Realität festgelegt ist, *Lüge* kein so abgründig negativer Begriff. Es bedarf nur einer kleinen Perspektivverschiebung, und aus der Lüge wird Phantasie, Erfindung, Neuheit. Die Fremde und die Fremden öffnen den Blick für Unbekanntes, und sie regen manchmal die Einbildungskraft an zu Höhenflügen, die im vertrauten Umkreis seltener sind.

Die wichtigste Funktion der Literatur, die sich fremden Lebenswelten zuwendet, besteht aber wohl darin, dass sie von der Vorstellung eines zementierten Gegensatzes von heimisch und fremd abrückt und zeigt, wieviel Verwandtes und wieviel Ähnlichkeiten sich darin verbergen. Heimat und Fremde, Region und Welt – in der Literatur ist dies auch die Begrenzung eines Spielfelds der Annäherungen.

Literaturhinweise

Die folgenden Literaturhinweise sind knapp gehalten und beschränken sich auf Überblickswerke – es ist unmöglich, zu allen angeführten Autorinnen und Autoren Editions- und Forschungsarbeiten anzugeben.

Für die Zeit vor 1900 kann als Standardwerk die *Schwäbische Litteraturgeschichte* von Rudolf Krauß genannt werden. Der Jürgen Schweier Verlag in Kirchheim unter Teck hat 1975 eine Neuausgabe bereitgestellt, welche die beiden Bände von 1897 und 1899 in einem vereinigt.

Der von Bernhard Zeller und Walter Scheffler herausgegebene Sammelband *Literatur im deutschen Südwesten* von 1987 legt den Hauptakzent ebenfalls auf das 19. Jahrhundert, führt aber näher an die Gegenwart heran.

Die von den Marbacher Museen herausgegebenen Schriftenreihen enthalten zahlreiche Beiträge zur Geschichte der schwäbischen Literatur; als Beispiel sei das Marbacher Magazin 97/2002 von Helmuth Mojem erwähnt: *»Glükseelig Suevien ...« Die Entdeckung Württembergs in der Literatur.* Die *Marbacher Arbeitsstelle für literarische Museen, Archive und Gedenkstätten in Baden-Württemberg* unter der Leitung von Thomas Schmid begleitet ihre praktische Arbeit im Land mit gedruckten Beiträgen zu den literarischen Stätten und Wegen.

Im Auftrag der Oberschwäbischen Elektrizitätswerke bemühte sich eine Projektgruppe um eine möglichst vollständige Würdigung der südwestdeutschen Literatur. Die zahlreichen Aufsätze und Übersichtsartikel erschienen 2003–2006 in sechs umfangreichen Bänden mit dem Titel *Schwabenspiegel.* Herausgeber waren u.a. Ulrich Gaier und Manfred Bosch.

Von Waltraud und Friedrich Pfäfflin erschien 2015 in erweiterter Auflage der Band *Die Gräber der Dichter auf dem Stuttgarter Hoppenlau-Friedhof*, der sich mit vielen bekannten Schriftstellern des Landes und ihren Familienmitgliedern befasst.

Jan Bürger folgt in seinem Buch *Der Neckar. Eine literarische Reise* von 2013 einer schwäbischen Strecke mit wichtigen literarischen Stationen.

Erwähnt werden soll auch der 1995 im Libelle Verlag erschienene Band *Bohème am Bodensee,* in dem Manfred Bosch in detaillierten

Einzelaufsätzen einen Überblick über *Literarisches Leben am See von 1900 bis 1950* gibt.

Einen Einblick in das *literarische Leben in Baden-Württemberg* mit dem Akzent auf der jüngeren Entwicklung und der organisatorischen Seite der Buchvermittlung gibt Irene Ferchl in dem reich bebilderten Band *Über das Land hinaus* (Tübingen, Klöpfer & Meyer 2015). Irene Ferchl ist auch Herausgeberin des seit 20 Jahren erscheinenden *Literaturblatts für Baden-Württemberg.*

Im Verlag Klöpfer & Meyer Tübingen entstand in den Jahren nach 2009 *Eine kleine Landesbibliothek*, die in 25 Bänden ausgewählte Werke von Autorinnen und Autoren des Landes vorstellt. Viele der hier im Buch präsentierten Schriftstellerinnen und Schriftsteller sind dort mit einer Auswahl ihrer Schriften zu finden.

Ich erwähne schließlich noch zwei meiner eigenen Bücher – nicht zur Steigerung des Renommees, sondern als entschuldigenden Hinweis auf die Chance der Weiterung: Was in diesem Band vermisst wird, ist möglicherweise zu finden in *Berühmte und Obskure. Schwäbisch-alemannische Profile* (Tübingen 2007) oder in *Seelsorger und Leibsorger* (Tübingen 2009).

Abbildungsnachweise

S. 23: Das Gräflich-Stadionsche Schloss Warthausen. Nach einer Zeichnung von Johann Heinrich Tischbein, 1781, aus: Literatur im deutschen Südwesten, hg. v. Bernhard Zeller u. Walter Scheffler, Stuttgart: Theiss, 1987, Abb. 15. Original im DLA Marbach.

S. 27: Christian Daniel Friedrich Schubart: Gedichte aus dem Kerker. Karlsruhe, Schmieder, 1785, aus: Literatur im deutschen Südwesten, hg. v. Bernhard Zeller u. Walter Scheffler, Stuttgart: Theiss, 1987, Abb. 18.

S. 35: Marianne Ehrmann: Amaliens Erholungsstunden. Tübingen: Cotta, 1790, aus: Hermann Bausinger: Berühmte und Obskure. Tübingen: Klöpfer & Meyer, 2007, S. 131.

S. 61: »Hölderlin. Tübingen. Turm«. Tübinger Sommertheater, 1986, Szenenphotographie. © Theater Lindenhof, Melchingen.

S. 73: Klecksographie, aus: Justinus Kerner: Sinnliches und Übersinnliches, hg. v. Hermann Bausinger, Eine kleine Landesbibliothek; Bd. 25, Tübingen: Klöpfer & Meyer 2012, S. 211.

S. 87: Die alte Burg Lichtenstein im Gewitter, 1836 (Louis Mayer) © bpk Berlin / Staatsgalerie Stuttgart (Inv. Nr.: C 1950/223).

S. 101: Eduard Mörikes Haushaltungs-Buch. Wermutshausen – Hall – Mergentheim. 16. Oktober 1843 bis 27. April 1847. Faksimile der Handschrift. Marbacher Schriften; 40/41, Marbach/N. 1994, Bildseite 60.

S. 115: Ottilie Wildermuth: Schwäbische Pfarrhäuser, hg. v. Friedemann Schmoll, Eine kleine Landesbibliothek; Bd. 8, Tübingen: Klöpfer & Meyer 2009, Cover. Original im DLA Marbach.

S. 155: Friedrich Hölderlin: Der Wanderer. Württembergische Landesbibliothek, Hölderlin-Archiv, Stuttgarter Foliobuch, Signatur: Cod. poet.et.phil.fol.63,I,6,2r.

S. 173: Uhlanddenkmal, Tübingen, Photo: Gebrüder Metz, © Bürger- und Verkehrsverein Tübingen.

S. 195: In Kerners Garten, aus: Die Gartenlaube, 1866. Nach: Württemberger Weingeschichten, hg. v. Wolfgang Alber und Andreas Vogt. Tübingen: Klöpfer & Meyer, 2016. Vorsatz.

S. 199: Einweihung des Stuttgarter Schillerdenkmals 1839, aus: Sabine Rathgeb; Anette Schmidt; Fritz Fischer: Schiller in Stuttgart. Stuttgart: Württembergisches Landesmuseum 2005, S. 178.

S. 241: Das Kloster Marchtal an der Donau. Stich von Bodenehr nach Wegscheider, 1734, aus: Hermann Bausinger: Berühmte und Obskure. Tübingen: Klöpfer & Meyer, 2007, S. 225.

S. 267: Adolf Bacmeister: Gefahren einer rothen Republikanerin, aus dem Rothen Album der Marie von Brunnow, © Heimatmuseum Reutlingen.

S. 313: Coverabbildung aus Ute Harbusch: Mit Dampf und Phantasie: Max Eyth – Schriftsteller und Ingenieur (1836–1906). Kirchheim unter Teck: Städtisches Museum 2006, S. 73.

S. 321: Alte Parre, aus: David Friedrich Weinland: Rulaman. Reutlingen: Enßlin & Laiblin, 1913, S. 248.

S. 337: Hermann Hesse mit Ninon vor dem Haus in Montagnola, aus: Hermann Hesse als Maler in der Natur. Hg. v. Volker Michels u. Ambrogio Pellegrini. Mailand: Mazotta 1999, S. 131 © Editionsarchiv Offenbach.

S. 369: Coverabbildung »He, Patron. Martin Walser 60«. Allmende Nr. 16/17. Bühl-Moos: Elster, 1987.

S. 381: Gastspielplakat Armer Konrad, aus: Manfred Bosch: Bohème am Bodensee, Lengwil: Libelle, 1997, S. 134.

S. 389: Treffen der Bechtle-Lyriker in der Sektkellerei Kessler, aus: Irene Ferchl: Über das Land hinaus. Tübingen: Klöpfer & Meyer, 2016, S. 27 © Privatsammlung Esslingen.

Register

Die Nennungen sind im Wesentlichen konzentriert auf die behandelten Autorinnen und Autoren.

Bei Carl Herzog von Württemberg, bei der Berthold Leibinger Stiftung GmbH, bei der Stadt Reutlingen, bei der Vereinigung der Freunde der Universität Tübingen e.V. sowie beim Förderverein Schwäbischer Dialekt e.V. bedanken sich der Autor und der Verlag recht herzlich für die freundlich-großzügige Unterstützung zum Erscheinen dieses Buches.

ISBN 978-3-86351-424-2

Umschlaggestaltung: Christiane Hemmerich
Konzeption und Gestaltung, Tübingen.
Titelabbildung: Graphiken nach Scherenschnitten
von Friedrich Schiller, Eduard Mörike, Justinus Kerner,
Ludwig Uhland, Friedrich Theodor Vischer,
Friedrich Hölderlin (von rechts nach links),
Deutsches Literaturarchiv Marbach.
Lektorat: Wolfgang Alber, Reutlingen.
Korrektorat: Sabine Besenfelder, Tübingen.
Herstellung: Horst Schmid, Mössingen.
Satz: Alexander Frank, Ammerbuch.
Druck und Einband: Pustet, Regensburg.

Mehr über das Verlagsprogramm von Klöpfer & Meyer
finden Sie unter: *www.kloepfer-meyer.de*